农民合作组织视角的贫困跨越机制：基于1978~2018年数据的分析

杨 丹 刘自敏 等 著

本书受国家社会科学基金重大项目"实现巩固拓展脱贫攻坚成果同乡村振兴有效衔接研究"（21ZDA062）、国家社会科学基金重点项目"乡村振兴视域下脱贫摘帽地区内生发展能力提升的适宜路径与精准政策研究"（21AGL029）、国家社会科学基金青年项目"农民合作组织的扶贫效应及相关政策研究"（16CGL036）、重庆市科学技术局项目"重庆市发展现代乡村产业体系促进乡村振兴的路径研究"（CSTB2022TFII-DIX0053）、"西南大学创新研究2035先导计划"（SWUPilotPlan025）等资助

科学出版社

北 京

内 容 简 介

本书旨在从农民合作组织的视角探讨中国的贫困跨越机制，并在理论研究的基础上采用1978~2018年数据进行实证验证。研究表明：农民合作组织具有包容性、竞争性和益贫性等特征，在贫困跨越过程中扮演着多重角色，既是扶贫主体，又是脱贫载体，也是扶贫协同纽带。从贫困动态演变的视角来看，农民合作组织能够在贫困发生之前帮助贫困边缘农户进行事前贫困阻断，并在贫困发生之后对已经陷入贫困的农户进行事后帮扶，帮助其摆脱贫困；从发展的视角来看，农民合作组织能够通过创新带来的绩效和经济增长助力扶贫。促进农民合作组织充分发挥其扶贫效应的政策思路应该基于个体理性约束设计激励机制和约束机制，并基于激励相容约束设计实施机制和保障机制。

本书既可为农业经济学研究者提供研究借鉴，也可为各级政府部门提供决策依据，还可为农民合作组织和相对贫困治理实践者提供行动参考。

图书在版编目（CIP）数据

农民合作组织视角的贫困跨越机制：基于 1978-2018 年数据的分析 / 杨丹等著. —北京：科学出版社，2023.4
ISBN 978-7-03-071054-3

Ⅰ. ①农… Ⅱ. ①杨… Ⅲ. ①农业合作组织-作用-扶贫-研究-中国 Ⅳ. ①F323.8

中国版本图书馆 CIP 数据核字（2021）第 268794 号

责任编辑：陶 璇 / 责任校对：任苗苗
责任印制：张 伟 / 封面设计：有道设计

科学出版社 出版
北京东黄城根北街 16 号
邮政编码：100717
http://www.sciencep.com

北京建宏印刷有限公司 印刷
科学出版社发行 各地新华书店经销

*

2023 年 4 月第 一 版　开本：720×1000　1/16
2023 年 4 月第一次印刷　印张：18 3/4
字数：376 000

定价：198.00 元
（如有印装质量问题，我社负责调换）

谨以此书
献给一直默默努力前行的
科研工作者！

作者简介

杨丹，西南大学经济管理学院教授、博士生导师，主要从事农业经济学、资源环境经济学、福利经济学等领域的研究。农业农村部神农青年英才、重庆英才·创新创业领军人才、巴渝学者·青年学者，中国农业技术经济学会理事、中国农业经济学会青年（工作）委员会委员。美国南卡莱罗纳大学（University of South Carolina）摩尔商学院访问学者（2008~2009年）、浙江大学管理学院访问学者（2013~2014年）、国际食物政策研究所（International Food Policy Research Institute，IFPRI，北京）访问学者（2015~2016年）、法国图卢兹经济学院（Toulouse School of Economics，TSE）访问学者（2016~2017年）。曾在 Journal of the Asia Pacific Economy、China Agricultural Economics Review、Journal of Economic Surveys、Economic Modelling、《经济研究》、《管理世界》、《经济学（季刊）》和《中国农村经济》等国内外权威期刊公开发表40余篇学术论文，出版专著2部。曾获首届中国青年农业经济学家论坛年度学者荣誉，重庆市社会科学优秀成果奖一、二、三等奖，重庆市教学成果奖一等奖，重庆市优秀教育科研成果二等奖，重庆市发展研究奖三等奖，重庆市优秀博士学位论文奖，CAER-IFPRI国际学术会议最佳论文奖等奖项。主持亚洲开发银行国际项目2项、国家社会科学基金项目（含重点项目）3项、教育部后期资助重大项目、重庆市教育委员会哲学社会科学重大项目和重点项目等20余项学术研究项目。研究成果多次被引用和转载、政策建议多次被重庆市相关政府部门采纳。

刘自敏，西南大学经济管理学院教授、博士生导师，主要从事产业经济学、能源与气候变化经济学等领域的研究。国际清洁能源拔尖创新人才、重庆英才·青年拔尖人才、中国成本研究会理事、中国现场统计研究会经济与金融统计分会理事、重庆市区域经济学会理事、重庆市统计专业高级职称评审委员会委员、重庆市教育评估监测专家。美国哈佛大学（Harvard University）访问学者（2012~2013年），法国图卢兹经济学院（Toulouse School of Economics，TSE）合作交流（2015~2016年），瑞典梅拉达伦大学（Malardalen University）学习（2018年），受培训于芝加哥大学、北京大学、中国人民大学、北京理工大学。曾在 Journal of the American Medical Association，China Agricultural Economics Review，Journal of Integrative Agriculture，Economic Modelling 等 SSCI、SCI 期刊，以及《经济研究》《经济学（季刊）》《统计研究》《中国工业经济》等权威期刊中公开发表多篇学术论文，出版专著 2 部。曾获中国国际金融公司"可持续增长下的碳中和之路"全球征文优秀论文奖、香樟经济学论坛优秀论文奖、中国数量经济学会优秀论文一等奖、中国成本研究会优秀论文奖、重庆市教学成果奖一等奖、重庆市社会科学优秀成果奖三等奖、重庆市发展研究奖三等奖等奖项；先后主持国家自然科学基金青年项目、国家社会科学基金一般项目，以及全国教育科学规划教育部重点课题等 10 余项学术研究项目。研究成果多次被引用和转载，政策建议多次被省级政府部门采纳、形成省级政协重点提案，并被省级领导批示。

序 一

  农业、农村、农民，一直是习近平总书记心之所系。脱贫摘帽不是终点，而是新生活、新奋斗的起点（习近平，2021），中国将要长期面对和解决的是相对贫困，要建立解决相对贫困的长效机制。当前，中国处于百年未有之大变局阶段，培育农民合作社、家庭农场等新型农业经营主体，既是农民和农业适应市场化的需要，又是农业组织化、农业纵向一体化和农业现代化的需要。同时，农民合作组织是开启小规模农业走向现代化之门的一把钥匙。许多国家现代农业的发展实践表明，小规模农户生产同样可以实现农业规模经营和农业现代化，源自农民合作组织发挥的重要作用。中国农民合作组织的发展不仅对于中国农民本身，而且对于中国乡村治理、农业现代化、乡村振兴、农业强国建设，以及整个中国经济社会的进一步改革与转型，都将具有极其深远的意义。因此，深入探讨农民合作组织视角下中国贫困跨越机制对于巩固脱贫攻坚成果与乡村振兴的有效衔接、助力共同富裕具有重要的理论和现实意义。该书正是立足于中国面临的现实问题，致力于探讨农民合作组织的跨期贫困治理机制，对中国过去的减贫经验进行总结、反思，尤其是探讨其理论规律和现实逻辑。

  该书从新的视角提出了中国的贫困治理问题，拓展和完善了农民合作组织助力贫困治理的研究框架。首先，从动态的视角构建农民合作组织"事前阻贫-事后扶贫"的逻辑框架；其次，从发展的视角构建农民合作组织"创新-增长"扶贫的逻辑框架，包括"成本降低型创新-增长"的贫困跨越机制和"质量提升型创新-增长"的贫困跨越机制。同时，该书把这两个逻辑统一到一个研究框架之中，即从动态和发展的视角对农民合作组织助力贫困治理的作用机理进行系统研究。

  该书用新的理论解释中国的贫困治理问题，通过贫困动态性理论、创新-增长理论等深入系统地分析农民合作组织的跨期扶贫效应。农民合作组织不仅可以通过帮助农户进行风险管理、降低贫困脆弱性，还能够通过精准识别和动态监测低收入农户、优化农户可持续生计策略，帮助其减缓多维贫困。同时，农民合作组织能够通过参与创新带来组织绩效和农村经济的增长，从而提升农户收入。此外，该书基于个体理性约束和激励相容约束，完善和构建了农民合作组织参与贫困治理的激励机制、约束机制、运行机制和保障机制等方面的支持政策。

该书用新的方案解决中国的贫困治理问题，以农民合作组织为切入点，分析其贫困治理的理论机理及扶贫效应。中国农村贫困治理的成功经验显然是多个因素共同作用的结果，而农民合作组织作为农村重要经营主体及分散小农有机联结的重要组织载体，在农村贫困治理中发挥的作用不容小觑。通过建立新的研究框架和研究范式，对现有农村贫困治理成功经验进行总结，提出农民合作组织跨期扶贫创新模式和相应的政策设计，不仅能够为世界减贫工作提供解决方案，也能够为中国未来长期相对贫困治理提供可行的经验借鉴。

我曾是杨丹教授在浙江大学做教育部高级访问学者时的合作者，与她共事的时间虽短，但是她关于农民合作组织发展的观点却与我不谋而合。这么多年，杨丹教授一直从事农业经济学、福利经济学等领域的研究，并取得了丰硕的研究成果。我很高兴为杨丹教授和刘自敏教授团队合著的《农民合作组织视角的贫困跨越机制：基于1978~2018年数据的分析》一书作序。希望该书的出版，可以为解决中国"三农"问题贡献更多智慧和力量。

同时，浙江大学中国农村发展研究院也欢迎致力于从事农业经济学领域研究的学者共同探讨、交流，为该领域的学术研究与中国的乡村振兴战略的实施和共同富裕目标的实现做出重要贡献。

浙江大学中国农村发展研究院创始院长、首席专家

2023年3月29日

序 二

经过数十年几代人的接续努力，特别是十八大以来的奋发攻关，终于在2020年实现全国农村脱贫，进入小康。在40年左右的时间内，使数亿贫困人口摆脱贫困，达到衣食无忧，且少有所教、老有所养、病有所医，是震惊世界的伟大成就，是人类发展的壮举，是中国对世界文明进步的巨大贡献，这一伟大成就的取得，既有党的坚强领导、政府的有效作为、人民的艰苦奋斗，也有丰富的治贫经验和创新的脱贫路径。对脱贫攻坚进程中创造的经验和选择的路径进行总结，可以召示当代并启迪后人。杨丹和刘自敏团队应用1978~2018年的数据，从农民合作组织的视角研究农民合作组织在脱贫中的角色、作用、机理和贡献，并将研究成果形成专著《农民合作组织视角的贫困跨越机制：基于1978~2018年数据的分析》，便是对脱贫经验的有益探索。

改革开放初，中国农村贫困率达80%以上，且贫困程度深、分布广，脱贫任务十分艰巨。与此相应，中国农村扶贫也经历了广义扶贫阶段、减贫阶段、扶贫阶段、扶贫攻坚阶段、全面脱贫阶段。在不同的扶贫阶段中，多种形式的农民合作组织逐渐发展壮大，在脱贫中发挥了重要的作用。截至2021年，在脱贫地区发展起来的"公司+农户"形式的龙头企业达到1.5万余家，农民合作社72万余家，过去在脱贫中做出了贡献，现在仍在巩固和拓展脱贫成果中充当重要角色。

该书将农民合作组织在贫困治理过程中扮演的角色定位为扶贫主体、脱贫载体和协同纽带。扶贫主体是指农民合作组织能够把自身拥有的扶贫资源有效传递到低收入农户手中，帮助农民合作组织内部成员中的低收入农户增收，提升可持续生计。脱贫载体是指农民合作组织能够成为低收入农户的利益代表，接受扶贫主体的各种资源。协同纽带主要体现在农民合作组织不仅是不同扶贫主体之间共同协作的纽带，也是扶贫主体和低收入农户之间有效沟通的桥梁，更是低收入农户之间团结合作的平台。

该书论证了农民合作组织不仅具有事前阻贫的功能，还具事后扶贫功能。事前阻贫是指帮助未陷入贫困的边缘农户、低收入农户进行贫困阻断，降低其陷入贫困的风险；事后扶贫主要是指对陷入贫困的农户进行事后帮扶，帮助低收入农户跨越贫困。一方面，农民合作组织通过风险感知、风险评估和风险预警帮助贫困边缘农户进行风险识别，减少风险暴露机会，改善贫困脆弱性。另一方面，农民合作组织有助于改善低收入农户的可持续生计策略。通过农民合作组织的社会网络、共享知识、生产要素、资金资源和自然资源为低收入农户可持续生计策略的改善提供重要保障，有效减缓农户的贫困风险。

该书分析了农民合作组织通过创新，强有力促进农村贫困治理。农民合作组织能够从制度、管理、技术、产品等方面协同创新，促进经济、社会、生态效益提高。此外，农民合作组织的内部信任能够促进产业创新，从而实现合作组织绩效增长，帮助成员农户增加经济收益，从而达到贫困治理目标。农民合作组织通过创新实现绩效增长，实现对内帮扶；通过知识外溢实现创新扩散，实现对外帮扶；通过影响其他制度主体以节约创新过程中的交易成本，从而实现绩效增长。

杨丹和刘自敏是西南大学经济管理学院的两位青年教授，《农民合作组织视角的贫困跨越机制：基于1978~2018年数据的分析》是其团队新著，为贺其即将付梓，是为之序。

戴思锐

西南大学经济管理学院教授

2023年3月29日

前　言

贫困是人类社会的顽疾，反贫困是世界各国尤其是发展中国家普遍存在的突出难题。中国作为最大的发展中国家，反贫困事业取得举世瞩目的成就。2020年中国脱贫攻坚战取得了全面胜利，现行贫困标准下，中国9 899万农村贫困人口全部脱贫，832个贫困县全部摘帽，12.8万个贫困村全部出列，区域性整体贫困得到解决，完成了消除绝对贫困的艰巨任务。在全球贫困状况依然严峻、一些国家贫富分化加剧的背景下，中国提前10年实现《联合国2030年可持续发展议程》减贫目标，为世界反贫困事业做出不可磨灭的贡献，减贫经验值得世界各国学习与借鉴。

中华人民共和国成立后，党中央一直重视反贫困工作。党的十八大以来，党中央更是鲜明提出，全面建成小康社会最艰巨最繁重的任务在农村特别是在贫困地区，没有农村的小康特别是没有贫困地区的小康，就没有全面建成小康社会。在中国经济整体创造了世界经济增长奇迹的同时，中国农村也实现了世界范围内的最大规模减贫。农村贫困人口全部脱贫，为实现全面建成小康社会目标任务做出了关键性贡献。但是，脱贫摘帽不是终点，而是新生活、新奋斗的起点。解决发展不平衡不充分问题、缩小城乡区域发展差距、实现人的全面发展和全体人民共同富裕仍然任重道远。因此，有必要对中国过去的减贫经验进行总结、反思，尤其是对农村减贫经验进行总结和梳理，探讨其理论规律和现实逻辑，一方面，为世界其他发展中国家的农村减贫工作提供经验借鉴；另一方面，以此为基础为中国将来的相对贫困治理提供更科学合理的解决方案。因此，总结中国的农村绝对贫困治理经验具有重要的理论与现实意义。本书不仅注重理论研究，还基于1978~2018年的数据进行实证分析，旨在总结过去的贫困治理经验，为今后巩固和拓展脱贫成果，促进乡村振兴，以及实现共同富裕提供理论和实践依据。

在中国农村减贫成就中，农民合作组织的作用不可忽视。本书旨在从农民合作组织的视角探讨贫困跨越机制。所关注的农民合作组织是指以农村家庭承包为基础，以民主治理、自愿联合为原则，相同农业生产经营服务的供给者、消费者或是同类农产品的供给者联合成立的互助性经济组织。具体指改革开放以来在中国农村涌现出的具有合作社性质的几类新型农民合作经济组织，包括农民专业合作社、股份合作社、社区合作社、供销合作社、农村信用合作社和扶贫互助社等。农民合作组织与社会各界有着密切的联系，作为一项政策与经济融合的制度创新，具有政治、经济、社会、人文等多方面的复合功能。国际劳工组织和国际合作社联盟都一致认为农民合作组织是最适合解决贫困和排斥等各方面问题的组织类型。中国政府出台的一系列政策文件也一向重视农民合作组织在贫困治理工作中的重要作用。1984年的中央一号文件首次明确提出支持和鼓励农民合作组织发展。2001年实施的《中国农村扶贫开发纲要（2001—2010年）》奠定了集中力量脱贫致富的基础，提出要采取更积极的措施鼓励民间科研机构、各类农村合作组织和各类科研组织直接参加项目，在扶贫开发中发挥更重要的作用。2011年实施的《中国农村扶贫开发纲要（2011—2020年）》标志着中国进入全面扶贫攻坚的阶段，提出通过扶贫龙头企业、农民专业合作社和互助资金组织，带动和帮助贫困农户发展生产。2012~2023年连续12年中央一号文件都对鼓励发展专业合作、股份合作等多种形式的农民合作组织，扶持发展新型农业经营主体促进农村经济发展进行了总体部署。在政府的大力支持下，中国的农民合作组织呈现蓬勃发展之势，并不断规范和完善，不仅在中国绝对贫困治理阶段对农村减贫贡献了重要力量，也在中国相对贫困和多维贫困治理阶段做出了持续贡献。因此，从农民合作组织的视角深入系统地探讨贫困跨越机制具有重要的理论和实践意义。

本书系统回顾中国农村贫困及其治理的基本历程，以及农民合作组织的发展历史，梳理农民合作组织参与农村贫困治理的成功经验，并从理论和实证的角度探讨农民合作组织参与的贫困跨越机制，意图回答一个核心科学问题：中国农民合作组织视角的贫困跨越机制是什么？为了回答这个问题，本书的研究内容主要从以下几个方面展开。

第一，对农民合作组织参与贫困治理的相关理论进行回顾和借鉴。基于新古典经济学、新制度经济学、委托代理理论和博弈理论视角对农民合作组织相关理论进行梳理和阐述；并对人口数量挤压、生态脆弱、物质资本不足、收入分配不均、权利与可行能力缺乏和制度原因导致的贫困及其治理理论进行梳理和归纳；在此基础上对现有理论进行分析和评价，为本书提供理论基础和分析依据，并指出现有理论研究的不足和可以提升的空间，为本书可能的创新创造条件。

第二，构建农民合作组织参与贫困治理的理论分析框架。从理论角度对农民合作组织的包容性、竞争性和益贫性等基本特征进行逻辑阐述；并对农民合作组织在贫困治理过程中所扮演的多重角色进行分析；再对农民合作组织参与贫困治理的理论机制进行框架性解释：基于贫困动态性理论提出农民合作组织的"事前阻贫-事后扶贫"的贫困跨越理论机制，基于发展的视角提出农民合作组织的"创新-增长"贫困治理机制。

第三，描述中国农民合作组织发展和农村贫困治理概况。对中国农民合作组织发展过程进行相关政策的梳理，分别对中国农民合作组织总体发展情况、分区域和分类型发展情况进行特征事实的描述；对中国农村贫困的历史变迁和特征进行描述和刻画；对中国农村贫困治理的过程和成效及相关扶贫政策进行梳理。

第四，创新性地从农民合作组织的视角分析"事前阻贫-事后扶贫"贫困跨越机制。基于界定农民合作组织"事前阻贫-事后扶贫"的概念框架，阐述农民合作组织事前阻贫的必要性和事后扶贫的有效性。基于贫困动态性理论给出农民合作组织"事前阻贫-事后扶贫"的理论解释，即在贫困发生之前通过风险识别和风险分担缓解贫困边缘农户可能遇到的风险，并通过提高农户的抗风险能力等措施降低贫困边缘农户的贫困脆弱性，以达到事前贫困阻断的目的；在贫困发生之后通过对贫困农户的精准识别和动态监测帮助贫困农户提高生计资本，减缓贫困农户的多维贫困，以达到事后扶贫的目的。选取典型案例对农民合作组织事前阻贫、事后扶贫进行多案例比较分析，从而验证理论解释，并为探索农民合作组织"事前阻贫-事后扶贫"模式找到经验证据。

第五，从农民合作组织的视角分析"创新-增长"框架的贫困跨越机制。通过农民合作组织创新成本和收益对比，对农民合作组织创新决策进行理论分析。基于技术创新和产品创新理论提出农民合作组织的创新-增长扶贫逻辑，并从社会信任、知识外溢、制度网络视角解释农民合作组织参与创新并提升自身绩效，促进农村经济增长，从而帮助农户减缓贫困的作用机制。基于农民合作组织视角，分别对农民合作组织通过成本降低型创新和质量提升型创新带来经济增长，从而缓解农户贫困进行实证分析，对农民合作组织不同创新方式的扶贫绩效进行综合评价。

第六，梳理农民合作组织参与贫困治理的国际经验，并进行比较与借鉴。世界各国的农民合作组织体系，以及农村经济发展和农村贫困缓减程度因各国自身条件和发展情况的不同而存在差异。通过对以日本、印度为典型代表的不同经济发展水平国家的农民合作组织模式和贫困治理实践的回顾与梳理，系统归纳与总结典型国家促进农村贫困缓减的农民合作组织体系、合作扶贫模式、扶贫机制及其实践经验，为中国及其他发展中国家农民合作组织发展及相对贫困和多维贫困治理的制度设计与政策优化提供现实参考。

第七，设计提升农民合作组织相对贫困和多维贫困治理效应的优化政策和实施路径。基于个体理性约束和激励相容约束，通过解决政府和农民合作组织之间的委托代理问题，提出相应的政策设计思路。在这个政策设计框架中，政府是委托人，农民合作组织是代理人，政府通过委托农民合作组织完成扶贫目标，从而形成扶贫过程中的委托代理关系。因此，需要基于个体理性约束设计完善农民合作组织参与相对贫困治理的激励机制、构建农民合作组织参与相对贫困和多维贫困治理的约束机制；同时，基于激励相容约束设计优化农民合作组织参与相对贫困和多维贫困治理的实施机制、健全农民合作组织参与贫困治理的保障机制。

基于对以上内容进行理论和实证研究，形成的主要结论性观点包括以下几个方面：第一，农民合作组织具有包容性、竞争性和益贫性等基本特征，使其能够在农村相对贫困治理及乡村振兴战略中做出重要贡献。第二，农民合作组织在参与贫困治理过程中扮演着多重角色，既是扶贫主体，又是脱贫载体，还是扶贫协同纽带。第三，纵观历史和现实，中国农村扶贫成绩卓著，农民合作组织发展功不可没，为世界各国提供了经验借鉴。第四，低收入农户风险暴露程度较高，面临着资产风险、收入风险、福利风险等多种多样的风险冲击；同时，低收入农户风险承担能力较低、缺乏风险应付机制，因此低收入农户处于贫困脆弱性及易返贫致贫人口中。第五，从贫困演变的动态视角来看，在贫困发生之前帮助贫困边缘农户进行事前贫困阻断，在贫困发生之后对陷入贫困的农户进行事后帮扶是必要而且有效的。第六，从发展的视角来看，农民合作组织能够通过制度创新、管理创新、技术创新、产品创新带来经济效益、社会效益、生态效益的提升，从而实现相对贫困的治理。第七，从国际经验来看，不同经济发展水平的典型代表国家已经取得了不同程度的减贫成绩，但仍存在不同类型的贫困问题，反贫困依然是长期需要坚持的工作，各国农民合作组织均肩负一定程度的减贫使命，但扶贫经验模式各有不同，值得借鉴。第八，促进农民合作组织充分发挥其扶贫效应的政策思路应该基于个体理性约束设计激励机制和约束机制，并基于激励相容约束设计实施机制和保障机制。

本书是在本人主持的以"良好"等级结项的国家社科基金青年项目"农村新型合作组织的扶贫效应及相关政策研究"（16CGL036）的研究报告的基础上修改完成的。本书的完成也得到了国家社会科学基金重大项目"实现巩固拓展脱贫攻坚成果同乡村振兴有效衔接研究"（21ZDA062）、国家社会科学基金重点项目"乡村振兴视域下脱贫摘帽地区内生发展能力提升的适宜路径与精准政策研究"（21AGL029）、重庆市科学技术局项目"重庆市发展现代乡村产业体系促进乡村振兴的路径研究"（CSTB2022TFII-DIX0053）等资助。本书提出的相关政策建议曾被省级重要领导批示，并多次被省级政府部门采纳：被重庆市人民代表大会常务委员会副主任批示；形成中国人民政治协商会议重庆市委员会重点提案并受到高度重视，并由中国人民政治协商会议重庆市委员会副主席亲自督办；被重庆市乡村振兴局、重庆市农业农村委员会、中共重庆市委外事工作委员会、重庆市人民代表大会法制委员会等政府部门采纳。本人也多次作为专家参与重庆市农业农村委员会、中共重庆市委外事工作委员会、重庆市人民代表大会法制委员会等政府决策咨询。本书从 2015 年开始构思，2020 年完成初稿，之后一直在不断修改和完善，直到出版前夕。

前　言

　　本书是本人的第三部专著，完成此书，我也已经到了不惑之年。回首我的学术研究之路，并不顺利，也不轻松，可能也不够精彩。此书不仅见证了我在学术研究道路上的成长，也展示了我的人生经历，我也想以此书献给和我一样一直在学术道路上默默努力前行的同路人。本书的完成得益于许多良师益友的支持和帮助。我在西南大学经济管理学院工作了19个年头，我的所有研究成果都和西南大学经济管理学院有关。感谢西南大学经济管理学院的李容教授，我的博士导师，也是引领我开启学术研究道路的启航人。感谢西南大学经济管理学院的戴思锐教授，他是李容老师的博士导师，因此我也得到戴老师的颇多关注和指导。感谢重庆工商大学校长温涛教授，曾经是我的同事、朋友、领导，也是我学术生涯规划的航标灯。感谢西南大学经济管理学院王志章教授、祝志勇教授、丁忠民教授等一大批给予过我关心和支持的前辈和同事。感谢在本书的写作及我这段研究过程中给我持续提供帮助的众多专家和学者们，包括我在法国图卢兹经济学院（Toulouse School of Economics，TSE）访学期间的合作导师 Zohra Bouamra-Mechemache 教授和 Vincent Réquillart 教授、我的合作者德国哥廷根大学（University of Göttingen）的于晓华教授、西南财经大学的余建宇教授，以及浙江大学的黄祖辉教授、徐旭初教授、郭红东教授、梁巧教授等，在与这些专家学者的交流合作中，我对于学术问题的把握和领悟更加深刻。感谢为本书所采用的微观调查数据采集做出贡献的一大批人，包括重庆市农村合作经济经营管理总站李廷友站长，被调查区县农委的领导、农民合作组织负责人、被访农户，由项目研究团队成员和一大批研究生、本科生构成的调研团队等。感谢参与课题研究的团队成员，包括刘自敏教授、张应良教授、王图展教授、王晓丽博士、邓明艳博士、尹凯博士、崔志伟博士，硕士研究生唐羽、曾巧、龚已迅、申颢、冯月等。感谢硕士研究生朱珠、李娟等的文字校对工作。感谢科学出版社的李嘉编辑付出的辛勤努力。

　　最后，本书的完成也是自己一段学术生涯的回顾和印证，学术研究于我而言从最开始的学习任务逐渐变为后来的职业追求，从懵懂到敬畏，到现在已经成为生命中不可或缺的部分，痛苦和乐趣都源于此。愿自己朝着心中的光，透过黑暗，走出隧道，奔向旷野。

杨　丹
2023年3月28日
于西南大学经济管理学院大楼

目 录

第一章 导论 ·· 1
 第一节 研究问题 ·· 1
 第二节 核心概念 ·· 4
 第三节 研究内容和思路 ·· 11
 第四节 研究数据 ·· 14
第二章 理论和文献梳理 ··· 17
 第一节 合作社理论和文献 ·· 17
 第二节 贫困及其治理理论和文献 ··· 23
 第三节 现有理论和文献评述 ··· 34
 第四节 本章小结 ·· 38
第三章 理论分析框架 ·· 40
 第一节 农民合作组织的基本特征 ··· 40
 第二节 农民合作组织的角色和功能 ······································ 49
 第三节 农民合作组织视角的贫困跨越机制 ···························· 54
 第四节 本章小结 ·· 63
第四章 中国农民合作组织发展与农村贫困治理 ·························· 65
 第一节 中国农民合作组织发展情况 ······································ 65
 第二节 中国农村贫困特征事实 ·· 80
 第三节 中国农村贫困治理过程及成效 ··································· 91
 第四节 本章小结 ·· 107
第五章 农民合作组织"事前阻贫"贫困跨越机制 ······················ 109
 第一节 农民合作组织"事前阻贫"概念框架 ······················· 109
 第二节 农民合作组织"事前阻贫"理论逻辑 ······················· 113
 第三节 农民合作组织"事前阻贫"多案例分析 ···················· 123
 第四节 本章小结 ·· 129

第六章　农民合作组织"事后扶贫"贫困跨越机制 131
第一节　农民合作组织"事后扶贫"概念框架 131
第二节　农民合作组织"事后扶贫"理论逻辑 134
第三节　农民合作组织"事后扶贫"多案例分析 145
第四节　本章小结 151

第七章　农民合作组织"成本降低型创新–增长"贫困跨越机制 153
第一节　农民合作组织成本降低型创新概念框架 153
第二节　农民合作组织"创新–增长"贫困跨越的逻辑解释 159
第三节　"成本降低型创新–增长"贫困跨越实证框架 168
第四节　"成本降低型创新–增长"实证分析 172
第五节　"成本降低型创新–增长"贫困跨越实证分析 180
第六节　本章小结 186

第八章　农民合作组织"质量提升型创新–增长"贫困跨越机制 188
第一节　农民合作组织质量提升型创新概念框架 188
第二节　农民合作组织"质量提升型创新–增长"贫困跨越理论分析 194
第三节　"质量提升型创新–增长"贫困跨越实证框架 200
第四节　"质量提升型创新–增长"贫困跨越实证分析 205
第五节　"质量提升型创新–增长"贫困跨越机制分析 213
第六节　本章小结 217

第九章　农民合作组织视角的贫困跨越国际经验借鉴 219
第一节　日本农民合作组织参与贫困治理的经验 219
第二节　印度农民合作组织参与贫困治理的经验 231
第三节　本章小结 241

第十章　研究结论与启示 243
第一节　研究结论 243
第二节　政策建议 246
第三节　研究展望 256

参考文献 258

第一章 导 论

> 给予人们正确的环境，那么他们追求自身利益的结果可以提高全民的福利。
> ——亚当·斯密（Adam Smith）

人类社会一直被贫困问题困扰，世界各国也始终致力于和贫困作斗争，发展中国家尤其付出了更多的努力。虽然世界贫困问题得到一定程度的缓解，但收入差距不断扩大、相对贫困和多维贫困问题日益突出等现象仍然存在。中国作为最大的发展中国家，在反贫困领域取得显著成效，尤其在农村地区的反贫困成绩卓著，为世界反贫困事业做出不可磨灭的贡献，减贫经验值得世界各国学习与借鉴。探讨并梳理中国农村贫困治理的成功经验是一个具有挑战性的议题，本书试图从农民合作组织的视角出发，通过构建理论分析框架，探寻其在贫困跨越机制方面的内在机理，并采用实证分析方法对其贫困治理绩效进行评价。不仅能够丰富现有的理论研究内容，还能为中国今后的相对贫困和多维贫困治理工作提供实践借鉴。

第一节 研 究 问 题

一、研究背景

世界各国一直致力于缩减甚至消除贫困，推动人类社会繁荣与进步。自1990年世界银行确定国际贫困线标准为每人每日生活费 1.9 美元以来，各国政府一直致力于减贫事业并取得了显著成效。据联合国统计，1990~2018 年，全球极端贫困人数占比由 36%降至 8.6%。作为占全球人口超两成的最大发展中国家，贫困对中国的发展造成了长期困扰。中国一直重视反贫困工作。自改革开放以来，中国经济整体保持高增长的同时，农村也实现了世界范围内的最大规模减贫。由国家统计局相关数据可知，以农村居民家庭人均纯收入2 300元（2010年不变价）作为中国农村贫困标准统计，中国农村贫困人数从1978年末的7.7亿人降至2018年末的1 660万人，累计减贫人数7.5亿人，97.5%的贫困发生率也下降到了1.7%。贫困地区农村居民2019年人均可支配收入1.157万元，去除通货膨胀因素后，实际增速高于全国农村增速1.8%，较上年实际增加8.0%[①]。2020年中国的全面脱贫意味着绝对贫困的消除，但是中国想实现全体人民的共同富裕还需要较长时间，相对贫困和多维贫困治理仍将继续。中国的贫困特征在2020年后发生了以下变化：绝对贫困向相对贫困转化，多维贫困将替代单独收入贫困，差异化贫困将出现。当农村贫困特征改变时，贫困治理措施需要由"扶贫"向"阻止贫困发生"转变；将减贫政策与社会救助进行衔接，重点关注养老、医疗、教育等社会保障水平的均等；倡导多元主体参与贫困救助、构建共建共享减贫格局等。在贫困问题呈现新特征，减贫战略亟须新调整的现实背景下，我们有必要对中国过去的贫困治理经验进行总结和梳理，为世界贫困治理工作提供经验借鉴，并为中国的乡村振兴和共同富裕目标提供解决方案。

在中国的农村减贫成就中，农民合作组织的作用不可忽视。农民合作组织与社会各界有着密切的联系，作为一项政策与经济融合的制度创新，它具有政治、社会、经济等多方面的功能。国际劳工组织和国际合作社联盟都一致认为农民合作组织是最适合解决贫困和排斥等各方面问题的组织类型（Wanyama，2014）。中国的一系列政策文件也逐步明确了农民合作组织在贫困治理工作中的重要作用。据统计，截至2018年底，全国农民专业合作社的数量为217.3万家，同比增加6.5%，是2007年数量的83.6倍；截至2019年底，全国依法登记的农民专业合作社达220.1万家[②]。

基于以上现实背景，农民合作组织参与贫困治理也引发了学术界的关注。相关研究肯定了农民合作组织对于农村贫困治理的积极作用。主要体现在：一是农民合作组织能够促进贫困农户的各种生计资本积累。例如，在增加贫困农户金融资本的基础上，农民合作组织可通过社内信用合作，缓解农户的生产资金约束（Sanchis-Palacio and Melián-Navarro，2011）。农民合作组织本身是社会资本的重要构成，能引导低收入者过渡到社会经济的主流，从而有效整合各种社会资源（Majee and Hoyt，2011）。农民合作组织还能提高贫困农户的人力资本（Wanyama et al.，2008；Bhukuth et al.，2018），提高贫困群体的主体性、自我管理水平、自我发展水平、参与建设的能力等（Birchall，2003）。二是农民合作组织有助于提升农民收入水平，并改善农户福利（Yang and Liu，2012；Verhofstadt and Maertens，2014a；

[①] 资料来源：国家统计局和历年《中国统计年鉴》。
[②] 资料来源：农业农村部网站。

Ma and Abdulai，2016）。农民合作组织还可以创造就业机会，通过为贫困农户提供工作，从而增加其收入（Ranis，2010；唐宗焜，2012）。农业创业对农户有显著增收效应，且随农户收入水平的提高而增加（杨丹和曾巧，2021）。Halse（1980）发现农民合作组织可在某些方面打破农村贫困循环，使更多的农村贫困人口增加收入和分享效益（刘宇翔，2015）。但同时，相关研究也发现中国的农民合作组织参与贫困治理也存在现实困境。一是部分农民合作组织本身发展不够规范和完善，无法发挥贫困治理的功能。在农民合作组织的发展过程中，部分农民合作组织中的成员之间走向了非零和博弈的联盟，内部出现了"少数成员控制"情况，"空壳合作组织"等不合理现象（苑鹏，2013；邓衡山和王文烂，2014；杨丹和王晓丽，2020a），以及极端贫困农户和富裕户参与农民合作组织的比重较低的"中心效应"（Mercer，2002）均使得农民合作组织的扶贫功能受到限制（朋文欢和黄祖辉，2017）。二是由于制度的异化引发了学者对于农民合作组织是否会排斥贫困农户的研究（Jensen and Meckling，1976）。一方面，农村的贫困农户处于弱势，先天禀赋弱，风险抵御能力低等因素，使得他们很难自己成立联合组织，而已经成立的农民合作组织一般为了保证对主要成员的激励作用，会对加入农民合作组织设立门槛，限制一定的数量形成入门排斥（Weinberger and Jütting，2001）。另一方面，相对于贫困农户，农民合作社对人均资本较高农户所产生的收入提升效应更明显，故合作社并未较好保护贫困农户收益（胡联，2014）。农民合作组织对贫困农户的排斥，导致农民合作组织的金融扶贫效果不能正常发挥（Shylendra and Samapti，2010），还将导致农村收入差距进一步扩大，贫困更加持久（Copestake et al.，2001）。

从以上现实背景来看，对贫困治理机制的探讨是世界各国长期努力的方向，而中国的努力格外引人注目。中国取得了显著的减贫成绩，尤其是在农村减贫领域。中国的农民合作组织作为重要的新型农业经营主体和农户自愿联合的组织载体，在政府的长期政策支持下呈现蓬勃发展之势，对农村减贫的贡献不可忽视。同时，从现有文献的学术背景来看，学术界通过理论和实证研究肯定了农民合作组织对农村减贫的重要作用，并找到了农民合作组织有助于农民资本积累、收入增加、福利提升、贫困减少的经验证据。但同时也指出了农民合作组织参与贫困治理的现实困境。因此，深入系统地对农民合作组织的贫困跨越机制进行探讨，对农村相对贫困的治理具有重要的理论和实践意义。

二、研究问题

据联合国统计，全球农村地区的极端贫困率是城市地区的三倍，因此对农村贫困的治理是贫困治理工作的重中之重。在众多农村贫困治理方式中，以内生发展为核心的贫困治理方式尤为重要。这种治理方式需要充分发挥贫困农户在减贫过程中的主体作用，激发他们的内生发展动力。通过引发贫困农户产生强烈的脱贫意愿，并提升他们的脱贫能力，促使他们主动脱贫。政府等贫困治理主体通过创造良好外部环境和条件为农户脱贫提供制度、基础设施、资金、物质、技术等全方位的要素保障。并且贫困农户可在农民合作组织中提高自身能力与管理水准，并展示自主性，从而实现脱贫。因此农民合作组织一直被认为是缓解农村贫困的重要支撑，并为农村减贫提供可行路径。

农民合作组织是农户共同创设的、具有协作性的组织，其本身具有扶贫、减贫的作用而易于被低收入农户认同，故该组织是良好的反贫困载体。新时期中国的农民合作组织呈现出复杂化和多样化的特征，面临的发展瓶颈也非常突出。一方面，中国的农民合作组织发展普遍还处于不断完善阶段，与发达国家农民合作组织相比还存在差距，市场竞争力和可持续发展能力还有待提升。另一方面，1978~2018年农民合作组织参与贫困治理在中国的总体贫困治理战略体系中的政策设置和体制机制还不够完善。

尽管如此，农民合作组织参与乡村振兴仍存在很大的拓展空间。首先，消灭绝对贫困之前由政府主导的自上而下的贫困治理工作面临较大的挑战，自下而上的内生减贫机制将产生更大的社会经济效益。因此，政府在乡村振兴阶段如何充分调动农户的力量以促进脱贫摘帽地区的内生发展能力，是一个迫切需要重视的问题。农民合作组织能够通过整合资源，联合农民利用市场化的力量推动组织和农民的内生性发展，能够对政府在新阶段的减贫实践形成有益的补充。其次，中国政府加大了对农民合作组织的扶持、培育力度，农民合作组织发展的全局趋势向好。尤其在脱贫摘帽地区，政府在制度和政策上均十分鼓励农民合作组织参与巩固脱贫成果和相对贫困的治理。随着农民合作组织的发展壮大和社会认可度的提高，农民合作组织参与乡村振兴的制度优势会越来越明显。

基于以上现实背景和学术背景，本书将系统研究农民合作组织的贫困跨越机制。通过回顾中国农村贫困及其治理的基本历程，以及农民合作组织的发展历史，梳理农民合作组织参与农村贫困治理的成功经验。通过以上分析回答这个核心科学问题：中国农民合作组织视角的贫困跨越机制是什么？

第二节　核心概念

本书相关的核心概念主要包括农民合作组织、贫困和贫困跨越。由于相关概念的不同表述较多，内涵和外延也有不同，因此需要进行统一和规范的界定，以便明晰研究对象和研究范围。

一、农民合作组织

关于"合作"的定义较多。《不列颠百科全书》将"合作"解释为"联合行动或共同努力"，《现代汉语词典》把"合作"定义为"人们为了一定的目的联合行动或共同完成某项任务"，《辞源》把"合作"定义为"两个或两个以上人共同创造"。

基于人类社会中纷繁复杂的合作行为，理论界也给出了各种各样的"合作"定义。通过对相关文献进行梳理，发现学者对合作的定义主要包括两个方面。一方面，基于"行为性"来定义"合作"。Bateson 等（1991）认为"合作"是一种刻意的或有意识的协作行为。故非有意的行为不可被认定为合作。另外，单个个体的行为需被其余个体影响，即所有个体需要协作。另一方面，基于"经济性"来定义"合作"。Clements 和 Stephens（1995）认为合作是可为所有个体带来相互利益的共同行动。

基于以上文献，结合主体的行为性及其结果的经济性来定义"合作"，即一种追求自身利益的同时为一起行动的各方均带来利益的协作性活动，也就是为了共同的目标和利益而进行自愿联合的行为。

农民合作组织对应于国际合作经济学界的"农民合作社"或"农村合作社"的概念，有 cooperatives、farmer cooperatives、agricultural cooperatives、rural cooperatives、cooperatives organizations 和 rural cooperatives 等称谓。中国现有的农民合作组织主要有"农民合作（经济）组织"、"农村合作（经济）组织"、"农业合作（经济）组织"、"农民合作社"、"农村合作社"和"农业合作社"等不同称呼。本书统一界定为农民合作组织。需要注意的是，本书所指的农民合作组织具体指改革开放以来在中国农村涌现出的具有合作社性质的几类新型农民合作经济组织，包括农民专业合作社、股份合作社、社区合作社、供销合作社、农村信用合作社和扶贫互助社等。

由于合作社是国际通行的叫法，为了对本书界定的农民合作组织进行科学定义，我们首先对国际上一些有代表性的合作社定义进行梳理，如表1-1所示。

表1-1 合作社定义的文献梳理

来源	定义
Nourse（1922a）	合作社是一个通过控制卖方市场进而控制农产品价格的在市场中只经营单一农产品的垄断组织，具有充当"市场竞争标尺"的功能

续表

来源	定义
Enke(1945), Helmberger 和 Hoos (1962), Sexton (1990)	农业合作社是一种企业组织，通常由企业生产者成员结社、拥有和控制，为作为生产者或惠顾者的成员或股东的共同利益，在允许用于运营、存续和其他经过认可的用于发展和必要积累的扣除之外，在成本基础上运作
Emelianoff (1948), Robotka (1950), Phillips 1953)	合作社是一种垂直一体化的组织形式，是独立的农场主为了从纵向协调中获益的一种联合行动
Phillips 和 Kaarlehto (1957), Trifon (1961), Cook 等 (2004)	农业合作社是一种独立的农场主为完成纵向一体化功能而横向联合的联盟
Vitaliano (1983), Staatz (1989)	合作社就是界定剩余索取权性质及代理人之间决策分配的两类合约的组织，是一种所有社员共同拥有资产剩余决策权和所有权的治理结构
Eilers 和 Hanf (1999), Hendrikse 和 Veerman (2001)	合作社是一组契约关系的集合，在治理结构和投资决策方面具有独特性

资料来源：笔者根据文献整理

根据现有文献可知，合作社是一种多元化的社会经济组织，既可以是新古典经济学框架下的一种由惠顾者成员共同所有的联盟或企业，也可以为制度经济学视角下的合约集；既可认为是不同利益相关者间竞争的结果，又可认为是多个个体联合行动的制度集，即一种由惠顾者成员民主控制的自治联合体。因此，我们将农民合作组织定义如下：以农村家庭承包为基础，以民主治理、自愿联合为原则，相同农业生产经营服务的供给者、消费者或是同类农产品的供给者联合成立的互助性经济组织。

农民合作组织有横向、纵向、混合等多种联结方式。横向联结指农户在进行相似的农业经营生产时，互相协作形成的合作组织。纵向联结指将整个农业经营生产过程中所有生产环节集合而形成的、仅有内部化交易的合作组织。混合联结指既包含农业生产中不同环节的互相协作，也包括进行相似或相同农业经营生产的互相协作。

二、贫困

（一）定义

贫困是国际社会普遍存在的现象，贫困问题的研究已有 100 多年的历史。其定义从狭义逐步向广义拓展，其内涵也从低收入致贫拓展为多维贫困，内涵不断丰富和完善。通过梳理既有文献，可以把贫困的定义大概分为以下几种，如表 1-2 所示。

表1-2 贫困定义的文献梳理

定义	来源	内涵
收入贫困	World Bank（1981）	当个人和家庭没有足够的资源去获得社会承认的，一般能够获得的饮食、生活条件和参与活动的计划，就是贫困的
能力贫困	Sen（1999b）	贫困不仅仅是收入不能够满足基本生存需要，还是一种基本能力不足的现象
权利贫困	世界银行《2000/2001年世界发展报告：与贫困作斗争》	贫困不仅仅指收入低微和人力发展不足，还包括人对外部冲击的脆弱性，包括缺少发言权、权利和被社会排斥在外
多维贫困	联合国开发计划署（United Nations Development Programme，UNDP）《1997年人类发展报告》	除了缺乏物质福利的必需品外，还意味着不能得到对于人类发展所必需的最基本的机会和选择权，如过上长期、健康、有创造性的生活，达到体面的生活标准，有尊严、满足自尊、受到他人尊重及得到人们在生活中普遍看重的东西

资料来源：笔者根据现有文献整理

贫困最初的内涵仅仅局限于收入贫困。英国学者朗特里（Rowntree，1901）对约克郡工人贫困问题进行家户调查研究时最早提出了收入贫困的定义。朗特里将贫困定义如下："如果一个家庭的总收入不足以支付维持家庭成员生存需要的最低生活必需品开支，这个家庭就基本上陷入了贫困之中。"朗特里从家庭收入状况来界定贫困，该类贫困即收入贫困，也称物质贫困。由此，贫困还可以拓展为消费贫困、资产贫困等。消费贫困指个体或其家庭的生活无法达到社会可以接受的最低标准，即存在生活资料缺乏。资产贫困指贫困人口储蓄能力低，致使其资本形成不足，而不充足的资本又会导致低收入，进而陷入一种无法摆脱的恶性循环（Nurkse，1953）。缺少食物获得、社交条件及资源的个人和家庭就是贫困的（Lund and Townsend，1981）。

能力贫困的定义主要来自诺贝尔经济学奖获得者阿玛蒂亚·森（Amartya Sen）关于可行能力缺乏的相关理论。Sen（1999b）提出能力贫困指教育医疗条件差、无工作与收入低下等因素会导致人口文化水平低下、营养状况差等。阿玛蒂亚·森认为贫困就是由于贫困人口缺乏相应能力而产生的，在测量贫困时，个体最根本的获取生存的能力到实现社会成就的能力均需考虑在内。他打破了原有低收入致贫的观点，即并非只关注贫困人口的经济收入状况，而是同时将其福利状况考虑在内；并非只关注贫困人口的生存状态，而是同时考虑其可行能力。并且从可行能力视角研究贫困，延伸了贫困研究的深度与广度。《2000/2001年世界发展报告：与贫困作斗争》指出："贫困不仅指物质的匮乏（以适当的收入和消费概念来测算），而且还包括低水平的教育和健康等"，此报告还指出贫困是由多种因素诱发的，即贫困成因包括风险脆弱性、无表达个体自身需求能力、缺少影响力及物质匮乏等。

权利贫困并非收入低下等经济因素所导致的。哈森格和伦斯基（Hassenger and Lenski，1966）认为在社会不存在无限资源、资源分配不公平的前提下，贫困群体因被排斥，可享有的资源过少而产生贫困。部分群体由于社会地位低下，无法参与社会经济发展而陷入贫困；在经济方面，部分群体因缺乏必要技术、资本而陷入贫困。托尼·阿特金森对于欧洲劳动力市场所存在的社会排斥问题进行了研究，并探讨了贫困、社会排斥与失业间的关系（Atkinson and Hills，1998）。

多维贫困的定义以阿玛蒂亚·森的能力贫困理论为基础。他认为除去低收入、缺乏生活必需品等因素，贫困主要体现为基本能力不足，如受教育程度低、无法享有高水平医疗及其他相关能力缺乏。在《1997年人类发展报告》中，联合国开发计划署认为，多维贫困不仅包括缺乏生存所必需的基本生活资料，还包括无法过健康、长久及富有创造力的生活，缺少生活中所应得的尊重与生活中重要的事物等。现有研究对多维贫困的识别和测量也从收入、文化教育、卫生、健康等多个方面进行（Alkire and Foster，2011；Labar and Bresson，2011；张全红和周强，2015）。

（二）类型

贫困的内涵日益丰富，定义也不断完善，可以基于不同的视角将贫困划分为不同的类型，有助于进一步加深对贫困内涵的认识和理解。贫困的类型如表1-3所示。

表1-3 贫困的类型

划分视角	类型	内涵	来源
范围	狭义贫困和广义贫困	狭义贫困指在一定的社会生产方式下，不能满足最基本的生存需要。广义贫困除了包括不能满足最基本的生存需要之外，还包括社会、文化、环境等方面的需求不能满足	Townsend（1979）；Rowntree（1901）
程度	绝对贫困和相对贫困	绝对贫困指缺乏维持生存的最低需求品，不能维持最基本的生存需求。相对贫困指在解决基本生存需求后，与其他社会成员相比或维持当时社会通行的某种生活标准而言的一种相对缺乏或不足的状态	Fuchs（1967）；Rodgers（1978）
时期	长期性贫困和暂时性贫困	长期性贫困指家庭或个人一定时间段内自始至终经历贫困。暂时性贫困指家庭或个人在一定时间段内只有部分时间处于贫困	Ravallion和Jalan（1998）；Kurosaki（2006）；Tabuga等（2010）
立场	客观贫困和主观贫困	客观贫困是从维持参与社会正常活动需要的商品中获取信息，根据商品组合识别个体获得的效用水平的评价。主观贫困是在特定社会环境和群体比较中，由个体和社会所接受的最低生活标准构成的主观判断	Ferrer-i-Carbonell（2005）

续表

划分视角	类型	内涵	来源
维度	收入贫困、能力贫困、权利贫困、文化贫困、生态贫困等	多维贫困指从多个社会福利特征指标来衡量贫困，本质是能力不足，表现是福利的缺失，福利是多维的、综合的，由此贫困也是多维的，涵盖了收入、能力、权利、文化、生态等多个方面	Sen（1981）；Alkire 和 Foster（2011）

资料来源：笔者根据文献整理。

根据贫困覆盖的范围大小，把贫困划分为狭义贫困和广义贫困。斯密（Smith，1776）以单个个体所拥有的生活必需品、消遣品等来判定该个体是否存在贫困。Rowntree（1901）认为，当家庭收入仅能满足家庭内个体的最低生活需求时，这个家庭就陷入了贫困。上述定义都属于狭义贫困的范畴，而广义贫困除了包括上述情况外，还包括无法满足文化、社会等方面的需求。Townsend（1979）认为，贫困就是个体或是其存在的团体缺乏食物与基本生存的必备资源、与其他个体或团体交往的资源及参加集体事务的机会。

按照贫困的程度不同，将贫困分为绝对贫困和相对贫困。Rowntree（1901）较早对绝对贫困进行定义。Rodgers（1978）指出绝对贫困产生的原因就是缺乏生活所必需的基本要素，而相对贫困则是在社会达到中等水平时才存在的。部分学者于 20 世纪 60 年代后提出了相对贫困相关概念。相对贫困的标准是具有主观性的，Runciman（1966）在对贫困的研究中，认为贫困人口的财产虽可基本满足其需要，但无法达到其所处社会的平均水准。

根据贫困存续的时期长短，将贫困分为暂时性贫困和长期性贫困。Bane 和 Ellwood（1896）是公认最早基于动态角度研究贫困问题的学者。Ravallion 和 Jalan（1998）则明确将动态贫困分为长期性贫困和暂时性贫困，指出一定时间段内只有部分时间处于贫困的个人或家庭属于暂时性贫困。世界银行在《1990 年世界发展报告》中指出，暂时性贫困是一定时段（一般为 5 年）内的贫困，而长期性贫困则是人口长期（为 5 年以上）处于贫困的状态。Jalan 和 Ravallion（1998）区分了上述两类定义，认为暂时性贫困是消费水平随时间变化的贫困状态，而平均消费水平长时间保持低水平的贫困状态则为长期性贫困。

依据贫困的评定立场，把贫困划分为主观贫困和客观贫困，在推断客观贫困的水平时，要获取所估计个体正常生活所需要商品的信息，进而估计出该个体在这些商品中所得到的效用。Ravallion 和 Jalan（1998）构建模型时参照了货币性福利与基于能力的福利概念，从而根据能力标准识别一个人获得的效用水平。van Praag 和 Ferrer-i-Carbonell（2008）指出客观贫困线由政府根据消费水平来设置，部分被认定为客观贫困的个体或家庭并不觉得自身贫穷，而部分未被认定为客观贫困的个体或家庭却认为自身处于贫困。主观贫困线的出现是对客观贫困线的反思，即主观贫困是非静态的，是根据社会环境中所有个体均接受的最低生存标准而做出的带有主观性质的判断（Scitovsky，1978）。

根据贫困的多样性特征，可以把多个维度的贫困统一到贫困的定义中来，因此需要基于多个社会福利特征指标来衡量贫困。Sen（1981）发现人口在教育、医疗等领域的可行能力会随着经济、社会发展而提升。Anand 和 Sen（1997）指出要从多维度出发来估计个体的贫困，即测量个体贫困的指数要类似于人类发展指数，从多角度考虑来构建。多维贫困的本质是可行能力的不足，是福利的缺失，福利是多维的、综合的，因此贫困必须包括生态、收入、能力与权利等多个维度。国内学者也基于 Sen（1981）的研究对多维贫困的维度选择问题、多维贫困标准的确定问题进行了深化研究（王小林和 Alkire，2009；邹薇和方迎风，2011；王春超和叶琴，2014）。

基于以上文献的梳理，本书定义的贫困是指个人和家庭对于物质、能力、知识、精神等资源及参与社会活动权利的缺失，从而处于低于社会正常标准的一种生活状态。本书所界定的贫困属于多维贫困范畴，不仅包括收入贫困，也包含除了收入贫困以外的能力、权利等多个维度的贫困；同时本书所界定的收入贫困不仅包括收入的绝对贫困也包括相对贫困。

三、贫困跨越

本书所关注的贫困跨越主要是从扶贫角度提出的，即通过事前阻贫和事后扶贫的跨期贫困治理机制及创新和增长带来的发展来消除贫困，帮助农户实现贫困的跨越。和扶贫类似的中文表述较多，主要包括反贫困、减贫、益贫、脱贫等，国外文献中相关的表述包括 anti-poverty，poverty reduction，poverty alleviation，poverty eradication 等。因此有必要对本书的核心概念进行梳理并形成统一界定。

缪尔达尔（Myrdal，1957）最早提出贫困跨越的相关概念，即反贫困，他认为一国政府应采取积极的刺激性经济政策来拉动落后地区发展，以减轻该国所存在的发展不平衡程度。相关概念主要有四种：一是减少贫困，也就是在保证贫困人口可满足其基本生存需要的基础上，减少贫困人口数量（Wanyama et al.，2008）。二是减缓贫困，即考虑一个社会的制度与政策，通过推动收入分配公平，缩小贫富差距等措施来实现社会稳定与发展，从而降低贫困个体所受到的不公正待遇，进而减少贫困（Sen，1997）。三是扶持贫困人口，指对贫困人口的扶持，即仍从制度设计与政策落实的视角出发，研究并实施政府、社会团体或个人的贫困治理项目、计划，强调反贫困的过程性（Hutchens and Ellwood，1990）。四是消除贫困，即保障贫困个体所应享受的权利，并提高其生存与发展能力以消除权利与能力缺失带来的贫困，强调反贫困的目的性（Livingstone，2000）。

本书界定的贫困跨越是指通过扶贫方式帮助贫困人口脱离贫困，即扶贫主体通过对贫困人口或贫困地区的帮扶和支持，使其减轻贫困甚至完全消除贫困。扶贫主体通常是指包括政府、企业、合作组织、科研机构、其他社会力量等在内的各种机构、组织或个人。对贫困人口或贫困地区的帮扶和支持措施通常包括政策、资金、技术、劳动力、信息等各种社会资源。因此，扶贫是贫困跨越的一种具体方法和路径。

第三节　研究内容和思路

一、研究内容

本书的主要研究对象是农民合作组织和贫困农户，并涉及贫困治理过程中与农民合作组织相关联的政府、企业、科研机构、其他社会力量等其他扶贫主体。贫困农户不仅包括加入农民合作组织的成员贫困农户，也包括未加入农民合作组织的非成员贫困农户。从动态和发展的视角出发，重点剖析农民合作组织参与贫困治理的两个重要路径："事前阻贫-事后扶贫"的贫困跨越路径及"创新-增长"的贫困跨越路径。不仅从理论层面研究农民合作组织的事前贫困阻断、事后贫困治理及"创新-增长"的贫困跨越机制，进一步采用微观数据进行计量模型分析，采用多案例分析方法对典型案例进行剖析；还对不同经济发展水平国家农民合作组织的贫困治理经验进行比较分析；最后从政策层面研究以农民合作组织为纽带，实现乡村振兴的政策思路和实施路径，为全体人民的共同富裕提供理论和实践依据。具体研究内容如下。

一是农民合作组织贫困治理的相关理论回顾和借鉴。基于新古典经济学、新制度经济学、委托代理理论和博弈理论的视角对合作社相关理论进行梳理和阐述；并对人口数量挤压、生态脆弱、物质资本不足、收入分配不均、权利与可行能力缺乏和制度因素导致的贫困及其治理理论进行梳理和归纳；在此基础上，对现有理论进行分析和评价，为研究提供理论基础和分析依据，并指出现有理论研究的不足和可以提升的空间，为研究可能的创新创造条件。

二是农民合作组织贫困治理的理论分析框架。基于农民合作组织的包容性、竞争性和益贫性阐述农民合作组织的基本特征。对农民合作组织在贫困治理中的多重角色进行分析。对农民合作组织的贫困跨越机制进行解释。基于贫困动态性理论提出农民合作组织事前阻贫与事后扶贫的理论机制；基于发展的视角提出农民合作组织的"创新-增长"贫困治理的理论机制。

三是中国农民合作组织发展和农村贫困治理概况。对中国农民合作组织发展过程的相关政策进行梳理，分别对中国农民合作组织总体、分区域和分类型的发展情况进行总结。对中国农村贫困的历史变迁和现状特征进行描述。对中国农村贫困治理的过程和成效及相关贫困治理政策进行梳理。

四是农民合作组织事前阻贫与事后扶贫的贫困跨越机制分析。界定农民合作组织事前阻贫与事后扶贫的概念框架，阐述农民合作组织事前阻贫的必要性和事后扶贫的有效性。基于贫困动态性理论给出农民合作组织事前阻贫与事后扶贫的理论解释。对农民合作组织事前阻贫与事后扶贫进行多案例分析，以验证理论解释，为农民合作组织事前阻贫与事后扶贫机制找到经验证据。

五是农民合作组织"创新-增长"的贫困跨越机制分析。基于技术创新和组织创新理论提出农民合作组织的"创新-增长"贫困治理逻辑，分析农民合作组织通过社会信任、知识外溢、制度网络等路径参与创新并提升自身绩效，促进农村经济增长从而帮助农户减缓贫困的作用机制。基于合作社视角，分别对农民合作组织通过成本降低型创新和质量提升型创新带来经济增长，对农民合作组织不同创新方式的贫困治理绩效进行综合评价。

六是农民合作组织贫困治理的国际比较与经验借鉴。世界各国的农民合作组织体系，以及农村经济发展和农村贫困减缓因各国自身条件和发展情况的不同而存在差异。通过以日本和印度为不同经济发展水平国家的典型代表，分析各国农民合作组织的模式和贫困治理经验，系统归纳与总结典型国家促进农村贫困减缓的农民合作组织体系、合作扶贫模式、贫困治理机制及其实践经验，为中国农民合作组织发展与农民合作组织助力乡村振兴的制度设计与政策优化提供参考。

七是农民合作组织充分发挥其贫困治理功能，助力脱贫攻坚与乡村振兴有效衔接的政策思路设计。同时，探讨农民合作组织贫困治理的长期激励机制及模式创新的动力机制和优化路径。进一步，尝试完善以农民合作组织为载体的低收入农户需求表达机制、动态检测和反馈机制；建立农民合作组织为主导、低收入农户参与、政府有效监督管理的提升农户内生发展能力的创新体系。优化和完善低收入农户获取社会资本与共享发展机会的制度体系，建立健全农民合作组织助力乡村振兴的管理、监督、激励与约束机制，从而达到全体人民共同富裕的目的。

二、研究思路

本书以合作组织理论、贫困理论、风险理论、机制设计理论、制度创新理论为基础,以"理论回顾→构建分析框架→特征事实描述→理论逻辑剖析→实证验证→国际比较→政策设计"等方面的内容相互承接而逐步展开。具体的逻辑思路如图 1-1 所示。

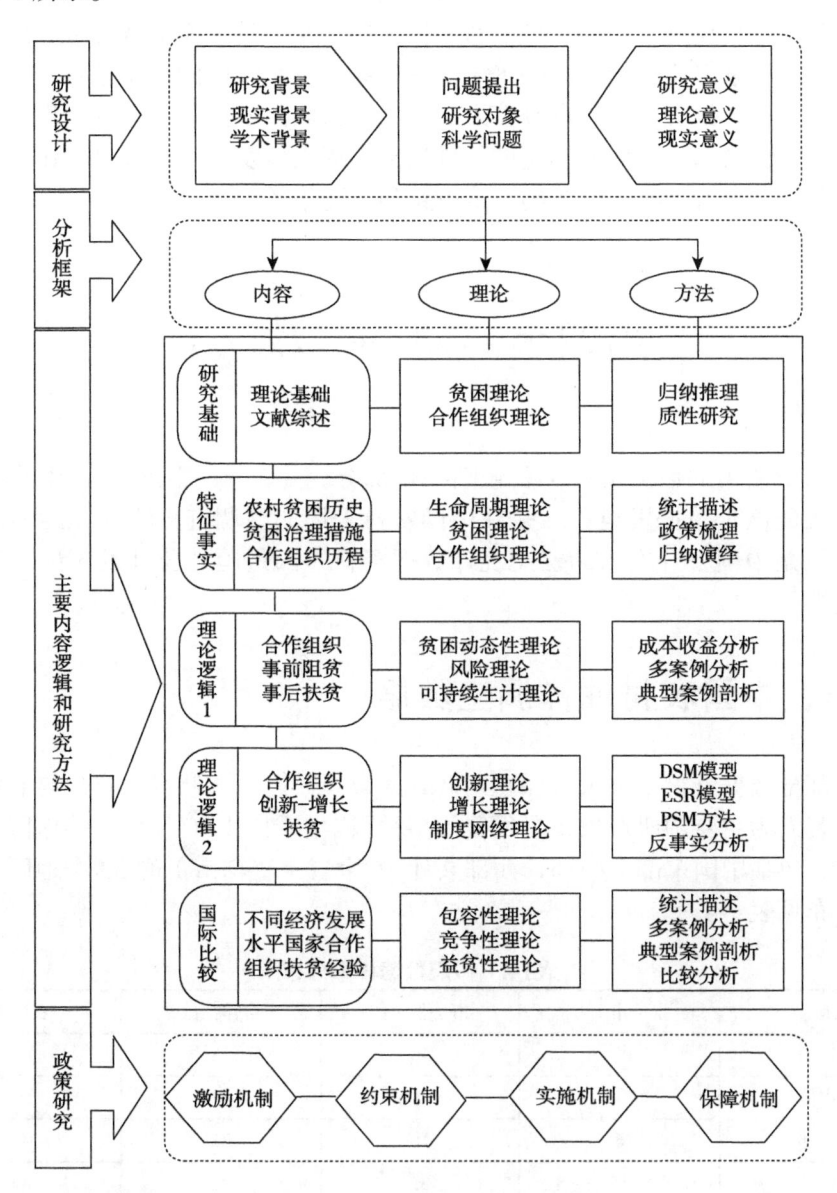

图 1-1 本书的逻辑思路

DSM:double selection model,双重选择模型;ESR:endogenous switching regression model,内生转换模型;PSM:propensity score matching,倾向得分匹配法

第一，对合作社理论、贫困及其治理理论进行回顾和借鉴；第二，基于农民合作组织的基本特征及其在农村扶贫中的功能和作用，构建分析框架；第三，描述1978~2018年中国农民合作组织的发展情况、农村贫困的动态演变特征等，并对相关政策进行梳理；第四，分别对农民合作组织通过事前阻贫与事后扶贫，成本降低型和质量提升型的"创新-增长"途径缓解农户贫困的机制进行理论逻辑解释和实证分析；第五，对不同经济发展水平国家农民合作组织贫困治理的经验进行国际比较；第六，在研究结论的基础之上，提出新发展阶段农民合作组织助力脱贫攻坚与乡村振兴有效衔接的政策思路和实施路径。

第四节 研 究 数 据

本书所使用的数据资料主要包括四个部分：一是在中国农村采用抽样调查方法收集的微观数据资料；二是在中国农村采用典型调查方法收集的案例数据资料；三是中国公开发布的宏观统计数据资料；四是国外公开发布的宏观统计数据资料。

一、中国农村抽样调查数据

这部分数据资料主要来自课题组调查的微观数据。该调查以农户与农民合作组织负责人为主要调研对象，受经费等多种因素限制，以有代表性的地区作为调查样本，包括中国东部、中部、西部共计15个省（直辖市）的33个地区。具体样本分布见表1-4。

表1-4 微观数据样本分布

地区	省（市）数	市（县）数	合作社数	农户数
东部	5	10	32	145
中部	4	7	15	90
西部	6	16	35	161
合计	15	33	82	396

调查采用入户问卷调查的方式，首先在重庆地区进行了3次预调查，在调研问卷进行细致修改与可行性论证之后才正式开始调查，调查前所有调查员均受到相应训练。在全部调查过程中，所有问卷均由调查员对调查对象进行细致询问后

填写，在与调查对象谈话时还对问题进行了详细解释。问卷收回后，由调查员进行核实、重访。调查最终得到包括 82 份有效农民合作组织问卷及 396 份有效农户问卷在内的有效问卷 478 份。在调查过程中，因为调查没有严格遵循随机抽样，故研究结果无法完全代表总体，但希望能在一定程度上说明中国农民合作组织在减贫过程中所起的基本作用。

二、中国农村典型案例数据

课题组于 2018 年前后多次进行了典型案例的调查。通过确定典型案例调查对象进行了典型案例调查，收集到了一系列访谈数据资料。典型案例调查对象的确定是在抽样调查的代表性地区选择具有典型代表性的样本县，然后在该样本县中选取运行规范、经营状况良好的农民合作组织，并对组织的负责人和部分组织成员，以及该组织所在村的非组织成员进行访谈。在充分考虑了地域分布情况和农民合作组织经营农产品类型情况后，本书共选取了四个典型农民合作组织进行访谈，典型案例涵盖了中国的东部、中部、西部三个区域，涉及种植和养殖等不同农产品类型。

三、中国宏观统计数据

本书采用的中国宏观统计数据来源于三个方面：一是各大行政机构的官方网站，包括农业农村部网站、中国供销合作网、国家统计局网站等；二是权威数据库，如世界银行的世界发展指标数据库（World Development Indicators，WDI）和 Wind 数据库；三是报告类专著，如《中国合作经济发展研究报告》《中国农民合作社发展报告》《中国农村贫困监测报告》等。这些宏观统计数据分别用于不同内容的分析，如农业农村部、中国供销合作网、Wind 数据库、《中国合作经济发展研究报告》和《中国农民合作社发展报告》的数据主要用于描述中国农民合作组织发展情况。1978~2018 年中国农村贫困情况，以及中国农村贫困治理过程和成效的相关分析数据来自国家统计局、WDI 数据库及《中国农村贫困监测报告》等。

四、国外宏观统计数据

本书选择了日本和印度作为国外经验借鉴的典型代表，贫困数据资料主要来源于三个方面：一是 WDI 数据库中各国的宏观经济数据；二是经济合作与发展组织（Organization for Economic Co-operation and Development，OECD）官网统计数据；三是各国国家统计局官网发布的数据。各国的农民合作组织发展相关数据部分来源于各国农业部门和农民合作组织相关管理部门网站上的统计资料，部分来源于与该国农民合作组织发展相关的专著和文献。

第二章　理论和文献梳理

贫困产生的原因是很难回答的，贫困的直接原因往往比较清楚，无须做太多分析，但其最终原因却是模糊不清的，是一个还远远没有定论的问题。

——阿玛蒂亚·森（Amartya Sen）

对中国农民合作组织贫困治理效应的研究主要基于合作社理论、贫困及其治理理论体系展开。通过对这两大理论体系进行梳理、评述和借鉴，为后文探讨中国农民合作组织的贫困跨越机制提供理论借鉴。本章主要从新古典经济学、新制度经济学、委托代理理论和博弈理论等不同的理论流派视角梳理合作社理论，并按照不同的贫困成因，将具有代表性的贫困治理理论进行分类并进行简述和评价。

第一节　合作社理论和文献

中国农民合作组织的核心和典型代表形式是农民合作社。发达国家的农民合作社经历了漫长的实践过程，理论研究也随之成熟和完善，因此需要对其进行梳理和批判性的借鉴。本节主要从新古典经济学、新制度经济学、委托代理理论、博弈理论等不同视角梳理合作社理论。

一、新古典经济学视角的解释

新古典经济学肇始于19世纪70年代，其核心为需求与边际效用理论。在新古典经济学的基础上，20世纪20年代诞生了两个最具有代表性的合作社理论学派，分别是以诺斯（Nourse）为代表的竞争标尺学派和以萨皮罗（Sapiro）为代表的加利福尼亚学派。竞争标尺学派认为合作社需要将竞争引入市场，且合作社应该发挥竞争标尺效应以防止追求利润最大化的大型企业在市场上形成垄断，目的是使整体经济运行得更加高效。合作社作为一种市场参与主体存在，可以提高经济效率、促进市场竞争（Nourse，1922b）。然而，加利福尼亚学派认为，应当根据所生产农产品的不同类别来建立农民合作社，以实现一定的合法垄断。该思想促进了美国合作社的立法进程。

20世纪40年代开始出现研究合作社的新古典经济学模型。学者们在该理论基础上，针对合作社的性质提出了三种不同的观点：部分学者认为合作社的组织形式是垂直一体化的，部分学者认为合作社可以视为独立的企业，部分学者认为合作社是农民集体行动而组成的联合。具体地，Phillips（1953）建立了合作社产出价格决策模型，认为社员收益最大化的前提条件是合作社与社员的边际收益与边际成本相当。Emelianoff（1948）首先将合作社视作农场的延伸，即合作社是农场主们为获取经济利益而形成的纵向联合组织。Harris等（1996）从影响合作社成为垂直一体化组织的其他原因考虑，认为合作社在构成垂直一体化的形式时，会受到社员情感等其他原因的影响。在新古典经济学的理论框架下，大多数学者认为合作社是一种在市场上经营且需取得经济利润的企业，且合作社在市场上应该发挥竞争标尺效应而非对市场进行垄断。Enke（1945）在研究消费合作社时认为合作社可被视为企业。随后，部分学者对可以把合作社看作"单独目标最大化的独立企业"的观点做了扩展。其中，Vitaliano（1983）将新古典组织理论应用于合作社的研究中，验证了合作社是企业且具有合作性。Liang和Hendrikse（2016）在研究合作社的定价策略时也将合作社视为企业。Feinerman和Falkovitz（1991）使用新古典经济学理论构建了在个人决策规则的限制下提供生产与消费服务并制定价格、税收等规则的合作社模型，发现合作社并不只是以利润最大化为唯一目标，其最重要的目标是合作社社员福利最大化，即合作社不是以追求利润最大化为唯一目标的独立企业。Sexton（1990）通过构建合作社成员、市场结构与技术情况的严格寡头模型，通过数理推导的方式证明了合作社竞争标尺效应的存在。并且合作社竞争标尺效应的大小依赖于许多因素，包括合作社的平均净收益及其与其他企业的关系。在合作社被视为企业的前提下，学者们开始关注合作社的治理结构。其中，Chaddad（2012）综合使用新古典经济学、博弈论等经典理论对合作社的治理结构进行了综合研究，发现合作社的治理结构是多维的，并提出了合作社不同治理结构下对应的理论框架。

在明确了新古典经济学理论视角下合作社的性质与应该发挥的效应后，需要明确新古典经济学假定条件下合作社的市场经济行为。由于新古典经济学理论的核心为效用理论，学者们在一定前提条件下使用新古典经济学中的均衡和边际效应分析方法，探讨合作社在竞争均衡下的各种行为及这些行为对均衡造成的影响。关于合作社生产、定价和利润分配行为的研究众多。其中，Helmberger和Hoos

(1962)使用新古典组织理论建立了农业营销合作社的相关模型。假定合作社以社员收益最大化等为目标，且合作社会把利润依据贡献程度向社员分配。结果显示，合作社可以通过控制社员数量来对现有社员实施激励，因为合作社社员数量与净销售额是合作社所追求的效率目标。基于此，Helmberger（1966）根据新古典经济学理论研究了合作社的经营目标，发现合作社社员通过比较市场价格及从合作社获取的收益，选择是否与合作社进行交易。此外，Royer 和 Bhuyan（1995）使用新古典经济理论分析了生产、加工与销售的三阶段模型，认为当合作社的产品定价等于其边际成本时，生产达到均衡。合作社如何通过制定价格和产出、分配决策以达到其帕累托最优也是学者们关注的重点问题。Feinerman 和 Falkovitz（1991）建立了个人决策规则限制下的合作社模型，并以合作社的运行目标（社员福利最大化）作为假设前提，论证了合作社应该如何定价和分配来达到帕累托最优。

二、新制度经济学视角的解释

新制度经济学（The New Institutional Economics）发端于 20 世纪 30~60 年代，主要关注产权与契约制定、交易成本等相关问题，其中交易费用问题是学者们关注的重要议题（米德玛，2007）。由于新制度经济学相关理论可较好地解释制度安排、社员激励与合作社产权等问题，学者们开始使用产权理论、交易费用理论来进行合作社研究的模型设定与理论分析。

产权理论最基本的思想就是由于私有企业所有者拥有剩余利润索取权，所以在一定机制下私有企业的效率更高。该思想也与合作社的内部治理问题相契合。故学者们于 20 世纪 60 年代后开始用产权理论来分析合作社相关问题。Porter 和 Scully（1987）发现合作社投资激励缺乏、社员的法律权利受限制问题，导致产权不明晰，最终使合作社出现低效率问题。Cook（1995）使用产权理论分析了合作社的产权，指出由于合作社存在着搭便车、缺乏激励等问题，所以合作社并非有效率的经济组织。Fulton（1995）从产权的角度出发，发现技术变化与社会价值对农业合作社的发展存在影响。Henriksen 等（2012）使用新制度经济学的相关理论探讨了国家层面的制度与合作社合同之间的关系，发现国家层面的制度（如法律规定等）会推动合作社与社员间合同的实施，从而减少经营权与所有权分离所带来的负面影响。

部分学者对于合作社产权不明晰造成的低效率问题提出了解决方法。Harris 等（1996）提出建立新一代合作组织（new generation cooperatives，NGCs）的方法，这类组织与传统合作社最大的区别在于产权可以转让。产权转让与社员对合作社贡献的直接挂钩，可以提高社员对合作社的投资动机，进而提高合作社的效率。Grashuis 和 Cook（2018）对新一代合作组织的优缺点进行了探讨，认为新一代合作组织的优点是可以通过界定社员资格、明确合作社产权的可转让性提高社员福利；缺点是由于组织能力的限制，无法推动复杂资本密集的业务，存在破产风险。

交易费用理论是新制度经济学中最为核心的理论之一，主要研究在交易中如何选择交易方式与交易的组织形式才能最小化交易费用，最初是由 Commons（1931）将交易费用作为一个基本单位引入经济学研究中。理论上，交易双方的本质与特性决定了交易的组织形式与方式。合作社作为农业中分散经营主体的集合，具有农产品的强时效性、社员经营规模的局限性、小型合作社社员的脆弱性等特征，故合作社建立目的具有多重性，其中一个重要的目的就是降低交易成本。Levay（1983）、Royer（1995）认为合作社建立的目的之一就是节约交易费用，认为合作社可以降低因资产专用性产生的交易成本。并且，Staatz（1984）认为蔬果、奶制品等产业的资产专用性较高，因此交易费用较高，故这些领域会出现较多的合作社以降低交易费用。Ollila 和 Nilsson（1997）对合作社社员交易过程中产生的交易费用进行分析，发现可通过降低合作社单个社员的交易次数来降低社员面临的交易费用与交易风险，进而提高社员收益。但是，有学者对"合作社可以降低社员交易费用"的观点提出了质疑。Michelson 等（2012）认为，在合作社向大型连锁超市供货时，由于特定的大型连锁超市（如沃尔玛等）价格相对于零售商或是其他大型连锁超市的价格更为稳定，所以为其供货的农民合作社在规避价格频繁波动风险的同时，可能会为此付出更高的交易费用。

部分学者对比了农民合作社和投资者所有企业（investor-owned firms，IOFs）以及其他组织（如非营利组织、新一代合作组织）在降低交易成本方面的差异，认为合作社相对于其他组织有较为明显的优势。Sykuta 和 Cook（2001）将合作社、投资者所有企业和北美新一代合作组织的生产者契约进行对比，发现三者在降低交易费用方面存在很大的区别。相对于投资者所有企业，呈现出垂直一体化的合作社在降低交易费用等方面有明显优势。Valentinov 和 Lliopoulos（2013）将农业合作社与非营利组织进行比较，认为农业合作社与非营利组织都可以被认为是公司或是服务机构等组织。农业合作社会为合作社社员提供基础服务、实现规模经济，帮助社员避免市场势力的伤害。

除了关注合作社降低交易费用的目的与方式外，部分学者针对合作社内部的交易关系进行了研究。Hendrikse 和 Veerman（2001）使用交易费用相关理论，探讨了营销合作社（marketing cooperatives，MCs）中合作社的财务结构与社员对合作社控制权之间的关系，并将传统企业（公司与投资者所有企业）与营销合作社进行对比。他们发现相较于传统企业，在面临差异化产品的需求市场时，营销合作社并不是一种有效的组织形式。可能的原因在于：一方面，营销合作社的经营决策是由少数社员做出的，并非由全部合作社社员所做出；另一方面，传统企业的投资决策专注于资产专用性强的一方，而合作社社员的投资决策目标只是简单的自身与合作社收益最大化。

三、委托代理理论视角的解释

委托代理理论（Principal-Agent Theory）主要是研究在给定信息的条件下代理人、委托人之间的契约关系。当信息对称时，代理人的状态和行为可以被委托人观测到；当信息非对称时，由于代理人拥有私人信息，其状态、行为无法被委托人观测到，这就产生了委托代理问题（Jensen and Meckling, 1976; Fama and Jensen, 1983），其核心问题是激励与保险的相互交替问题（张维迎, 2004）。当一个企业家通过制定契约及其他形式雇用他人为自己服务，赋予这些被雇用者部分权利并根据其劳动给予报酬时，就形成了一个典型的委托代理关系（principal-agent relationship）。委托代理理论以委托人-代理人关系为研究对象，认为企业经营权应分离于所有权（冯根福, 2004）。Eilers 和 Hanf（1999）认为合作社的经营权与所有权的分离会使合作社产生一些问题，故合作社最优契约的设计需要基于委托代理理论来进行。社员与合作社在不同情境下的关系也可以由委托代理理论来解释。当合作社向社员缔结合作条约时，合作社为委托方，而社员为代理方；当合作社社员与合作社签订合同时，社员为委托方，而合作社为代理方。Vitaliano（1983）研究合作社的剩余索取权时，发现合作社存在共同财产问题、投资组合问题、社员的选择性问题，这些问题会损害合作社的经营绩效。其中，共同财产问题是指新社员只有惠顾合作社并且参与原有社员的决策过程时才能享有合作社的剩余索取权；投资组合问题是指合作社的剩余索取权并不能市场化，导致合作社剩余索取权的所有者无法分散风险；社员的选择性问题是指只有当社员惠顾合作社时，社员才能享有合作社的剩余索取权（Fulton, 1999）。

也有学者将合作社与投资者所有企业的契约关系、治理结构等进行比较。Shaffer（1987）对比投资者所有企业与合作社的契约关系，发现合作社的契约关系更加灵活。例如，在利润分配时，合作社并不会完全根据社员与合作社之间的契约关系进行分配，而是要根据当期合作社整体的市场表现进行分配。Cook（1994）对比投资者所有企业与农业合作社为代表的用户导向企业的管理者角色，发现投资者所有企业与合作社的管理者在解决冲突、资源配置、管理决策等方面所发挥的作用都不同，合作社管理者除了需要拥有投资者所有企业管理者的必需技能外，还需要满足其他更高的要求。

一般来说，合作社的委托代理关系往往更加复杂。合作社的风险承担及其决策制定是分开的，并不是所有社员都参与合作社的直接管理，而是通过委托并采用不同方式选出部分有能力的社员来对合作社进行管理，或是委托合作社的理事会直接进行管理。所以，合作社普遍存在委托代理关系。相对于传统的合作社社员总体与合作社运营者之间的单一委托代理关系，合作社中还可能存在多重委托代理关系。由于合作社中的核心成员有着较雄厚的资金基础、广泛的人脉和销售渠道，许多合作社产生了不同于传统理论的委托代理关系，即双重委托代理关系（Eilers and Hanf，1999；马彦丽和孟彩英，2008）。

四、博弈理论视角的解释

自20世纪80年代开始，学者们逐渐采用博弈理论来研究成员与组织、成员、不同组织间的竞争与合作关系，以及合作社内部决策过程中的博弈。根据合作社的特点及合作社与其他组织之间的关系，主要从合作博弈与非合作博弈两个视角出发对合作社进行研究。其中，合作博弈的特征是博弈参与者之间在采取行动时要依靠所缔结的合约，非合作博弈主要是用于描述合作社社员间、合作社与其他组织的竞争等行为。博弈理论放松了新古典经济学对合作社社员的同质性假设，更加注重合作社成员的异质性。

Staatz（1983）较早地应用了博弈理论对合作社进行研究，他使用博弈理论与俱乐部理论对合作社社员之间的关系进行了研究，并将合作社视为不同性质社员的联合组织。Sexton（1984）用博弈理论研究合作社时，发现合作社建立的目的是独立农场主希望完成纵向一体化。当合作社向社员提供的收益与其他类似组织（如投资者所有企业）相同时，该联盟即可稳定。

此外，部分学者基于博弈理论，将合作社视为一个有机整体。Hendrikse（1998）构建投资决策博弈模型，通过将投资者所有企业与合作社进行比较推导合作社存在优势决策时的条件。部分学者使用博弈理论研究合作社与其他经济组织间的关系，如Hoffmann（2005）构建两阶段博弈模型，分析了合作社和投资者所有企业不同的定价与生产策略带来的市场竞争程度的差别，发现投资者所有企业与合作社的策略质量有差别，若合作社的策略高质量而投资者所有企业的策略低质量，会使市场的竞争程度提高；反之则降低。Fulton和Giannakas（2001）通过建立两阶段混合双寡头博弈模型，发现在投资者所有企业与消费者导向的合作社中成员的加入会对均衡价格与销售策略、产品市场份额与消费者福利等产生影响，且公司成员（合作社社员）的稳定承诺是其获得收益的重要基石。Liang和Hendrikse（2016）通过建立非合作博弈模型分析研究投资者所有企业与合作社定价政策。

其中，投资者所有企业实行差异化定价政策，而合作社实行集合定价政策。研究表明合作社的定价政策优于投资者所有企业的定价政策，从而合作社可以吸纳更多的成员、减少市场上的垄断现象进而发挥出竞争市场标尺效应。Iliopoulos 和 Valentinov（2018）将合作社视为社员构成的整体，对合作社中存在的成员异质性问题进行研究，发现提高对合作社社员的教育水平、增加社员退社所需承担的费用可以提高社员对合作社的忠诚度。

博弈理论在合作社内部治理、单个合作社社员行为与社员集体决策方面起到了重大作用。Zusman（1992）构建了两阶段博弈模型来反映存在社员差异性的合作社在面临不确定性的条件下，如何制定集体决策的规则（collective-choice rules，CCRs），发现社员间的集体决策规则是通过衡量社员人数所带来的收益（社员人数增加会带来规模经济与成本分担）与社员多样化所带来的成本（社员多样化的增多会带来较大的决策成本）制定的。Sexton（1986a）通过构建具有 N 个个体的博弈模型，在该模型存在核心解的条件下分析了单个合作社社员的行为，指出当合作社制定价格未考虑社员的能力等因素时会使相对优秀的社员退出合作社。Bourgeon 和 Chambers（1999）针对合作社的定价行为，构建了两阶段信息不对称的博弈模型，指明了社员在信息不对称情况下如何通过定价来影响效率，认为合作社可以通过两部制定价或非线性成本回收法实现产量最优化。Karantininis 和 Zago（2001）通过构建非合作博弈模型研究社员资格异质性条件下合作社的成员最优规模，认为激励机制不健全会导致合作社无法吸纳优秀社员而破产。

第二节　贫困及其治理理论和文献

贫困是一种动态、复杂的经济社会现象，对其成因的研究需要综合运用社会学、经济学、心理学等多个领域的相关理论。主流研究学派所认为的贫困成因主要包括：人口数量挤压、生态脆弱、物质资本不足、收入分配不均、权利与可行能力缺乏、制度因素等，并针对性地提出了抑制人口增长、促进物质资本形成、提高贫困人口收入、改善收入分配平等、提高贫困人口可行能力等治理措施。

一、人口数量挤压导致的贫困及其治理

对贫困产生原因的探讨最初是从自然因素展开的，而最直接的自然因素就是

人口规模。从人口数量过度增长方面来解释贫困现象并提出相应治理方法的代表学者有托马斯·马尔萨斯（Thomas Malthus）、弗朗西斯·普雷斯（Francis Place）和阿尔弗雷得·索维（Alfred Sauvy）等。马尔萨斯是较早将贫困看作一种特定经济、社会现象的学者。

托马斯·马尔萨斯提出了人口陷阱理论（Population Trap Theory）。该理论的主要前提如下：食品是人类必需的，两性情欲是必然的（马尔萨斯，1992）。主要结论如下：无法控制的人类情欲致使人类的数量呈几何方式增加，且人类数量增长速度大于食品供给的增长速度，最终会由于食品不足、人口过剩产生贫困问题。他认为人口增长是无法避免的，地球上多数人生活在贫困之中。之所以无法避免，是因为人类无法去控制自身的"情欲"，这种欲望并非来源于社会制度，而来自"自然法则"。总而言之，马尔萨斯认为贫困是人类本身造成的，而不是社会制度等因素造成的。

继马尔萨斯之后，仍有部分学者延续了其人口理论的基本思想，其中最有代表性的是弗朗西斯·普雷斯的"人口学说"，其主要观点和马尔萨斯基本一致。普雷斯（1963）认为："只要有人类存在，人口增殖的原理也就一定存在"；"他们在只有泥屋和土豆种植业的制度下如此迅速滋生人口，而资本积累却缓慢，因此他们的境况不可能得到任何改善"。虽然普雷斯对于马尔萨斯的人口理论是持肯定态度的，但在对待工人阶级的态度上，普雷斯与马尔萨斯的观点是不同的。普雷斯的人口思想相较于马尔萨斯的相关思想有了改进，但其实质仍然不变，仍然属于较早期维护资产阶级统治的资本主义人口学说。

在当代最有影响力的就是以阿尔弗雷得·索维为代表的适度人口（optimum population）理论，该理论结合了动态与静态分析方法，将"适度人口"定义为以一种最适宜的方式达到某指定目标的人口数量。该定义所表述的适度人口是一个静态的概念（索维，1982），且适度人口会随着该目标和其他条件而发生变化，即人口变动的节奏要合适，故人口一定要适度。与马尔萨斯和普雷斯的观点不同，索维认为人口的适度增长是有正面作用的。

对于如何限制人口的快速增长，马尔萨斯提出消除贫困并不是建立平等的制度，而是抑制人口的增长。他认为生活资料的增长往往不能够满足人口数量的增加，并以此提出两种抑制人口高速增长的方式：一是预防性抑制，即采用晚婚等方法抑制人口的快速增加，以保证人口增长速率等于或慢于食品等生活物资增长速率；二是积极抑制，除去传染病外，通过战争、自然灾害、饥荒等来提高人口死亡率，从而达到抑制人口增长的目的。马尔萨斯认为在这两种控制人口的方法中，预防性抑制的约束力较低。在普雷斯看来，马尔萨斯关于人口增长的道德抑制等做法是无效的，应该采用避孕等方式来进行人口抑制。

此外，就外部援助贫困人群的措施而言，马尔萨斯认为无论是富人向穷人捐助,或者是政府向富人征收济贫税,对于消除贫困都是没有效果的,所以马尔萨斯不同意直接对贫困人口进行直接的货币援助。对于英国政府颁布济贫法这一行为,马尔萨斯认为济贫法并不能增加人口必需的生活资料,反而会导致人口增加,且英国政府依据济贫法所设置的济贫院会收留一些缺乏社会价值的人,这些人会挤占有社会价值的人正常享有食物的权利,从而导致更多贫困人口增加。所以,马尔萨斯不支持依靠政府制定相关法律来消除贫困,他甚至认为取消济贫法可以防止更多贫困人口的产生,从而优化经济、社会的发展。由于索维认为人口的适度增长是有正面作用的,所以索维支持通过政策来限制人口过剩而非限制人口增长,他区分了制止人口过剩的政策和制止人口减少的政策,指出制止人口过剩的方法有抑制出生的相关政策、避孕、法律允许的流产、人口迁移等。

二、生态脆弱导致的贫困及其治理

导致贫困的自然因素除了人口规模之外,还包括环境,即环境的生态脆弱。对于生态脆弱造成的贫困,学者们多将视角集中于生态脆弱带来的生态资本不足与无法改变的生态环境退化等方面。代表性人物包括托达罗(Todaro)、皮尔斯(Pearce)、沃福德(Warford)、科沃德(Coward)等。

这些学者从生态脆弱的角度提出生态贫困的概念,并指出生态资本对于生态贫困的重要性。Pearce 和 Turner(1990)较早地给出了生态资本的概念,认为生态资本由环境自我调节能力、自然资源存量、生态环境的质量与生态潜力构成。Costanza 和 Daly(1992)、Harte(1995)将生态资本分为两种:不可再生生态资本和可再生生态资本。其中,可再生生态资本(如太阳能等)最重要的特征就是可再生,但是其超过了自然再生率后就会转化为不可再生生态资本;不可再生生态资本几乎没有再生能力,并且需要清算。托达罗(1992)从地区差异的视角来分析贫困产生的原因,认为生态环境脆弱造成的恶性循环是贫困产生的重要原因。皮尔斯和沃福德(1996)认为,全世界最为穷困的人群居住在整个世界上生态破坏最严重的地区。科沃德等(Coward et al.,1999)较为系统地提出"生态贫困",将生态贫困定义如下:穷困人群缺乏获得生活必不可少的自然资源的现象。科沃德认为世界上许多农村地区的居民之所以贫穷,就是他们生活在生态脆弱的地区。这些地区土地较为贫瘠、水资源和森林资源等生存必需资源较为缺乏且天气变化难以预测。所以,这些地区穷人们的各种生产力投入受到了极大制约,使其在市场经济中处于落后地位。

对生态脆弱导致贫困的治理措施主要在于生态资本的积累。为了解决生态资本不足导致贫困的问题,首先应该在对应地区树立起资源节约观和可持续发展观,该方面的代表性理论是萨卡（Sakar）的生态社会主义理论（Ecological Socialist Theory）和世界环境与发展委员会（World Commission on Environment and Development，WCED）的可持续生计理论（Sustainable Livelihood Theory）。

萨卡（2008）对如何实现可持续发展进行了探讨，认为为了实现生态正义必须走生态社会主义道路与资本主义道路。但其理论中存在着反对市场经济的观点，且部分观点较为片面。可持续生计理论作为一种消除贫困现象的新思想，最早正式出现在1987年世界环境与发展委员会的报告里。该理论的主要内容如下：环境问题产生的根源是人类不合理使用、浪费资源。环境问题影响着地球上所有人，故可持续发展道路成为人们的必要选择。该理论强调：任何经济的良性发展都是一个人、自然与社会协调发展的过程。2000年英国国际发展部（Department for International Development，DFID）给出了较为完整的可持续生计理论的框架，如图2-1所示。该框架为系统研究贫困及其治理奠定了理论基础。

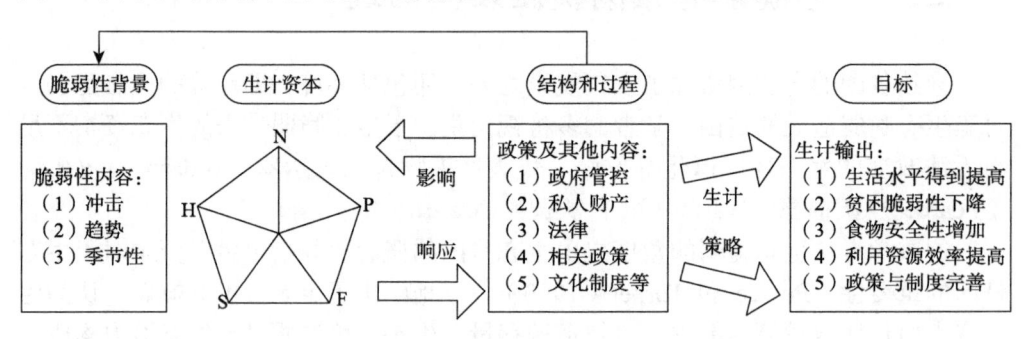

图 2-1 英国国际发展部的可持续生计理论框架
S 表示社会资本，F 表示金融资本，P 表示物质资本，N 表示自然资本，H 表示人力资本

需要注意的是，生态资本的形成和积累需要结合贫困地区的实际情况选择合适的方法。Coward 等（1999）提出解决生态脆弱地区的生态贫困问题，需要个人、团体、社区与国家的共同努力。在提升生态资本方面，要在出现生态贫困的地区普及种植新技术、允许当地人使用研发出的新品种。但仅仅在技术上提供帮助还不够，政府应该给予政策干预，吸引富裕地区向这些地区进行资产投资，包括公共设施、文化、金融等。然而，在自然条件极为恶劣且没有发展潜力的地区，无法普及环境友好和可持续发展思想与进行大规模的生态资本及配套设施投资，这些地区产生的贫困属于无法改变的生态环境退化所造成的贫困。此时，应考虑实行易地搬迁政策。在国外，易地搬迁被称为"生态移民"，该词最早于20世纪70年代由布朗（Brown）提出（Goffman，2006），后来逐渐被用于生态效益评价及贫困治理研究。

三、物质资本不足导致的贫困及其治理

贫困是一个复杂的、不断变化的社会问题,仅从自然因素的角度探讨贫困成因及其治理太过片面,所以从社会经济层面,如物质资本不足、收入分配不均等讨论贫困成因及治理有着重要意义。关于物质资本不足导致收入水平低下进而造成贫困的理论较多。最具代表性的理论包括:纳尔逊的低水平均衡陷阱(low level equilibrium trap)理论、缪尔达尔的累积因果关系(circular cumulative causation)理论与纳克斯的贫困恶性循环(vicious circle of poverty)理论。

缪尔达尔(1968)的累积因果关系理论认为,在落后国家居民生活水平较低的原因是人均收入水平偏低,且劳动力质量低下的原因为人口素质低。劳动力质量低下导致劳动生产率无法提高从而导致低收入,经济贫困进一步被低收入增强。纳克斯(1966)发现部分国家的经济系统存在恶性循环,导致这些国家陷入严重贫困状态。从需求面看,落后国家较低的人均收入与较慢的经济发展速度难以吸引投资,从而造成物质资本不足进而导致生产率低下。生产率低下又导致低产出与低人均收入,由此产生恶性循环。从供给面看,落后国家人均收入低,人均储蓄水平也较低,导致物质资本不足,物质资本不足又会使生产率低下,造成低的经济增长率和人均收入,从而产生恶性循环。纳尔逊认为落后国家的人均收入存在阈值。当人均收入低于阈值时,国家的经济发展速度慢于人口数量增加速度,人口数量增加就会使国民收入的增长"失效",从而导致人均收入较低;当人均收入高于阈值时,国民收入的增长速度快于人口数量增加速度,从而提高人均收入。但是,人均收入不会"无节制"地升高,当国民收入的增速与人口增速相等时,人均收入的增长就会停止,形成新的均衡。大多数发展中国家就是处于人均收入低于阈值的阶段,也就是处在"低水平均衡陷阱"里。想要使国民收入增速高于人口增速,就必须进行规模较大的资本投资(Nelson,1956)。

对于物质资本不足导致贫困的治理措施主要从宏观和微观两个方面展开。宏观角度主要是通过投资等方式刺激经济增长,通过促进国家整体资本形成率提高来摆脱贫困。纳克斯提出在落后国家进行大规模的投资,以期大幅度地提高落后国家整体的物质资本形成率,从而形成经济增长来摆脱贫困。在发展经济学中,推进经济增长的理论有两种:"平衡"与"非平衡"增长理论。

罗丹(Rodan)提出了平衡增长理论,其中"大推动理论"(the theory of the big-push)最具有代表性,该理论的主要内容如下:经济生产各部门之间是相互联系和相互影响的。所以,要在整个国家经济中所有部门同时大规模进行投资,以此形成大推进平衡增长,从而提高国民收入以解决贫困问题(Rodan,1943)。莱

宾斯坦（Leibenstein）的临界最小努力理论（theory of critical minimum effect）与罗丹的理论相似，认为物质资本形成不足带来人均收入过低，导致发展中国家出现贫困。为了彻底解决贫困问题，发展中国家应该在其经济发展初期进行大规模投资以形成高资本投资率，从而使国民收入增速远高于人口增速，提高人均收入以摆脱贫困。大规模投资应在初期进行的原因是，国家在经济发展的过程中缺乏刺激力量，若发展中国家在经济发展的初期阶段的资本投资力度过小，较低的人均收入水平会令其资本投资失效，从而无法逃离低收入均衡陷阱。所以，只有大规模投资形成临界最小努力之后，才有可能使发展中国家国民收入的增长速度快于人口增长的速度（Leibenstein，1957）。

非平衡增长战略的代表人物是赫希曼（Hirschman），他于1958年提出了非平衡增长理论（unbalanced growth theory）。其主要内容如下：一国应率先发展一个或者多个有带动性质的部门，从而带动后续部门的发展。因为落后国家的经济水平十分有限，不可能对国民经济中的所有部门进行大规模投资，所以只能积聚力量投资一个或多个先导部门，让这些部门发展以后带动其余部门发展，提高物质资本形成率，促进经济增长（赫希曼，1991）。在物质资本不足导致的贫困中，无论是贫困个体还是贫困国家，其资本形成都存在一定的临界门槛，无论是平衡或非平衡的投资，只有投资规模和数量超过该门槛值时，传统的经济增长理论才会起作用（Bowles et al.，2006）。在门槛条件下讨论穷国投资的代表人物是墨菲（Murphy），Murphy等（1989）在不完全竞争条件下，对罗丹的"大推进平衡增长理论"进行了延伸。他们认为穷国的所有部门同时进行投资并达到一定门槛值时，会产生推动作用。

相对于以上学者从宏观层面促进国家整体资本形成率提高的理论，微观层面主要关注贫困个体的物质资本形成。例如，尤努斯（Yunus）的小额贷款反贫困理论更加关注农村贫困及农村贫困个体的物质资本形成方面。尤努斯创立了"小额贷款"模式并成立了孟加拉国格莱珉银行，专为贫困家庭提供小额贷款与金融服务并获得了成功，他也因此获得了2006年度诺贝尔和平奖。尤努斯的小额贷款反贫困理论主要内容如下：贫困个体是天生具有和非贫困个体相同的谋生能力的，他们的贫穷只是因为他们没有充足资金，没有控制资本的能力。一个国家应该建立一个专门向贫困个体贷款的银行，以向贫困群体给予小额贷款作为其使用谋生能力的资本（尤努斯，2006）。这个专门的银行大部分股权都是贷款者所有，不用担心贫穷个体无法还贷，因为对于贫困个体来说还贷对其生存是至关重要的。

四、收入分配不均导致的贫困及其治理

社会经济导致贫困的另一个重要因素是收入分配不均。收入分配不均导致贫困的相关理论主要源自新古典综合派、传统福利经济学学派和发展经济学学派，代表人物为奥肯（Okun）和萨缪尔森（Samuelson）、庇古（Pigou）、库兹涅茨（Kuznets）和缪尔达尔（Myrdal）。

传统福利经济学的代表人物庇古和发展经济学的代表人物缪尔达尔认为再分配在贫困治理中具有完全的积极意义。庇古（2007）对"福利"这一概念进行了界定并区分了不同种类的福利，认为使社会上绝大多数人得到满足就可以实现社会福利最大化。之后庇古讨论了再分配、穷人和富人与社会总福利的关系，认为根据边际效用递减规律，在国民收入不减少的前提下，经济福利增加的表现之一为贫穷群体实际收入份额增加，即在国民收入不减少的情况下，公民的收入差异越小，收入越平均，则社会福利也就越大。Kuznets（1955）认为一个国家人均收入与人均收入差异并非呈现简单的线性关系，两者之间的关系应该是倒"U"形的，即当人均收入水平升高时，一个国家的收入分配情况是先恶化再改善的。在人均收入提高的初期，国民收入中少数高收入人群所占的比例较大，所以在初期收入分配情况是恶化的；在人均收入提高的后期，政府干预在经济增长中起推动作用，收入分配也随之改善（Wang et al., 2014）。

新古典综合派中的代表学者奥肯和萨缪尔森则认为在贫困治理中不能仅仅依靠再分配，因为一味追求再分配会导致经济运行的效率缺失。奥肯（1999）提出了著名的"漏桶实验"，其主要内容为：如果将收入再分配比作一个漏桶，那么从富人身上转移走的钱将不会百分之百转移到穷人身上，这就会出现效率的损失。关于再分配的缺点，萨缪尔森在"漏桶实验"的基础上进行了进一步的研究，他使用"收入可能性曲线"对该问题进行了动态的阐释（萨缪尔森和诺德豪斯，1999）。

如图 2-2 所示，B 点代表最有效率的点，但是从两个坐标轴可以看出，此时高收入组的收入要远高于低收入组的收入。政府为了达到再分配公平，会通过转移支付或税收的方式使整体经济从 B 点移动到 A 点。由于三角形右边的角度为 45°，故该图可以体现出这样的规律：从高收入组转移出来的钱将以同等数量转移到低收入组。然而，如果政府使用较高税率对高收入组进行征税，那么高收入组的积极性就会降低，从而出现高收入组的投资降低。高收入组为了争取较低税率，会做出请律师等行为，进而增加成本。这些问题会使整体国家的国民收入降低，表现为图 2-2 中的直线 AB 变成曲线 BE，即产生的再分配的无效率，出现奥肯提出的漏桶实验的问题：从高收入组转出的财富并没有完全转移给低收入组。

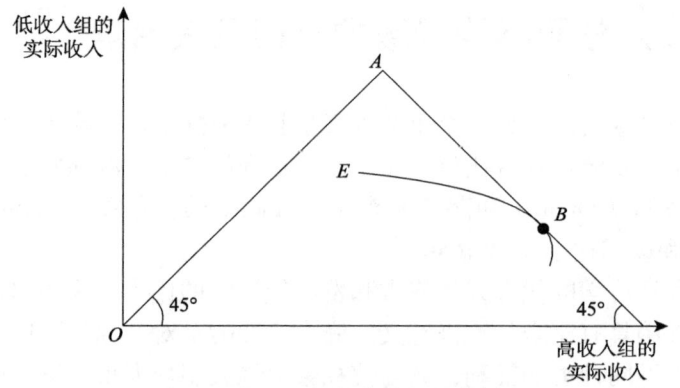

图 2-2　收入可能性曲线与效率损失

对于如何解决收入分配不均带来的贫困，庇古和缪尔达尔分别提出了解决方案。庇古（2007）认为，国家可以通过向富人征税等方式将富人的部分收入转移给穷人，实现社会福利的增加。转移方式可以分为两种：直接转移和间接转移。征税不仅改善了穷人的收入状况，还实现了收入分配的平等化。缪尔达尔（1991）提出"平等问题在不发达国家的发展问题中处于中心位置""对平等问题必须符合实际进行研究需要与具体的政策问题联系起来"。缪尔达尔认为对于不发达国家存在的不平等问题，应在农业、人口、教育、行政等方面进行改革。同时，缪尔达尔认为若想使不发达国家摆脱贫困，发达国家就要给予不发达国家以适当规模且长期持续的援助。萨缪尔森基于福利国家这一前提，提出了许多贫困治理方案，如收入保障计划、低收入人群所得税抵免、医疗保健保障等。

另一个极具代表性的关于收入分配不均导致贫困的治理理论就是极化涓滴效应（polarization trickle-down effect）理论，该理论由赫希曼提出并发展。极化涓滴效应包括极化效应（polarization effect）和涓滴效应（trickle-down effect），分别出现在一国发展的短期和长期两个阶段，作用机制如图 2-3 所示。

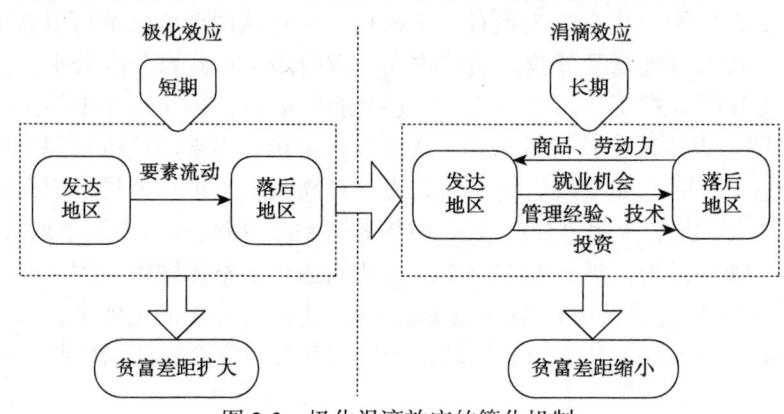

图 2-3　极化涓滴效应的简化机制

其中，极化效应是指在一国发展的先行短期阶段，该国政府会将发展重点放置在经济较为发达的地区，这些地区会吸收相对落后地区的劳动力，进一步恶化相对落后地区的经济发展状况，进而出现更大的地区发展差异。涓滴效应是指在一国发展的长期阶段，经济较为发达的地区增加了相对落后地区人口的可支配收入，并且经济较为发达的地区会扩大对相对落后地区的购买与投资，从而缩小该国的地区发展差异。

当极化涓滴效应理论运用于贫困治理领域时，其含义可以分为两层：一是一个国家长期的经济增长会产生"涓滴效应"，使贫困人口的物质财富增加，从而摆脱贫困；二是在一个国家经济增长的先行阶段，不可以实现一国所有地区的平衡增长。只有一国内可以起到带动作用的人群收入提高后，才能产生"涓滴效应"使穷人受益。赫希曼的极化涓滴效应理论与其"不平衡发展战略"都是"先富带动后富"的思想。使用极化涓滴效应理论解决贫困问题主要在于降低收入分配不均。如果一国政府放任收入不平等现象一直持续下去，不对收入不平等进行干预，会产生"向上涓滴效应"，从而出现"富人越富，穷人越穷"的局面。但是，当政府采取解决收入不平等的措施，制定合理的政策与制度安排时，会出现"向下涓滴效应"，使整个社会中穷人的收入增加摆脱贫困，同时不至于产生社会两极分化的状态。

五、权利与可行能力缺乏导致的贫困及其治理

上述导致贫困的自然因素和社会经济因素主要是从贫困者的外部条件来考虑，而贫困个体在社会各方面的权利缺失和相关可行能力缺乏等内部因素更是导致贫困的重要因素，尤其需要引起关注。

权利与可行能力缺乏导致的贫困理论主要源于阿玛蒂亚·森（Sen, 1997），权利指的是所有可获取的法定渠道及所获取的可以选择的商品集。阿玛蒂亚·森认为不同阶级的人对食品的控制和使用能力表现为社会权利关系，这种关系则取决于政治、经济等诸多因素。当个体丧失市场交换权利，或是存在不合理的权利体制就会产生贫困。能力贫困及其治理理论则基于"可行能力"的概念，"可行能力"是指可由个体单独实现的功能性活动集合，"功能性活动"是指个体认为值得去做的事情和状态。阿玛蒂亚·森认为贫困不仅是个体收入水平的低下，更是个体可行能力不足所导致的。虽然阿玛蒂亚·森对于权利的研究源于他对饥荒的研究，但是这套方法也可以延展到对于贫困的分析。

除了阿玛蒂亚·森对能力贫困的相关阐释以外，贫困代际传递理论也说明了能力缺乏从而导致贫困。较早对贫困代际传递的相关理论进行研究的是贝克尔和

托姆斯（Becker and Tomes，1979），他们通过构建资本等要素的代际流动模型来分析家庭的代际传递，认为家庭中的社会地位与收入经常会在该家庭的代际流动，当后代从父母那里得到更多资本时，其收入也会得到提高。

赋权反贫困理论则是解决权利贫困的重要理论（Sen，2002），简单来说就是使贫困个体的权利得到保护从而使其摆脱贫困。在治理权利贫困时，需要保障贫困人口所享有的医疗卫生、生活等权利，此时就应结合现行制度，制定出合适的政治、经济与社会体制。世界银行（2001）在其报告中也指出，促进赋予权利应该作为扶贫的三大战略之一。阿玛蒂亚·森通过赋予权利来解决贫困成为贫困治理研究中的一个重要观点。该观点不仅仅从社会和个体层面展现了贫困的原因，还对前人的贫困治理理论做了补充。在贫困测量方面，阿玛蒂亚·森在贫困缺口与贫困发生率的基础上，建立了衡量贫困的森指数（Sen Index）用以测量一国的贫困水平：

$$S = H[I+(1-I)G] \qquad (2-1)$$

式中，H 为贫困人口数量；I 为贫困缺口程度；G 为贫困线下的收入不平等水平；S 为森指数。

对于能力贫困的治理，可以参考 20 世纪 60 年代舒尔茨（Schultz）提出的"人力资本理论"，以及在人力资本理论的基础上衍生出的人力资本反贫困理论。舒尔茨（1992）认为投资对经济增长的作用不明显是因为资本仅仅包括了建筑与生产设备等物质，并没有包括人力投资，但人力资本是经济增长的一个重要来源。人力资本积累一直被认为是摆脱贫困的主要渠道（Fogel，2004；Deaton，2013）。人力资本理论认为：资本可以分为人力资本和物质资本。在一个国家的经济发展过程中，相较于物质资本，人力资本对经济增长的拉动作用更大，即提高贫困人口的知识水平要比赠予其生活用品、生活空间等更重要。对于贫困问题，舒尔茨通过对美国的需求分析后，发现一国贫困程度的降低是由于劳动力收入增长，而不是资产收入增长，即缺乏人力资本会导致贫困。故人力资本理论衍生的反贫困理论的主要观点是：加强贫困人群的人力资本投资，促进贫困人群的可行能力的提升，使其获得就业机会，从而提高其收入来消除贫困。舒尔茨认为，提高一个国家的人力资本，最重要的就是对教育进行投资，因为教育可以作为一种提高人口整体素质的手段。同时，舒尔茨对美国 1900~1956 年教育资本进行估算，发现虽然美国小学教育的投资增速要缓慢于美国的中学、大学投资，但是该项投资的增长速度仍快于美国物质资本的增长速度。该研究也佐证了人力资本比物质资本在经济增长中发挥的作用更大的观点。在能力贫困的治理中，还有学者强调了提高人与人之间交流能力的重要性。例如，Bebbington（1999）在分析农村可持续生计及其对贫困的影响时，强调了除物质和人力资本之外的社会资本的重要性，因为社会资本可以扩大贫困人口对其他资源的获取能力及相应的社交范围。世界环境与发展委员会提出的可持续生计理论也强调需要提高贫困人口的能力。可持续生计理论认为，环境问题产生的根源是人类不合理使用、浪费资源，所以在解决贫困问题时，一国政府和其他组织不能无限制地满足穷人的需求，需要建立各种相关机制，对穷人的能力进行投资，尽可能地提高贫困人口的能力。

教育是解决贫困代际传递的重要途径之一，而教育扶贫的相关理论基础就是舒尔茨的人力资本理论和森的权利与能力贫困相关理论。舒尔茨认为教育是对个体的投资，所带来的成果就是一种资本，教育可以明显提高一国国民的各种能力，进而推动国民收入增加。森（2012）认为医疗与教育不仅可以直接改善贫困人口的生活质量，还可以提高其获得收入的能力，从而有更多的机会来摆脱贫困。教育扶贫是阻断贫困代际传递的重要手段，因为教育可以直接通过提高贫困人群的生存知识水平与生存技能，提高其生活技能，从而提高其生活质量；教育还可以通过提高父代的综合素质，使之代际传递给后代，以减少或者消除贫困代际传递的发生。

六、制度因素引起的贫困及其治理

与上述贫困及其治理理论不同的是，马克思和恩格斯的政治经济学对于贫困的研究并不是从自然与社会等较为细节的因素出发，而是从制度层面出发，基于资本主义生产的本质——生产剩余价值来研究贫困成因。该理论的创始人马克思和恩格斯（1972）认为，资本主义制度本身就是贫困产生的根本原因。

马克思和恩格斯从19世纪中期就开始对西方资本主义社会中的贫困现象进行研究，他们也是较早从制度层面进行贫困成因与反贫困研究的学者。恩格斯在早期将自己在其父亲公司中的所见所闻整理成书，并在书中详细叙述了英国无产阶级的贫困状况，为制度引起的贫困及其治理提供了现实参考（马克思，1975）。

马克思在《资本论》中说明了资本主义制度是如何导致贫困的。资本家侵占了无产阶级劳动者生产的剩余价值，无产阶级劳动者仅能获取较少的生活所必需的生活资料。上述现象在资本主义社会中是一个延续的过程，所以资本家可以靠侵占来的剩余价值继续扩大生产规模进行资本累积。随着资本不断积累，资本家的财富不断增长，无产阶级却因被剥夺了生产资料而日益贫困。但马克思认为，无产阶级的人数并未因此而减少，相反无产阶级的人数日益增大。最后就会出现巨大的社会贫富差距与难以消除的贫困现象（马克思，1975）。马克思和恩格斯（1979）从资本主义的生产实质出发，将贫困分为相对贫困与绝对贫困。绝对贫困是指被剥夺生产资料的无产阶级产生的贫困现象，他们缺乏最基本的生活资料，在极其恶劣的环境下工作，通过自身大量的劳动来换取微薄的工资且无法获得基本的医疗保障。相对贫困则是从商品的剩余价值理论出发来探讨无产阶级的贫困成因。商品价值可以分为三部分，即生产资本（不变资本）C、工人工资（可变资本）V 与剩余价值（利润）M，其中 $V+M$ 为国民收入。据此，相对贫困可表示为在国民收入中工人工资占比不断下降，即 $V/(V+M)$ 的数值在不断下降。也就是在无产阶级实现的财富中工人们取得的工资比例逐渐下降，而剩余价值占无产阶级所创造财富的比重却在不断增加。可以看出，在相对贫困定义中，虽然无产阶级工人的工资绝对量可能上涨，使工人们的生活改善，但相对于工人工资的微幅上涨，剩余价值的上涨速度更快。"即使工资水平在较长时期得到普遍提高也不能消灭，而只能减轻对雇佣工人、对广大人民群众的奴役。"（马克思和恩格斯，1982）

受到马克思和恩格斯的启发，有学者从制度角度来分析贫困的成因及其治理。汤森（Townsend）作为相对贫困理论的提出者，认为仅仅从维持生计的角度来探讨贫困是不合适的，因为社会在不断变化，人们是否贫穷取决于他们可以从社会中获取资源的多少。Townsend（1993，2010）从制度本身出发探讨了贫困成因，认为制度缺失或政策不适会造成贫困。

对于如何治理制度因素引致的贫困，马克思和恩格斯的观点简单明了：建成共产主义社会，从制度本身消除贫困。他们认为在资本主义生产关系下，必定会出现工人阶级的贫困。恩格斯也认为工人阶级贫困的本质在于资本主义制度，而非被压迫等表面现象。无论是马克思认为的绝对贫困还是相对贫困，只要是在资本主义大背景下，都是无法根本解决的。资本主义的一些政策，如向高收入人群收税并给予低收入者补贴或是各种救济制度等，只能在一定层面缓解绝对贫困，相对贫困则会一直持续。为了解决这一问题，马克思和恩格斯认为必须解放与发展生产力，因为解放与发展生产力可以为共产主义制度的建立奠定一定的经济基础。生产力决定生产关系，仅当生产力得到解放时，社会上的贫困问题才可以得到解决。同时，恩格斯批判了马尔萨斯的传统人口理论，认为人口增加对生活资料产生压力这一观点是错误的，提出人口增加并非对生活资料产生压力，而是对就业产生压力。

第三节 现有理论和文献评述

一、合作社理论和文献评述

合作社最早起源于西方发达国家，其相关理论研究也相对较为成熟和完善。

通过对相关理论的梳理和归纳，本书认为合作社理论的发展大致可以分为三个阶段：起始阶段、发展阶段和成熟阶段，具体内容如图2-4所示。

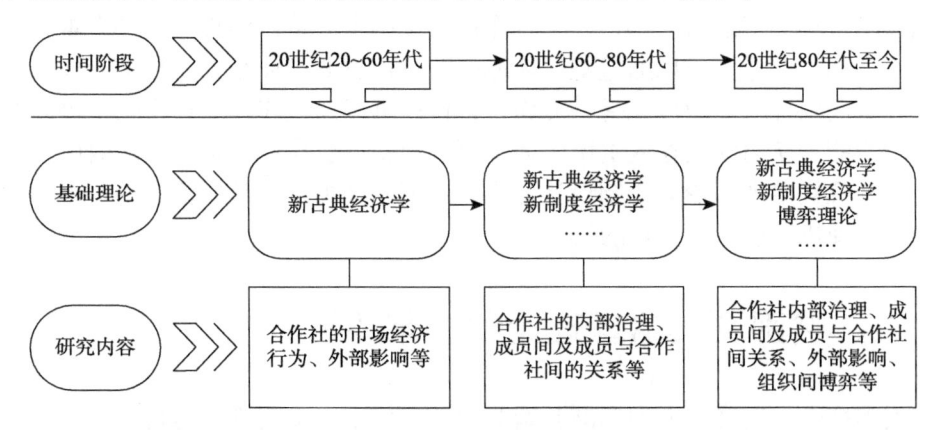

```
时间阶段 >>>  20世纪20~60年代  →  20世纪60~80年代  →  20世纪80年代至今

基础理论 >>>  新古典经济学        新古典经济学          新古典经济学
                                新制度经济学          新制度经济学
                                ……                  博弈理论
                                                    ……

研究内容 >>>  合作社的市场经济    合作社的内部治理、    合作社内部治理、成
              行为、外部影响等    成员间及成员与合作    员间及成员与合作社
                                社间的关系等          间关系、外部影响、
                                                    组织间博弈等
```

图 2-4　合作社理论的演进

在起始阶段，学者们用新古典经济学相关理论来研究合作社的市场经济行为、外部影响等，且相关研究逐渐从合作社外部影响转向合作社的经济行为等。在发展阶段，学者们多用产权理论、交易费用理论等新制度经济学来研究合作社的内部组织问题，此时学者们已经开始注重对合作社内部制度的研究。在成熟阶段，学者们主要使用博弈理论、不完全契约理论等经济学理论来研究合作社的内部组织、外部影响及与其他类型组织的关系，以及成员本身行为。

从20世纪90年代开始，将合作社视为契约和联盟的学者在逐渐增多，并且学者们对于合作社的治理结构与相应机制设计的研究更加丰富，其实这是学者们综合使用相关经济学理论来研究合作社的成果，也是未来合作社理论的演进趋势。不同视角下的合作社理论为研究提供了理论基础。使用不同的理论视角对合作社的特性做出解释时，合作社的表现形式可能是不同的。例如，在新古典经济学的视角下，合作社可以被看作企业或纵向联合组织；在委托代理理论与博弈理论的视角下，合作社可以被看作委托人与代理人之间的合约集合与博弈过程。

不同的理论视角并没有优劣之分，只是各自所适合研究的方向不同。在探讨合作社的综合性问题时，需要基于不同的理论、不同的视角对该综合问题进行研究。例如，对于合作社与市场上其他市场主体的竞争与合作的经济行为，可以考虑新古典经济学理论与博弈理论；对于合作社内部成员间、成员与合作社间的交易、博弈关系，可以考虑新制度经济学理论与博弈理论。此外，由于不同类型的合作社所具有的治理特性存在差异，对于合作社的治理结构，可以考虑新古典经济学理论、产权理论、交易费用理论及博弈理论；同时，对于合作社中可能存在的双向委托代理关系，可以考虑博弈理论与委托代理理论。

合作社作为一个重要的市场主体，完善的市场机制与合理的运行策略可以改善国家的市场经济运行效率，并且合作社对于国家的贫困治理工作具有重大的作用。一方面，合作社可以通过与具体地区的特色农业产业结合，吸纳当地贫困农户入社进而发挥减贫效应；另一方面，合作社可以通过集体对口帮扶，提升贫困农户相应能力从而使之摆脱贫困。为了更好地发挥合作社的贫困治理效应，需要结合贫困及其治理理论与机制设计理论，对不同种类合作社所治理的贫困种类及其贫困治理机制进行进一步的研究。

二、贫困及其治理理论和文献述评

人类社会的发展使人类逐渐开始关注社会公正、文明进步与自身存续，而贫困及其治理理论的发展就体现出了这一点。以上贫困及其治理理论都是在人类社会不同时期，学者们对于贫困这一复杂问题的深刻认知，这些理论的提出为中国和世界其他国家的贫困治理工作提供了坚实的理论基础。

对本节所综述的贫困及其治理理论的基本观点及其代表人物进行梳理，如表2-1所示。

表2-1 贫困及其治理理论梳理

贫困及其治理理论	贫困成因典型理论及其代表人物	贫困治理典型理论及其代表人物
人口数量挤压导致的贫困及其治理	人口剩余致贫论（马尔萨斯，1992；普雷斯，1963）	抑制人口增长（马尔萨斯，1992；普雷斯，1963）；适度人口论（索维，1982）
生态脆弱导致的贫困及其治理	生态贫困（皮尔斯和沃福德，1996）	生态社会主义理论（萨卡，2008）；可持续生计理论（World Commission on Environment and Development，1987）
物质资本不足导致的贫困及其治理	贫困恶性循环理论（纳克斯，1966）；累积因果关系理论（缪尔达尔，1968）；低水平均衡陷阱理论（纳尔逊，1956）	非平衡增长理论（赫希曼，1991）；小额贷款理论（尤努斯，2006）
收入分配不均导致的贫困及其治理	福利经济学相关观点（庇古，2007）；"漏桶"实验及其发展（萨缪尔森和诺德豪斯，1999）	福利经济学角度（庇古，2007；萨缪尔森和诺德豪斯，1999；缪尔达尔，1991）；极化涓滴效应理论（赫希曼，1991）
权利与可行能力缺乏导致的贫困及其治理	权利与可行能力缺乏致贫（森，2004，2006）	人力资本理论（舒尔茨，1992）；可持续生计理论（World Commission on Environment and Development，1987）
制度因素导致的贫困及其治理	资本主义社会中的意识形态与剩余价值规律导致无产阶级贫困（马克思和恩格斯，1972，1982）	解放与发展生产力、建设共产主义社会（马克思和恩格斯，1972，1979）

注：笔者根据文献整理

观察东西方学者对于贫困成因及贫困治理的研究，主要有如下几个特点。

第一，学者们根据自身所处的地点与时代，从不同方面讨论了贫困成因并针对性地提出了治理贫困的方法，但都有一定的局限性。并且多数西方学者的观点的实质就是在侧面论证资本主义的合理性，所提出的治理方法也是为了巩固资产阶级的统治。

在贫困及其治理理论提出的最初时期，学者们多从自然原因（生态环境问题、人口过度增长）来探讨贫困治理，并没有从社会制度或是阶级关系等方面来探讨贫困成因。例如，马尔萨斯提出的人口扩张引起贫困的理论，仅仅从人口增长这一视角出发探讨贫困成因，对无产阶级被资产阶级严重压迫这一社会现实视而不见。所以，马尔萨斯的人口致贫论是典型的带有资本主义性质的贫困成因理论，马克思和恩格斯对其所持有的观点进行了批判。

随着社会与经济学理论的发展，学者们开始从各个角度来探讨贫困的根源与治理贫困的手段，如收入分配不均、物质资本不足等导致的贫困及其治理。在一个国家经济发达但收入分配不均的情况下，会出现绝对贫困较低但相对贫困较严重的局面。此时，治理贫困的方法就不能仅仅是关注贫困个体收入水平的提高，而是应将重点放在如何解决收入分配不均等问题。在该阶段下，学者们对所提出贫困治理方法的实际适用性考虑不周。以罗丹的相关理论为例：对于罗丹所提出的"大平衡增长理论"，如果一个国家为了摆脱贫困问题就对全部国民经济部门进行大规模投资，先不说该国的总体经济实力能否承担这一任务，若是真的进行无差别的大规模投资，势必会形成严重的收入分配不均从而加剧贫困。

第二，贫困及其治理理论虽然已经由人口数量增长、生态脆弱、物质资本不足等引起的贫困及其治理理论发展到了以物质资本不足为基础的收入分配不均、权利与可行能力缺乏的多维贫困及其治理理论，但是该理论仍然缺乏对人本身精神、思想的关注。

上述大多数贫困及其治理理论的本质均是从物质与个人客观能力来探讨，忽视了人的内在因素，如精神等因素产生的贫困及其治理。贫困不仅仅是一种社会、经济现象，更是一种文化、历史现象。如果不对精神、文化问题造成的贫困进行治理，则会极易造成返贫。其中，教育是解决贫困代际传递问题的有效措施，因为教育可以直接提高父辈的生存能力、改变其落后观念、提高文化程度，从而在一定程度上阻断贫困的代际传递。

第三，学者们对于贫困及其治理的研究多偏重理论研究，对现实中出现的复杂贫困现象缺乏具有针对性的指导意见。现实的贫困成因及表现形式较为复杂，政策制定者需要使用多种贫困理论对所面临的具体贫困成因进行准确界定后，才能结合相应的贫困治理理论提出操作性较强的具体措施。

理论研究是为实践而服务的，每个贫困及其治理理论都较为准确地反映了学者所处的社会现实。但是，由于理论的发展可能会慢于社会、经济的发展，理论的现实指导意义就会被减弱，无法对现实的反贫困工作给出及时的、有针对性的、系统性的指导。并且在解决现实贫困问题时，必须根据问题的特点加以整合，进行系统的分析，综合各种贫困及其治理理论，明晰各种理论的优劣，从整体层面对理论进行整合，才能为现实贫困问题的治理提供坚实的理论基础，如对权利贫困和能力贫困的治理就是互补相容的、资本形成率的提高也可以解决收入与消费不足的问题。

在反贫困的实践研究中，只有将研究对象的特点和多种贫困及其治理理论相结合，才能更好地提出治理贫困的策略。以上各种贫困及其治理理论大多是基于资本主义国家的背景提出的，中国作为社会主义国家，面临着自然环境复杂多变、地区发展严重不平衡、城乡差距明显、收入差距过大等因素带来的多种问题，分析1978~2018年中国的贫困及其治理，不能对上述贫困及其治理理论"照抄照搬"，而是应该结合中国仍处于并将长期处于社会主义初级阶段这一基本国情。

第四节 本章小结

本章对合作社理论和贫困及其治理理论进行了梳理。从新古典经济学、新制度经济学、博弈理论等视角对西方合作社理论的研究成果进行综述，旨在从多种理论视角对合作社进行深刻理解，从而为研究提供合作组织的特征和功能等方面的理论基础；然后，将贫困及其治理理论按照较为常见的致贫原因区分，旨在为探讨农民合作组织的扶贫机理提供理论指导。主要结论如下。

第一，合作社相关理论经历起始阶段、发展阶段和成熟阶段后逐渐丰富和完善，为合作社相关研究提供了坚实的理论基础。在起始阶段，学者主要从新古典经济学视角出发对合作社的性质、市场经济行为、外部影响等做出了解释；同时，对合作社的研究视角从合作社的外部逐渐调转至合作社的内部。在发展阶段，学者从交易费用理论等新制度经济学理论视角出发，研究合作社的内部结构、成员关系等问题。在成熟阶段，学者开始从博弈理论视角出发，研究合作社成员行为、内部治理结构、外部影响及与其他类型组织的竞争和合作关系。

第二，对于农民合作组织的相关研究，可以针对不同的研究问题选取相应的理论进行分析。其中，关于农民合作组织竞争性的分析及和其他扶贫主体之间的分工协作关系，可以考虑新古典经济学相关理论与博弈理论；对于农民合作组织包容性和益贫性的分析，农民合作组织内部成员之间、成员与合作社之间的交易关系分析，可以使用交易费用理论等新制度经济学相关理论与委托代理理论。在此基础上，可以结合贫困及其治理理论，对农民合作组织贫困治理相关机制进行设计，从而充分发挥农民合作组织的扶贫作用。

第三，贫困及其治理理论从不同角度分析了贫困产生的原因及其治理措施。学者对贫困产生原因的理论剖析逐步从人口数量挤压、生态脆弱、物质资本不足等自然和物质要素禀赋的原因分析，转变为收入分配不均、权利与可行能力缺乏、制度因素等结构、体制等原因的探析。相应的贫困治理措施也从抑制人口增长或抑制人口过剩的适度人口论、可持续生计理论、大推进平衡增长理论等向制度变迁等理论转变。学者们对贫困成因及其治理理论的研究不断加深，将为世界贫困治理奠定坚实的理论基础。

第四，贫困及其治理理论仍存在缺乏对人本身的关注、多数国外理论的实质就是为了资本主义所辩护等不足，但仍然有值得研究之处。特别是在中国实现全面脱贫以后，仍然面临着自然环境多变、地区发展不平衡等因素带来的相对贫困和多维贫困问题。应对国内外的相关理论辩证地进行借鉴，针对不同地区、不同群体所面对的相对贫困问题需要综合应用差异化的贫困治理理论，并充分发挥农民合作组织的作用，助力乡村振兴。

第三章　理论分析框架

美好生活不仅需要健康的身体和足够的金钱；拥有更好的教育、具有广泛参与公民事务的能力，才能摆脱贫困。

——安格斯·迪顿（Angus Deaton）

农民合作组织在中国农村贫困治理效果中功不可没。本章旨在建立一个统一的分析框架，在厘清农民合作组织基本特征的基础上，明晰农民合作组织在贫困治理过程中的角色和功能，并基于动态和发展的视角从理论层面解释农民合作组织贫困治理的逻辑、路径和方式，探讨农民合作组织贫困治理的内在机制。从动态视角来看，贫困的治理需要从贫困发生之前和之后的长期阶段进行综合治理，而贫困的事前阻断可能比事后扶贫更加重要；从发展的视角来看，农民合作组织通过参与创新带来自身绩效和农村经济增长能够帮助农户减缓甚至摆脱贫困，从而展示出农民合作组织创新增长路径的贫困治理优势和效果。

第一节　农民合作组织的基本特征

梳理农民合作组织基本特征有助于明晰其在贫困治理过程中的角色和功能。农民合作组织的包容性特征使其能够包容贫困农户，让贫困农户也能享受农民合作组织带来的福利提升，这是农民合作组织贫困治理的基础与条件。农民合作组织的竞争性特征使其能够为了在市场上和其他主体竞争提高自身绩效，从而为提高农户收益创造可能。农民合作组织的益贫性特征能够保证农民合作组织助力贫困农户脱贫。

一、农民合作组织的包容性

（一）包容性的定义

包容性是指某个社会主体对客体的包容。包容性是与排斥性相对立的概念。根据 1995 年联合国哥本哈根社会发展峰会的定义，包容性是指一个社会中每一个人都有平等的权利和责任发挥积极作用（Marlier and Atkinson，2010）。农民合作组织的包容性主要是指合作组织对不同性质成员的包容特性，本书中特指合作组织对贫困农户的包容。

借用 Bernard 和 Spielman（2009）的分析，界定农民合作组织的包容性主要体现在以下几个方面：一是能够吸纳贫困农户作为合作组织成员，允许感兴趣的贫困农户自愿加入合作组织；二是即使贫困农户不直接加入合作组织也能够享受合作组织带来的好处，如合作组织通常为贫困农户提供重要和有益的农业服务；三是合作组织的治理结构和发展过程能够代表贫困农户的利益，能够鼓励贫困农户参与合作组织的决策和治理。

（二）农民合作组织包容性的来源

农民合作组织包容性的来源，如图 3-1 所示。从合作组织的定义和产生方式来看，合作组织是个体成员自愿联合而形成的组织，只要贫困农户愿意加入合作组织，就能够成为合作组织的成员，因此合作组织本身就具有天然的包容性。而且合作组织往往是弱者的互助性联合组织，而贫困农户往往是弱者中的弱者，因此合作组织具有包容弱者和贫困农户的特性。从合作组织的本质特征来看，农民合作组织往往与民主集体行动相联系，因此比其他旨在帮助农村穷人的体制创新更具包容性（Verhofstadt and Maertens，2014a）。从合作组织的功能来看，合作组织主要是为弱小的农户提供农业服务，或者提供援助，因此需要其具有包容性才能让其功能更大限度地发挥。Arcand 和 Wagner（2016）采用塞内加尔 2003 年和 2008 年的 177 个村庄的普查数据进行实证分析表明通过社区组织提供农业援助能够使得这些组织更具包容性。从合作组织的目标来看。农民合作组织的目标往往是最大化内部成员的福利，而并不以营利为目标，因此能够具有包容性特征。从中国的合作组织的发展实践来看，中国的农民合作组织尤其具有更强的包容性，因为农村的一些支持性农业政策往往以农民合作组织为载体惠及分散的小农户，尤其是贫困治理相关的政策和资源能够通过农民合作组织惠及贫困农户。

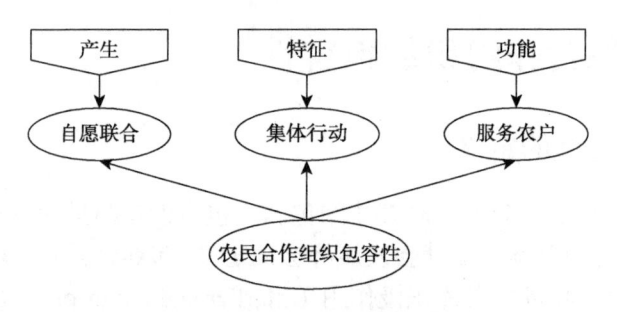

图 3-1 农民合作组织包容性来源

（三）农民合作组织包容性的争论

现有文献对合作组织包容性的争论一直存在。一些学者通过对发展中国家的调研数据分析发现合作组织在某种程度上是排他的，不具有包容性。例如，Bernard 和 Spielman（2009）利用 2005 年和 2006 年对埃塞俄比亚的调查发现，具有中产阶级效应的最贫穷和最富有的农民参与合作组织的可能性最小；在合作社内部，决策往往集中在管理委员会，这些管理委员会不太包容最贫穷的成员。Fischer 和 Qaim（2012）利用 2009 年对肯尼亚的香蕉种植农户的调查研究发现，贫困农户往往被包括在合作组织之内，但是这些贫困农户中的最贫穷的农民往往被排除在外。Wassie 等（2019）利用 2016 年对埃塞俄比亚小麦种植农户的调查研究表明，合作社对文盲和土地贫瘠家庭的包容程度较低。Hilliová 等（2017）利用 2014 年对蒙古牧民合作社的调查发现，蒙古的牧民合作社的包容性也相对较低，较穷和受教育程度较低的牧民往往不是合作社的成员。

但也有学者坚持认为农民合作组织具有较强的包容性，而且这种包容程度越来越高。例如，Hulme 和 Montgomery（1994）研究发现农民合作组织不会排斥贫困农户，对贫困农户具有更多的包容性，贫困农户和其他农户一样能够自主地参与合作组织。Verhofstadt 和 Maertens（2014a）认为合作组织往往与集体行动和社会资本联系在一起，因此比承包农业等其他旨在帮助农村穷人的体制创新更具包容性。Thorp 等（2005）认为合作组织作为一种群体可以帮助穷人，可以提供摆脱长期贫困的途径。Bernard 和 Taffesse（2012）指出由于合作社活动范围和业务范围的扩大，能够吸引更多对其各种活动有不同兴趣的新成员，从而提升合作组织的包容性。

学者们也试图解释为什么会对合作组织的包容性产生争论。Bernard 等（2008）区分了以社区为导向的合作组织和以市场为导向的合作组织，前者以社区发展为重点，具有更强的包容性，后者则专注于帮助其成员进行创收，更强调合作组织的竞争性，如图 3-2 所示。这一区分在一定程度上解释了合作组织包容性争论产生的原因。

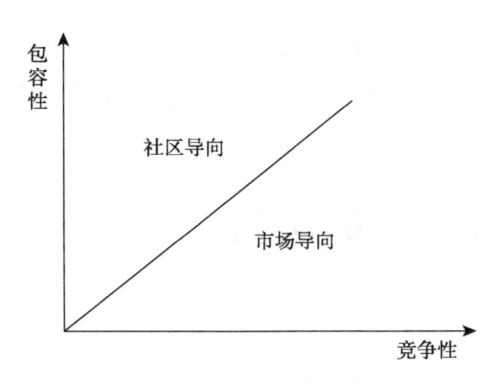

图 3-2　农民合作组织包容性和竞争性权衡

中国的实践表明农民合作组织的包容性是不断提升的。Ito 等（2012）对 2009 年中国南京的西瓜种植农户的调查发现，小规模农户往往被排斥在合作社之外，但随着合作社的不断发展，越来越多的农户加入了合作社并接受合作社提供的各种农业服务。当时可能的原因在于：一方面，中国很多合作社都吸纳贫困农户作为合作社的成员，甚至有全部由贫困农户成立的贫困合作社，为贫困农户提供各种服务。政府的扶贫资源和政策通过合作社惠及贫困农户。另一方面，有的贫困农户可以参与合作社的管理和决策，在合作社治理和发展中发挥重要作用。例如，重庆市潼南区百姓种养殖股份合作社就民主推选了梅家村贫困农户黄波为监事长，参与合作社的管理和决策。

（四）农民合作组织包容性的影响因素

影响农民合作组织包容性的因素主要包括以下几个方面：一是合作组织内部的自我认同和共同意识形态。一个群体内部的自我认同和共同意识形态的水平是影响群体包容性的重要因素（Thorp et al.，2005）。较高的自我认同和共同意识形态水平可以使组织受益于较贫穷的成员，并有可能发展成为可持续和营利性的企业。二是合作组织内部的机会主义行为。合作社的包容性给成员农户搭便车提供了便利，这会对合作组织成员的投资造成障碍（Lutz and Tadesse，2017）。因此，合作社内部成员的机会主义行为会导致包容性效率降低，这时需要更有效的信息沟通及组织内部成员之间的信任等机制来进行调节。三是合作组织的目标。具有开放的成员资格的合作社在提升合作社的包容性方面起到了重要作用，但需要合作社管理层谨慎处理，保证不危及组织实现其主要目标的上限（Bernard and Taffesse，2012）。因此，合作组织的包容性并不是无限的，需要在一定程度上进行权衡。四是合作组织的成立方式。通过社区组织提供农业援助的社区驱动式发展（community-driven development）能够提高合作组织的包容性，社区驱动模式能够通过实现权力下放而充分发挥地方政府的作用，让不同类型的农户尤其是贫困农户加入社区组织中（Arcand and Wagner，2016）。中国的农民合作组织有多种成立方式，以社区为基础而成立的合作组织能够吸纳不同类型的农户进入组织，使得组织更具包容性。

二、农民合作组织的竞争性

（一）竞争性的定义

竞争性是指消费者数量的增加会导致生产成本的增加，即私人物品消费增加供给方就要增加生产成本投入以满足需求，这也是私人物品与公共物品最大的区别。组织的竞争性是指一个公司或组织通过价格变化、产品质量改进和使用几种营销策略来维持或增加其市场份额的能力。竞争性会受到市场结构、规模经济的影响。竞争性组织是指为了实现组织的目标而积极参与市场竞争活动的组织。

对于农民合作组织而言，竞争性往往体现为营利能力。虽然合作组织是以社员的福利最大化为目标的，但还是需要在市场竞争中和企业抗衡，否则无法生存，更难以保护社员利益。因此，农民合作组织的竞争优势意味着该组织能够超越其竞争对手，获得更高的利润，或在创造的价值中占有相当大的份额，从而更大限度地保护组织内部社员的福利不至于降低。

（二）农民合作组织竞争性的来源

农民合作组织作为一类重要的市场主体需要具有竞争性，其原因如图 3-3 所示。

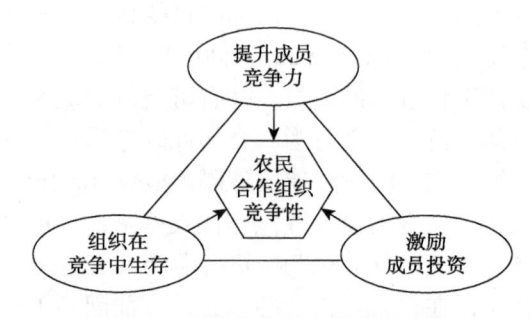

图 3-3　农民合作组织竞争性来源

一是为了合作组织自身能在市场竞争中生存。在激烈的市场竞争中生存下来是合作组织发展的首要任务。发达国家建立合作组织的主要是为了形成市场抗衡力量。因为大多数农业市场上，私营企业往往会与合作组织竞争（Sitko and Jayne，2014），从而使合作组织参与的生产与经营效率显著提高（Levay，1983）。Sexton

（1986b）认为社员资格开放合作组织的存在，使得以利润最大化为目标而产生的部分具有垄断行为的企业被消除；并且，竞争也不会由于合作组织的横向合并被减弱。因此，合作组织是一种能够与私营企业相抗衡的市场力量（杨丹，2019a）。农民合作组织不仅使农民市场地位得到改善（潘劲，2011），成员市场竞争性增强、收入提高，而且使市场竞争加剧、市场上的超额利润得到消除（Helmberger and Hoos, 1962）。

二是为了让组织成员感兴趣，并激励成员投资，成员投资是合作组织发展壮大的重要条件。合作组织为了让组织成员感兴趣，必须创造竞争优势。对于合作组织来说，明确的目标、成员的承诺及成员的自我选择是组织成功的关键。很多时候合作组织的发展为了突出其包容性，而忽视了竞争性（Lutz and Tadesse, 2017），因而很难在市场竞争中取胜。相关的研究也侧重于包容性的研究，而忽略了创造竞争优势（Markelova et al., 2009）。合作组织往往需要在包容性和竞争性，也就是公益性和有效性之间寻找平衡。在效率和公平之间的冲突尚未解决时，农民合作组织面临着一种微妙的平衡（World Bank, 2008），即优先考虑社会包容和团结的公益性规范与要求专业和有竞争性的业务规范之间的微妙平衡。Lele（1981）指出合作组织的成功实际上是各自目标权衡后的结果，即增长与分配的目标、分权与公平的目标之间的权衡。在短期内增长和分配目标与权力下放和公平目标之间的权衡往往存在困境，增长分配困境涉及地方资源调动的目标与帮助穷人所需的补贴之间的内在矛盾。

三是为了让集体行动的个体具有竞争性，也就是提升合作组织成员的市场竞争力。小农户面临着存在严重缺陷或不完善的市场（Weitz and Jap, 1995；Fafchamps, 2004），需要有一种抗衡力量来应对寡头竞争和垄断的供应商（World Bank, 2008），合作组织提供了这种可能性。农民的需求包括：从农民合作组织中获得收入回报、扩大农产品销路、维持和扩大产能、提高农业生产效率（Liu et al., 2019），在合作组织的帮助下获取与市场抗衡的力量等（Rhodes, 1983）。合作组织外部经济的重要性是众所周知的问题（Oughton and Whittam, 1997），外部经济基本思想是：通过合作将各种固定成本分散到大量的小农户身上，从而使小农户在其市场上具有竞争性。以市场为导向的合作组织是小农户提高竞争性的一种有效组织选择，它可以帮助成员进行创收活动，与只提供俱乐部产品或地方公共产品的社区型合作组织并不相同（Bernard et al., 2008）。

（三）农民合作组织竞争性的策略

农民合作组织保持竞争性需要有明确的战略目标、有效的成员承诺、合理的利益分配制度等（Barham and Chitemi, 2009；Suli et al., 2013；蔡荣等，2015）。

明确的战略目标意味着合作组织拥有适当的目标市场和有效的市场机会。发达国家的经验表明，合作组织在激烈的市场竞争中具备一定的发展空间（Cook and Iliopoulos，2000）。目标定位有助于将重点放在特定的需求或者优先事项上（Francesconi and Heerink，2011）。集体行动可以成为一种有益的战略，为合作社成员创造获得战略资源的途径，前提是有坚定的成员基础。然而，这又需要适当的目标定位、适当的选择机制和明确界定产权以避免搭便车的威胁。

有效的成员承诺是合作组织保持其竞争性的重要因素，主要包括三个方面的承诺：第一，成员愿意通过合作组织销售其生产的农产品，以实现组织所需的规模（Mujawamariya et al.，2013；Wollni and Fischer，2015；冀名峰和李琳，2020）；第二，成员愿意向合作组织投资，为组织发展提供充足的资金（Sykuta and Cook，2001），并使组织有能力控制重要的战略资源；第三，成员愿意参与组织的管理，以便组织有成效和有效率地运作（Bernard et al.，2010）。

合理的利益分配制度有助于合作组织保持竞争性，有助于提高合作组织在市场竞争中的效率，更好地处理风险，帮助合作社成员保持就业和提高收入。小农户资源严重受限，在整个价值链中无法公平地分享所创造的价值，而合作组织的利益分配机制能够帮助小农户实现集体参与创造俱乐部产品。但是，需要通过对成员和所有权的管制来防止机会主义行为。

三、农民合作组织的益贫性

（一）益贫性的定义

益贫性也称亲贫性，即对贫困人口有帮助。农民合作组织的益贫性是指农民合作组织能够吸纳贫困农户，为贫困农户提供各种农业服务，包括农业社会化服务、农业技术培训等，提供更多的就业机会，提升贫困农户的家庭收入，同时促进贫困农户家庭的收入多元化，以增强贫困农户应对风险冲击的能力，帮助贫困农户改善贫困状况甚至脱离贫困。

（二）农民合作组织益贫性的表现

合作组织天然地具有益贫性，主要表现在以下几个方面。

第一，从合作组织的基本原则来看，其成立初衷和基本原则就是帮助贫困农户。合作社的初衷是益贫，早期的一些思想家和社会活动家倡导和推动合作社运动以帮助穷人。互助合作是合作组织的基本原则，互助性合作社是最初合作社成立的主要形式。很多学者长期关注合作社对促进可持续增长和减贫的作用（Chen et al., 2007; Markelova et al., 2009)。

第二,从合作组织的治理制度来看,重点维护低收入农户、贫困边缘农户或贫困农户在合作组织中的地位、自我服务意识和民主管理权。诸多研究表明,农民合作组织是改善小农市场参与、增加农民收入、减少贫困人口的一种体制工具(Bernard and Spielman, 2009; Markelova et al., 2009; Shiferaw et al., 2011; Bernard and Taffesse, 2012; Fischer and Qaim, 2012)。

第三,从合作组织的组织形式来看,贫困农户或低收入农户对于合作组织的接受能力较其他经济组织更强。合作组织是一个自治性组织,以社员之间的合作、努力为基础,并且合作组织的成立不需要过高的金融资本。合作组织的发展是一个"干中学"的过程,在实践过程中不断发展壮大;合作组织的日常运营主要依靠自身力量,适当借助外部帮助。诸多学者研究表明合作组织能够减贫,它们有能力改善农村贫困人口的福利(Bernard and Spielman, 2009; Shiferaw et al., 2014)。

第四,从合作组织的成立基础来看,大多数合作组织是基于社区成立的组织,能够最大限度地包容贫困农户,并为贫困农户谋福利。合作组织是打破农村社会经济环境中贫困恶性循环的有效制度安排。虽然有文献指责社区组织加剧了种族、经济和性别层面的社会排斥(Plateau and Gaspart, 2003),但是经过精心的制度设计和实施,不会导致更大程度的社会排斥和现有社会结构的破坏。因此,在有效的监督下,如果合作组织能够得到良好的管理,就有可能加强农村社区和农村社区的可转移性领域,从而为可持续减贫做出贡献。

以上表明合作组织在诸多方面表现出益贫性和益贫功能,但是帮助贫困农户并不是合作组织的必然义务,因此在合作组织制度安排中并没有针对穷人和小农户的特殊制度安排。

(三)农民合作组织益贫性的争论

虽然贫困人口具有天然的劣势,但是农民合作组织具有包容性,能够通过各种方式使贫困人口受益。当然,农民合作组织在具有包容性的基础上还需要具有相应的有效性,即对农民的收入和福祉产生积极影响,这样才能产生实际的益贫效果,而现有文献对合作组织的益贫性仍然存在争论。

部分学者支持合作组织具有益贫性的观点,认为合作社有一种有利于穷人的自动趋势(Hussi et al., 1993; Thorp et al., 2005)。部分学者保持一种相当乐观的观点,认为合作社具有查明穷人的经济机会、增强处境不利者捍卫其利益的能力,以及通过允许穷人将个人风险转化为集体风险为穷人提供安全保障的优势(Simmons and Birchall, 2008)。因此,这些学者普遍认为合作社在减少发展中国家的贫困方面可以发挥作用(Birchall, 2003)。

即使合作社的益贫性特性在一定程度上已经达成共识,但是学者们普遍质疑合作社有效性,也就是说合作社对贫困水平的影响经常受到质疑(Birchall,2003)。但是,很多学者对有效性进行实现检验发现合作组织确实能够产生贫困治理效应(Verhofstadt and Maertens, 2014b)。部分学者把合作组织看成一种商业模式,认为合作组织是一种满足贫穷、提供机会、促进赋权和加强安全的机构形式(Simmons and Birchall, 2008)。因此,合作商业模式越来越多地被认为是成功消除贫困和排斥贫困的先决条件,特别是在发展中国家更是如此(OCDC,2007; Simmons and Birchall, 2008)。

当然,也有学者持中立的态度,认为只要合作社的价值观和原则得到充分尊重,某些先决条件得到满足,合作社就具有普遍的减贫潜力(Lele, 1981; Holmén,1990; Hussi et al., 1993)。合作社的制度优势使其能够在农户家庭层面和更广泛的村庄层面减少贫困。

(四)农民合作组织益贫性的提升

提升农民合作组织益贫性可以从组织外部和内部两个方面努力,具体如图 3-4 所示。

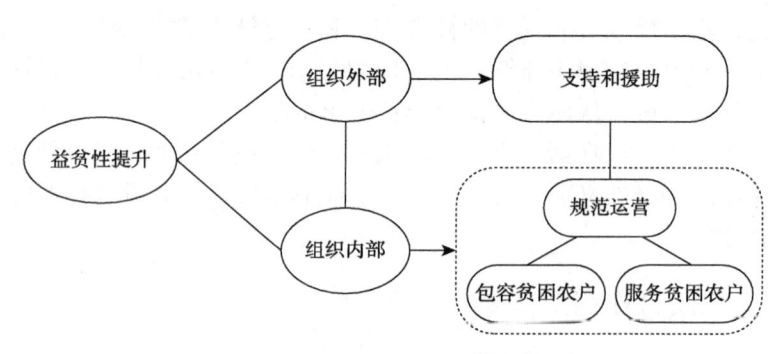

图 3-4 农民合作组织益贫性提升路径

从组织内部而言,一是更多地包容贫困农户。合作组织是俱乐部性质的组织,在更多地包容贫困农户的基础上,能够为组织内的贫困农户提供更多的农业服务或援助,从而帮助贫困农户减少甚至脱离贫困。二是为贫困农户提供有效的农业服务。这些农业服务包括农业生产经营过程中的一系列产前、产中、产后服务,合作组织社员可以获得这些特殊服务而将非社员排除在外。例如,营销合作社在产前将农业生产投入物资以低于零售价的批发价出售给社员;在产中免费向社员提供生产技术培训并且免费或者以成本价向社员提供农业技术服务。三是规范的管理和运营。在有效的监督下,如果合作社能够得到良好的管理和加强,合作社就有可能加强农村社区的可持续发展,从而推动可持续减贫的发展(Bharadwaj,

2012)。正是因为规范的管理和运营改革及制度设计，中国的合作社才能够为穷人谋福利，如以合作社为载体的精准扶贫。

从组织外部而言，主要是合理的外部支持和援助。政府主要是通过相关部门制定政策、措施指导农民的农作物种植、生产等，提供补贴等扶持农业发展。同时，农业补贴会显著促进低收入农户收入的增加（杨丹等，2020）。但是，由于部分指导性政策不是农民自发的，所以难以转变为农民的自觉行为；部分扶助性政策具有直接包办的性质，不具有针对性，难以充分发挥政策的扶贫作用。与政府扶贫不同的是，农民合作组织作为农户自发的组织，可以保护和传达农民的真实利益和需求，政府通过合作组织可以及时、准确地了解农民群众的真实诉求，从而提供更加有针对性的帮扶；同时，合作组织能更好地执行政府农村政策，通过有效管理和社员信任合作带动合作社内外部农户贯彻落实政策。

第二节　农民合作组织的角色和功能

农民合作组织在扶贫过程中具有重要的角色地位，承担了无法替代的功能。首先，农民合作组织作为扶贫主体，能够将扶贫资源传递给贫困农户。其次，农民合作组织作为脱贫的载体，能够代表贫困农户的利益，并向其他扶贫主体有效表达贫困农户的需求。最后，农民合作组织不仅能够成为社会各扶贫主体之间协同的纽带，也能够在不同扶贫主体与贫困农户之间进行沟通。农民合作组织将扶贫主体、脱贫载体、协调纽带这三种角色有机结合，有效带动和帮助贫困农户脱贫致富。

一、扶贫主体角色和功能

农民合作组织是重要的扶贫主体，意味着农民合作组织能够把自身拥有的扶贫资源有效传递到贫困农户手中，帮助合作组织内部的贫困农户脱贫。这里所指的资源不仅仅是物质资源，还包括市场参与机会、技术资源及就业机会等多种资源。同时，农民合作组织还能够通过知识外溢、创新扩散等渠道惠及合作组织外部的非成员贫困农户，有助于外部贫困农户脱贫。农民合作组织之所以能够成为重要的扶贫主体，主要是因为其自身独特的优势。

农民合作组织具有地缘优势，能够精准识别和瞄准贫困农户，将各项资源有效地传递给贫困农户。精准识别需要帮助的贫困农户，瞄准贫困农户生产和生活所需，直接关系到扶贫开发工作的绩效。农民合作组织是以农民为主体的自发组织，具备了解基层农民的天然优势，能够准确、及时地了解村民的生活状态及社员的多样化需求。而且，农民合作组织对当地的自然环境、经济水平及风土人情有更深入的认识和了解，可以依托当地资源，因势利导发展产业扶贫，能更灵活地满足贫困农户不断变化的需求，更能够直接有效地针对异质性群体的不同需求采取相应措施，激发贫困农户的内生发展动力，提高其可持续生存能力，真正实现造血式扶贫。此外，农民合作组织的社会关系主要基于本地社区而形成，能够在本地社区通过履行社会责任为本地村民尤其为贫困农户提供帮扶。因此，农民合作组织适合作为开展精准扶贫工作的基层经营主体来实现高效扶贫。

农民合作组织能够集中开发资源，并实现资源的优化配置。农村自然环境恶劣、基础设施不完善等是导致贫困的重要外部因素，但更重要的是相对能力的缺乏。缓解贫困农户的能力贫困是贫困治理中关注的重点。贫困农户往往缺乏从市场经济中获得资源并从中获得与其他农户同样收入的能力。农民合作组织能够将贫困农户的耕地和山地等闲置生计资源集中起来进行统一开发，实现规模经济；通过建立多种资源的市场化运行制度，把资源优势变成竞争优势和市场优势，促进贫困家庭提高农业经营性收入、获得分红和租金等财产性收益，丰富贫困农户的收入来源渠道。此外，农民合作组织促进了农业生产专业化分工的细化发展，从而促进了农户土地、资金、技术等生产要素的流动和重组，有利于资源的优化配置。

农民合作组织提供给贫困农户更多的参与机会与平等权利。贫困最直接的表现是物质匮乏，究其根源是获得收入的机会和能力下降。贫困农户生产技术缺乏、市场信息不对称、参与机会不足，导致收入获取困难而陷入贫困。因此，农民合作组织为贫困农户赋权和授能的任务艰巨，意义重大。贫困农户通过参与农民合作组织获得市场准入的机会和参与市场竞争的能力。伴随市场经济的发展，分散的小农户在市场竞争中面临着谈判能力弱、市场竞争力不足、风险抵御能力差等市场参与困境，时刻面临优胜劣汰的危机。然而，农民合作组织能够形成一股抗衡的力量，有效地避免企业的市场垄断行为，在一定程度上防止市场失灵的产生（Sexton and Iskow，1993），从而提高贫困农户的市场谈判能力。农民合作组织能够将一些工作岗位提供给没有工作但具备一定技能的贫困农户（Wanyama et al.，2008），贫困农户因此获得进入市场就业的机会。同时，农民合作组织赋予贫困农户"学习"的机会，提高贫困农户的生产经营能力，培养贫困农户的主人翁意识，发挥其生产积极性和创造性。农民合作组织通过吸纳贫困农户实现有效参与，降低贫困农户生计的不稳定性、降低贫困农户的风险脆弱性、提高贫困农户的整体素质（Getnet and Anullo，2012）。

农民合作组织能够通过知识外溢和创新扩散等渠道惠及更多的贫困农户。农民合作组织在提高生产力、减缓贫困等改善农户福利方面不仅能惠及社员和合作社所在社区,还可以使更多农户和地区受益(Uphoff,1988)。例如,农民合作组织通过知识外溢和技术扩散等渠道帮助组织外部的非成员贫困农户脱贫。知识外溢是指一个组织或个体在研究过程中产生的原始的、有价值的知识被其他组织或个体获得,这些知识不仅包括创新的知识也包括中间知识(Cohen and Levinthal,1989)。农业技术扩散是指人们普遍采用某一农业技术的过程,是大量的农户决定采用新技术产生的结果,也可理解为行为总和,即由较大区域中群体农民对技术的应用构成(杨印生等,2005)。农民合作组织的组织文化具有宗族文化和乡村文化的特点,合作组织会主动与成员、周边农户分享自身的技术创新成果,低收入农户或贫困农户可以获得技术创新所带来的收益(黄祖辉和扶玉枝,2012),惠及组织外部的贫困农户。同时,农民合作组织是在市场经济和农业现代化发展的双重作用下产生的,在信息咨询、科技推广、产品销售等现代农业科技服务体系中发挥了重要作用。农民合作组织的存在使农业科技成果的推广速度加快、影响范围更广,有效地促进了农业向高产、优质、高效发展,增加农业生产的附加值,从而提高农民的整体收入水平。

二、脱贫载体角色和功能

农民合作组织是贫困农户通过自助和互助实现益贫、脱贫及可持续发展的重要载体。这是因为农民合作组织作为农户自愿联合成立的互助性经济组织,其包容性特征决定了合作组织能够把贫困农户纳入组织内部。因此,农民合作组织能够成为有效的脱贫载体(杨丹和唐羽,2019),帮助贫困农户更有效地获取其他扶贫主体的扶贫资源。例如,农民合作组织帮助农户获取政府提供的具有纯公共品性质的资源、企业提供的具有私人品性质的资源,以及村集体、科研院所、其他经济组织提供的具有准公共品性质的资源等,成为理想的脱贫载体,在反贫困中发挥着重要的作用。

农民合作组织能够作为贫困农户的需求表达载体,帮助贫困农户有效获取政府的扶贫资源。分散的小农户受知识水平等因素的限制,无法向政府表达需求或不能准确解读政府相关政策文件,农民合作组织作为联合小农户的正式的经济性组织,是贫困农户向政府表达其需求的有效渠道,可以加强贫困农户需求的外界表达。政府机构很难及时准确捕捉贫困农户多样化、动态性的发展需求,相关扶贫政策及精神准确传达和落地也存在一定的困难。农民合作组织作为政府机构与农户之间的沟通载体,可以节约沟通和协调成本,帮助政府获取有效信息。一方面,农民合作组织可以帮助政府机构了解和采集贫困农户的发展诉求,促进政府提高扶贫的针对性。另一方面，农民合作组织可以帮助农户更多地了解政府的各项优惠政策，承接并实施政府的项目支持，推动政府各项政策的贯彻落实。因此，农民合作组织是政府机构开展扶贫事业的重要脱贫载体，能够实现贫困农户需求的及时表达与传递，以及政府优惠政策的准确传达与解读及项目承接与实施，使政府的扶贫资源真正帮助贫困农户脱贫。

农民合作组织能够作为贫困农户的利益代表，帮助贫困农户更好地获取其他扶贫主体的扶贫资源。除政府以外的其他扶贫主体也是扶贫资源的重要供给者，包括企业组织、农业科研机构、国际国内非政府组织、个人、社会团体等其他社会力量。不同农户脱贫需求具有多样性和异质性，满足多个农户个性化的脱贫需求交易成本较高。农民合作组织通过在相似需求的农户之间进行自愿联合，可以将贫困农户的脱贫需求进行整合并集中表达，加强有效信息传递，降低沟通成本。以农民合作组织为载体进行扶贫资源的分配和利用，能够有效降低物质分配成本和技术推广成本。同时，由于市场信息不对称，且单个分散的小农户的技术、知识、能力有限，在交易中往往处于不利地位，很难获得扶贫资源或者难以发挥扶贫资源的最大效应。此外，单个分散农户面临诸多的不确定性因素，包括交易对象的数量、交易方式、市场环境、交易双方的行为等。交易对象产生机会主义行为的可能性会随着不确定性的增加而增加，从而使交易的谈判成本增加。农民合作组织作为脱贫载体，能够为组织成员发挥信息传递的作用，帮助组织成员获取外部有用的信息或资源，降低搜寻成本和谈判成本，节约交易费用，同时也为外部资源供给者参与扶贫事业降低资源推广成本，实现扶贫对象的精准瞄准。

三、协同纽带角色和功能

农民合作组织是理想的协同纽带，主要体现在农民合作组织不仅是不同扶贫主体之间共同协作的纽带，也是扶贫主体和贫困农户之间有效沟通的桥梁，更是贫困农户之间团结合作的平台。

在中国实现全面脱贫以前，各地政府广泛动员各类力量参与贫困治理，形成了广泛参与、协同合作的贫困治理机制。不同农户脱贫需求具有多样性和异质性，单个扶贫主体存在着某些方面的自身局限，因此，满足多个农户个性化的脱贫需求需要多方扶贫主体的参与，既需要国家力量，又需要社会力量，进而将各类资源进行优化配置，提升资源分配的效率。鼓励多元化扶贫主体参与贫困治理是贫困地区尤其是深度贫困地区脱贫的必然选择之一，而为了避免贫困治理的无序化，多元的扶贫主体在平等协商的基础上，为了互惠互利和共同发展，运用社会资本、政策优惠、技术服务等扶贫要素，通过信息共享等来构建具有整体性和开放性的多元协同式扶贫是必不可少的。

农民合作组织和其他扶贫主体是扶贫工作中互为补充的力量，农民合作组织是不同扶贫主体之间共同协作的纽带。农民合作组织在市场中可以代表小农户的利益，与其他市场主体抗衡，维护贫困农户的利益。中国农村贫困治理不断致力于扶贫资源的瞄准，当扶贫资源自上而下进入基层时，不一定能精准地发放到贫困农户，但农民合作组织的参与可以有效地促进扶贫资源的瞄准率。农民合作组织参与贫困治理有助于更好地了解扶贫资源的流向（Shankar and Gaiha, 2012）。农民合作组织吸收农户闲散资金实现资金向股金的转变，通过合理的盈余分配制度再返还给贫困农户，是对财政扶贫资金的有效补充，在一定程度上保障了贫困农户的需求、提高了资金利用效率。在农业技术推广方面，将公共与私人部门相结合是世界各国传送农业技术资金与推广服务的常用方式，公私部门的协同作用能在更广范围内提供服务，比公私部门互相独立或竞争更加有效率。农民合作组织可以及时采集贫困农户的技术需求，不断促进农业技术的扩散，实现农民合作组织、政府、农业科研机构的有机结合，有效解决供需不匹配、交易成本高、农民参与度低等问题，提高技术推广效率。农民合作组织能够充分发挥其协同各扶贫主体的纽带作用，在参与贫困治理的过程中与其他扶贫主体共同协作，调动政府针对贫困农户的扶贫资源和其他扶贫主体对贫困农户的帮扶力度。

农民合作组织也是扶贫主体与贫困农户之间沟通和协调的桥梁。农民合作组织是农民自愿联合成立的自主自治组织，与农民有着密切的联系。农民合作组织通过贫困农户的参与和意见表达，为政府和其他扶贫主体及时准确地了解贫困农户的需求并提供有针对性的服务提供了有效渠道，减少了其他扶贫主体信息搜集成本和信息整理成本。同时，其他扶贫主体可以直接将资金、技术等各种扶贫资源配置给农民合作组织，减少中间传递的成本与损失，降低资源供给者的谈判成本，提高扶贫瞄准精度和资源传递效率。由此实现扶贫的各项资金的分配、各项投入和管理优化，确保扶贫政策落地，促进帮扶项目的顺利开展。此外，契约对单个农户的约束力不够，单个农户违约的成本较低，存在道德风险，农户往往会因为其自利倾向而采取机会主义行为，而资源供给主体也存在着欺骗、隐瞒、敲竹杠等的机会主义行为，使得单个农户在市场上处于不利地位。但是，农民合作组织能够成为各扶贫主体与贫困农户之间沟通和协调的桥梁，并对扶贫主体和贫困农户进行监督。

农民合作组织还可以为贫困农户提供相互协作的平台，激发其内生脱贫动力。农民合作组织可以实现贫困农户的互助协作，中国扶贫攻坚任务的完成在这一路径中受益良多。首先，贫困农户之间的合作可以降低分散贫困农户与政府或其他扶贫主体沟通和对接的交易成本。如果政府或其他扶贫主体单独针对每个贫困农户进行扶贫，需要花费大量的信息搜集成本、沟通成本、监督成本、协调成本，但是通过与合作组织对接，可以降低这些交易成本，提高扶贫绩效。其次，提升贫困农户的组织化程度可以改善农村贫困地区的经济制度供给，甚至推进农村政治民主化进程。贫困农户通过参与合作组织，形成一股团结的力量，在村民自治过程中能够更好地行使自己的民主权利。另外，通过贫困农户之间的合作、互相帮助获得平等参与公共事务讨论和决策的权利。贫困农户通过加入合作组织产生强烈的主人翁意识，从参与集体公共事务讨论和自由投票决策中获得自尊、平等观念及自信心，并能够在此基础上发挥出自身潜能、产生内生脱贫动力，有效促进可持续反贫困进程的推进。

第三节 农民合作组织视角的贫困跨越机制

从发展的视角来看，贫困是一个动态变化的过程，不仅贫困发生前后存在差异，处于贫困边缘的农户随时可能陷入贫困，农户脱贫之后还可能出现返贫现象。从经济发展的长期阶段来看，创新推动经济发展带来贫困的减少是中国减贫成绩显著的重要原因。因而本书旨在从发展的视角建立一个统一的分析框架，一方面，从贫困发生的事前和事后两个阶段对合作组织的贫困治理机制进行分析；另一方面，从合作组织参与创新带来经济增长的角度来分析合作组织在贫困治理过程中发挥的重要作用。

一、"事前阻贫-事后扶贫"贫困跨越机制

基于贫困的动态性理论，有必要从长期的动态视角对农民合作组织扶贫的机制进行分析，因此本书通过建立"事前阻贫-事后扶贫"贫困跨越机制的分析框架，探讨合作组织如何在贫困发生之前帮助农户进行贫困阻断，以及如何在贫困发生之后帮助贫困农户减缓甚至消除贫困。

（一）贫困动态性理论

贫困动态演变是一个复杂的过程，是贫困在时间维度表现出的异质性状态。Hill（1981）首次将贫困动态性明确定义为：在一段相对较长的时期内，个体或者家庭进入和退出贫困的运动和过程，这一定义也被其他学者普遍接受（Bane and Ellwood，1896）。基于此，吴海涛和丁士军（2013）将贫困动态性定义为：较长

一段时间内，贫困标准随着社会福利水平提升而产生的变化，对于个人或者家庭而言，即个人或者家庭由于其福利状况的改变进入或退出贫困的运动和状态。对于贫困动态性更加深刻的理解，研究者逐渐形成了对贫困动态现象的理论解释。有关贫困动态性的理论解释具有代表性的是贫困代际传递理论、贫困生命周期理论、贫困风险冲击理论及贫困生计资本理论四个理论。

贫困代际传递理论对于贫困动态性的解释主要通过分析各种致贫的不利因素的代际传递来研究贫困的动态变化过程。该理论指小范围家庭内部的代际传递，认为子女成年后会由于继承了父辈的家庭贫困和致贫的各种不利因素而依然保持贫困的状态，形成恶性循环的世代贫困。研究集中在贫困代际传递的影响因素方面，研究表明：文化行为、经济结构和政策等因素都与贫困代际传递的形成具有相关性（Stenberg，2000）。

贫困生命周期理论对于贫困动态性的解释主要通过分析人的整个生命周期中家庭需求与供给之间的关系变化来研究贫困的动态变化过程。Rowntree（1901）用贫困生命周期理论来阐述个人或者家庭一生中的贫困动态变化历程，认为家庭的生命周期可以分为两个阶段：需求大于供给阶段和需求小于供给阶段。基于此，可以通过家庭供需之间的关系来判断是否处于贫困性陷阱。当家庭需求大于供给，即家庭的收入不足以满足家庭的正常开销时，家庭抵抗风险的能力不足，陷入贫困的概率较大。相反，当家庭的供给大于需求，即家庭的收入超过支撑家庭的正常开销时，家庭应对风险能力较强，容易脱离贫困状态，这是一个动态变化的过程。

贫困风险冲击理论对于贫困动态性的解释主要通过分析家庭面临风险冲击的变化来研究贫困的动态变化过程。个体或家庭的福利水平会受到各类风险因素的冲击，冲击使得非贫困人口转为贫困人口、贫困人口转为持续或永久贫困人口。该理论认为农户面临着各种类型风险的冲击，如因疾病丧失劳动能力或失业等引起的收入变少，由于气候、灾害和战争造成的资产损失，以及工资不能按时支付、土地租赁不确定性、食品价格上涨及生产经营过程中的资金流出现断裂等风险（Holzmann and Jorgensen，1999）。这些风险冲击使农户的抵御能力降低，最终导致贫困的动态性。同时，风险的种类、规模、广度、频率及持续时间都会影响到家庭贫困状态。

贫困生计资本理论对于贫困动态性的解释主要通过分析家庭生计资本的变化研究贫困的动态变化过程。最先提出可持续生计分析框架的是 Carney（1998）；基于此，Ellis（2000）提出了生计多样化分析框架。虽然不同分析框架的内容稍有不同，但总体思想基本一致，即家庭的生计资本状况是其贫困状况的重要影响因素，生计资本的构成状态在家庭不同时期不断发生变化，因而家庭贫困的动态性取决于生计资本的变动。家庭生计资本主要包括人力资本、自然资本、物质资本、社会资本及金融资本。健康状况、知识和技能为人力资本的主要代表；自然资源存量为自然资本的主要代表；用于生计的基础设施和生产资料为物质资本的主要代表；追求生计过程中所利用的社会网络等社会资源为社会资本的主要代表；维持生计的生产和消费过程中所需要的积累和流动资金为金融资本的主要代表。该理论揭示了贫困的实质，指出了消除贫困的机会。

（二）"事前阻贫-事后扶贫"机制逻辑

本书基于贫困动态性视角提出合作组织"事前阻贫-事后扶贫"的贫困跨越机制分析框架，基本逻辑如图3-5所示。从长期来看，贫困是一个动态变化的过程，因此需要对贫困发生前后的不同阶段进行差异化治理，并且要采用整体的战略措施对贫困动态变化的整个阶段进行综合治理。农民合作组织的事前阻贫就是帮助贫困边缘农户在陷入贫困陷阱之前阻断贫困。主要通过帮助贫困边缘农户管理风险、降低农户的贫困脆弱性等途径。农民合作组织的事后扶贫是在贫困发生之后采取相应措施帮助贫困农户跳出贫困陷阱。主要采用对贫困农户进行精准帮扶、优化农户的生计资本策略、降低农户的多维贫困等方式。

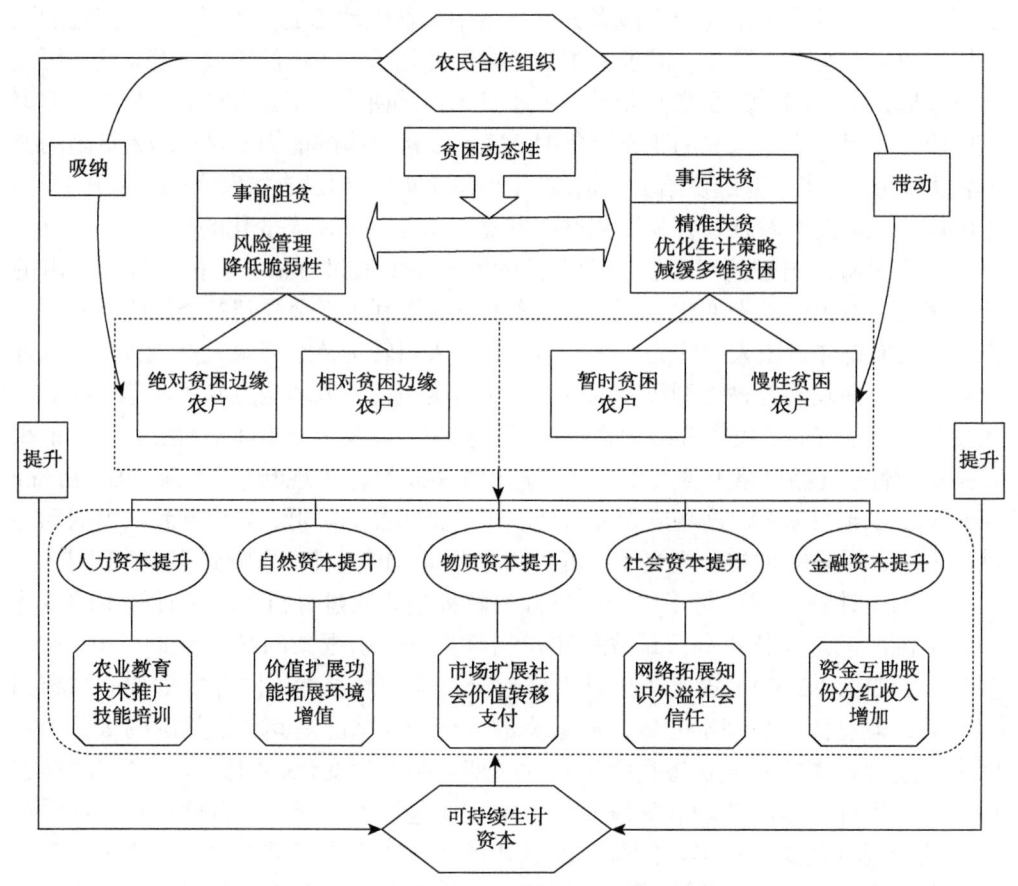

图3-5 "事前阻贫-事后扶贫"贫困跨越机制

贫困的成因复杂多样，主要的致贫机理是农户生计资本不足，贫困脆弱性较高，缺乏风险管理能力，长期暴露在风险之中，从而陷入贫困。贫困不仅表现为收入贫困，还包括能力贫困和权利贫困等。农户所处的自然环境、经济环境和社会环境中存在着各种各样可能发生的风险，农户缺乏对风险进行识别和控制的能力，导致其陷入贫困之中，而陷入贫困之后缺乏摆脱贫困的能力，进一步形成慢性贫困。在贫困高发地区，自然环境因素往往是造成贫困的重要因素。水涝、干旱、冰雹、地震等自然灾害频发，地形地势、土壤条件等自然条件及水利设施等基础设施都与农户的生产和生活息息相关。自然环境恶劣会给农户的生产带来阻碍，致使农户无法进行规模生产和高质量生产，难以获得更多生产性收益，增加收入单一的农户陷入贫困的概率。

同时，农户知识水平、技术水平和能力有限，生态保护意识不强，没有足够的能力因地制宜地调整生产计划安排，通过过度开发土地弥补现有资源的不足，造成森林植被遭到不断破坏，资源被过度开发利用，自然条件不断恶化，引致贫困的恶性循环。此外，因病致贫也是中国贫困的一个非常重要的原因。农户的健康意识不足，没有足够的健康投入，很容易受到疾病风险的冲击。大额的医疗费用会加重农户家庭的经济负担，病人本身劳动能力的下降及对病人的照看减少了家庭的劳动供给，造成收入来源减少，甚至影响子女的上学和就业等。这些风险的冲击都会导致农户陷入贫困。除此之外，市场的波动、公共产品使用渠道缩水、信息获取不充分等风险也会对农户造成一定程度的影响。面对风险冲击，农户的脆弱性导致其长期暴露在风险之中，从而陷入贫困。

农民合作组织事前阻贫的路径一方面体现在帮助贫困边缘农户进行风险管理，避免风险冲击带来的损失；另一方面体现在帮助贫困边缘农户降低贫困脆弱性，从而减少其陷入贫困的概率。事前采取预防措施防止贫困脆弱农户陷入贫困是实现阻贫的重要途径（Morán，2003），通过在贫困发生之前进行干预，帮助贫困边缘农户管理风险并降低其贫困脆弱性，尽可能降低其贫困发生的概率。农民合作组织作为贫困农户与外界进行沟通和交流的纽带，为贫困农户提供了正式的信息获取渠道，能够减少信息不对称，能够帮助农户感知风险；并通过及时获取市场信息，预测市场走势，对风险进行评估和预警。现实中很多合作组织是由农村的村干部或农业带头人等领办的，村干部能够及时获取政策变化信息，而农业带头人具备扎实和先进的农业生产技术和经验，能够对可能面对的风险进行识别（孙天合等，2021；刘嶺等，2022）。并在此基础上帮助农户进行风险管理，采取相应的措施缓解风险冲击带来的损失。例如，合作组织通过改良土壤质量、采用先进的育种技术和虫害防治技术等改善不良环境造成的风险冲击。

农民合作组织的事后扶贫主要通过精准帮扶、优化可持续生计资本策略等措施来减轻多维贫困。有效开展扶贫工作的前提是能够精准识别和瞄准。虽然瞄准只是一个动作环节，但是扶贫瞄准是一个两阶段的过程，包括在扶贫工作中政府先选择确定扶贫对象，然后提供资金和资源给扶贫对象两个阶段。农民合作组织的草根性和民间性决定了其具有天然优势，能够准确了解农户的家庭信息和生活状况，并能进行动态监测、及时更新，为后续扶贫工作的开展提供准确的着力点。同时，农民合作组织能够带动暂时贫困农户和慢性贫困农户增加自然资本、物质资本、社会资本、人力资本和金融资本，使其可持续生计策略得到优化，贫困状况得到改善。对于暂时性贫困农户而言，收入稳定计划及保险是缓解暂时性贫困的重要政策（Jalan and Ravallion，1998）。

对于慢性贫困农户而言，增加生计资本或提升这些资本的收益对缓解长期贫困是比较合适的。从自然资本提升的角度来看，农民合作组织可以帮助农户扩展当地自然资本的价值，发挥地区优势，拓展地区功能，如充分利用当地自然资源发展乡村旅游等，同时加强生态环境的保护与优化，促进环境增值。从人力资本提升的角度来看，要改变家庭特定的文化氛围，使其从思想上高度重视个人能力的提升。农民合作组织通过吸纳农户进行积极参与，帮助农户摆脱消极的心理，降低家庭对政府救济的依赖，激发其内生脱贫动力。农民合作组织会对社员进行定期和不定期的农业教育和技能培训，有效提升家庭劳动力的核心竞争力，增强家庭抗风险能力。

从金融资本提升的角度来看，资金互助是提升农户金融资本的重要方式。农民合作组织能够为农户提供社会网络保障进行借贷，实现风险分担。农民合作组织可以为组织成员提供合适的短期就业机会或者对入股农户进行股份分红，以使组织成员的收入增加，提升金融资本。此外，合作组织通过承接保险机构提供的农业保险服务，有助于增加农户的金融资本。从物质资本提升的角度来看，农民合作组织的发展带动了地区基础设施的改善和公共服务水平的提高，从而增加农户的物质资本。

从社会资本提高的角度来看，农民合作组织有助于农户拓展社会网络、增强社会信任。社交网络提供了劳动力市场学习和交易的机会，并且可能对劳动力市场产生强烈的影响（Montgomery，1991；Calvo-Armengol and Jackson，2004；Beaman and Magruder，2012）。农民合作组织可以鼓励组织内部成员建立和扩展社会网络。此外，农民合作组织有利于组织内成员之间在平时的交流沟通中形成社会信任，促进组织内成员之间的互助，同时也有利于农民合作组织帮助农户获取外部可利用的社会资源，与外部力量形成信任。

二、"创新-增长"贫困跨越机制

(一)创新与增长理论

创新是经济增长的重要驱动力。具有代表性的"创新-增长"理论是微观层面的熊彼特创新理论、宏观层面的新古典经济增长理论和新经济增长理论。

熊彼特(1997)创新理论认为,创新是指构建一种新的生产函数,也就是说把生产要素和生产条件这种前所未有的"新组合"引入生产体系。这种新组合包含下列五种情况:第一,产品创新,是指创造产品的一种新特性,或者发明一种全新的产品;第二,工艺创新,是指采用一种新方法,这种新的方法既包括采取新的科学技术,也包括不是建立在科学新发展基础上的进步,如采用新的商业模式来生产、销售、流通某种产品;第三,市场创新,是指开拓一个新的市场,这一市场既可以是之前不存在新出现的,也可以是之前存在但尚未开发进入的;第四,资源开发利用创新,包括获取或控制生产所需的原材料或者半成品的一种新的渠道,这种来源可以是已经存在的也可以是首次创造出来的;第五,体制和管理创新,是指采用任何一种新的组织方式或者进行企业重组,其中包含企业家开拓与控制产品、技术、工艺、组织和市场等方面。

基于熊彼特创新理论发展起来的新熊彼特主义继承和发展了熊彼特经济理论的核心观点,认为经济增长的主要动力是创新,并将技术、制度及创新等因素纳入经济增长模型。强调在促进技术进步和经济发展中起到重要贡献的是创新、研发和知识积累,并指出实现经济增长的两种创新模型为:水平创新和垂直创新。其中,水平创新模型又称种类扩张模型,是指通过研发不断增加生产投入品的种类,促使生产专业化程度提高、技术进步、经济增长;垂直创新模型又称质量梯子模型,是指通过研发持续提高产品质量,逐渐将低质量产品驱逐出市场,以此推动技术进步和经济增长。

新古典经济增长理论以索洛(Solow)等为代表,该理论的主要观点有:第一,技术变革率和经济增长率之间不存在双向影响,仅技术变革率影响经济增长率。第二,由于工资的充分调整,人口增长不会导致工资下降,因而经济会持续繁荣,但如果利润率和资本积累率相互作用导致技术进步停止,经济增长也会停止。利润率和资本积累率的相互作用是指技术变革引发的高利润率引起投资增加和资本积累,但是资本积累到一定程度会引起资本收益递减,最终资本积累率放缓、经济增长停滞。第三,当实际利率高于目标利率时,将增加资本供给。总之,技术进步会推动资本需求增加,使得实际利率提高,引发资本存量增加。以技术进步为源头,这一过程不断重复,从而实现经济的长期增长,因此技术进步发生的变动率成为经济增长率波动的原因。

新经济增长理论以罗默（Paul Romer）和卢卡斯（Robert Lucas）等为代表，该理论认为技术变革由利润推动，且一旦创造出一个创新性成果，社会中的每个人都可以利用。这意味着，随着一种创新成果的快速扩散，技术扩散的成本也快速下降，并逐步接近于零机会成本。该理论认为可以通过复制生产活动实现经济增长，在经济活动中一个企业增加资本和产量，到一定程度会面临收益递减的困境。但是对于整个经济体而言，增加其资本和产量而不造成收益递减可以通过复制另一个相同的企业来实现。另外，经济持续增长的重要条件还包括技术、人力资本的溢出效应。同时，政府向研发活动提供补贴可以推动经济增长，各种经济政策也会对经济的长期增长率造成影响。从国际视角看，对一国经济增长存在重要影响的因素还有国际知识和贸易流动。

（二）"创新-增长"机制逻辑

本书进一步基于发展的视角提出农民合作组织"创新-增长"的贫困跨越机制分析框架，具体逻辑如图 3-6 所示。

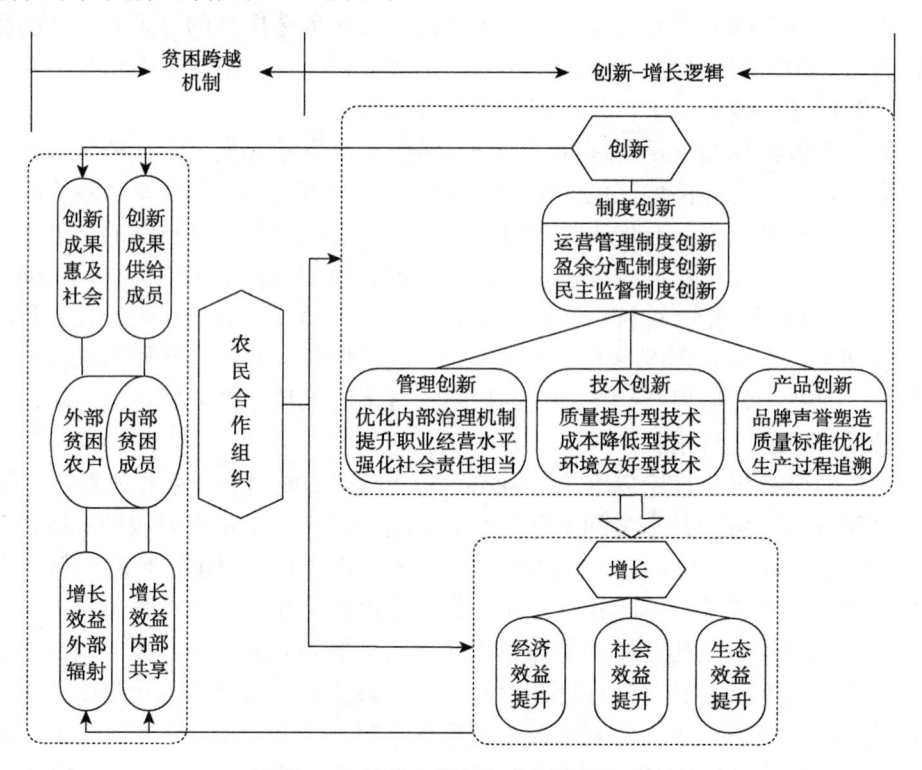

图 3-6 "创新-增长"贫困跨越机制

农民合作组织的创新主要包括制度创新、管理创新、技术创新和产品创新等。

创新带来的增长助力扶贫的路径主要包括几个方面：一是农民合作组织通过创新直接获取创新收益，从而带来合作组织的绩效增长。例如，制度创新和管理创新可以降低制度成本和组织管理成本，并获得更多创新收益。在此基础上，合作组织可以将其创新收益分享给其成员农户，从而帮助贫困农户脱贫。二是农民合作组织通过创新，可以将创新成果提供给内部贫困成员农户，从而增加农户收入。例如，合作组织可以把技术创新和产品创新的成果提供给成员农户，从而促进其降低生产成本，提高生产效率，从而提高收益，达到减贫目的。三是农民合作组织的创新可以通过知识外溢效应进行创新扩散，并将创新成果惠及社会，以促进组织外部贫困农户提高收益，从而带动组织外部贫困农户减贫。

农民合作组织通过制度创新和管理创新促进自身发展，以期获得更多的收益，并分享给成员农户。制度创新和管理创新能够帮助合作组织降低制度成本和管理成本，提高治理效率，为贫困治理工作创造良好的组织环境。农民合作组织的制度创新包括运营管理制度创新、盈余分配制度创新、民主监督制度创新等。运营管理制度创新可以大大降低合作组织的管理成本；盈余分配制度创新可以制定合理的盈余返还制度，保障贫困农户的利益不被侵蚀；民主监督制度创新可以有效监督政府及其他扶贫主体的资金、技术、项目等支持和援助的全面落实。良好的制度环境为农民合作组织扶贫工作有序进行提供了制度基础，也是吸引资本、留住人才的重要条件，是技术创新、产品创新的重要保障。农民合作组织的管理创新包括优化内部治理机制、提升职业经营水平和强化社会责任担当等。优化内部治理机制和提升职业经营水平主要是通过提高治理效率、提升组织经营管理能力、降低管理成本来促进自身收益的增加，从而增加分配给社员的收益。强化社会责任担当有利于促进农民合作组织积极、主动地承担更多的扶贫任务，帮助更多贫困农户脱离贫困。

农民合作组织通过技术创新和产品创新提高生产效益，并将技术创新和产品创新成果传递给贫困农户，促进其能力提升和收入增加。农民合作组织具有技术创新和产品创新能力。技术创新包括质量提升型技术、成本降低型技术、环境友好型技术等；产品创新包括品牌声誉塑造、质量标准优化、生产过程追溯等。技术创新能够改善合作组织的生产方式，提高自身生产效率，加大合作组织的产出，形成更多的可分配收益。产品创新可以不断适应市场需求，扩大合作组织的盈利空间。从横向来看，产品创新可以通过拓宽产品种类以适应多样化的市场需求，如质量标准优化等；从纵向来看，产品创新可以通过延长产业链，以及加工、营销等方式提高产品附加值，如品牌声誉塑造、生产过程追溯等。农民合作组织进行的技术创新和产品创新更容易被贫困农户采用，而且推广成本也相对较低。例如，农民合作组织创新形成的质量提升型技术、成本降低型技术和环境友好型技术被贫困农户采纳后，有助于提升贫困农户的农业生产经营能力，降低其贫困脆弱性；同时能够促进其生产成本降低、产品质量提升，实现经济收益的大幅度提升。农民合作组织通过品牌声誉塑造、质量标准优化、生产过程追溯等方式进行的产品创新能够帮助贫困农户扩大销售范围，保证农产品质量安全，提高销售收益，以减缓农户贫困。

农民合作组织通过知识外溢进行创新扩散，使创新成果惠及社会，改善组织外部非成员农户的贫困状况。技术创新扩散是新技术在某一群体内传播的过程，其间需要经历一段时间并经由特定的传播渠道（Rogers，1995）。农民合作组织能将创新成果惠及组织外的更多的贫困农户，主要基于以下几个方面的原因：一是创新在扩散过程中显示出一般公共产品的正外部性、外溢性等特征（Arrow，1962），其他组织或个人因此能够间接地增加收益。二是农民合作组织具有支持社区发展的社会责任。合作社具有社会企业的性质（Roelants，2009），其技术创新具有极强的社会性。因此，农民合作组织的技术创新成果除了提高合作组织及其成员的收益以外，也能够带动周边的农户。三是农民合作组织是有力的农业技术推广主体，通过试验示范、技术培训等活动参与提供农业创新推广服务，提高农业科技创新成果推广的科学性，并降低农业科技推广成本，加快农业技术的扩散和溢出。因此，组织外部的贫困农户也能够享受创新收益。

农民合作组织通过创新能够带来自身绩效的增长并促进农村经济增长，而且带来社会效益、经济效应、生态效益等多方面的提升。大量的研究验证了创新能够促进增长（Akçomak and ter Weel，2009）。农民合作组织通过创新实现的增长不仅包括经济效益，还包括社会效益和生态效益。其中，经济效益是指农民合作组织通过创新推动技术进步和内部治理结构优化，提高其农业生产效率和经营效率，并带动地区经济增长。社会效益是指农民合作组织通过创新促进品牌声誉塑造，优化产品质量标准，延长产业链，增加产品附加值，形成农村的强大组织力量，进而为地区农户提供更多的就业机会，带动地区农户脱贫。同时农民合作组织将知识信息和技术通过培训传播给内部成员，并通过知识外溢辐射非组织成员，从而促进知识信息的传播和农业技术的推广。生态效益是指农民合作组织通过创新并推广环境友好型技术，减少资源浪费和环境污染，保障地区的可持续发展，为地区农户构建舒适宜居的生态环境，提升地区农户的幸福感。

农民合作组织的创新增长扶贫机制在于农民合作组织通过创新带来效益增长，并通过内部共享和外部辐射助力内部和外部贫困农户减贫。内部共享包括三个方面的内容：一是通过知识信息共享、技术推广等方式提升劳动力素质，降低农户的贫困脆弱性。二是通过共享经济效益，即通过分红等方式直接提升内部贫困农户的收入，以减缓农户贫困。三是通过为内部贫困农户提供更多的就业机会，促进内部贫困农户收入多元化，进而增强其风险控制能力，减缓农户贫困。外部辐射也体现在三个方面：一是指知识信息具有溢出效应，农民合作组织成员通过知识外溢给外部成员，或者"搭便车"者通过模仿习得，以带动外部贫困农户降低其贫困脆弱性。二是指生态效益改善也具有正外部性，使外部成员也能享受到生态效益的成果，良好的生态环境有利于外部成员拥有健康的身体。三是通过创新促进自身发展，进而带动地区经济发展，为农户带来更多的就业机会，促进外部贫困农户的收入增加，同时还能促进外部贫困农户收入多元化，增强其应对风险冲击的能力，减缓贫困。

第四节 本章小结

本章在厘清农民合作组织基本特征的基础上明晰了农民合作组织在扶贫过程中的角色和功能，并基于动态的、发展的视角建立了一个统一的分析框架，旨在深入系统地剖析农民合作组织扶贫的理论机制。主要观点和结论如下。

第一，农民合作组织具有包容性、竞争性和益贫性三个基本特征。包容性体现在农民合作组织能够吸纳贫困农户作为合作组织成员，即使贫困农户不加入合作组织也能够享受合作组织带来的好处。竞争性体现为营利能力，虽然合作组织是以成员福利最大化为目标的，但还是需要在市场竞争中和企业抗衡，否则无法生存，更难以保护成员利益。益贫性体现在农民合作组织能够吸纳贫困农户，为贫困农户提供各种农业服务，也能为贫困农户提供更多的就业机会，以提升其家庭收入，同时促进家庭收入多元化，从而帮助贫困农户减缓贫困甚至脱离贫困。

第二，农民合作组织的角色和功能主要体现为农民合作组织既是扶贫主体，又是脱贫载体，还是协同纽带。扶贫主体意味着农民合作组织能够把自身拥有的扶贫资源有效传递到贫困农户手中，帮助合作组织内部的成员贫困农户脱贫。同时，农民合作组织还能够通过知识外溢、创新扩散等渠道惠及合作组织外部的非成员贫困农户，有助于外部贫困农户脱贫。脱贫载体意味着农民合作组织能够成为贫困农户的利益代表，接受扶贫主体的各种资源。例如，帮助贫困农户获取政府提供的具有纯公共品性质的资源，企业提供的具有私人品性质的资源及村集体、科研院所、其他经济组织提供的具有准公共品性质的资源等。协同纽带主要体现在农民合作组织不仅是不同扶贫主体之间共同协作的纽带，也是扶贫主体和贫困农户之间有效沟通的桥梁，更是贫困农户之间团结合作的平台。

第三，从动态视角来看，农民合作组织不仅能够帮助贫困边缘农户进行事前阻贫，还能够帮助贫困农户进行事后扶贫。事前阻贫是指在贫困发生之前，合作组织能够帮助贫困边缘农户进行风险管理，并帮助其降低贫困脆弱性，降低其陷入贫困的概率。事后扶贫是指在贫困发生之后，合作组织能够对贫困农户进行精准帮扶，并帮助贫困农户优化可持续生计策略，减缓农户的多维贫困，帮助农户跳出贫困陷阱。帮助贫困边缘农户进行风险管理主要是先采取包括风险感知、风险评估和风险预警在内的风险识别措施，在此基础上采取风险控制措施，包括规避风险、减少风险、转嫁风险和承担风险等。对贫困农户的精准帮扶主要体现为精准识别贫困农户并对其进行动态监测；贫困农户的可持续生计提升主要包括人力资本、物质资本、金融资本、自然资本、社会资本的不断增加；农户的多维贫困减缓不仅包括收入贫困的减缓，还包括能力贫困和权利贫困的缓解。

第四，从发展的视角来看，农民合作组织能够通过创新带来的绩效和经济增长助力扶贫。农民合作组织的创新包括制度创新、管理创新、技术创新、产品创新等，带动提升经济效益、社会效益、生态效益等。农民合作组织通过创新直接获取创新收益，从而带来合作组织的绩效增长。其中，制度创新和管理创新可以降低制度成本和组织管理成本，在此基础上，合作组织可以将其创新收益分享给其成员农户，尤其是贫困农户，从而帮助贫困农户脱贫。此外，农民合作组织通过创新将创新成果提供给内部贫困成员农户，增加农户收入。同时，农民合作组织可以通过知识外溢效应进行创新扩散，并将创新成果惠及社会，以促进组织外部贫困农户提高收益，从而带动组织外部贫困农户减贫。

第四章　中国农民合作组织发展与农村贫困治理

> 世界上大多数人是贫穷的，所以如果我们懂得穷人的经济学，也就懂得许多真正重要的经济学原理。世界上大多数穷人以农业为生，因而如果我们懂得了农业，也就懂得了穷人的经济学。
>
> ——西奥多·舒尔茨（Theodore W. Schultz）

贫困是一个世界性的话题。经过漫长的历史时期，中国形成了具有中国特色的减贫模式，帮助中国所有贫困人口跳出贫困陷阱，创造了减贫奇迹，成为世界上减贫成就最显著的国家。中国贫困问题集中体现在农村，而农民合作组织作为农村重要的组织形式，在中国农村发展及扶贫工作中扮演着重要的角色。本章主要通过1978~2018年的历史数据梳理中国农民合作组织发展的过程和变化趋势，并描述中国农村贫困演变及扶贫过程和成效，以充分了解中国农民合作组织发展和农村贫困的现实背景和特征。

第一节　中国农民合作组织发展情况

中国农民合作组织经历了一个漫长而曲折的发展过程。随着2007年《中华人民共和国农民专业合作社法》的颁布，中国农民合作组织快速发展，组织体系不断成熟，运行更加规范，形式也更加丰富，有力地推动了中国农村农业的发展。2017年修订的《中华人民共和国农民专业合作社法》扩大了合作社的法律覆盖范围，建立了县级以上人民政府协调机制。并进一步对联合社进行相关法律规定，坚持结合激励和约束手段，规范农民专业合作社的组织和行为，促进农民专业合作社健康发展。然而，中国农民合作组织仍存在区域发展不平衡，不同组织形式之间发展差异明显，与发达国家相比仍存在较大的差距等问题。

一、中国农民合作组织发展相关政策梳理

农民合作组织作为中国农业农村发展的重要主体，一直备受政府关注和支持。从农民合作组织开始萌芽至今，中国政府颁布了一系列政策文件以帮助、引导和规范其发展。本节梳理了中华人民共和国成立后40多年来农民合作组织相关支持政策，如表4-1所示。中国农民合作组织早在1984年已经萌芽，农民为了学习新的技术、解决难题而自发地联合在一起共同发展。之后，政府不断出台相关政策帮助农民合作组织发展和壮大，促进农民合作组织规范化经营和管理。2000年以后，相关法律、政策重点强调合作社的重要性和法律地位。《中华人民共和国农民专业合作社法》于2007年颁布实施，极大地提升了合作社的法律地位，也对合作社综合实力的提升起到促进作用。2011年以来，随着农民合作组织的快速发展，出现了许多诸如"空壳合作社""假合作社""翻牌合作社"等不规范的合作组织形式，也出现了"大农吃小农"等不利于合作组织发展的现象（徐旭初，2012）。

表4-1　中国农民合作组织发展相关政策梳理

年份	文件	表述	要点
1984	《中共中央关于一九八四年农村工作的通知》	为了完善统一经营和分散经营相结合的体制，一般应设置以土地公有为基础的地区性合作经济组织。农民还可不受地区限制，自愿参加或组成不同形式、不同规模的各种专业合作经济组织	萌芽阶段，农民之间的联合主要是以引进技术、解决难题为主
1995	《中共中央 国务院关于深化供销合作社改革的决定》	以基层社为重点，采取切实有力的政策措施，使供销合作社真正体现农民合作经济组织的性质，真正实现为农业、农村和农民提供综合服务的宗旨，真正成为加强党和政府与农民密切联系的桥梁和纽带	发挥供销合作社的功能和作用
2004	《中共中央 国务院关于促进农民增加收入若干政策的意见》	鼓励发展各类农产品专业合作组织、购销大户和农民经纪人。积极推进有关农民专业合作组织的立法工作	加快合作社立法进程
2005	《中共中央 国务院关于进一步加强农村工作提高农业综合生产能力若干政策的意见》	积极探索龙头企业和专业合作组织为农户承贷承还、提供贷款担保等有效办法	允许农民合作社涉足农村金融领域

续表

年份	文件	表述	要点
2006	《中共中央 国务院关于推进社会主义新农村建设的若干意见》	积极引导和支持农民发展各类专业合作经济组织，加快立法进程，加大扶持力度，建立有利于农民合作经济组织发展的信贷、财税和登记等制度	加快立法和金融服务
2008	《中共中央关于推进农村改革发展若干重大问题的决定》	按照服务农民、进退自由、权利平等、管理民主的要求，扶持农民专业合作社加快发展，使之成为引领农民参与国内外市场竞争的现代农业经营组织	高效管理和服务来促进合作社发展
2009	《中共中央 国务院关于2009年促进农业稳定发展农民持续增收的若干意见》	扶持农民专业合作社和龙头企业发展。加快发展农民专业合作社，开展示范社建设行动。加强合作社人员培训，各级财政给予经费支持	扶持合作社发展
2011	《中共中央 国务院印发〈中国农村扶贫开发纲要（2011—2020年）〉》	通过扶贫龙头企业、农民专业合作社和互助资金组织，带动和帮助贫困农户发展生产	强调农民合作社的减贫作用
2012	《中共中央 国务院关于加快推进农业科技创新持续增强农产品供给保障能力的若干意见》	扶持农民专业合作社、供销合作社、专业技术协会、农民用水合作组织、涉农企业等社会力量广泛参与农业产前、产中、产后服务	强调农民合作社生产服务作用
	《坚定不移沿着中国特色社会主义道路前进 为全面建成小康社会而奋斗》	坚持和完善农村基本经营制度，构建集约化、专业化、组织化、社会化相结合的新型农业经营体系	构建新型农业经营体系
2013	《中共中央 国务院关于加快发展现代农业进一步增强农村发展活力的若干意见》	大力支持发展多种形式的新型农民合作组织。继续增加农业补贴资金规模，新增补贴向主产区和优势产区集中，向专业大户、家庭农场、农民合作社等新型生产经营主体倾斜	农民合作社"参与农村社会治理"的新功能
2014	《关于全面深化农村改革加快推进农业现代化的若干意见》	积极发展农机作业、维修、租赁等社会化服务，支持发展农机合作社等服务组织。扶持发展新型农业经营主体。鼓励发展专业合作、股份合作等多种形式的农民合作社，引导规范运行，着力加强能力建设。加快供销合作社改革发展	扶持多种形式的农民合作社，规范运行，加强能力建设
	《中共中央办公厅 国务院办公厅印发〈关于创新机制扎实推进农村扶贫开发工作的意见〉》	积极培育贫困地区农民合作组织，提高贫困户在产业发展中的组织程度	培育贫困地区农民合作组织
2016	《中共中央 国务院关于落实发展新理念加快农业现代化实现全面小康目标的若干意见》	积极培育家庭农场、专业大户、农民合作社、农业产业化龙头企业等新型农业经营主体。扩大在农民合作社内部开展信用合作试点的范围	扩大在农民合作社内部开展信用合作试点的范围

续表

年份	文件	表述	要点
2016	《国务院关于印发"十三五"脱贫攻坚规划的通知》	培育壮大贫困地区农民专业合作社、龙头企业、种养大户、家庭农（林）场、股份制农（林）场等新型经营主体，支持发展产供直销，鼓励采取订单帮扶模式对贫困户开展定向帮扶，提供全产业链服务	发挥新型农业经营主体的扶贫作用
2017	《中共中央 国务院关于深入推进农业供给侧结构性改革加快培育农业农村发展新动能的若干意见》	加强农民合作社规范化建设，积极发展生产、供销、信用"三位一体"综合合作	首次提出"三位一体"综合合作
2018	《中共中央 国务院关于实施乡村振兴战略的意见》	培育各类专业化市场化服务组织，推进农业生产全程社会化服务；注重发挥新型农业经营主体带动作用，打造区域公用品牌，开展农超对接、农社对接，帮助小农户对接市场。全面深化供销合作社综合改革	发挥新型农业经营主体的带动作用。全面深化供销合作社综合改革
2019	《中共中央 国务院关于坚持农业农村优先发展做好"三农"工作的若干意见》	突出抓好家庭农场和农民合作社两类新型农业经营主体，启动家庭农场培育计划，开展农民合作社规范提升行动，深入推进示范合作社建设，建立健全支持家庭农场、农民合作社发展的政策体系和管理制度	农民合作社规范提升行动，健全农民合作社发展的政策和管理制度
2020	《中共中央 国务院关于抓好"三农"领域重点工作确保如期实现全面小康的意见》	国家支持家庭农场、农民合作社、供销合作社、邮政快递企业、产业化龙头企业建设地分拣包装、冷藏保鲜、仓储运输、初加工等设施；重点培育家庭农场、农民合作社等新型农业经营主体，培育农业产业化联合体；继续深化供销合作社综合改革	以合作社为主体加强现代农业设施建设，发展富民乡村产业
2021	《中共中央 国务院关于全面推进乡村振兴加快农业农村现代化的意见》	突出抓好家庭农场和农民合作社两类经营主体；推进农民合作社质量提升，加大对运行规范的农民合作社扶持力度；稳妥规范开展农民合作社内部信用合作试点	推进现代农业经营体系建设，推进农民合作社质量提升

注：笔者根据现有政策文件整理

因此，一方面，中国政府大力发挥农民合作组织促进农村现代化的作用，强调合作组织生产、金融等服务功能，并有效地将其与国家乡村振兴战略和扶贫开发工作有机结合，真正发挥农民合作组织的优势和功能。另一方面，中国政府出台了各种政策法规来规范合作社等农民合作组织的运营和发展。2017年修订的《中华人民共和国农民专业合作社法》使合作社运营的法律法规进一步得到完善。2019年2月19日，由中央农办、农业农村部等11个部门联合发布的《开展农民专业合作社"空壳社"专项清理工作方案》，正式展开了"空壳合作社"的清理工作。以此为开端，政府将提升合作社运营发展质量作为工作重点，这也将是未来的发展方向。

二、中国农民合作组织发展过程

改革开放以来，中国农民合作组织在家庭承包经营方式背景下逐渐发展起来。其主要经历了以下三个发展阶段，如图 4-1 所示。

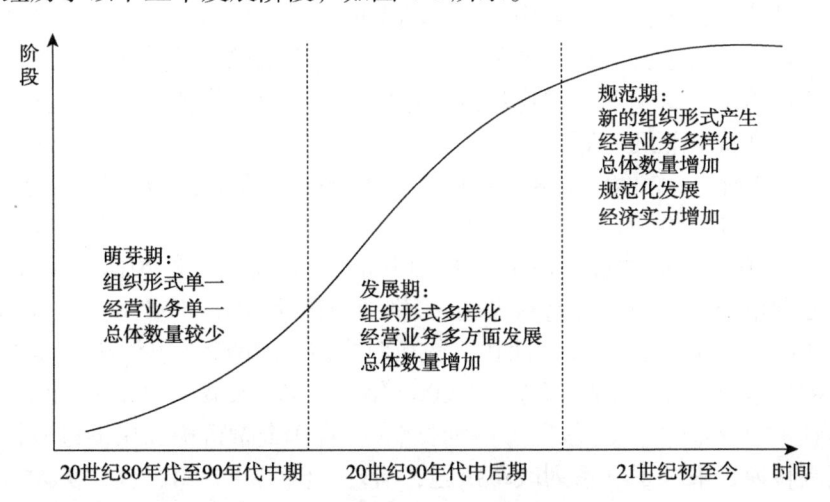

图 4-1　中国农民合作组织发展过程

第一个发展阶段是 20 世纪 80 年代至 90 年代中期，为了满足农民之间相互学习技术的需要，这一阶段中国农民合作组织的主要形式为专业技术协会、专业技术研究会等，主要负责提供技术交流、培训、指导等服务，有少部分从事良种推广、生产资料联合采购等服务，后来也有部分专业协会开始为成员提供仓储、运销等服务。据统计，1996 年，中国农民专业协会已发展到 148 万个。

第二个发展阶段是 20 世纪 90 年代中后期，这一阶段伴随中国农业产业化发展，实体型组织逐渐发展，各种专业合作社开始涌现，组织形式呈现多样化趋势。各种专业合作社所涉及的领域也涵盖了粮油作物、水果和蔬菜种植、畜牧和水产养殖及农机服务等多个方面。

第三个发展阶段是从 21 世纪初至今，农民合作组织运营逐渐走向规范，经济实力也随之不断提升，涌现出一批优秀合作社，并形成各级示范合作社；同时，新的组织形式也不断出现，如土地股份合作社、社区股份合作社、信用合作社、合作社联社等，在全国市场主体中占据越来越重要的地位。据中国工商总局统计，中国各类合作社总数由 2008 年底的 11.09 万家增加到 2019 年 7 月底的 220.7 万家，提高了约 19 倍。

三、中国农民合作组织发展的特点

（一）不同类型农民合作组织蓬勃发展

改革开放后，中国农民合作组织蓬勃发展，政府提出要大力培育和扶持多种形式的合作社，规范其运行，加强能力建设，形成组织形式多样化发展趋势。中国农民合作组织形式呈现多样化特征，包括农民专业合作社、供销合作社、农村信用合作社和扶贫互助社等。

如表4-2所示，2009~2018年中国不同类型的农民合作组织发展迅速。其中，农民专业合作社和供销合作社占据了主要地位，二者的数量在不断增加，且增速逐渐加快。农民专业合作社的数量从2009年的25万家增加至2018年的217万家，并且在全国市场主体中的比重越来越大。供销合作社2018年有34 575家，比2009年增加49.58%。农村信用合作社和扶贫互助社相比前两者较少，尤其是农村信用合作社数量呈现明显的下降趋势，从2009年的3 056家减少到2018年的812家，降幅达到73.43%。这主要是源于这一时期农村合作金融机构加快推进股权改造和经营机制转换，采取了一系列改革措施，清理、整顿、关闭、合并了大量农村信用合作社。

表4-2 中国各类合作组织数量

年份	农民专业合作社/万家	供销合作社/家	农村信用合作社/家	扶贫互助社/家
2009	25	23 115	3 056	37
2010	38	—	2 646	46
2011	52		2 265	49
2012	68.9	21 833	1 927	49
2013	98	24 534	1 803	49
2014	129	27 721	1 596	48
2015	153	30 520	1 373	48
2016	179	31 788	1 125	48
2017	202	33 058	965	48
2018	217	34 575	812	45

注：农民专业合作社数据来自农业部（现为农业农村部）官网；供销合作社数据来自中国供销合作网；农村信用合作社与扶贫互助社数据来自Wind数据库。其中，供销合作社统计范围包括县及以上供销合作社机关和基层供销合作社总数，农村信用合作社统计是以县（市）为单位的统一法人信用社

1. 农民专业合作社实力不断增强

农民专业合作社联结了分散的小农户和集中的大市场,在实现规模经济效益、降低交易成本等方面发挥了重要的作用。同时,中国农民专业合作社在实践中不断发展和规范。此外,中国政府也颁布多项文件大力对其进行培育和规范,2007年颁布的《中华人民共和国农民专业合作社法》明确了农民专业合作社的法律地位,到 2017 年修订《中华人民共和国农民专业合作社法》,再到 2019 年针对空壳合作社的清理整顿,合作社市场越来越规范。

2007 年以来,农民专业合作社数量快速增长。由图 4-2 可以看出,2007~2019 年中国农民专业合作社数量逐年增加,从 2007 年的 2.6 万家增加到 2019 年的 220.7 万家。农民专业合作社的发展不仅体现在数量增加上,其规模也在不断扩大,资产实力不断增强,如表 4-3 所示。中国农民专业合作社总数由 2009 年底的 24.6 万家增加到 2018 年的 217.3 万家,增长了近 8 倍;合作社成员总数持续增加,从 2009 年的 392 万户增加到 2016 年的 10 800 万户,增长了 26 倍多;资产实力也在不断增强,合作社的出资总额也由 2009 年底的 0.25 万亿元增加到 2016 的 4.10 万亿元,增长了 15.4 倍。

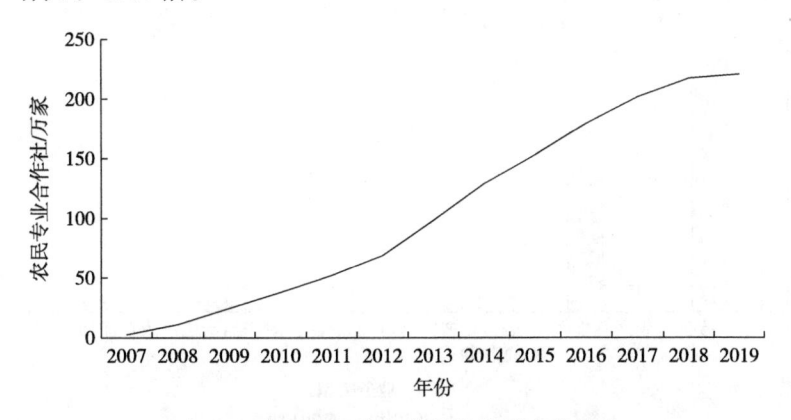

图 4-2　中国农民专业合作社数量变化趋势

资料来源:周加来,于璐娜. 中国合作经济发展研究报告(2017)[M]. 北京:中国商业出版社,2017;2017 年、2018 年和 2019 年数据来自农业部官网。2019 年统计时间截至 2019 年 7 月底,其他都为年底

表4-3　中国农民专业合作社发展情况

年份	农民专业合作社数量/万家	成员数/万户	平均成员数/户	农民专业合作社成员出资额/万亿元
2009	24.6	392	15.91	0.25
2010	38.25	716	18.89	0.45
2011	52.17	1196	22.93	0.72
2012	68.89	2373	34.45	1.10

续表

年份	农民专业合作社数量/万家	成员数/万户	平均成员数/户	农民专业合作社成员出资额/万亿元
2013	98.24	2951	30.04	1.89
2014	128.88	9227	71.59	2.73
2015	153.1	10 090	65.90	3.23
2016	179.4	10 800	60	4.10
2017	201.7	—	—	—
2018	217.3	—	—	—

注：2009~2016年数据来自周加来和于璐娜（2017）；2017~2018年数据来自农业部官网

除此之外，农民专业合作社经营业务的范围不断扩大，但农产品生产和销售业务仍占主要地位。如图4-3所示，据农业部统计，截至2017年，中国农民专业合作社中有93.1万家合作社实行了产销一体化服务，占全国合作社总数量的53.1%，占据主要地位；实行农产品生产服务的合作社有50.9万家，占合作社总数的29.1%，位居第二。

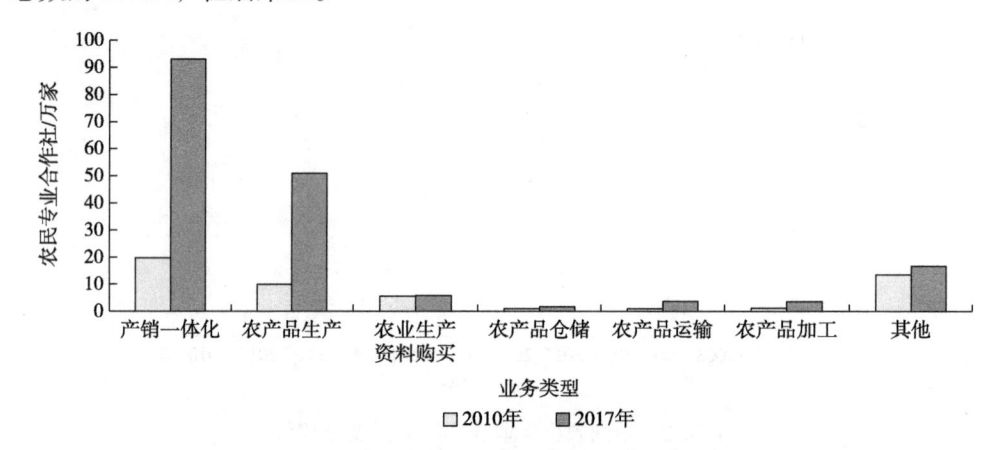

图 4-3 不同业务类型农民专业合作社数量变化

资料来源：2010年数据来源于浙江大学中国农民合作组织研究中心（2017）；2017年数据来自农业部公布的《2017年农民专业合作社发展情况》，http://www.hzjjs.moa.gov.cn/nyshhfw/index.htm；因为不同业务范围合作社重复统计，因此加总数大于合作社实际登记总数

由图4-3可知，2017年与2010年相比，农民专业合作社提供的主要服务没有显著变化，还是以产销一体化服务和农产品生产服务为主。就增长幅度来看，农产品生产服务的增长幅度最大，其增长率为414.1%，产销一体化服务次之，农产品运输服务和农产品加工服务分别排名第三位和第四位。以上数据体现了合作组织能够将分散农户集合起来，进行规模化、标准化生产，并帮助农户运输、销售

农产品，更好地面向市场。同时，可以看出农民专业合作社为农户提供运输和加工服务的功能逐渐凸显出来。

2. 供销合作社体系不断完善

中国供销合作社网点遍布全国各地，系统庞大，由五级组织机构组成，包括中华全国供销合作总社、省级供销合作社、地级供销合作社、县级供销合作社和基层供销合作社。在发展农村商品生产、推进经济社会建设、实现农村现代化中发挥着重要的作用。2004年中央一号文件强调了供销合作社组织基础，之后的中央一号文件中不断提到要发挥供销合作社的作用，表明中国政府对供销合作社的高度重视。经过多年的改革和发展，中国供销合作社体系不断完善。

中国供销合作社县级及以上法人机构数基本不变，基层组织数量总体呈现增长趋势。由图4-4可知，中国供销合作社县级及以上法人机构数量从2009年的2 752家到2018年的2 783家，出现略微增长，没有发生明显变化，基层组织数量在2012年略有下降，之后一直保持增长的趋势，从2012年的19 082家增加到2018年的31 792家，增长了66.61%，增幅较大。

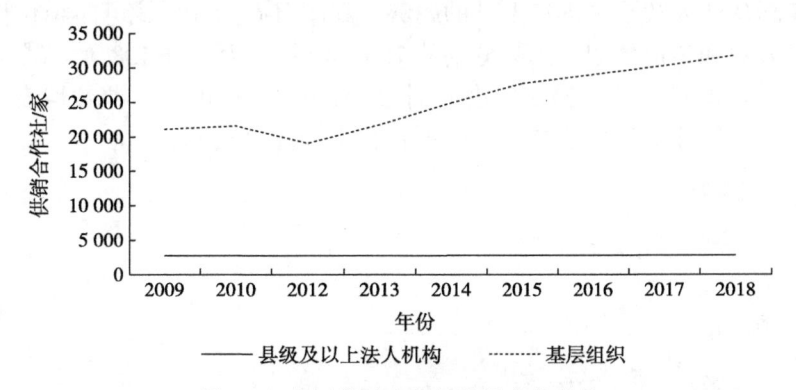

图4-4 中国供销合作社数量变化趋势

资料来源：中国供销合作网历年《全国供销合作社系统基本情况统计公报》，http://www.chinacoop.gov.cn/Category_19/Index.aspx；其中县级及以上法人机构包括省（区、市）、省辖市（地、盟、州）和县（区、市、旗）供销合作社

中国供销合作社的职工人数整体呈现波动下降趋势。如图4-5所示，2009~2012年，人数从379万人下降到339万人，从2013年起又增加，2014年增加到361万人，但是仍低于2010年的职工人数，2015年与2014年人数基本相同，到2016年又有所下降，职工人数与2012年基本相同，在2017年中国供销合作社职工人数略有回升，但其增长幅度不是很明显。

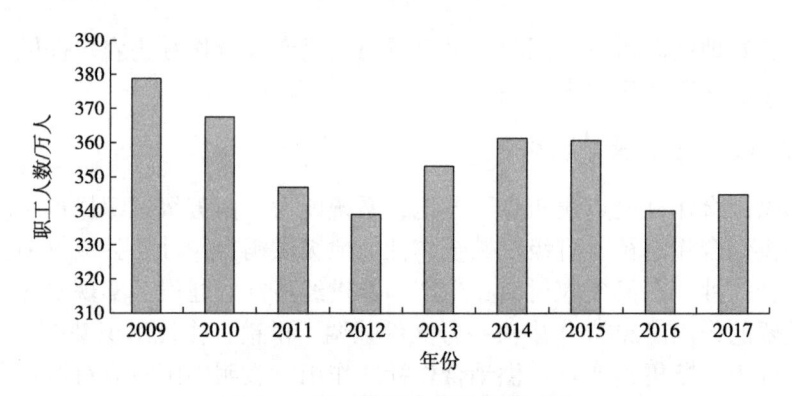

图 4-5 中国供销合作社规模变化

资料来源：中国供销合作网历年《全国供销合作社系统基本情况统计公报》，http://www.chinacoop.gov.cn/Category_19/Index.aspx

通过对不同类型职工人数变动趋势的进一步分析发现，全系统职工总人数呈现下降趋势的主要原因如下：对离开本单位仍保留劳动关系的职工进行了清理。因此，职工人数中离开本单位仍保留劳动关系的职工和离退休职工人数都大量下降，而实际从业人数是呈逐年上升的趋势。如图 4-6 所示，离开本单位仍保留劳动关系的人数和离退休职工人数分别从 2009 年的 67 万人和 138 万人减少至 2017 年的 30 万人和 96 万人，减少幅度分别为 55.2%和 30.4%。这些数据表明中国供销合作社职工管理更加规范和合理，更有利于其健康发展。

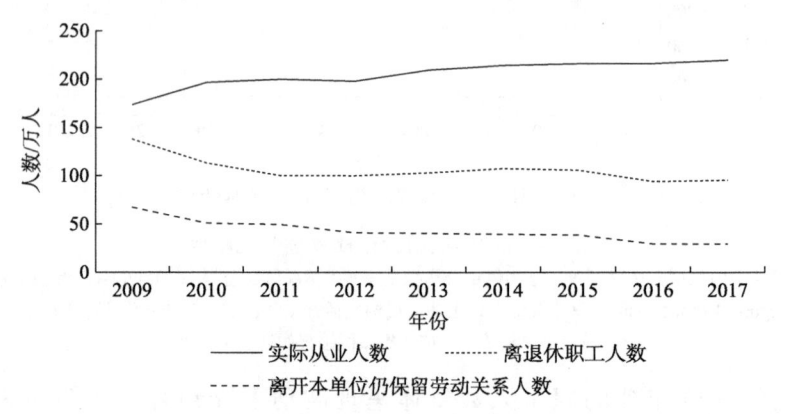

图 4-6 中国供销合作社全系统各类职工数量

资料来源：中国供销合作网历年《全国供销合作社系统基本情况统计公报》，http://www.chinacoop.gov.cn/Category_19/Index.aspx

除此之外，中国供销合作社总体经营情况保持良好的态势。如图 4-7 所示，2009~2018 年，全系统销售总额持续上升。2018 年全系统销售总额相比 2017 年增长 8.7%，达到 58 925.9 亿元。在销售总额构成中（图 4-8），2018 年不同产品销售额占比由高到低依次为主要农副产品 36%、日用消费品类 32%、农业生产资料类 16%、其他 11%、再生资源类 5%，其销售额分别为 21 054.1 亿元、19 142.7 亿元、9 191.9 亿元、6 547.9 亿元、2 989.3 亿元，除其他类别之外的四种产品销售额同比增长 14.3%、8.8%、4.1%、10.3%。

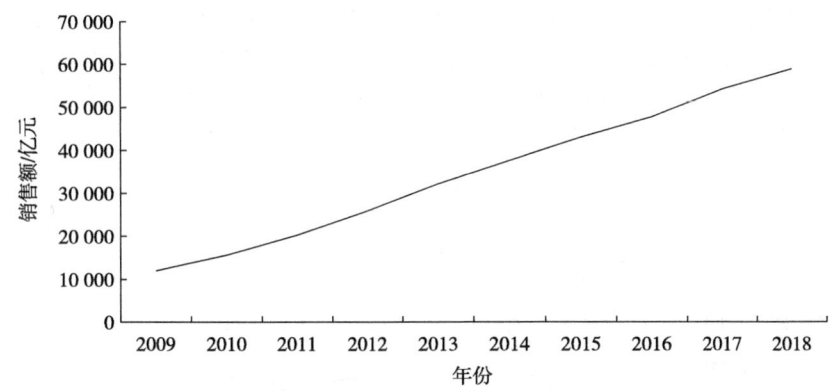

图 4-7　中国供销合作社全系统销售总额变化

资料来源：中国供销合作网历年《全国供销合作社系统基本情况统计公报》，http://www.chinacoop.gov.cn/Category_19/Index.aspx

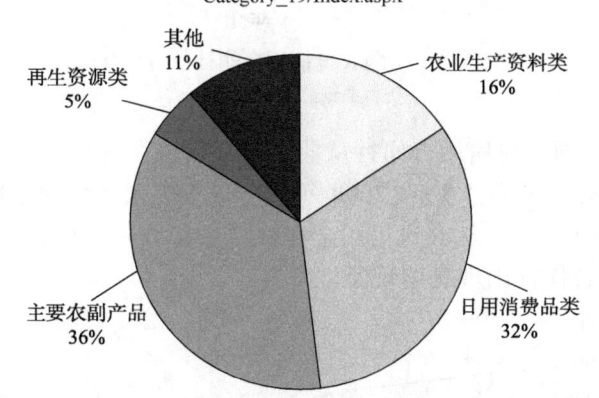

图 4-8　2018 年中国供销系统销售总额构成

资料来源：中国供销合作网历年《全国供销合作社系统基本情况统计公报》，http://www.chinacoop.gov.cn/Category_19/Index.aspx

3. 农村信用合作社逐步规范

农村信用合作社是一种合作金融机构，基于互助原则通过个人筹集资金共同组合而成。农村信用合作社最初于 1951 年由中国人民银行总行尝试开办，目的是在农民群众之间组织空闲资金并调剂给资金缺乏农户，从资金角度帮助农民解决生产生活中面临的困难，保障农业生产发展（张启文和吴刚，2000）。截至 1956 年，中国农村信用合作社已超过 11 万家，覆盖 97.5% 的乡镇。之后农村信用合作社遭受严重挫折，经过一系列改革，在 1984 年，大部分农村信用合作社提高了群众性、民主性和灵活性。但这一时期的农村信用合作社的合作制性质不明显。1997 年之后，中国农村信用合作社按合作制原则进行了规范和改革。近年来，政府部门更加强调农村信用合作社在金融支农上的重要性，要求信用合作社持续加大对"三农"的信贷支持力度，为农村经济发展做出重要的贡献。

农村信用合作社的发展出现下滑的趋势。如图 4-9 所示，中国农村信用合作社数量大幅减少，从 2008 年的 4 965 家减少到 2018 年的 812 家，减少了近 84%，下降幅度较大。

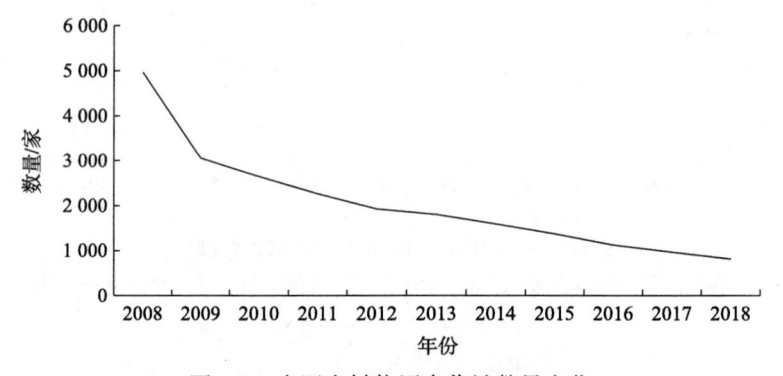

图 4-9 中国农村信用合作社数量变化
资料来源：Wind 数据库

与此同时，全国农村信用合作社从业人员数量也在逐年减少。如图 4-10 所示，全国农村信用合作社从业人数从 2008 年的 583 767 人减少到 2018 年的 210 383 人，减少了 37 万人左右。从农村信用合作社数量和从业人数的大幅度下降可以看出中国农村信用合作社出现衰退现象。

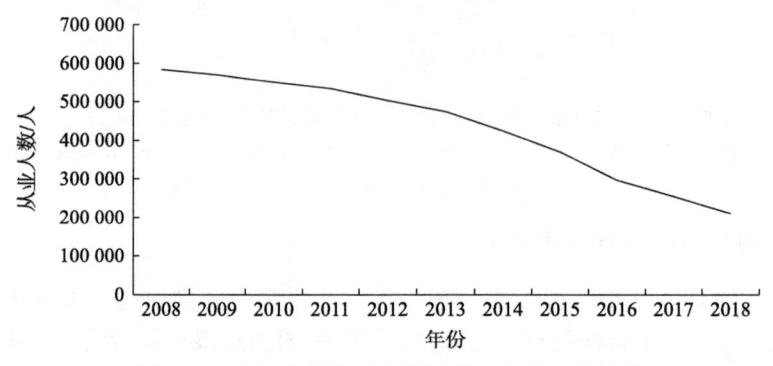

图 4-10 中国农村信用合作社从业人数变化趋势
资料来源：Wind 数据库

4. 扶贫互助社崭露头角

扶贫互助社是一种特殊的合作金融组织，其主要目标是扶贫，主要内容是以合作制为基础进行资金合作。扶贫互助社产生的原因主要有两个：其一，受农村信贷投放金额小、利润低，农户抵押、担保不足，农业生产不确定性高、风险大，违约概率较高等因素的影响，诸多金融机构在服务农业、农村、农民发展尤其是贫困农户方面的动力不足，无法满足农户，特别是贫困农户资金信贷需求，农民在金融服务体系中处于弱势地位。其二，扶贫财政资金内生动力不足、国家扶贫贴息贷款难以瞄准、非政府金融机构无法实现贫困覆盖。

出于这些因素的考虑，中国政府借鉴国际和国内民间组织信贷模式，于2006年开始试验启动"贫困村村级发展互助资金"，由此产生扶贫互助社。合作型反贫困理念充分体现了在扶贫互助社的制度设计中，有效联结着政府扶贫供给与贫困农户需求，降低了政府向贫困地区、贫困农户传递扶贫资源的交易成本，提高了贫困瞄准度和扶贫效率（高杨和薛兴利，2013）。

中国扶贫互助社虽然总体数量不多，但仍在贫困治理中发挥了重要作用。如图4-11所示，从2009年的37家到2015年的48家，增加了11家，之后保持不变，到2018年减少了3家，为45家，数量变化不大，且相对于其他的农民合作组织和金融机构而言，数量明显较少。此外，扶贫互助社从业人员数量也较少，且呈现先增后减的趋势。如图4-12所示，扶贫互助社从业人数从2012年421人增加到2016年的589人，之后出现下降，到2018年减少至345人，下降了近一半。

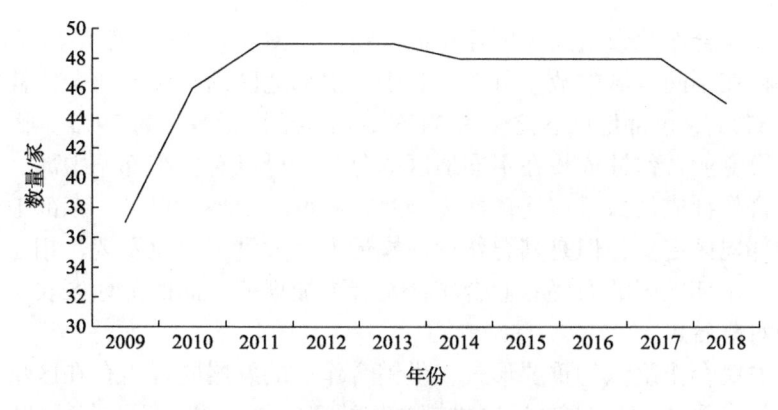

图4-11 中国扶贫互助社数量变化趋势
资料来源：Wind 数据库

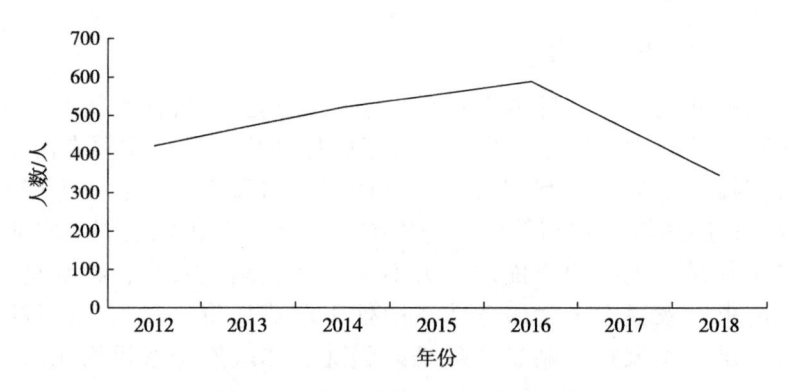

图 4-12 中国扶贫互助社从业人数
资料来源：Wind 数据库

尽管扶贫互助社在环境和人员等方面具有局限性，但是与其他扶贫贴息小额贷款等项目相比，能够更精准地将资金投向真正的贫困人口（吴忠等，2008）。扶贫互助社几乎可以均等覆盖普通户、贫困农户和绝对贫困农户，并向其平等地提供借款机会（王国良等，2009）。其贷款主要用于帮助农户进行生产经营性活动，有利于增加农户资本积累。

（二）中国农民合作组织发展区域差异明显

中国不同地区之间农民合作组织发展存在明显差异。不同地区经济发展水平及产业结构差异等对合作组织发展有着重要的影响。总体上表现为：东部地区发展较快，实力较强，影响力较大；中部地区次之；西部地区最慢，实力和影响力仍然较弱。

农民专业合作社数量及规模存在地区差异。图 4-13（a）展示了 2017 年农民专业合作社在不同区域的数量分布，其中，中部地区的农民专业合作社数量占比最高（为 37%），东部地区次之（为 34%），西部地区最少（为 29%）。图 4-13（b）展示了农民专业合作社成员在不同地区的分布，可以看出东部、中部、西部地区农民专业合作社成员数量占比依次为 43%、29%、28%。可见，东部地区合作社数量较中部地区更少，但是其合作社规模最大。大量调研也发现，相比于中部、西部地区，东部地区的农民专业合作社发展更加规范，而西部地区农民专业合作社发展相对落后。

作为农民合作组织的重要形式，供销合作社的发展同样也存在区域差异。仅从销售总额来看，中部和西部地区供销合作社销售总额明显低于东部地区。图 4-14 展示了 2010~2015 年不同地区供销合作社销售额比重变化情况。

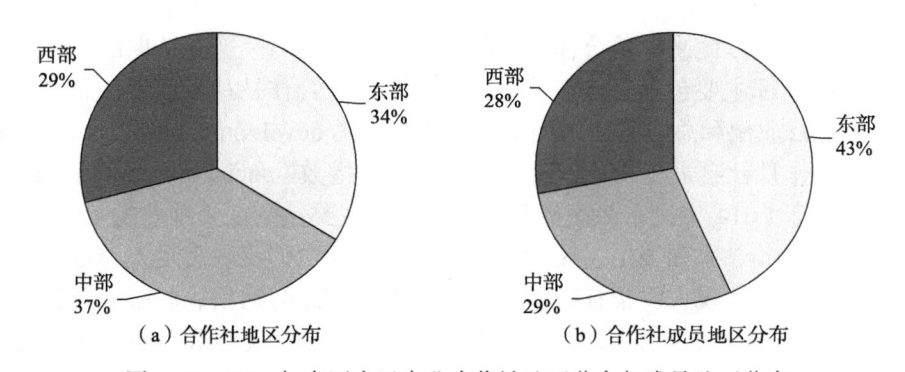

图 4-13　2017 年中国农民专业合作社地区分布与成员地区分布

资料来源：农业部《2017 年农民专业合作社发展情况》，http://www.hzjjs.moa.gov.cn/nyshhfw/index.htm

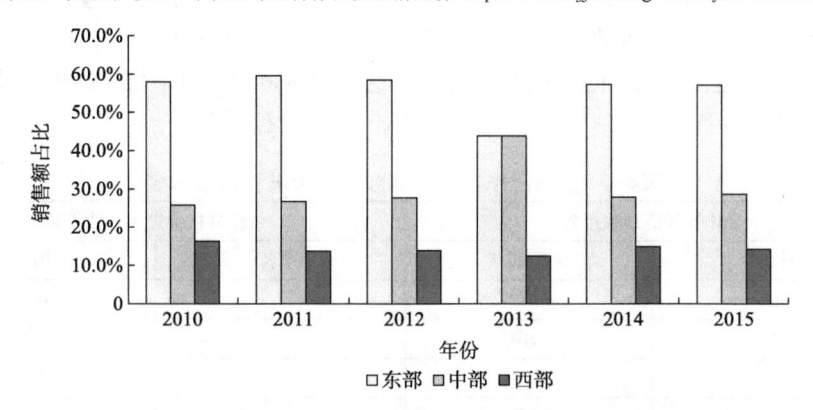

图 4-14　中国供销合作社分地区销售额比重变化情况

资料来源：中国供销合作网历年《全国供销合作社系统基本情况统计公报》，http://www.chinacoop.gov.cn/Category_19/Index.aspx

从图 4-14 中可以看出东部地区和西部地区供销合作社销售总额比重略有下降，而中部地区供销合作社销售额比重整体呈现先上升后下降的趋势。除了 2013 年东部和中部地区供销合作社销售额比重相等以外，其他年份东部地区供销合作社的销售额比重要明显高于其他两个地区，中部地区次之，西部地区最小。2015 年东部地区供销合作社销售总额占全国供销合作社销售总额的 57.2%，达到 24 612.2 亿元；中部地区供销合作社销售总额占全国供销合作社销售总额的 28.6%，达到 12 338.9 亿元；西部地区供销合作社销售总额占全国供销合作社销售总额的 14.2%，仅为 6 101.3 亿元。

（三）中国农民合作组织发展存在国际差距

联合国高度重视合作社发展，2012 年首次以合作社为主题确定国际年。2014 年，联合国在全球开展的第一次大规模合作社普查是在拉博（Rabo）合作银行的支持下完成的，以此来评价合作社的经济、社会影响力。普查选取的衡量合作社经济指数的指标主要包括合作社就业的人数占比、合作社社员数量占总人数的比例、合作社营业额和总收入占国内生产总值（gross development production，GDP）的比例。合作社社会进步指数借鉴全球社会进步指数（social progress index，SPI）而制定，并于2014年发布，该指数的测定范围主要包括3个维度的12项基本指标，包括：营养、水和卫生、住所、个人安全等在内的反映满足人类基本生存需要的指标，以及体现人类福祉的基本知识能力、信息与通信、健康和福利、生态系统的可持续，以及包括个人权利、个人自由和选择、宽容和包容、获得更高教育等在内的机会维度指标（苑鹏，2015）。

从表4-4的全球合作社经济指数和社会进步指数排名情况来看，占据合作社经济指数和社会进步指数排名前十位的国家绝大部分是欧美农业合作社比较发达的国家。很遗憾的是，中国未跻身前十，这也说明中国合作社的发展与世界发达水平还存在一定的差距，中国合作社还需不断发展和进步。

表4-4 全球合作社经济指数和社会进步指数排名

合作社经济指数排名		合作社社会进步指数排名	
排名	国家	排名	国家
1	新西兰	1	新西兰
2	法国	2	瑞士
3	瑞士	3	冰岛
4	芬兰	4	荷兰
5	意大利	5	挪威
6	荷兰	6	瑞典
7	德国	7	加拿大
8	奥地利	8	芬兰
9	丹麦	9	丹麦
10	挪威	10	澳大利亚

资料来源：联合国秘书处，联合国经济和社会事务部：《2014全球合作社普查结果：测量合作社经济的规模与范围》，https://www.ica.coop/en/cooperatives/facts-and-figures#database-of-cooperative-statistics

第二节 中国农村贫困特征事实

贫困和不平等问题一直困扰着人类社会的发展，绝对贫困和相对贫困交织在一起加剧了贫困问题的严峻性，也增加了扶贫工作的艰巨性。中国的贫困人口主要集中在农村,对中国农村贫困历史的梳理和农村贫困状况的描述有助于更好地理解中国贫困。

一、中国农村贫困变化趋势

(一)中国农村绝对贫困变化趋势

自 1978 年改革开放以来,中国农村绝对贫困状况不断得到改善。经济发展水平和人们对最低生活水平的认识往往伴随着客观环境的变化而变化,由此绝对贫困的标准也在不断调整。不同贫困标准下中国农村绝对贫困状况如图 4-15 所示。1978~2018 年贫困人口大量减少,贫困发生率显著下降,中国农村从普遍贫困状态逐步转变为绝对贫困基本消除的状态。以下将通过中国官方统计和世界银行测算的中国农村绝对贫困指标来分析中国农村贫困状况的历史变迁,并就中国农村绝对贫困状况与世界水平进行对比,以便更好地把握中国农村贫困状况。

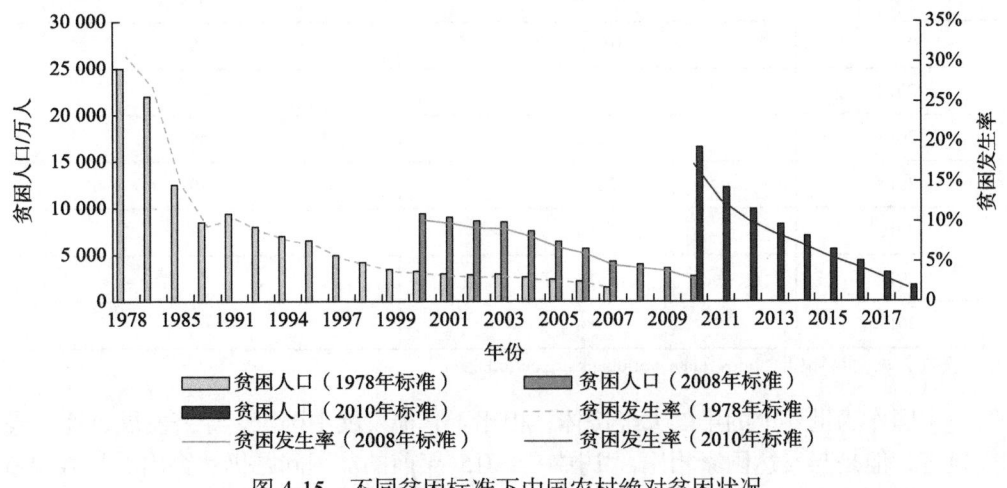

图 4-15 不同贫困标准下中国农村绝对贫困状况
资料来源:国家统计局

1978~2018 年,中国两次调整贫困标准,分别形成了 1978 年的贫困标准、2008 年的贫困标准、2010 年的贫困标准。如图 4-15 所示,在三种贫困标准下,中国农村贫困人口整体上都呈现大量减少趋势,贫困发生率不断下降,绝对贫困状况持续改善。具体来看,在 1978 年的贫困标准下,中国贫困人口从 1978 年的 25 000 万人下降到 2007 年的 1 479 万人,贫困发生率从 1978 年的 30.7%下降至 2007 年的 1.6%。在 2008 年的贫困标准下,贫困人口数量和贫困发生率也呈下降趋势。在

2010 年的贫困标准下，贫困人口从 2010 年的 16 567 万人减少到 2018 年的 1 660 万人，贫困发生率下降到 2018 年的 1.7%。

世界银行一直致力于解决贫困问题，为了更加准确和全面地了解中国农村贫困状况，进一步以世界银行估算的中国贫困人口比例来分析中国农村绝对贫困状况。采用世界银行测算贫困状况的标准，即每天每人 1.90 美元进行衡量。2010~2018 年不同贫困标准下的中国贫困发生率变化趋势如表 4-5 所示，中国贫困人口占比显著下降。世界银行以每天每人 1.90 美元估算的中国贫困人口比例从 2010 年的 11.2%下降到 2015 年的 0.7%，贫困人口减少 10.5%。与以国家贫困线衡量的贫困人口比例相比，不论是中国官方统计还是世界银行估算的中国农村贫困状况都在不断改善。同时也说明相比于世界银行的贫困标准，中国的贫困标准较高。

表4-5 2010~2018年不同贫困标准下的中国贫困发生率

年份	中国贫困标准	世界银行贫困标准
2010	17.2%	11.2%
2011	12.7%	7.9%
2012	10.2%	6.5%
2013	8.5%	1.9%
2014	7.2%	1.4%
2015	5.7%	0.7%
2016	4.5%	—
2017	3.1%	—
2018	1.7%	—

资料来源：世界银行，https://data.worldbank.org.cn/indicator/

中国作为世界上的第二大经济体，相比于其他发展中国家，经济发展迅速、成绩显著，但是与发达国家相比，中国在 2015 年前的贫困问题仍然突出。如表 4-6 所示，1990~2015 年，相比于高收入国家，中国的贫困发生率有明显的下降，贫困治理效果显著。根据世界银行标准，1990 年中国贫困发生率为 66.6%，超过总人口的一半，高于低收入国家的比例，说明中国在改革开放初期贫困问题是比较严重的。1993~1999 年，中国贫困人口比例位于低收入国家和中低收入国家之间，较 1990 年有了较大的改进。2002 年之后中国贫困人口比例低于中低收入国家，逐渐向中高收入国家靠拢，到 2015 年中国贫困人口比例与高收入国家保持一致，为 0.7%，从 1990 年的 66.6%到 2015 年的 0.7%，实现了质的飞跃。

表4-6 贫困发生率的国际比较

年份	中国	低收入国家	中低收入国家	中高收入国家	高收入国家
1990	66.6%	60.6%	44.8%	41.8%	0.6%
1993	57.0%	65.0%	43.5%	36.5%	0.7%
1996	42.0%	63.8%	39.3%	28.0%	0.8%
1999	40.5%	62.1%	37.9%	26.9%	0.7%
2002	31.9%	59.3%	35.5%	21.1%	1.0%
2005	18.7%	54.0%	30.8%	13.1%	0.7%
2008	14.7%	50.4%	27.1%	9.9%	0.6%
2010	11.2%	47.9%	23.1%	7.8%	0.6%
2011	7.9%	46.6%	19.8%	5.8%	0.6%
2012	6.5%	44.8%	18.4%	4.9%	0.6%
2013	1.9%	43.7%	16.7%	2.4%	0.6%
2014	1.4%	—	—	—	—
2015	0.7%	43.9%	13.9%	1.7%	0.7%

注：按每天每人 1.90 美元的贫困标准衡量
资料来源：世界银行，https://data.worldbank.org.cn/indicator/。

（二）中国农村相对贫困变化趋势

在多年扶贫开发的努力下，中国农村绝对贫困全面消除，相对贫困问题将更加突出。美国经济学家 Galbraith（1958）认为一个家庭的贫困水平不仅取决于其财富的绝对值，还取决于与其他家庭的对比结果，由此提出了相对贫困的概念。相对贫困是指家户达不到社会公认的生活基本水平，家户收入受限导致其消费水平不可能达到社会的平均消费水平，即社会公认的"基本生活需求"得不到满足（Townsend，1954）。中国 2020 年实现全面脱贫的目标后，很长一段时期内将会更多关注相对贫困问题，即更加注重对人的发展权利和社会公平等问题的探讨。中国解决相对贫困问题最需要关注的两个问题在于：相比于东部地区，中部、西部地区的相对贫困问题；农村内部差距扩大及分化产生的相对贫困问题。

对于相对贫困人群的界定，各国有不同的标准。世界银行采用收入平均数标准，界定相对贫困人群为收入低于平均收入 1/3 的人口。欧盟采用收入中位数标准，界定相对贫困人群为收入水平位于中位数收入 60%以下的人口。中非以全体居民收入五等份后的收入最低的 20%为相对贫困人口。胡联等（2021）把家庭人均可支配收入的均值的 40%、50%、60%作为相对贫困线计算分省份、分城乡的相对贫困发生率。中国目前尚无统一的相对贫困标准，主要有以下几种观点：将中国农村居民平均收入的 40%~50%作为界定相对贫困的标准（陈宗胜等，2013）；孙久文和夏添（2019）推荐选用上一年农村居民中位数收入的 40%作为相对贫困线，以 5 年为调整周期；根据收入分布情况将绝对贫困线折合成相对贫困线，并划定上下浮动区间，具体采取的是马丁法，即贫困线的下限是居民收入水平能够保障其基本食物支出，上限是其食物与非食物支出总和。借鉴陈宗胜等（2013）相对贫困线设定方法，设定该相对贫困线的计算系数为0.4,为相对贫困线的下限。

由表4-7可知，中国标准的相对贫困线采用农村居民人均纯收入的0.4倍来计算，与世界银行相对贫困线相比，中国标准的相对贫困线更高。从省级层面来看，某些地区相对贫困的问题是由地区间发展不平衡造成的。

表4-7 1980~2018年中国相对贫困线

年份	农村人均年纯收入/（元/人）	中国标准/（元/人）	世界银行标准/（元/人）
1980	191.3	53.4	44.5
1985	397.6	76.5	63.8
1990	686.3	159.0	132.5
1991	708.6	274.5	228.8
1992	784.0	283.4	236.2
1993	921.6	313.6	261.3
1994	1 221.0	368.6	307.2
1995	1 577.7	488.4	407.0
1996	1 926.1	631.1	525.9
1997	2 090.1	770.4	642.0
1998	2 162.0	836.0	696.7
1999	2 210.3	864.8	720.7
2000	2 253.4	884.1	736.8
2001	2 366.4	901.4	751.1
2002	2 475.6	946.6	788.8
2003	2 622.2	990.2	825.2
2004	2 936.4	1 048.9	874.1
2005	3 254.9	1 174.6	978.8
2006	3 587.0	1 302.0	1 085.0
2007	4 140.4	1 434.8	1 195.7
2008	4 760.6	1 656.2	1 380.1
2009	5 153.2	1 904.2	1 586.9
2010	5 919.0	2 061.3	1 717.7
2011	6 977.3	2 367.6	1 973.0
2012	7 916.6	2 790.9	2 325.8
2013	8 895.9	3 166.6	2 638.9
2014	9 892.0	3 558.4	2 965.3
2015	10 772.0	3 956.8	3 297.3
2016	12 323.4	4 308.8	3 590.7
2017	13 432.4	4 929.4	4 107.8
2018	14 617.0	5 373.0	4 477.5

注：农村人均年纯收入数据来自国家统计局。中国标准相对贫困线的计算系数为0.4。世界银行标准为将收入低于平均收入的1/3的家户视为相对贫困

图4-16展示了2018年中国各省份农村居民人均可支配收入情况。从图4-16中可以看出，部分省份农村居民人均可支配收入高于全国平均收入水平，如北京、

天津、上海、江苏、浙江、福建、山东、湖北和广东等省市。大部分集中分布在东部沿海地区，其中北京、天津、上海、江苏和浙江5个省市的人均可支配收入与中高收入层相比还略高，占据全国领先地位。我国31个省区市的农村居民可支配收入高于中低收入层，仍有9个省份的农村居民人均可支配收入低于中等收入层，包括山西、贵州、云南、西藏、陕西、甘肃、青海、宁夏和新疆，主要集中在西部地区。

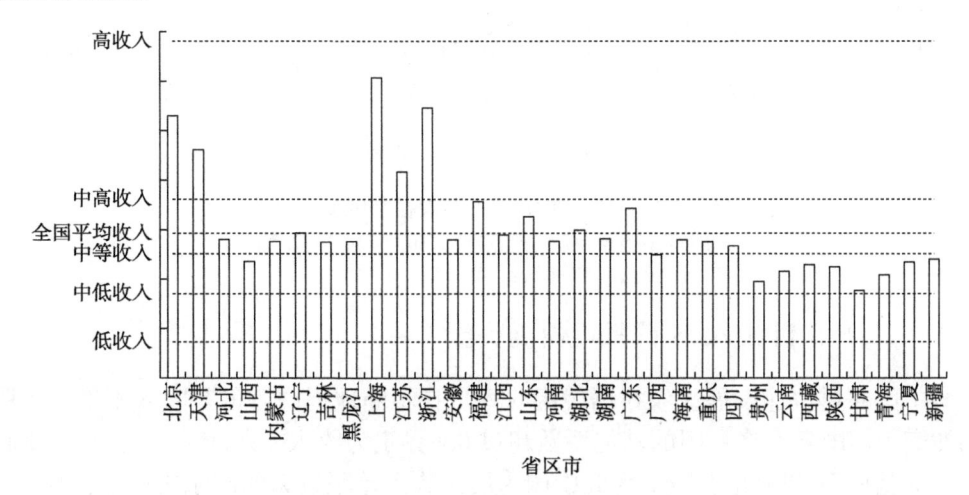

图4-16 2018年中国各省区市农村居民人均可支配收入
收入线根据中国农村居民收入五等份分组的人均可支配收入制定
资料来源：国家统计局

二、2018年之前中国农村贫困特征

（一）2018年之前农村贫困状况逐渐改善

在中国长期的贫困治理下，农民收入水平不断提高，生活质量不断改善。以中国2010年贫困标准进行测算，对中国农村绝对贫困状况的描述如图4-17所示。1978~2018年，中国农村贫困人口数量逐年下降，贫困发生率不断降低。改革开放40年以来，7.4亿农村贫困人口实现脱贫；到2018年，贫困人口仅剩1 660万人，减少了97.8%，农村贫困发生率下降95.8%，年均下降2.4%。尤其2000~2018年，农村贫困状况得到显著改善，减贫规模达总规模的60%。贫困发生率从2000年的49.8%下降到2018年贫困发生率仅1.7%，下降了48.1%，年平均下降2.7%。2013~2018年，中国农村贫困发生率都持续在10%以内并逐年下降，说明中国减贫工作取得显著成绩，农村贫困状况得到改善。

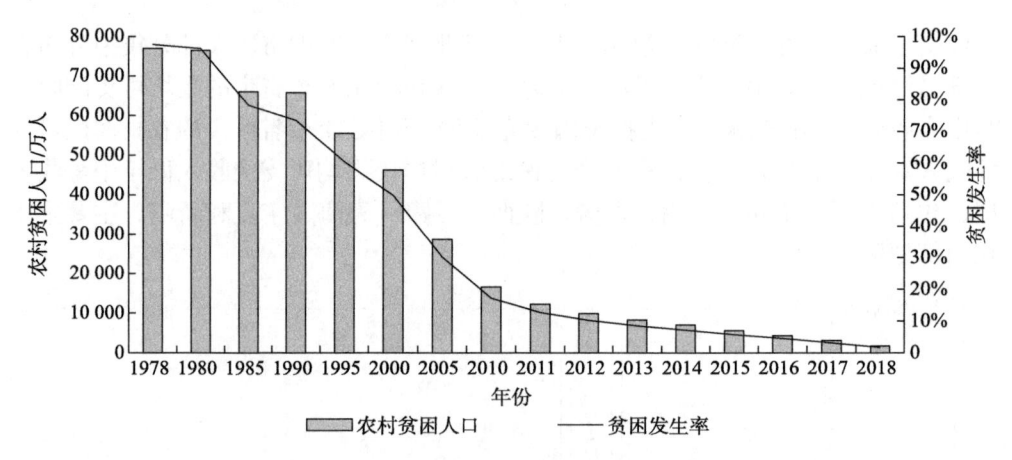

图 4-17 1978~2018 年中国农村贫困变化趋势
根据农村物价和人口变化按照 2010 年标准进行测算
资料来源：国家统计局

（二）农村收入不平等问题仍突出

中国农村快速发展，农村居民的收入也在不断地提高，但是收入不平等问题仍然突出。国际上将一国的基尼系数超过 0.4 界定为收入差距较大。自 2000 年起中国的基尼系数就超过 0.4，因此中国为居民收入差距较大的国家之一。中国居民基尼系数变动趋势如图 4-18 所示。

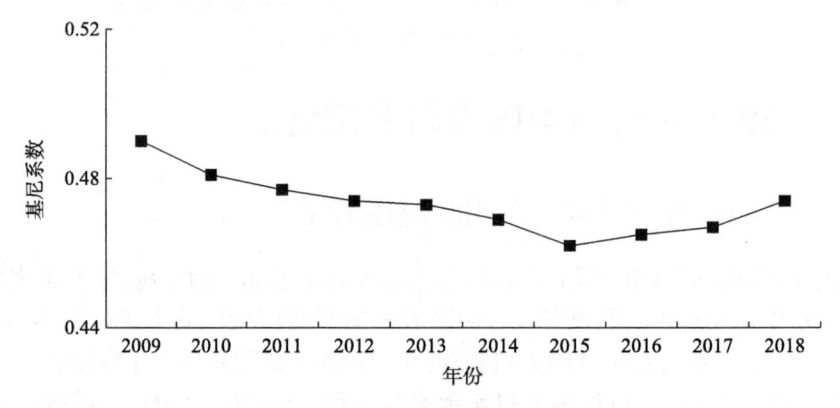

图 4-18 中国居民基尼系数变动
资料来源：国家统计局

由图 4-18 可知，从 2009 年开始，中国基尼系数连续 6 年持续下降，在 2015 年达到最低点 0.462，但仍高于国际标准 0.4，在 2015 年之后，中国基尼系数又呈上升趋势，2018 年达到 0.474，收入不平等问题又开始日益突出。中国收入不平等问题主要体现在城乡居民、东部和西部居民及不同收入层次居民之间的收入差距较大。中国城镇与农村居民之间的收入差距逐渐缩小；东部、中部、西部地区间农村居民收入增长仍存在差异；农村居民不同收入组间存在差异，而高低收入组相对差距有所扩大。

由图 4-19 可知，城镇和农村居民人均可支配收入逐年增长，城镇居民和农村居民人均可支配收入分别由 2009 年的 17 174.65 元和 5 153.17 元增加到 2018 年的 39 251 元和 14 617 元。同时城乡收入比呈逐年下降趋势，由 2009 年的 3.33 下降到 2018 年的 2.69，说明缩小城乡收入差距已取得明显进展，但未来仍然存在城乡收入差距问题。

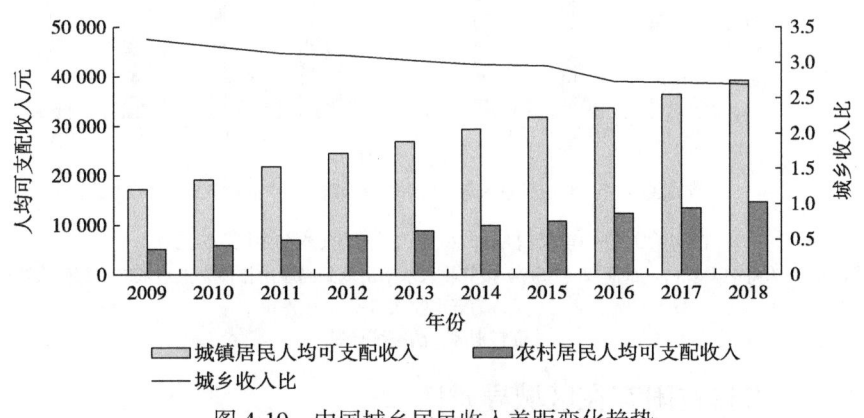

图 4-19 中国城乡居民收入差距变化趋势
资料来源：国家统计局

表 4-8 展示了 2013~2018 年不同地区农村居民人均可支配收入的变化情况，可以看出，地区间收入差距仍然存在，农村居民人均可支配收入东部地区最高、中部地区次之、西部地区最低。截至 2018 年底，东部地区农村居民人均可支配收入同比增长 8.6%，达到 18 108.3 元；中部地区农村居民人均可支配收入增速为 8.8%，达到 13 929.9 元；西部地区农村居民人均可支配收入增速为 9.2%，达到 11 786.5 元。

表4-8 2013~2018年中国分地区农村居民人均可支配收入　　单位：元

地区	2013 年	2014 年	2015 年	2016 年	2017 年	2018 年
东部地区	11 741.3	13 008.3	14 184.8	15 353.4	16 675.8	18 108.3
中部地区	9 059.2	10 091.0	10 957.8	11 817.6	12 803.3	13 929.9
西部地区	7 400.6	8 262.8	9 064.4	9 882.9	10 790.4	11 786.5

注：①根据国家统计局各省份农村居民人均可支配收入用各省份人口比例进行加权计算。②东部地区包括北京、天津、河北、辽宁、上海、江苏、浙江、福建、山东、广东、海南等 11 个省市；中部地区包括山西、吉林、黑龙江、安徽、江西、河南、湖北、湖南等 8 个省；西部地区包括内蒙古、广西、重庆、四川、贵州、云南、西藏、陕西、甘肃、青海、宁夏、新疆等 12 个省区市

此外，中国不同收入层次间农村居民收入差距逐年拉大。2011~2018 年中国农村居民人均可支配收入分组情况，见图 4-20，按照农村居民人均可支配收入由低到高排序依次为低收入组、中低收入组、中等收入组、中高收入组及高收入组居民，并且不同收入层次间居民收入差距逐年增加。

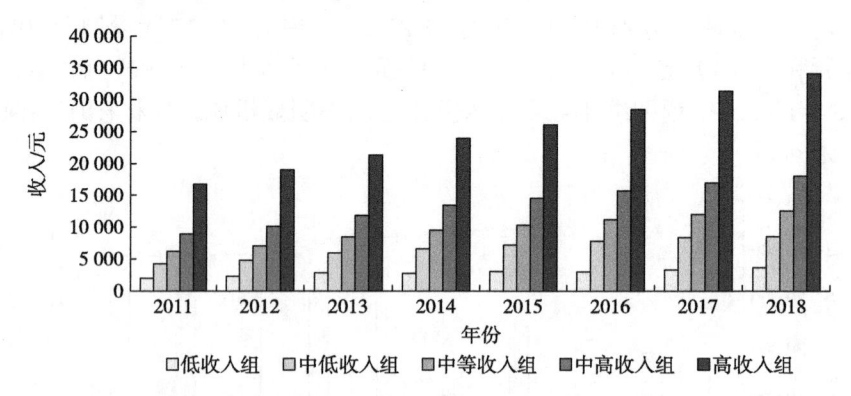

图 4-20　中国农村居民人均可支配收入分组变动情况

收入组划分标准为将中国农村全部居民（家庭）按其收入水平由低到高顺次排序，然后依次按相同人数分组，分为五个收入组

资料来源：国家统计局

（三）农村贫困存在区域异质性

由于中国地区经济发展水平差异较大，不同地区贫困分布状况也存在差异。由表 4-9 中国分地区贫困状况来看，在中国三大区域中，东部地区经济发展水平最高，同时贫困人口数量最少，2017 年为 300 万人，贫困发生率为 0.8%。西部地区由于自然条件等因素的限制，作为中国最不发达的地区，贫困问题最为严重，贫困人口规模最大，2017 年为 1 634 万人，是东部地区的 5 倍多，贫困发生率为 5.6%，与东部地区相差 6 倍，且从全国来看西部地区的贫困人口规模占中国贫困人口规模的一半以上。

表4-9　中国分地区贫困状况

年份	贫困人口规模/万人			贫困发生率		
	东部地区	中部地区	西部地区	东部地区	中部地区	西部地区
2010	2 587	5 551	8 429	7.4%	17.2%	29.2%
2011	1 655	4 238	6 345	4.7%	13.1%	21.9%
2012	1 367	3 446	5 086	3.9%	10.6%	17.5%
2013	1 171	2 869	4 209	3.3%	8.8%	14.5%
2014	956	2 461	3 600	2.7%	7.5%	12.4%
2015	653	2 007	2 914	1.8%	6.2%	10.0%

续表

年份	贫困人口规模/万人			贫困发生率		
	东部地区	中部地区	西部地区	东部地区	中部地区	西部地区
2016	490	1 594	2 251	1.4%	4.9%	7.8%
2017	300	1 112	1 634	0.8%	3.4%	5.6%

资料来源：国家统计局住户调查办公室. 中国农村贫困监测报告（2018）[M]. 北京：中国统计出版社，2018

虽然不同区域贫困状况存在明显差异，但是各地区之间的贫困差距在不断缩小。图 4-21 为 2010~2017 年中国各地区贫困发生率变化情况，东部、中部、西部地区的三条贫困发生率线间距呈减少的趋势。2010 年，东部与中部地区贫困发生率的差值为 9.8，东部与西部地区的差值为 21.8，中部与西部地区的差值为 12；2017 年，东部与中部地区贫困发生率的差值下降至 2.6，下降了 7.2%，东部与西部地区的差值下降至 4.8，下降了 17%，中部与西部地区的差值降至 2.2，下降了 9.8%。可见各地区间贫困差距缩小，其中贫困差距缩小最明显的是东部地区与西部地区之间的差距。

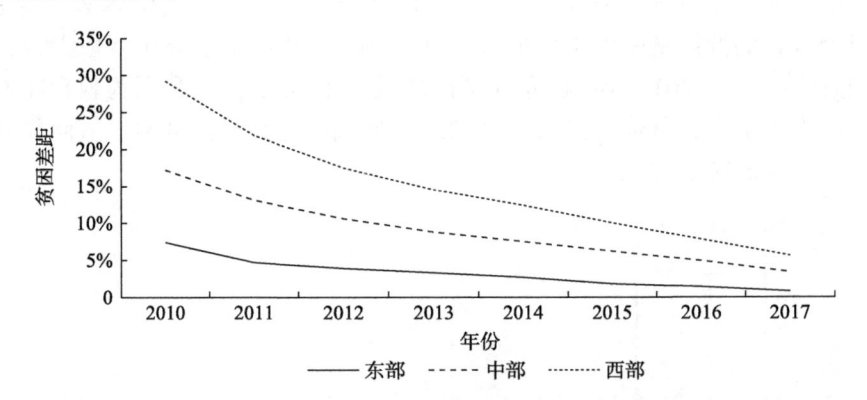

图 4-21　2010~2018 年中国各地区贫困发生率变化情况

资料来源：国家统计局住户调查办公室. 中国农村贫困监测报告（2018）[M]. 北京：中国统计出版社，2018

（四）农村贫困存在群体异质性

农村不同特征的农民群体的贫困发生率具有明显差异。从不同年龄段人群来看，2017 年中国分年龄段贫困发生率如图 4-22 所示，贫困发生率按照年龄分段由低到高排序依次为 41~60 岁人群、21~40 岁人群、0~20 岁人群、61~80 岁人群、81 岁及以上人群。这是因为青壮年的劳动能力更强，人力资本、社会资本等各种要素禀赋相对更优，获取收入的能力更高，收入来源渠道也更多元，贫困脆弱性相对更低，不容易陷入贫困；儿童和老年人缺乏劳动和生活能力或者劳动和生活能力减弱导致其贫困脆弱性变高，更容易陷入贫困。因此农民的年龄和贫困发生率呈"U"形分布。

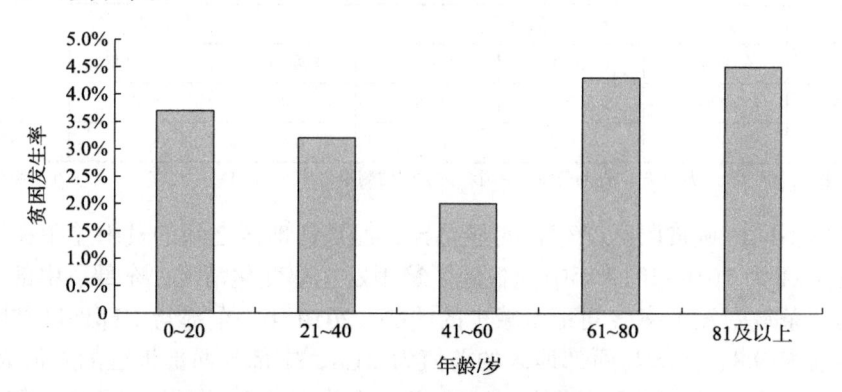

图 4-22　2017 年中国分年龄段贫困发生率
资料来源：国家统计局住户调查办公室. 中国农村贫困监测报告（2018）[M]. 北京：中国统计出版社，2018

从不同受教育程度人群来看，如图 4-23 所示，2017 年贫困发生率随着受教育程度的提高而逐渐下降，未接受教育的群体贫困发生率最高，为 6.7%，接受过高中及以上教育的群体贫困发生率最低，为 1.4%，其中接受过高中及以上教育的群体贫困发生率低于 2017 年中国总体贫困的发生率 3.1%。这是因为教育能够直接提升人的人力资本，并通过扩大社会网络等方式增加其社会资本，从而降低其贫困脆弱性，进而减少贫困的发生。

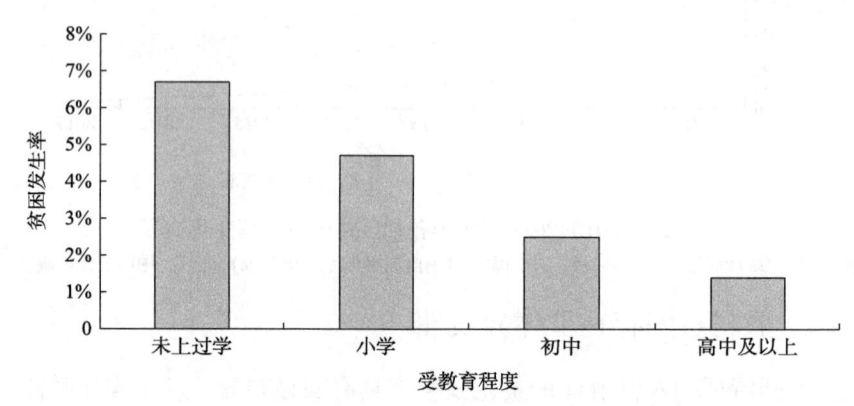

图 4-23　2017 年中国不同受教育程度人群贫困发生率
资料来源：国家统计局住户调查办公室. 中国农村贫困监测报告（2018）[M]. 北京：中国统计出版社，2018

从不同健康状况人群来看，如图 4-24 所示，健康程度越高的群体，贫困发生率越低，健康人群的贫困发生率为 2.7%，同样低于 2017 年中国总体贫困发生率 3.1%。在中国尤其是农村，有很大一部分人是因病致贫，健康程度低会增加居民的贫困脆弱性，增加其陷入贫困的可能性，因此农村居民的健康状况是贫困的重要决定因素。

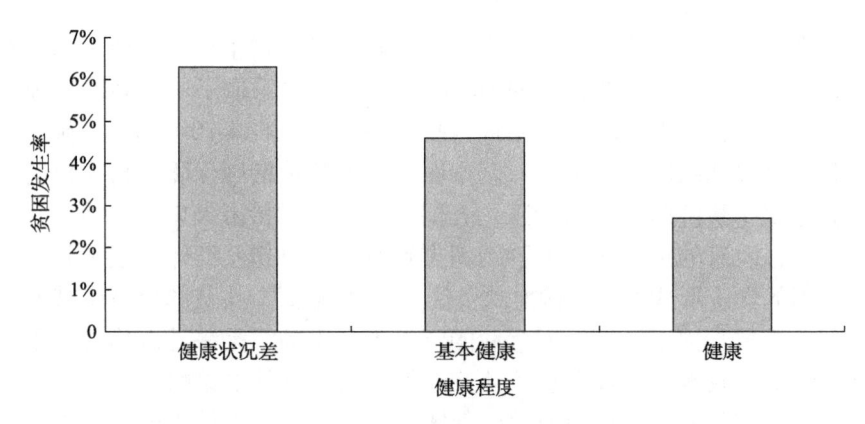

图 4-24　2017 年中国不同健康程度人群贫困发生率
资料来源：国家统计局住户调查办公室. 中国农村贫困监测报告（2018）[M]. 北京：中国统计出版社，2018

第三节　中国农村贫困治理过程及成效

自中华人民共和国成立至 2020 年，中国农村反贫困战略经历了"改革开放前的广义扶贫—体制改革推动扶贫—大规模开发式扶贫—扶贫攻坚—全面脱贫"五个典型发展阶段。在漫长的扶贫发展过程中，中国取得了举世瞩目的成绩，其减贫成就获得了国际社会的广泛肯定。1978 年，中国农村贫困人口数量和贫困发生率分别为 25 000 万人和 30.7%，到了 2020 年底，在党中央的带领下，经过不懈努力，中国摆脱了绝对贫困，居民生活水平大大提高。但是，收入不平等导致的相对贫困问题仍然存在。

一、中国农村扶贫的政策演变

不同历史时期中国农村贫困状况存在明显差异，由此，国家采取了不同的战略方式来对贫困进行治理。根据政策和措施的差异，中国的扶贫工作大致可以分为以下几个阶段。

（一）改革开放前的广义扶贫阶段：1949~1977 年

这一时期，中国刚从长期的战争中摆脱出来，长期的战乱导致了中国处于贫困落后的局面，当时的中国是世界上最贫困的国家之一。这一时期实行计划经济体制，在农村进行土地改革，在一定程度上解放了农村生产力，但是这一时期贫困仍是普遍存在的。为了改善贫困的状况，中国政府采取了一系列的措施。

在这一时期，政府采取的主要扶贫政策和措施（表4-10）如下：确立农村社会保障和社会救助制度，制定农村基本医疗方面政策措施保障农村人口的发展；初步建立起农村救济体系，以社区"五保"制和农村特困人口救济为主。当时的社会背景下，政府的主要救济人群是因灾致贫和战争伤残群体，这种临时的且无法根除贫困的救济形式属于"输血式"扶贫。"输血式"扶贫的反贫困战略是在社会贫困现象严重，国家经济发展落后的背景下产生的，是一种以均等分配为主，配合社会救济的政策。在计划经济体制时期施行这种扶贫策略，一方面，使整体贫困状态下大部分人的生存需要得到保障；另一方面，也使生产力的迅速发展受到阻碍，导致普遍贫困持续存在，这种扶贫方式非常短暂性地减轻了贫困户生活上的困难。然而，贫困地区的自我发展能力并未得到提升，无法从根源上摆脱贫困，但是基于当时特定历史条件和贫困认知水平，这一救济体系发挥的作用仍不容小觑。

表4-10　1949~1977年中国主要扶贫政策和措施

年份	相关文件	相关表述
1952	《内务部关于生产救灾工作领导方法的几项指示》	对救灾工作的组织领导、救灾工作内容和方法提出明确要求
1956	《高级农业生产合作社示范章程》	农业生产合作社对于缺乏劳动力或者完全丧失劳动力、生活没有依靠的老、弱、孤、寡、残疾的社员，在生产上和生活上给以适当的安排和照顾，保证他们的吃、穿和柴火的供应，保证年幼的受到教育和年老的死后安葬，使他们生养死葬都有依靠
1962	《抚恤、救济事业费管理使用办法》	对合理、及时使用抚恤救济事业经费做出相关规定

注：笔者根据现有文件进行整理。

（二）体制改革推动扶贫阶段：1978~1985年

在这一时期，中国逐步认识到计划经济的弊端及快速发展生产力的紧迫性。1978年实行对内改革、对外开放的政策，简称改革开放。为了适应生产力的发展，开始从计划经济体制向市场经济体制转变。中国政府转变了农村扶贫思路与方式，逐步弱化人民公社体制，开始发展家庭联产承包责任制，农户开始拥有自主权，激发了农民的生产热情；改革农产品价格，提高农产品的收购价格；改革所有制、宽松化人口管控、鼓励乡镇企业发展等，促进了之前受诸多因素限制的农村劳动力转移，农村剩余劳动力得到有效转移，逐步向非农领域及城市流动，农民的收入增加，农村实现迅速发展。主要扶贫政策和措施如表4-11所示。

表4-11 1978~1985年中国主要扶贫政策和措施

年份	扶贫政策	相关表述
1980	《关于进一步加强和完善农业生产责任制的几个问题》	特别是尊重生产队的自主权，因地制宜地发展多种经营，普遍建立各种形式的生产责任制，改进劳动计酬办法
1982	"三西"农业建设计划	对甘肃省定西为代表的中部干旱地区、河西地区和宁夏西海固地区实施"三西"农业建设计划，提出"3年停止生态破坏、5年解决群众温饱、10年20年改变面貌"的奋斗目标
1984	以工代赈计划	国家设立以工代赈专项资金，由各级发展改革（计划）部门会同相关部门，组织项目区贫困群众开展基本农田、小型水利、乡村道路等基础设施建设，并发放劳务报酬，在改善贫困地区生产生活条件的同时，增加贫困农民收入
	《中共中央、国务院关于帮助贫困地区尽快改变面貌的通知》	提出改变扶贫资金单纯用于救济的方式，重点投入发展生产，发展商品经济搞活流通，并明确对贫困地区的优惠政策，减免农业税，对农、林、牧、副、土特产品实行自由购销等
1985	《中共中央、国务院关于进一步活跃农村经济的十项政策》	改革农产品统派购制度；大力帮助农村调整产业结构；进一步放宽山区、林区政策；积极兴办交通事业；对乡镇企业实行信贷、税收优惠，鼓励农民发展采矿和其他开发性事业；鼓励技术转移和人才流动；放活农村金融政策，提高资金的融通效益；按照自愿互利原则和商品经济要求，积极发展和完善农村合作制；进一步扩大城乡经济交往，加强对小城镇建设的指导；发展对外经济、技术交流

注：笔者根据现有文件进行整理

这一时期的扶贫工作取得了显著成效。1978年中国农村人口有8.14亿人，按照1978年贫困标准计算，其中贫困人口2.5亿人，占农村人口总量的30.7%，发展到1985年贫困人口降低至1.25亿人左右，贫困发生率下降了15.9%，为14.8%。总体而言，这一阶段的减贫工作取得很大的成功，农村生产力提高，农民收入不断提高，农村经济得到发展。

（三）大规模开发式扶贫阶段：1986~1993年

1986年国务院设立国家专门的反贫困机构，即"国务院贫困地区经济开发领导小组"，由该机构对全国农村反贫困工作进行统一筹划和指导。其基本任务是：组织调查研究；拟定贫困地区经济开发的方针、政策和规划；协调解决开发建设中的重要问题；督促、检查和总结交流经验，从此中国农村的扶贫工作也进入崭新的阶段。同年，《中华人民共和国国民经济和社会发展第七个五年计划》中也列入了帮助贫困地区和贫困人口尽快脱离经济文化落后状况的项目，并提出了国家对老、少、边、穷地区的扶持政策、税收负担。另外，提出了"对口帮扶"的口号，组织发达地区和城市对老、少、边、穷地区的对口支援工作。同时确立新的扶贫方针，即开发式扶贫，扶贫方式由之前的"输血式"扶贫转变为"造血式"扶贫。这一时期主要扶贫政策和措施如表4-12所示。

表4-12 1986~1993年中国主要扶贫政策和措施

年份	相关文件	相关表述
1986	《中华人民共和国国民经济和社会发展第七个五年计划》	必须重视少数民族的经济和文化建设，积极扶持老革命根据地、边境地区和其他贫困地区
1987	《国务院关于加强贫困地区经济开发工作的通知》	已经初步完成从单纯救济向经济开发的根本转变，提出发展商品经济，优化产业结构，重点发展、扶持龙头企业作为扶贫经济实体、带动贫困户脱贫，提出按经济效应分配扶贫资金，重视智力开发、科技扶贫及对农民的专业培训
1990	《关于九十年代进一步加强扶贫开发工作的请示》	提出全国贫困地区要在解决大多数群众温饱问题的基础上开始以脱贫致富为主要目标，正式进入政府主导以县为瞄准对象
1993	《关于当前农业和农村经济发展的若干政策措施》	提出要集中力量打好扶贫开发的"攻坚战"

注：笔者根据现有文件进行整理

《中国的农村扶贫开发》白皮书指出：从1986年到1993年，中国的扶贫工作取得了显著的成功，国家重点贫困县农村居民家庭人均纯收入明显提高，从206.0元增加至483.7元；农村贫困人口数量和农村贫困发生率不断下降，分别从1986年的1.3亿人和14.8%减少至1993年的8 000万人和8.7%。可以看出这一时期相比上一时期，贫困人口虽然仍在减少，但是减少的幅度和速度都有所降低。

（四）扶贫攻坚阶段：1994~2010年

在经历了前三个扶贫阶段之后，中国农村的绝对贫困人口大幅度减少，同时意味着仍处于贫困状态的群体脱贫难度巨大，以1994年发布实施的《国家八七扶贫攻坚计划》为标志，中国农村扶贫工作的攻坚阶段开启。这一时期东部地区和西部地区经济发展差距进一步扩大，贫困人口分布主要集中于缺土的西南大石山区、重度缺水的西北黄土高原区、土地和交通情况恶劣的秦巴贫困山区及积温严重不足的青藏高寒山区等地区。自然资源的贫瘠造成了这些地区的贫困。基于这样的现实情况，中国政府扶贫模式由体制改革、经济增长和项目开发三种带动方式共同使用转变为仅能够采用项目开发方式带动扶贫，同时攻坚的对象也从侧重于一个区域到侧重于一家一户，因为对区域的帮扶已经无法带动贫困农户的经济发展，只能扶贫到户。《国家八七扶贫攻坚计划》所计划的基本满足农村贫困人口温饱需求的目标于2000年底已达成。

《国家八七扶贫攻坚计划》之后，国务院于2001年5月进一步制定《中国农村扶贫开发纲要（2001—2010年）》，全面安排至2010年的农村扶贫开发工作，提出这一阶段的总的奋斗目标：尽快解决少数贫困人口温饱问题，进一步改善贫困地区的基本生产生活条件，巩固温饱成果，提高贫困人口的生活质量和综合素质，加强贫困乡村的基础设施建设，改善生态环境，逐步改变贫困地区经济、社会、文化的落后状况，为达到小康水平创造条件。此外，在这一时期扶贫开发战略重点和战略格局发生了重大改变，主要扶贫政策和措施如表4-13所示。

表4-13 1994~2010年中国主要扶贫政策和措施

年份	相关文件	相关表述
1994	《国务院关于印发国家八七扶贫攻坚计划的通知》	以解决温饱为目标的扶贫开发工作进入了攻坚阶段。从1994年到2000年，集中人力、物力、财力，动员社会各界力量，力争用7年左右的时间，基本解决目前全国农村8 000万贫困人口的温饱问题
1996	《中共中央国务院关于尽快解决农村贫困人口温饱问题的决定》	把解决贫困人口温饱问题作为首要任务。继续坚持开发式扶贫
	《1996—2000年全国科技扶贫规划纲要》	加强对科技扶贫的政策指导
2001	《中国农村扶贫开发纲要（2001—2010年）》	要针对目前贫困地区财政困难的实际情况，加大财政转移支付的力度。中央和地方各级政府投入的财政扶贫资金，必须按照扶贫开发规划下达，落实到贫困乡、村，重点用于改变基本生产生活条件和基础设施建设。要把贫困地区尚未解决温饱问题的贫困人口作为扶贫开发的首要对象
2002	《中共中央 国务院关于进一步加强农村卫生工作的决定》	建立和完善农村合作医疗制度和医疗救助制度
2003	《国务院关于进一步加强农村教育工作的决定》	明确农村教育在全面建设小康社会中的重要地位，把农村教育作为教育工作的重中之重
2005	《劳动和社会保障部办公厅关于切实做好贫困地区劳动力培训促进就业工作的通知》	各地劳动保障部门要高度重视贫困地区劳动力职业培训和转移就业工作，将其作为一项重要工作任务纳入整体工作安排
2007	《国务院扶贫开发领导小组办公室关于印发〈关于在贫困地区实施"雨露计划"的意见〉和〈贫困青壮年劳动力转移培训工作实施指导意见〉的通知》	开展多渠道、多层次、多形式的引导性培训、职业技能培训、创业培训和农业实用技术培训，全面提高贫困地区人口素质
	《国务院关于在全国建立农村最低生活保障制度的通知》	通过在全国范围建立农村最低生活保障制度，将符合条件的农村贫困人口全部纳入保障范围。同时，鼓励和引导社会力量为农村最低生活保障提供捐赠和资助
2009	《2009—2010年东西扶贫协作工作指导意见》	把提高贫困人口自我发展能力和培植贫困地区主导产业作为重点，集中力量帮助"三个确保"贫困村完成整村推进，帮助特殊连片贫困地区解决发展中面临的一些瓶颈制约问题，帮助贫困群众解决生产生活中面临的一些突出困难问题

注：笔者根据现有文件进行整理

这一时期的一系列措施提升了贫困地区的整体发展水平。贫困地区劳动力素质提高，社区环境和农民生活水平得到改善，贫困人口数量和贫困发生率持续下降。

（五）全面脱贫阶段：2011~2020年

从2011年到2020年，是中国的全面脱贫阶段，同时，面临2020年全面建成小康社会目标的实现，国务院印发了《中国农村扶贫开发纲要（2011—2020年）》，将扶贫开发主战场确定为14个连片特困地区。扶贫工作总体目标为：到2020年，稳定实现扶贫对象不愁吃、不愁穿，保障其义务教育、基本医疗和住房。到2020

年实现脱贫攻坚"两不愁、三保障"的总体目标在 2015 年 11 月发布的《中共中央 国务院关于打赢脱贫攻坚战的决定》中又进一步得到了明确。同时，要实现贫困地区农民人均可支配收入增长超过全国平均水平、基本公共服务主要领域指标与全国平均水平相接近。在 2010 年标准下实现中国全部农村贫困人口脱贫，贫困县摘帽，区域性整体贫困得到解决。2018 年《中共中央 国务院关于打赢脱贫攻坚战三年行动的指导意见》对全面脱贫再次进行了更加深入的指导和规划。基本消除贫困阶段的政策主张和措施主要在于巩固脱贫效果，实现"两不愁、三保障"目标，确保中国 2010 年标准下农村贫困人口实现脱贫。这一时期的主要扶贫政策和措施见表 4-14。

表4-14　2011~2020年中国主要扶贫政策和措施

年份	相关文件	相关表述
2011	《中国农村扶贫开发纲要（2011—2020年）》	加大投入力度，把连片特困地区作为主战场；到2020年，稳定实现扶贫对象不愁吃、不愁穿，保障其义务教育、基本医疗和住房
2012	《关于实施面向贫困地区定向招生专项计划的通知》	以农林、水利、地矿、机械、师范、医学以及其他适农涉农等贫困地区急需专业为主
2014	《关于全面做好扶贫开发金融服务工作的指导意见》	进一步发挥政策性、商业性和合作性金融的互补优势；完善扶贫贴息贷款政策，加大扶贫贴息贷款投放；优化金融机构网点布局，提高金融服务覆盖面；拓宽贫困地区多元化融资渠道；加大贫困地区金融知识宣传培训力度
2014	《建立精准扶贫工作机制实施方案》	通过对贫困户和贫困村精准识别、精准帮扶、精准管理和精准考核，引导各类扶贫资源优化配置，实现扶贫到村到户，逐步构建精准扶贫工作长效机制，为科学扶贫奠定坚实基础
2014	《关于实施光伏扶贫工程工作方案》	实施分布式光伏扶贫；开展光伏农业扶贫
2014	《国务院办公厅关于进一步动员社会各方面力量参与扶贫开发的意见》	充分发挥各类市场主体、社会组织和社会各界作用，多种形式推进，形成强大合力
2015	《中共中央 国务院关于打赢脱贫攻坚战的决定》	到2020年，稳定实现农村贫困人口不愁吃、不愁穿，义务教育、基本医疗和住房安全有保障
2016	《中组部 人力资源社会保障部等九部门关于实施第三轮高校毕业生"三支一扶"计划的通知》	坚持立足教育、农业、卫生、水利和扶贫等事业发展对人才的需求，坚持为基层输送和培养青年人才，引导高校毕业生到基层就业创业的工作定位
2016	《国务院关于印发"十三五"脱贫攻坚规划的通知》	到2020年，稳定实现现行标准下农村贫困人口不愁吃、不愁穿，义务教育、基本医疗和住房安全有保障。贫困地区农民人均可支配收入比2010年翻一番以上，基本公共服务主要领域指标接近全国平均水平。确保中国现行标准下农村贫困人口实现脱贫，贫困县全部摘帽，解决区域性整体贫困
2018	《教育部 国务院扶贫办关于印发〈深度贫困地区教育脱贫攻坚实施方案（2018—2020年）〉的通知》	到2020年"三区三州"等深度贫困地区教育发展水平显著提升，实现建档立卡贫困人口教育基本公共服务全覆盖
2018	《中共中央 国务院关于打赢脱贫攻坚战三年行动的指导意见》	到2020年，通过发展生产脱贫一批，易地搬迁脱贫一批，生态补偿脱贫一批，发展教育脱贫一批，社会保障兜底一批，因地制宜综合施策，确保现行标准下农村贫困人口实现脱贫，消除绝对贫困；确保贫困县全部摘帽，解决区域性整体贫困

注：笔者根据现有文件进行整理

根据国家统计局公报，中国 2010 年贫困标准是每人 2 300 元，基于 2010 年不变价，按照这一标准，在这一时期，中国的贫困人口和贫困发生率从 2011 年的 12 238 万人和 12.7%下降到 2018 年的 1 660 万人和 1.7%，此外，农村居民人均纯收入也从 2011 年的 6 977.3 元提高至 2018 年的 14 617.3 元，增长了 109.5%，扶贫达到明显的效果。

二、中国农村贫困治理过程

随着全球反贫困斗争的不断深入、经济社会发展水平的提高，人们对生活质量的要求也逐渐提高，对贫困内涵的理解日益深刻，从单一的物质层面进行衡量转向注重人们的机会获取和能力掌握。中国农村贫困直观的表现是农村居民收入低，但是就贫困的实质来看，贫困的核心是能力欠缺。因此，针对扶贫机制的设计不仅要帮助贫困农户摆脱物质贫困，还要积极采取一系列的措施，让居民的社会行为和制度安排得到改善，选择和机会增多，享受到更好的健康、教育、文化、基础设施和公共服务等福利，改善多维贫困状况。

（一）促进农业经济增长，提升农户收入水平

传统的贫困理论认为低收入是造成贫困的主要原因，过低的收入导致个人或家庭不能够获取最基本的生活需要，因此收入增加是减贫的重要途径。经济增长是增加农户收入的重要途径。

经济增长是脱贫的重要手段。中国有效减贫与经济快速发展过程基本上同步，因而贫困人口减少的重要来源之一是经济发展。农村农业经济的发展为中国开展减贫工作创造了良好的外部环境和有力的支持条件。2009~2018 年中国农业生产经营情况如表 4-15 所示。据世界银行公布的数据可知，2018 年中国陆地面积为 960 万平方千米，其中耕地面积占总陆地面积的 14%，约为 135 万平方千米；总人口达 14.1 亿人，人口密度为 148 人/千米^2；农业生产总值占 GDP 总量的 7.2%，为 9 784.5 亿美元，人均耕地面积 0.1 公顷；人均 GDP 9 770.8 美元，人均农业生产总值 702.5 美元。这充分体现了中国地广人稀，人口密度高，人均耕地面积小的特征，虽然农业生产总值高，但人均农业生产总值相对较低。从发展动态来看，中国经济呈现逐年增长的趋势。人均 GDP 从 2009 年的 3 832.2 美元增加到 2018 年的 9 770.8 美元，农业生产总值和人均农业生产总值数额也呈增加趋势，人均农业生产总值从 2009 年的 369.3 美元增加到 2018 年的 702.5 美元，增长率达 90.2%。中国经济发展尤其是农业经济增长为农村减贫工作提供了有力的基础保障。

表4-15 2009~2018年中国农业生产经营情况

年份	农业生产总值/亿美元	人均耕地面积/公顷	人均GDP/美元	人均农业生产总值/美元
2009	4 916.1	0.08	3 832.2	369.3
2010	5 676.4	0.08	4 550.5	424.3
2011	6 930.5	0.08	5 618.1	515.6
2012	7 776.0	0.10	6 316.9	575.7
2013	8 558.7	0.10	7 050.6	630.5
2014	9 054.6	0.10	7 651.4	663.7
2015	9 277.3	0.10	8 033.4	676.6
2016	9 051.0	0.10	8 078.8	656.5
2017	9 188.0	0.10	8 759.0	662.7
2018	9 784.5	0.10	9 770.8	702.5

注：GDP 都是以美元现价计算
资料来源：WDI 数据库

从图 4-25 展示的 2009~2018 年中国农业生产总值比重和农村人口比重变化趋势，可以清楚地看到中国的农业生产总值比重呈现下降的趋势，2017~2018 年，保持在 7%的水平；农村人口比重也呈现下降的趋势，到 2018 年下降为 40.8%。这表明中国第二、第三产业在逐步发展壮大，同时城市化进程也在逐渐加快。

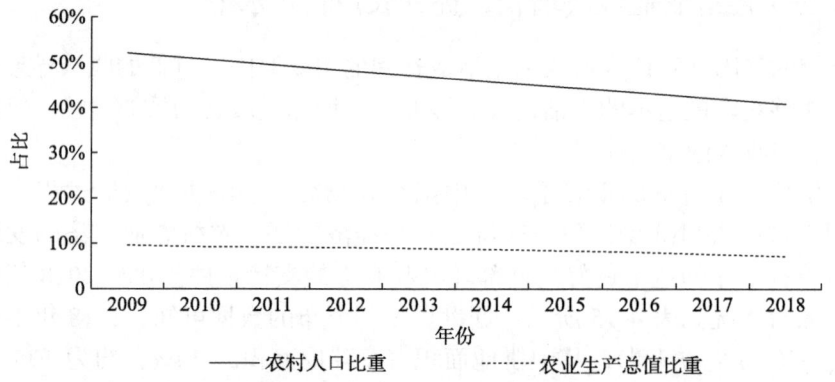

图 4-25 2009~2018 年中国农业生产总值比重和农村人口比重变化趋势
数据是根据 WDI 数据库中相关数据计算得来的。农业生产总值比重是指农业生产总值占 GDP 的比重，农村人口比重是指居住在农村的人口占全国总人口的比重

（二）提高医疗卫生条件，推进健康乡村建设

阿玛蒂亚·森认为贫困的根本原因在于：贫困人口获取收入的机会和能力不足。因此，帮助贫困人口脱贫最有效的途径之一是重塑个人能力，这种能力包括保持健康长寿的能力、得到文化技术的能力及持续提高生活水平的能力，是一种可长期发展的能力（Sen，1999a，2002）。反贫困斗争中增加贫困人口收入是一方面，还要帮助贫困者建设有形资产（如资金、房屋等）和无形资产（如人力资本、社会

资本、政治资本等）方面的资本（Sherraden，2005）。因此，要改善中国农村医疗卫生条件，提升农民的健康状况，为贫困农户提高收入和生活水平提供有力的保障。

中国减贫工作的一项重要内容就是推动农村医疗卫生事业不断发展，提高农村人口尤其是农村贫困人口的健康水平。同时，农村人口健康水平的提高可以改善居民能力贫困的现象，促进中国减贫事业的开展。2002 年中共中央、国务院做出《关于进一步加强农村卫生工作的决定》，开始大力支持农村医疗卫生事业发展，显著提升了农村医疗卫生水平。

与 2002 年相比，2017 年拥有具备合法行医证的医生/卫生员的行政村比重大幅增加，从 2002 年的 71.0%增加到 2017 年的 92.0%；卫生站覆盖范围不断扩大，从 2002 年的 69.0%扩大到 2017 年的 92.2%。近年来，能体现农村医疗卫生水平提升的垃圾处理比例、自来水净化处理比例、卫生站数量、医护人员数量等数据都呈上升趋势。2017 年中国所在自然村垃圾能集中处理的农户比重为 61.7%、使用经过净化处理自来水的农户比重为 43.7%、所在自然村有卫生站的农户比重为 92.2%、拥有具备合法行医证的医生/卫生员的行政村比重达 92%（图 4-26）。其中所在自然村有卫生站的农户比重从 2013 年至 2017 年均超过 85%，拥有具备合法行医证的医生/卫生员的行政村比重从 2014 年至 2017 年均在 90%以上，覆盖率处于较高水平。医疗卫生条件的提高为农村居民身体健康水平提供了基础保障，对改善农村居民能力贫困具有重要意义。

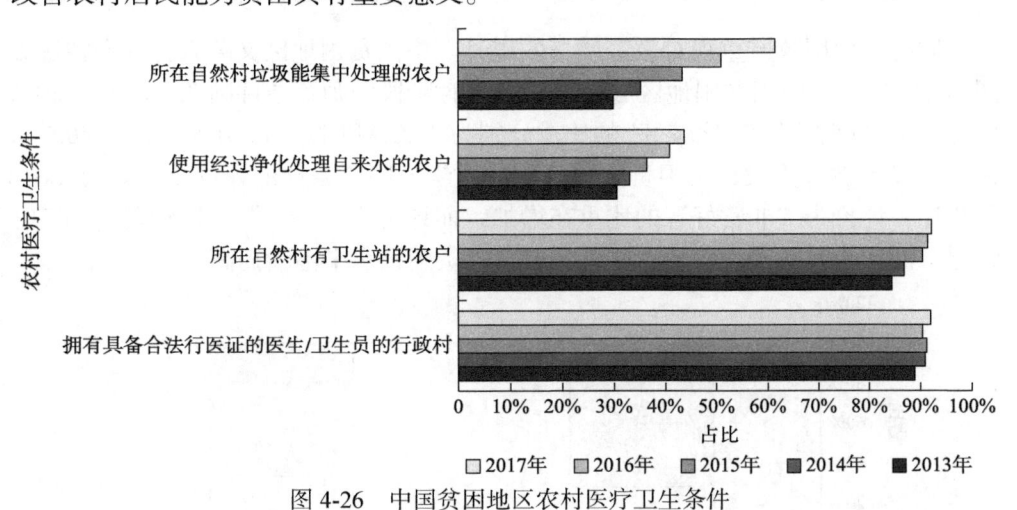

图 4-26 中国贫困地区农村医疗卫生条件

资料来源：国家统计局住户调查办公室. 中国农村贫困监测报告（2018）[M]. 北京：中国统计出版社，2018

（三）提升农村教育质量，促进人力资本投资

要远离贫困，人类需要拥有更好的教育及更广泛地参与公民事务的权利（Deaton，2013）。阿玛蒂亚·森认为明确基本能力的构成是一个发展良好的民主

社会所必需的，无论这一社会是代议制民主社会还是协商式民主社会。因此要从根源上解决贫困问题，就要实施促进基本能力（如受教育的能力）提升的政策。教育的差距造成能力的差距，事后通过再分配政策来消减贫困会更加困难。因此政策应从贫困问题的根源抓起帮助穷人获取基本能力。

中国通过普及义务教育与定向支持困难地区和困难人群教育相结合的方法来提高居民素质，阻断贫困因教育机会缺乏产生的代际传递。中国在重点改善贫困地区教育文化水平方面成效显著。中国农村贫困地区教育质量数据如表4-16所示，2017年所在自然村上幼儿园便利的农户比重为84.7%，相比上一年增加5.0个百分点；所在自然村上小学便利的农户比重为88.0%，相比2016年增长3.1个百分点；有文化活动室的行政村比重为89.2%，相比2016年提升2.7个百分点。这些数据表明中国教育文化扶贫成效显著，贫困地区上学更加便利，居民受教育情况得到明显改善。

表4-16 中国农村贫困地区教育质量数据

指标	2016年	2017年
所在自然村上幼儿园便利的农户比重	79.7%	84.7%
所在自然村上小学便利的农户比重	84.9%	88.0%
有文化活动室的行政村比重	86.5%	89.2%

资料来源：国家统计局住户调查办公室. 中国农村贫困监测报告（2018）[M]. 北京：中国统计出版社，2018

同时，中国政府重视对教育质量的提升。中国贫困地区义务教育师资情况如图4-27所示，中国贫困地区居民对义务教育阶段的师资条件满意度较高。2017年评价为"非常好"和"比较好"的比重分别为33.2%和47.2%，两者之和为80.4%，说明在义务教育阶段，中国贫困地区居民对学校师资条件的评价较高。与2016年相比，评价为"非常好"的比重在增加，而评价为"一般"、"比较差"和"非常差"的比重在减少，表明这些地区教育师资建设水平不断提高。

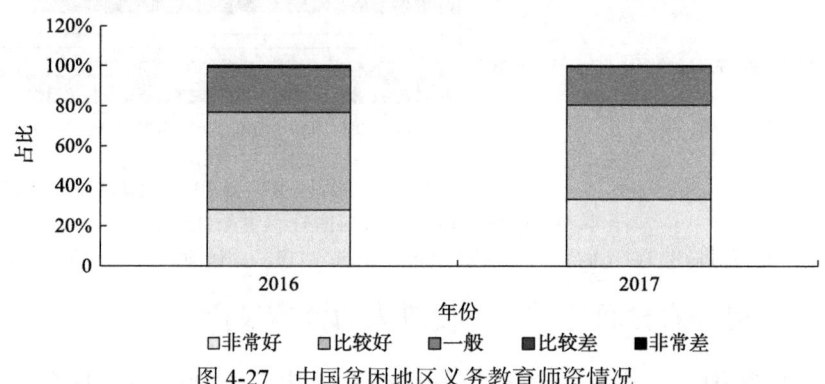

图4-27 中国贫困地区义务教育师资情况

资料来源：国家统计局住户调查办公室. 中国农村贫困监测报告（2018）[M]. 北京：中国统计出版社，2018

（四）加大惠民工程投入，改善农村生活条件

导致贫困的因素不只是单一的收入不足，还包括人们的教育、健康等福利需求无法得到满足。贫困内涵不断丰富，其评价指标既包括客观指标，如饮水、交通、卫生设施等，也包括主观指标，如贫困人口主观感受的贫困（王小林和Alkire，2009）。2010 年，联合国开发计划署与英国牛津大学贫困与人类发展研究中心（Oxford Poverty and Human Development Initiative，OPHI）联合开发多维贫困指数（multidimensional poverty index，MPI），包括健康、教育、生活条件三大维度的 10 个指标，创新性地将居民生活条件纳入贫困内涵。研究表明，不干净的饮用水和烹饪燃料及不完善的卫生设施会对居民健康产生不利影响，水质和卫生条件差是发展中国家人口死亡和发生疾病的主要原因（Alkire and Fang，2019）。因此，改善农村居民生活条件对提高居民健康水平具有重要的意义。

在脱贫攻坚时期，中国政府加大了对贫困地区生活条件改善的投入力度。根据国家扶贫重点县贫困监测统计，2010 年政府扶贫资金共计 510.0 亿元，主要投向贫困地区种植业、道路修建及改扩建、林业等。2017 年政府向贫困地区投放的县级扶贫资金达 4 419.5 亿元，资金针对项目包括易地扶贫搬迁、村通公路（通畅、通达工程等）修建、农村中小学建设、农村危房改造等，扶贫资金投向重点略有调整。表 4-17 中统计的是 2017 年贫困地区县级扶贫资金主要投向。2017 年贫困地区县级扶贫资金投向中农村危房改造占 7.0%，农网完善及无电地区电力设施建设占 2.9%，农村饮水安全工程占 2.8%，农村沼气等清洁能源建设占 0.3%。

表4-17　2017年贫困地区县级扶贫资金主要投向

项目	占比
易地扶贫搬迁	23.2%
村通公路（通畅、通达工程等）修建	12.2%
农村中小学建设	8.1%
农村危房改造	7.0%
农业	6.7%
畜牧业	3.8%
林业	3.1%
农网完善及无电地区电力设施建设	2.9%
农村饮水安全工程	2.8%
农村中小学营养餐计划	2.7%
小型农田水利及农村水电	2.0%

续表

项目	占比
村村通电话、互联网覆盖等农村信息化建设	1.4%
乡卫生院、村卫生站建设及设施	1.1%
农产品加工业	1.0%
劳动力职业技能培训	0.6%
病险水库除险加固	0.5%
农村沼气等清洁能源建设	0.3%
卫生技术人员培训	0.2%

资料来源：国家统计局住户调查办公室. 中国农村贫困监测报告（2018）[M]. 北京：中国统计出版社，2018

三、中国农村贫困治理成效

中国农村扶贫工作取得了很大的成就，不仅农民收入显著提高，还消除了绝对贫困，同时医疗、教育、基础设施建设和公共服务方面也取得了很大的进步，农村居民能力贫困和权利贫困等多维贫困状况逐步得到改善。

（一）收入水平提升，物质贫困状况改善

中国农村扶贫工作取得的成效集中表现在中国农村居民收入水平的提高和收入结构的优化上。2010~2018年中国农村居民人均可支配收入变化情况如图4-28所示，从2010年到2018年，中国农村居民人均可支配收入逐年增加，数额从2010年的5 919.4元增加到2018年的14 617.0元，增长率接近150%。

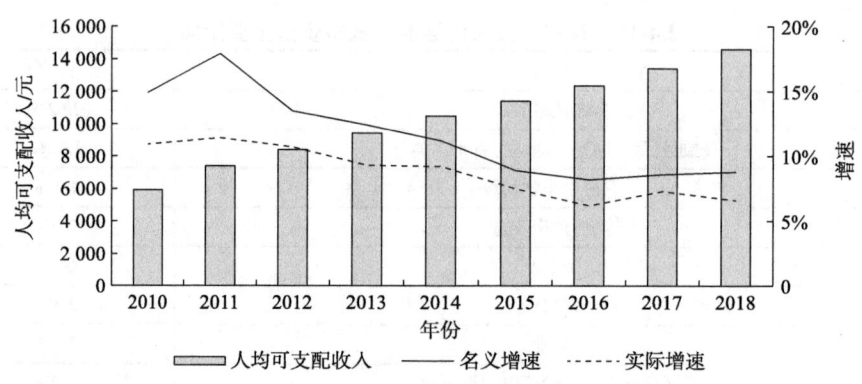

图4-28　2010~2018年中国农村居民人均可支配收入变化情况
资料来源：国家统计局

除了中国农村居民人均可支配收入的增长，农户获取收入的途径也逐渐多样化，收入结构持续优化。表4-18显示的是2010年与2017年贫困地区居民收入对

比数据，中国农村居民各项收入都在增长，收入结构调整优化。2010年居民收入中第一产业净收入占比50.9%，超过一半。2010~2017年的居民转移性收入年平均增长率为162.4%，且2017年居民转移性收入占人均可支配收入的24.8%，与工资性收入、经营性收入、第一产业净收入共同构成居民收入的重要来源。从2010~2017年各项收入的年平均增长率来看，转移性收入增长最快，第二、第三产业净收入次之。

表4-18　2010年与2017年贫困地区居民收入对比

指标	2010年 收入水平/元	结构	2017年 收入水平/元	结构	年平均增长率
人均可支配收入	2 003	100.0%	9 377	100.0%	52.6%
工资性收入	681	34.0%	3 210	34.2%	53.1%
经营性收入	1 100	54.9%	3 723	39.7%	34.1%
第一产业净收入	1 020	50.9%	2 826	30.1%	25.3%
第二、第三产业净收入	80	4.0%	897	9.6%	145.9%
财产性收入	34	1.7%	119	1.3%	35.7%
转移性收入	188	9.4%	2 325	24.8%	162.4%

资料来源：国家统计局住户调查办公室. 中国农村贫困监测报告[M]. 北京：中国统计出版社，2011，2018

中国的贫困人口主要集中在农村。贫困地区居民收入与全国农村居民收入都有较大幅度提升。如图4-29所示，中国贫困地区居民和农村居民人均可支配收入逐年增长。贫困地区居民和农村居民人均可支配收入分别从2013年的6 079.0元和9 430.0元增加到2018年的10 371.0元和14 617.0元，分别增加了70.6%、55.0%。二者相比，贫困地区居民人均可支配收入增长速度更快。同时，2018年贫困地区居民人均可支配收入与2017年相比增长8.3%，显著高于全国农村居民人均可支配收入6.6%的增速。

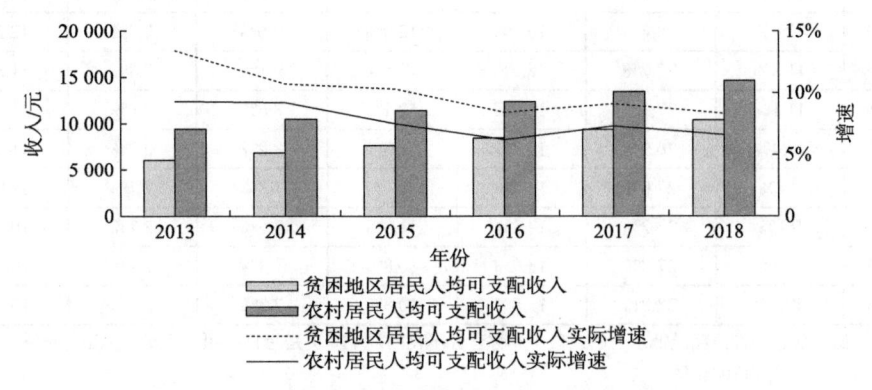

图4-29　中国贫困地区居民和农村居民人均可支配收入变动

资料来源：国家统计局住户调查办公室. 中国农村贫困监测报告（2018）[M]. 北京：中国统计出版社，2018

(二) 人力资本提高，可持续发展能力增强

重建个人能力是消除贫困的最有效的方法之一，个人能力的培养主要包括健康能力、获得知识教育的能力及尽快脱离贫困、持续提高生活质量的能力（Sen，2002）。中国采取了一系列改革措施解决贫困农户的能力贫困问题，如医疗服务质量提升、农村教育质量提升等，均取得了显著的成就。

农村医疗卫生条件的不断提高促进了农村人口健康状况的改善。在全球多维贫困指数中将居民营养状况作为衡量居民健康状况的一个重要指标。居民健康状况是居民人力资本的重要体现，也是居民可持续发展能力的体现。由表4-19不同国家营养不良的发生率数据可见，中国居民健康状况明显改善，营养不良的发生率呈下降趋势，从2000年的15.9%下降到2016年的8.7%，降低了7.2个百分点。2016年中国居民营养不良发生率低于中等收入国家的10.8%，但是高于中高收入国家的7.3%。应该持续提高居民医疗卫生条件、增加居民营养供给，帮助中国农村居民摆脱能力贫困。

表4-19 不同国家营养不良的发生率

年份	中国	低收入国家	中低收入国家	中等收入国家	中高收入国家	高收入国家	世界平均水平
2000	15.9%	36.7%	19.1%	16.1%	13.1%	2.8%	14.8%
2001	15.8%	35.9%	19.5%	16.1%	12.8%	2.8%	14.9%
2002	15.7%	35.0%	20.1%	16.3%	12.5%	2.9%	15.1%
2003	15.7%	33.9%	20.3%	16.3%	12.3%	2.9%	15.1%
2004	15.5%	32.7%	20.2%	16.1%	11.9%	2.9%	14.8%
2005	15.2%	31.6%	19.5%	15.6%	11.6%	2.9%	14.5%
2006	14.8%	30.7%	18.5%	14.9%	11.2%	2.9%	13.8%
2007	14.1%	30.0%	17.4%	14.1%	10.6%	2.9%	13.1%
2008	13.4%	29.2%	16.6%	13.5%	10.1%	2.9%	12.6%
2009	12.6%	28.4%	16.1%	12.9%	9.6%	2.8%	12.2%
2010	11.8%	27.7%	15.6%	12.5%	9.1%	2.8%	11.8%
2011	11.1%	27.1%	15.3%	12.1%	8.6%	2.8%	11.5%
2012	10.4%	26.9%	15.1%	11.8%	8.2%	2.7%	11.3%
2013	9.7%	27.0%	14.6%	11.4%	7.8%	2.7%	11.0%
2014	9.1%	27.2%	14.2%	11.0%	7.5%	2.7%	10.7%
2015	8.8%	27.8%	13.9%	10.8%	7.3%	2.7%	10.6%
2016	8.7%	28.2%	13.8%	10.8%	7.3%	2.7%	10.8%

注：低于膳食能量消耗最低水平的人口（亦称营养不良的发生率）是指食物摄入不足，无法持续满足膳食能量要求的人口占总人口的比例

资料来源：世界银行，https://data.worldbank.org.cn/indicator/SN.ITK.DEFC.ZS?view=chart

发展教育有助于提高居民的文化素质，从而增加人力资本积累。中国农村扶贫过程中，随着农村教育投入的增加，农村居民家庭户主文化程度逐渐提高。中国农村居民家庭户主受教育情况如表 4-20 所示，2008 年户主为小学及以下教育程度的占 49.2%，到 2017 年下降到 33.0%；具有初中、高中及以上文化程度的户主比重显著增加，其中初中学历的户主比重从 2008 年的 42.0%增长到 2017 年的 54.7%，高中及以上学历户主比重从 2008 年的 8.8%增加到 2017 年的 12.3%。

表4-20　中国农村居民家庭户主受教育情况

文化程度	2008 年	2017 年
小学及以下	49.2%	33.0%
初中	42.0%	54.7%
高中及以上	8.8%	12.3%

资料来源：国家统计局住户调查办公室. 中国农村贫困监测报告（2018）[M]. 北京：中国统计出版社，2018

同时，中国贫困地区劳动力文化程度也得到提高。1997~2017 年中国贫困地区劳动力文化程度如图 4-30 所示，贫困地区文盲、半文盲比重在逐渐减少，从 1997 年的 20%减少到 2017 年的 7.8%，而初中、高中及以上的劳动力比重在逐年增加。同时，从历年的劳动力文化程度结构变动情况来看，逐渐从以文盲、半文盲和小学文化程度为主的结构向以初中及以上文化程度为主的结构转变，说明贫困地区劳动力的素质结构得到不断优化，整体素质得到不断提高。贫困地区劳动力文化程度的提高有助于贫困人群通过外出就业获得收入，为减少贫困提供机会。

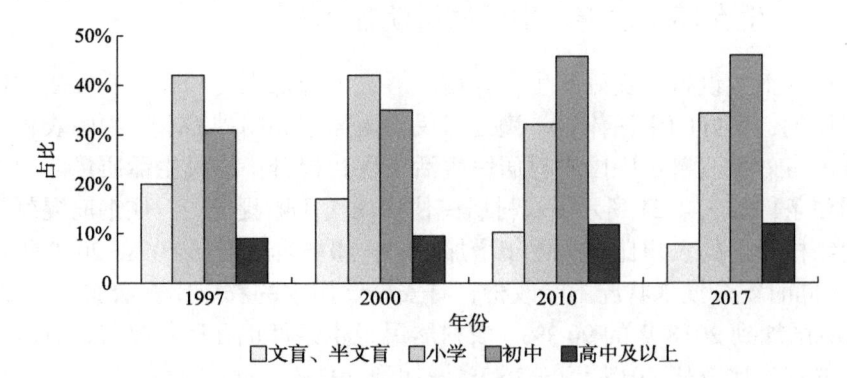

图 4-30　1997~2017 年中国贫困地区劳动力文化程度
资料来源：国家统计局住户调查办公室. 中国农村贫困监测报告（2018）[M].
北京：中国统计出版社，2018

从性别角度看贫困地区劳动力文化程度的异质性，女性受教育程度整体低于男性，但女性受教育状况也得到不断改善。贫困地区劳动力分性别文化程度构成如图 4-31 所示，2017 年贫困地区女性和男性劳动力中高中及以上文化程度所占比重分别为 12.2%和 20.8%，女性比男性低 8.6 个百分点；小学及以下文化程度分别占 39.4%和 22%，女性比男性高 17.4 个百分点，总体来说，女性受教育程度低于男性。从 2009~2017 年女性受教育程度的变化来看，2009 年未接受学校教育的女性占 11.9%，到 2017 年下降为 9.4%；小学毕业的女性由 2009 年的 39.4%下降至 2017 年的 30.0%；相比于 2009 年，2017 年受教育程度为初中及以上的女性占比明显增加，说明贫困地区女性劳动力的文化程度在不断提高。

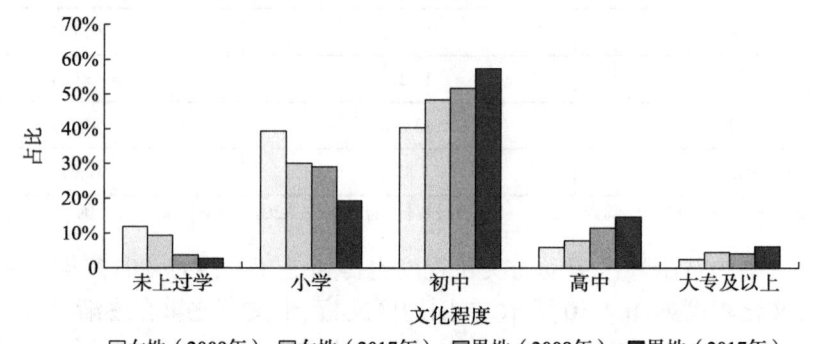

图 4-31　贫困地区劳动力分性别文化程度构成

不同文化程度的女性劳动力占比为该文化程度的女性劳动力占女性总人数的百分比，男性算法相同
资料来源：国家统计局住户调查办公室. 中国农村贫困监测报告（2018）[M].
北京：中国统计出版社，2018

（三）生存环境改善，生活质量明显提升

先进的卫生设备、良好的生存环境能够大大降低农村居民疾病发生的概率，并为居民创造良好的生活体验，满足居民物质需求和精神需求。中国农村扶贫工作的开展有效地改善了中国农村居民生活条件，提升了居民生活质量。中国农村居民居住条件如表 4-21 所示，农村居民住房质量不断提升，居住钢筋混凝土和砖混材料结构住房的农户比重呈逐年增加趋势，2015 年占比 60.0%，2018 年增加至 71.2%。同时安全饮水状况不断改善，有安全饮用水的农户比重增加，从 2015 年的 76.6%增加到 2018 年的 90.3%。农村居民卫生条件也在逐年改善，有水冲式卫生厕所的农户比重从 2015 年的 26.3%增加到 2018 年的 42.1%，但中国农村仍有相当大一部分居民使用旱厕，存在卫生隐患，需要进一步改善。无洗澡设施的农户比重从 2015 年的 41.3%逐年下降至 2018 年的 28.4%。中国农村居民能源使用状况也在不断改善，炊事用主要能源为柴草的农户比重逐年下降，从 2015 年的 43.8%下降为 2018 年的 29.8%，下降幅度较大。

表4-21 中国农村居民居住条件

居住条件	指标	2015年	2016年	2017年	2018年
住房结构	居住钢筋混凝土和砖混材料结构住房的农户比重	60.0%	64.4%	65.0%	71.2%
饮水条件	有安全饮用水的农户比重	76.6%	80.3%	81.6%	90.3%
卫生设备	有水冲式卫生厕所的农户比重	26.3%	30.5%	31.7%	42.1%
	无洗澡设施的农户比重	41.3%	35.3%	34.3%	28.4%
能源使用	炊事用主要能源为柴草的农户比重	43.8%	39.4%	38.5%	29.8%

资料来源：国家统计局住户调查办公室《中国农村贫困监测报告》(2016~2019年)。

家庭资产也是衡量居民生活条件的一个重要指标，它涵盖了一些消费品的所有权，包括电视、电话、冰箱、电风扇、空调、自行车、摩托车、汽车和卡车（Alkire and Fang, 2019）。2015~2018年，贫困地区农户耐用消费品拥有情况如表4-22所示，消费品资产拥有量逐年增加，可见中国贫困地区居民的资产状况持续改善。以贫困地区农户每百户拥有量统计，2015年拥有汽车8.3辆、洗衣机75.6台、电冰箱67.9台、移动电话208.9部、计算机13.2台，2018年拥有汽车19.9辆、洗衣机86.9台、电冰箱87.1台、移动电话257.8部、计算机17.1台，各个指标都明显增长。

表4-22 贫困地区农户耐用消费品拥有情况

指标	2015年	2016年	2017年	2018年
百户汽车拥有量/辆	8.3	11.1	13.1	19.9
百户洗衣机拥有量/台	75.6	80.7	83.5	86.9
百户电冰箱拥有量/台	67.9	75.3	78.9	87.1
百户移动电话拥有量/部	208.9	225.1	234.6	257.8
百户计算机拥有量/台	13.2	15.1	16.8	17.1

资料来源：国家统计局住户调查办公室《中国农村贫困监测报告》(2016~2019年)。

第四节 本章小结

本章通过历史背景剖析、相关政策梳理和现实数据研判等多种方式对中国农民合作组织的发展、中国农村贫困历史、中国农村扶贫过程和成效进行了分析。主要研究结论如下。

第一，在中国政府的政策支持和引导下，农民合作组织发展迅速，并呈现出多元化特征。中国政府对农民合作组织发展给予了大力支持，从1978年以来，多次在中央一号文件中突出其重要地位，并加以政策扶持和引导，极大地推动了农民合作组织的发展。中国农民合作组织发展经历了萌芽期、发展期、规范期等多个阶段，发展形式多样化，形成了以农民专业合作社、供销合作社、信用合作社、扶贫互助社等为典型代表的多种合作组织形式。中国农民合作组织发展迅速，数量不断增加，规模和实力不断壮大，但质量仍需提升，需进一步规范和完善。中国农民合作组织的发展水平与国际先进水平仍存在差距，并且地区差异也比较明显，东部地区发展明显占优。就不同类型的农民合作组织来看，农民专业合作社实力不断增强，供销合作社体系不断完善，作为农户与市场的抗衡力量发挥着重要的作用；农村信用合作社逐步规范，扶贫互助社崭露头角，为农户进行生产生活提供金融支持，降低了农户贫困脆弱性。

第二，中国农村贫困经历了漫长而复杂的过程，并呈现出鲜明的特征。1978~2020 年，中国绝对贫困标准先后经历了两次调整，绝对贫困状况不断改善并于 2020 年实现全面脱贫。在 20 世纪 90 年代，中国贫困人口超过总人口的一半，贫困发生率高于低收入国家，贫困问题非常严峻。到 2015 年中国贫困人口比例与高收入国家保持一致，截至 2018 年底，贫困发生率下降到仅为 1.7%。

第三，中国农村扶贫过程复杂，但成绩卓越，可为世界各国提供经验借鉴。中国农村扶贫过程时间跨度大、任务重，截至 2020 年，经历了五个阶段：改革开放前的广义扶贫阶段、经济体制改革为主导的减贫阶段、大规模开发式扶贫阶段、扶贫攻坚阶段及全面脱贫阶段。纵观中国农村扶贫过程，主要采取了促进经济增长，夯实产业扶贫基础来帮助贫困农户摆脱物质贫困；提高医疗卫生条件，扩大教育可得性、提升农村教育质量改善贫困农户的人力资本状况，提升贫困农户生存发展的能力；改善农村居民生活条件，减少环境脆弱性等措施。经过一系列的扶贫实践，中国扶贫工作取得显著成效。农村居民收入水平提高、收入结构优化，物质贫困状况得到明显改善；农户享受教育、医疗等社会服务的权利得到保障，人力资本提高，可持续发展能力增强；农村居民生存环境改善，生活质量明显提升。

第五章　农民合作组织"事前阻贫"贫困跨越机制

> 穷人的享受包括丰富、多样化、卫生的食品；与气候相适应、数量足够的干净衣服；同时考虑到气候和取暖需要的卫生的、舒适的住宅。
>
> ——西蒙·德·西斯蒙第（Simonde de Sismondi）

贫困是一个动态的过程，对于贫困的治理不能仅仅关注事后的扶贫措施，贫困的事前控制在某种程度上更加重要。因此，本书创新性地提出"事前阻贫-事后扶贫"贫困跨越机制的分析框架，分析贫困的跨期治理机制。本章主要关注事前的贫困阻断分析。贫困边缘农户往往具有较高的贫困脆弱性，导致其在面临较强的风险冲击时更容易陷入贫困。事前控制可以通过对农户可能面临的风险进行识别，从而进行有效的风险控制；同时，通过降低农户的贫困脆弱性阻断贫困的发生，在此过程中农民合作组织往往发挥着重要的作用。此外，本章将在理论分析的基础上通过多个典型案例的剖析进行经验验证，数据主要来自2008~2018年。

第一节　农民合作组织"事前阻贫"概念框架

一、事前阻贫的界定

事前，即事件发生之前，最早由斯德哥尔摩学派代表人物缪尔达尔（Myrdal，1939）提出并引入宏观经济领域进行分析。阻贫，即阻断或阻止贫困的发生，相关文献关于阻贫的研究一般是指阻止贫困的代际传递（Zimmerman，1992；Bird and Shinyekwa, 2005; Hoynes et al., 2006; Mentis, 2015; Lundborg and Majlesi, 2018)。贫困的代际传递一般是指贫困及导致贫困的相关条件和因素在家庭内部由上一代传递给后代，使后代在成年后重复上一代的境遇，继承贫困和不利因素的一种恶性遗传链。这种恶性遗传链是一种代际的传递，不利于个体或家庭的发展，后代会不断地重复前代的贫困境遇。本书所指的阻贫是更加广义的概念，即阻止农户尤其是处于贫困边缘的农户陷入贫困陷阱，并不仅仅局限于代际传递。

基于此，本书提出事前阻贫的概念，即在贫困发生之前采取干预措施，以达到阻断贫困发生的目的。也就是在农户陷入贫困之前采取相应措施帮助农户降低贫困发生的概率，最大可能地避免贫困的发生。本书所指的贫困既包括绝对贫困也包括相对贫困，因此，在贫困发生之前进行贫困阻断的对象既包括处于绝对贫困线边缘而未陷入贫困的农户，也包括相对收入较低而即将陷入相对贫困的农户。

相关文献从不同侧面探讨了事前干预的方法，包括事前控制（Grewal et al., 2010）、事前预警（Hobbs, 2004）、事前补偿（Fleurbaey and Peragine, 2012）等，并给出了不同的定义。事前控制是指为避免投机主义行为扰乱市场秩序，提前采取相应的行为，提前矫正一些不平等行为的发生。事前预警是指提前采取干预措施以有效地减少不必要的成本，如市场搜寻成本、机会成本等。事前补偿是指政府在没有信息时直接对处于较差环境的个体进行补偿。

由此，本书的事前阻贫属于事前干预的范畴，也包括事前控制、事前预警、事前补偿等内容，通过相应的事前阻贫措施有效降低处于贫困边缘的低收入农户和相对贫困农户陷入贫困的概率，达到阻断贫困发生的效果。

二、事前阻贫的必要性分析

事前采取预防措施防止贫困脆弱农户陷入贫困是实现事前阻贫的重要途径（Morán, 2003）。贫困的事前干预相对于事后的贫困治理具有事半功倍的效果，通过对贫困的事前阻断所产生的经济成本与收益，以及社会成本与收益的比较分析可以发现，事前阻贫是非常有必要的。

（一）事前阻贫的经济成本收益分析

事前阻断贫困能够防患于未然，将贫困的发生消除在萌芽状态。虽然，事前阻贫会产生直接或间接的经济成本，但能够降低甚至消除事后扶贫的经济成本。显然，事前阻贫如果成功，贫困就不会发生，就不会产生事后扶贫成本。同时，事前阻贫可以直接获取经济收益和社会收益。事前阻贫的决策条件可以从两个方面来进行分析。一方面,仅从贫困发生之前的短期阶段来看,当事前阻贫的收益大于事前阻贫的成本时,就有必要采取相应的阻贫措施。另一方面,从贫困发生前后的长期阶段来看,若事前阻贫的收益大于事前阻贫和事后扶贫的成本之和,就有必要采取相应的阻贫措施。具体分析如下。

设定贫困事前阻断的经济成本为

$$C_e^a = C_{e1}^a + C_{e2}^a \quad (5\text{-}1)$$

其中,C_{e1}^a为直接经济成本;C_{e2}^a为间接经济成本。直接经济成本C_{e1}^a主要来自直接的人力、财力、物力等要素投入,包括对贫困人口信息的识别成本、信息沟通成本,以及贫困地区的农户素质较低所引致的人力配置成本、贫困地区的资金使用效率较低所引致的资金分配成本、贫困地区的交通运输条件较差所引致的物资运输成本等。间接经济成本C_{e2}^a主要来自直接经济成本C_{e1}^a所引致的挤出效应带来的机会成本。例如,资金使用于处于绝对贫困或相对贫困边缘的农户,挤出了对基础设施、教育等公共服务的提供。

设定事前阻贫的经济收益为R_e^a,即处于绝对贫困或相对贫困边缘的农户的福利提升。由此,可知事前阻贫的净收益为

$$r_e^a = R_e^a - C_e^a = R_e^a - C_{e1}^a - C_{e2}^a \quad (5\text{-}2)$$

此时,考虑短期和长期两种情形下事前阻贫的决策条件。短期情形下的决策条件是

$$r_e^a = R_e^a - C_e^a \geq 0 \quad (5\text{-}3)$$

此时,$R_e^a \geq C_e^a$,即事前阻贫的经济收益大于事前阻贫的经济成本。图 5-1 更直观地描述了成本和收益对比下的事前阻贫决策条件。图 5-1 中横坐标为资源投入量,纵坐标为成本和收益。横坐标上 Q^* 为均衡的资源投入量,其左边成本曲线 C_e^a 位于收益曲线 R_e^a 的下方,可以看到事前阻贫的净经济收益明显大于 0,大小为阴影部分的面积。此时,进行事前贫困阻断是有必要而且有效的。

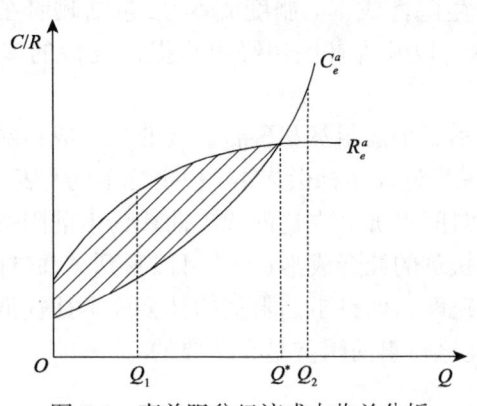

图 5-1 事前阻贫经济成本收益分析

长期情形下的决策条件是

$$\begin{cases} r_e^a = R_e^a - C_e^a < 0 \\ C_e^a < C_e^p \\ r_e = r_e^a + r_e^p > 0 \end{cases} \quad (5\text{-}4)$$

其中，C_e^p 为事后贫困治理的经济成本；r_e^p 为事后扶贫经济净收益。长期情形下有 $R_e^a < C_e^a$，即事前阻贫的经济收益小于事前阻贫的经济成本。在图 5-1 中的直观表示为 Q^* 右边成本曲线 C_e^a 位于收益曲线 R_e^a 的上方，净经济收益小于 0。此时，若仅从贫困发生前的局部阶段来看，没有必要进行阻贫，因为是得不偿失的。但是，若从全局考虑，在长期情形时可以放松决策条件。只要事前阻贫的经济成本 C_e^a 小于事后贫困治理的经济成本 C_e^p，即 $C_e^a < C_e^p$，同时，整体经济净收益 $r_e = r_e^a + r_e^p > 0$，即事前阻贫经济净收益 r_e^a 和事后扶贫经济净收益 r_e^p 之和大于 0，那么，进行事前贫困阻断仍然是有必要而且有效的。

（二）事前阻贫的社会成本收益分析

贫困的事前阻断不仅能够产生正的净经济收益，还能够带来正的净社会收益。事前阻贫带来的是经济收益和社会收益加总的福利提升。

设定事前阻贫的社会成本为 C_s^a，事后扶贫的社会成本为 C_s^p。那么，就总体社会成本而言，有

$$C_s^a = C_{s1}^a + C_{s2}^a \quad (5\text{-}5)$$

其中，C_{s1}^a 为公平成本；C_{s2}^a 为制度成本。社会成本 C_s^a 主要来自阻贫行为带来的外部性，如使用人力、物力等各种资源的挤占效应带来的成本。公平成本 C_{s1}^a 主要来自对贫困边缘农户的资源支持和政策倾斜会降低对其他农户的激励效果，造成激励力度减弱，从而形成社会再分配的无谓损失，形成隐性成本，如政府运行的无谓损失会产生隐性成本。制度成本 C_{s2}^a 包括政府在事前干预过程中调用资源的行政运转成本，以及为贫困边缘农户提供支持的多部门协调形成的损耗成本。

图 5-2 直观地表示了事前阻贫和事后扶贫的社会成本对比。图 5-2 中横坐标表示贫困发生时间，纵坐标表示社会成本。横坐标上的 t_0 表示贫困发生的时点（假设贫困的发生是一个时间点），t_0 左边的成本曲线为事前阻贫的社会成本 C_s^a，t_0 右边的成本曲线为事后扶贫的社会成本 C_s^p。可以看到，在贫困发生时，即 t_0 时刻，成本曲线有一个明显跳跃，而且事前阻贫的社会成本往往低于事后扶贫的社会成本，即 $C_s^a < C_s^p$。因此进行事前阻贫是有必要的。

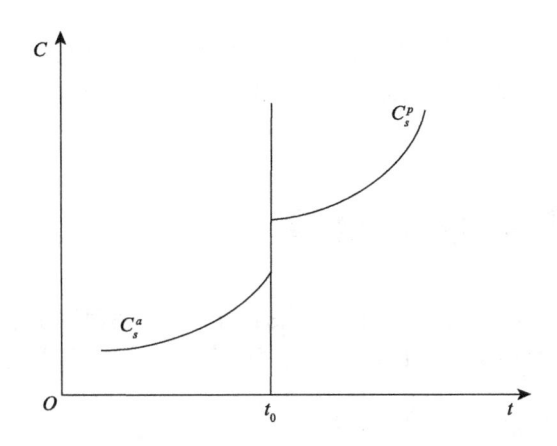

图 5-2　事前阻贫与事后扶贫社会成本分析

同时，设定事前阻贫的社会收益为 R_s^a。因此，有

$$R_s^a = R_{s1}^a + R_{s2}^a \quad (5-6)$$

其中，R_{s1}^a 为生态文明收益；R_{s2}^a 为精神文明收益。生态文明收益 R_{s1}^a 通常表现为环境友好收益和绿色低碳收益等。在事前阻贫的过程中可以增加或改善农村基础设施，如交通、通信、能源等基础设施。其中，交通基础设施的建设或完善可以改善农户的生活环境并增加自然资本，同时减少农户外出买卖农产品的交通成本，有利于引进新的合作企业；通信基础设施的改善，特别是互联网的接入，有助于加强农户与外界的交流，便于农户更加及时地了解市场信息；能源基础设施的改善可以有效减少低效能源的使用，减少碳排放、防止植被破坏等问题，促进农村的生态环境质量的提升，从而缓解气候变化带来的负面影响。精神文明收益 R_{s2}^a 主要体现在教育的投入对乡村文明、社会风气等问题的改善方面。农户拥有更高的受教育水平有利于邻里关系的和谐，提升村民自治能力、治理水平等。此外，医疗设施服务等的投入，有利于农村居民提升健康状况，从而降低农户因病致贫的概率。

第二节　农民合作组织"事前阻贫"理论逻辑

作为新时期弱质小农户的互助互惠组织，农民合作组织具有明显的包容性和益贫性，在事前阻贫的过程中扮演重要角色。具体而言，农民合作组织通过两条路径达到事前阻贫的目的：一是在贫困发生之前帮助贫困边缘农户进行风险管理，即在风险识别的基础上帮助农户提前进行风险控制，从而实现贫困的阻断；二是在贫困发生之前降低农户的贫困脆弱性，降低农户陷入贫困的概率，从而实现贫困的阻断。

一、基于风险冲击的解释

农户可能面临的风险多种多样，农民合作组织能够帮助贫困边缘农户有效进行风险管理，降低农户陷入贫困的概率，从而达到事前阻贫目的。

（一）农户面临的风险类型

农业生产的自然性和经济性特点决定了农户往往会遭受各种风险冲击。农户可能面临的风险往往具有多样性，主要的风险类型可以归纳为资产风险、收入风险、福利风险三个方面，具体如表 5-1 所示。

表5-1 农户可能面临的风险

风险类型	风险内容	风险来源
资产风险	人力资本 物质资本 金融资本 社会资本	● 健康状况变差或失业而丧失技能； ● 土地使用权不安全，其他资产的所有权不确定； ● 气候、战争或灾难造成的资产损失； ● 违反承诺和信任
收入风险	劳动、资本收益 变卖资产的收益 储蓄、信贷、投资 转账、汇款	● 气候冲击、疾病、冲突造成的农产品产量风险； ● 农产品价格风险； ● 储蓄和投资的资产回报风险； ● 无法在生产期间获得资金投入或现金流支持； ● 合同执行不完善，如提供的货物或服务的款项不能及时到账； ● 机会的信息和知识不完善
福利风险	消费 营养 健康 教育	● 食品市场的价格风险； ● 食品可获得性较弱； ● 卫生和教育公共设施质量的不确定性； ● 卫生或教育领域定量配给方案的不确定性； ● 关于健康和营养的知识获取不完善

资料来源：基于文献（Dercon，2010）和笔者研究分析整理

基于表 5-1 可以看出，农户面临的风险是多方面的，不仅有宏观层面的风险，也有微观层面的风险，不同的风险来源将对农户的资产、收入、福利等产生不利影响。农户的资产风险主要来源于以下方面：第一，农户由于健康状况变差或失业而丧失技能，劳动能力下降，从而使得人力资本受损。第二，气候、战争或灾难造成的资产损失也会减少农户的资本存量，包括暴雨、泥石流、火灾、水涝、干旱、冰雹、暴风、地震、病虫害等自然灾害会对家庭的农业生产活动产生影响，

从而导致农产品产量受损，造成资产受损。第三，违反承诺和信任，影响农户的社会资本，其中家庭不和谐产生的家庭暴力、犯罪等现象将增加农户的社会风险，不利于增加其社会资本。

农户的收入风险主要包括：第一，气候冲击、疾病、冲突造成的农产品产量风险。第二，如果农户无法在生产期间获得资金投入或现金流支持，会导致农产品产量受损，从而减少出售农产品带来的收入。第三，由于农产品的价格存在波动风险，可能降低农户的农产品收入。第四，储蓄和投资的资产回报风险会减少农户的储蓄、投资收益。第五，在农户参与市场交易的过程中，如果交易对象的合同执行不完善，如提供的货物或服务的款项不能及时到账，可能会导致农户的收入损失。第六，农业生产经营机会的信息和知识不完善，可能减少农户的收入获取机会。

农户的福利风险主要表现为：第一，食品市场的价格风险、食品可获得性较弱会对农户的食品消费造成负面影响。第二，卫生和教育公共设施质量的不确定性不利于促进居民的健康和教育福利，导致健康风险、教育风险。第三，由于饮食健康和营养搭配方面的知识不足，营养摄取不足，不利于身体健康等。以健康风险和疾病为特征造成的个体劳动力完全或局部丧失的人口冲击是造成慢性贫困的主要原因。第四，健康、教育福利受损可能会进一步影响子女的卫生保健、基础教育、就业培训，出现贫困的代际传递。

（二）农民合作组织帮助农户进行风险管理

农户自身的风险承受能力较弱，风险管理能力较差，缺乏有效的风险分担机制，在面临风险冲击时，容易陷入贫困，部分陷入贫困的农户很难采取有效策略脱离这种状态。但是，农民合作组织可以通过帮助贫困边缘农户进行风险管理，降低农户陷入贫困的概率，从而达到事前阻贫的目的。这种作用不仅对农民合作组织内部成员有效，也能够通过溢出效应对组织外部的非成员农户产生影响。

风险管理主要包括风险识别和风险控制。风险识别包括风险感知、风险评估和风险预警等。风险控制包括回避风险、减缓风险、转移风险、承担风险等。农民合作组织对贫困边缘农户进行风险管理的具体逻辑如图5-3所示。

农民合作组织能够帮助贫困边缘农户进行风险识别，降低农户陷入贫困的可能性。在对可能面临的风险进行控制之前需要对风险进行有效的识别（Mazzocco and Saini, 2012; Shrinivas and Fafchamps, 2018）。一套完整的风险识别体系主要包括风险感知、风险评估和风险预警等。其中，风险感知是指在面临风险或不利冲击时，对风险的相关特征及其严重性做出预测，即对特定风险的主观判断能力。

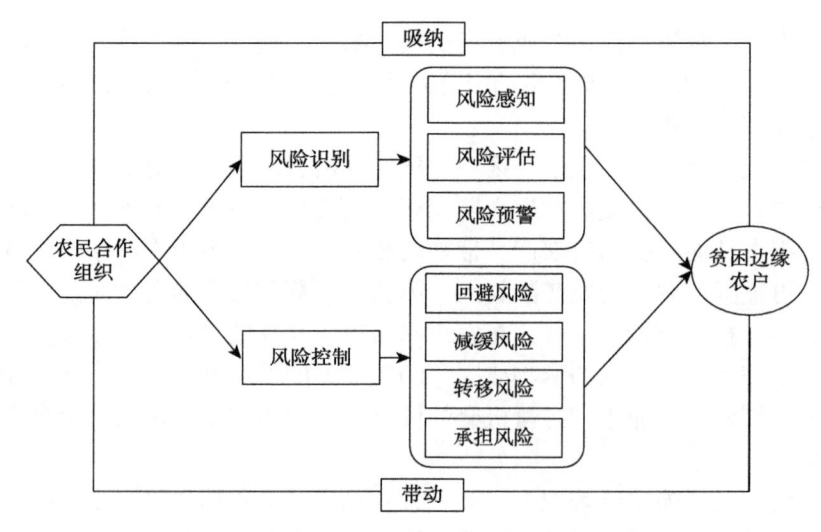

图 5-3　农民合作组织风险管理的理论逻辑

风险评估是指对所遭遇的风险或不利冲击带来的可能影响或损失大小进行评估，量化分析风险大小。风险预警是指通过实时动态收集相关的风险信息，监控其变动趋势；同时，通过评价风险或不利冲击偏离预警线的程度，根据偏离程度发出相应的预警信号，便于提前采取应对措施。

处于贫困边缘的农户没有足够的能力构建这套完整的风险识别体系，而农民合作组织能够在这方面发挥重要作用。首先，农民合作组织能够帮助农户提前感知风险。农民合作组织凭借自身优势能够有效收集并为农户提供准确、全面、有价值的农业相关信息，让农户提前感知可能面临的风险。其次，农民合作组织能够帮助农户进行专业的风险评估。农民合作组织内部的能人具有农业生产经营的丰富经验，有能力对风险进行评估。农民合作组织也能够通过和科研院所合作以聘请到行业专家，为农户提供专家对风险相关信息的分析和判断，对可能面临的风险类型和程度的评估。最后，农民合作组织能够帮助农户对可能导致其陷入贫困的关键风险进行预警。农户收集相关信息需要支付高额的交易成本，而且自身素质较低，难以进行准确的分析和判断。农民合作组织比农户更有实力进行风险预警。总之，一系列的风险识别措施能够为后期的风险控制措施提供基础和保障，让农户能够提前采取应对措施，尽可能减少风险冲击对其造成的损害，从而降低农户陷入贫困的可能性。

农民合作组织可以帮助贫困边缘农户进行风险控制，降低农户陷入贫困的可能性。风险控制的方式主要包括回避风险、减缓风险、转移风险和承担风险等。回避风险是指通过相应的风险规避方法，将受风险影响的可能性减小到零，即不受风险影响或不产生风险行为。减缓风险是指通过采取一定的措施将风险或不利冲击事件发生的概率或可能的影响降低到自身能够接受的临界范围内，从而不受风险事件的影响。转移风险是指通过采取措施将面临的风险转移给其他主体。承担风险是指风险自留，即自己承担风险。

首先，农民合作组织能够帮助贫困边缘农户回避风险、减缓风险。农民合作组织通过提前进行风险识别帮助农户应对可能的风险调整生产经营计划，从而回避和减缓风险。其次，农民合作组织能够帮助贫困边缘农户转移风险。风险分担已被证明是农村贫困人员应对风险的一种基本机制（Fafchamps，2003），而人际网络促进了非正式的风险分担（Fafchamps and Lund，2003）。农民合作组织作为一种社交网络组织，能够通过扩大农户的人际网络帮助贫困边缘农户进行风险转移，也能够加强人际沟通和交往，如礼品的赠送、借贷等行为，为家庭提供保险，减缓不利风险、冲击带来的影响（De-Weerdt and Dercon，2006；Gao and Mills，2018）。而且，农民合作组织通过与农户签订合作协议，从而使得农户在面临风险冲击时，可以将所面临的风险损失转移给农民合作组织，实现风险的转移。2017年修订的《中华人民共和国农民专业合作社法》提出，国家鼓励保险机构为农民专业合作社提供多种形式的农业保险服务。农业保险有助于帮助农户进行风险转移，将农户可能面临的损失降到最低，是一种事前转移风险的形式。最后，农民合作组织能够帮助贫困边缘农户提高风险承受能力，使其在承担风险后也不至于陷入贫困。例如，农民合作组织通过向农户提供技术培训、专业化的生产服务等，提高农户的生产经营能力，使农户在风险来临之后把风险带来的损失计入成本，也不至于陷入贫困。同时，农民合作组织可以通过提供风险基金等方式提高农户的风险承受能力。

二、基于贫困脆弱性的解释

贫困脆弱性是一个前瞻性的概念，对于贫困发生前的干预和控制而言具有重要意义。农民合作组织不仅可以帮助贫困边缘农户进行风险管理，还能够帮助其降低贫困脆弱性，减少农户陷入贫困的概率，从而实现事前贫困阻断。

（一）贫困脆弱性的内涵

蒂默曼（Timmerman，1981）最早提出脆弱性的概念，认为脆弱性是地理系统对自然灾害的抵抗能力。随后，脆弱性的概念被逐渐应用到了经济学、管理学等领域。不同的机构和学者开始尝试对脆弱性给出一个恰当的经济学定义。联合国救灾组织（United Nations Disaster Relief Organization，UNDRO）认为脆弱性是一种损失度，是灾害和风险之间关系的描述。在经济学领域，早在1995年世界银行就给出了脆弱性的定义，即个体或家庭面临风险或不利冲击的可能性，或者在风险或不利冲击下，个体或家庭的资产、福利等下降到某一社会公认的临界值之下的概率。Glewwe 和 Hall（1998）认为脆弱性是指个体或家庭在一段时间内遭受各种不利冲击导致福利、资产等遭受损失的可能性，而这种损失往往是受到经济等不利冲击所引起的不良后果。Moser（1998）认为脆弱性是指资产缺乏导致个体或家庭面临生计风险的概率增加；农户脆弱性是指农户在现有资产组合下承受风险或不利冲击的能力大小或者减小及消除生计风险的可能性。Kurosaki（2006）把个体或家庭无法采取措施应对不利冲击的现象称为脆弱性，即当个体或家庭遭受不利冲击时，消费或其他方面受到较大的影响，那么该个人或家庭是高脆弱性的。

进一步地，世界银行在2001年将脆弱性纳入对贫困的研究，提出了贫困脆弱性的概念，即个体或家庭在将来遭遇各种可能导致贫困的风险或不利冲击的可能性，包括由不贫困转为贫困或继续贫困的可能性。自此，不同的机构和学者展开了对贫困脆弱性的研究，并且根据相应的研究给出了对应的定义。Tesso 等（2012）认为贫困脆弱性是指当个体或家庭突然遭遇不利冲击时，其福利水平下降至社会可接受的最低福利水平之下的可能性。Dercon（2005）将贫困脆弱性定义为个体或家庭在一定时期内陷入贫困的概率。Christiaensen 和 Subbarao（2005）将贫困脆弱性定义为个体或家庭的消费水平在未来下降到社会公认的特定贫困线以下的概率和相对的消费缺口的概率加权函数的乘积大小。Mcculloch 和 Calandrino（2003）将贫困脆弱性定义为个体或家庭在未来的任意时期里收入等指标下降至贫困线以下的概率。

贫困和脆弱性是两个既有区别又相互联系的概念。一方面，贫困与脆弱性之间是相互联系的。脆弱性是贫困研究的一个维度，也是引起家庭贫困或持续贫困的重要原因。有些农户可能不贫困，但是越过贫困线就会变为贫困群体，其脆弱性可能较高。因此，在面临风险时，农户因抵御风险的能力较低而有较高的概率陷入贫困。另一方面，贫困与脆弱性之间是相互区别的。对于贫困的判断具有确定性，通常只要政府或相关机构等社会组织确定了贫困线后，便可以通过该贫困线判断个体或家庭是否贫困。但是，对于脆弱性的判断具有不确定性，它是指未来陷入贫困的概率大小，需要通过一定的措施或手段才能预测。贫困是对家庭或个人拥有的福利水平的事后衡量，而脆弱性是对家庭或个人拥有的福利水平的事前估计。

由此，本书认为贫困脆弱性是指家庭或个人受到风险或来自经济、社会、自然等不利冲击导致的收入、消费、福利损失，或家庭未来陷入贫困性陷阱的概率。基于家庭的风险应对能力及风险暴露大小，世界银行将贫困脆弱性分为高脆弱性、低脆弱性、非常低脆弱性，具体如表5-2所示。

表5-2　世界银行对贫困脆弱性的分类

风险暴露程度	应对风险能力	
	高	低
高	低脆弱性	高脆弱性
低	非常低脆弱性	低脆弱性

贫困脆弱性不仅会导致贫困边缘的农户陷入贫困，也会使已经脱离贫困的农户再次返贫。Jalan 和 Ravallion（1998）指出脆弱性意味着贫困边缘的个体或低收入个体在遭受不利冲击时，存在落入深度贫困或持久性贫困之中的可能。World Bank（2000）认为出现脱贫户返贫现象的一个重要原因是贫困者及贫困边缘的个体具有脆弱性。贫困脆弱性一般是由于贫困边缘农户或低收入农户缺乏应对风险和不利冲击的能力。农户贫困脆弱性的形成机理如图 5-4 所示。

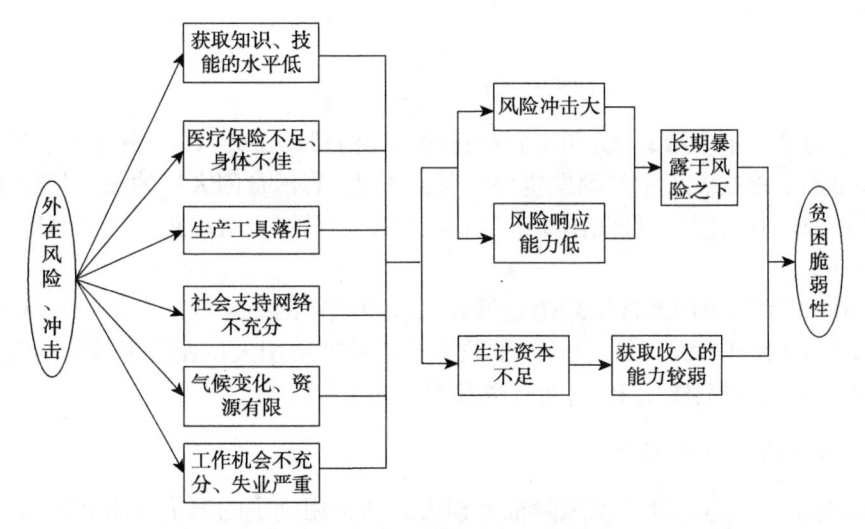

图 5-4　农户贫困脆弱性的形成机理

贫困脆弱农户由于各种因素在面临外部冲击时极为脆弱。由于这些农户面临的风险冲击大、风险响应能力低，其长期暴露于风险之下，很容易陷入贫困。此外，在各类风险影响下，农户的生计资本不足以维持生活所需，获取收入的能力较弱，也会陷入贫困。在现实中，由于贫困脆弱性家庭所占比例高于贫困家庭（Haughton and Khandker, 2009），在贫困发生之前的干预中，对于贫困脆弱农户的事前阻贫十分必要。

（二）贫困脆弱性的度量

贫困脆弱性的测度主要有三种方法：一是预期贫困脆弱性（vulnerability as

expected poverty, VEP); 二是低期望效用脆弱性 (vulnerability as low expected utility, VEU); 三是风险暴露脆弱性 (vulnerability as uninsured exposure to risk, VER)(Lopezcalva and Ortizjuarez, 2011)。

1. 预期贫困脆弱性

预期贫困脆弱性是指未来的期望贫困，即个人或家庭在将来陷入贫困的可能性(Christiaensen and Subbarao, 2005)。其度量方法为

$$V_{it} = E(p(c^{i,t+1}, z)) \quad (5-7)$$

其中，$c^{i,t+1}$ 为家庭 i 在 $t+1$ 时期的消费水平；z 为贫困线；$p(c,z)$ 为评估贫困所用的 FGT(Foster-Greer-Thorbecke)指数，该指数是由 Foster、Greer、Thorbecke 于 1984 年提出的(Foster et al., 1984)，是计算社会内部贫困深度和广度的指数。具体为

$$p(c,z) = F_\alpha = \frac{1}{n}\sum_{i=1}^{n}\left(\frac{z-c_i}{z}\right)^\alpha \quad (5-8)$$

其中，n 为总样本个数；c_i 为第 i 个家庭的当期消费；$\alpha(\alpha>0)$ 为分布敏感性系数。当 $\alpha=0$ 时，该指数表示贫困发生率；当 $\alpha=1$ 时，表示贫困人口的收入相对于贫困线的收入缺口的比例，即贫困距；当 $\alpha=2$ 时，表示平方贫困距，也是测度贫困的重要指标。

预期贫困脆弱性通常用来衡量低收入农户或贫困边缘农户未来陷入贫困的可能性(Dutta et al., 2011)，也就是低收入等导致非贫困人口在未来可能陷入贫困、脱贫人口返贫或贫困人口继续处于贫困状态等现象。

2. 低期望效用脆弱性

低期望效用脆弱性，即风险福利损失，通常用确定的等价效用和未来消费的期望效用之差来表示(Ligon and Schechter, 2003)。其度量方法为

$$V_{i,t} = U_{i,t}(\bar{c}) - EU(c_{i,t}) \quad (5-9)$$

其中，$V_{i,t}$ 表示家庭 i 在时期 t 的贫困脆弱值；$\bar{c}$ 为没有任何风险或冲击时的消费水平；$c_{i,t}$ 为家庭 i 在时期 t 的消费水平。当 $V_{i,t}<0$ 时，家庭不存在贫困脆弱性；反之，则具有贫困脆弱性。此外，Ligon 和 Schechter(2003)将低期望效用脆弱性分解为确定性等价消费水平的效用和农户消费的预期效用之差，即

$$V_{i,t} = \underbrace{U_{i,t}(\bar{c}) - U_{i,t}(E(c_{i,t}))}_{\text{贫困部分}} + \underbrace{U_{i,t}(E(c_{i,t})) - EU_{i,t}(c_{i,t})}_{\text{有风险部分}} \quad (5-10)$$

低期望效用脆弱性着眼于风险冲击的后果，是从风险带给农户效用损失的角度进行定义的，如果没有福利受损或者没有不确定因素就没有脆弱性。

3. 风险暴露脆弱性

风险暴露脆弱性，即对风险冲击的暴露和敏感程度，是指家庭长期暴露于风险之下，缺乏风险防范机制而导致的脆弱性。如果不采取措施应对风险，贫困脆弱性会增加农户陷入贫困性陷阱的可能性（Dercon and Krishnan，2000）。其度量方法为

$$V_{i,t} = E[p^{\alpha,i,t+1}(c_{i,t+1}) \mid F(c_{i,t+1})] \quad (5-11)$$

其中，$V_{i,t}$ 表示家庭 i 在第 t 期的脆弱性；$c_{i,t+1}$ 表示家庭 i 在第 $t+1$ 期的福利水平（收入或消费）；$F(c_{i,t+1})$ 表示福利水平的分布函数；$p(c)$ 表示贫困指数，即农户在福利水平 $c_{i,t+1}$ 下，陷入贫困的可能性。

预期贫困脆弱性和低期望效用脆弱性属于事前型测度指标，二者均是将风险或不利冲击及其引致的福利结果结合起来，用未来的期望福利来测算贫困脆弱性，都具有前瞻性。比较而言，风险暴露脆弱性是一种事后型测算指标，用于表征个体或家庭对当前面临的风险或不利冲击的应对能力。因为效用函数不可知，所以低期望效用脆弱性的使用受到限制，现有研究主要是根据预期贫困脆弱性的思想测度贫困脆弱性。

（三）农民合作组织帮助农户降低贫困脆弱性

随着贫困治理理论的发展，对于贫困脆弱性的减缓也逐渐成为学术界和政策界的关注重点（Klasen and Waibel，2015；Zereyesus and Embaye，2017）。贫困脆弱性增加了反贫困干预措施的紧迫性（Azeem et al.，2016），政府、企业等相关组织在缓解贫困的同时，应积极降低贫困脆弱性（Ozughalu，2016）。风险暴露程度高、风险应对能力低（低收入）是家庭脆弱性的两大直接根源。农民合作组织主要通过提升农户生产经营能力，拓宽农户的收入来源渠道、增加农户多元化收入，提高低收入农户和贫困边缘农户的风险规避能力，完善农户的风险应对机制，以及减少风险暴露机会等方式降低贫困脆弱性，防止其陷入贫困之中。农民合作组织降低农户贫困脆弱性的路径如图 5-5 所示。

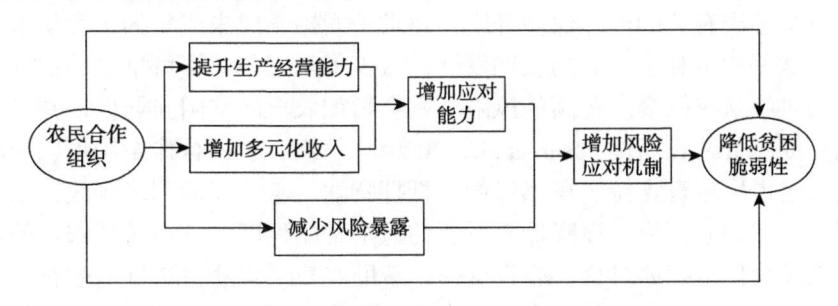

图 5-5 农民合作组织降低农户贫困脆弱性的路径

首先，农民合作组织有助于提高农户的农业生产经营能力，以降低其贫困脆弱性。农民合作组织可以通过一系列专业化的农业生产服务帮助农户提高农业生产经营能力。例如，农民合作组织向农户提供职业培训、农业技术培训、农机使用培训、田间管理指导等增加农户的人力资本，从而提高其农业生产经营能力。农民合作组织通过购买新的生产设备、引入新的技术、引进新的优良品种等，并提供给农户，帮助农户提高生产效率，从而提高其农业生产经营能力。农民合作组织向农户提供农业信息服务，并帮助农户获得金融和保险服务，使农户能够优化生产经营计划、增加农业投资，从而提升农业生产经营能力。此外，农民合作组织通过整合农村优势资源，增加农户生产资源的投入量、改善农户的生产条件、提供生产所需的基础保障。这些途径都能够通过提高农户的农业生产经营能力，以降低其贫困脆弱性。

其次，农民合作组织有助于增加农户多元化收入，以降低其贫困脆弱性。收入水平低是家庭脆弱性的重要原因之一。农民合作组织可以通过多种方式拓宽农户的收入来源渠道，使农户的收入结构多元化，提升农户的收入，降低其贫困脆弱性。传统农民的收入主要来自农业生产经营收入，但贫困边缘农户由于农业生产经营能力较弱，单一的收入来源无法维持其生存。但是，农民合作组织有助于其增加多元化收入，主要包括工资性收入、财产性收入、转移性收入等。工资性收入即劳动报酬收入，是指依靠出卖自己的劳动而获得的收入。农民合作组织通过向贫困边缘农户提供就业机会，能够帮助其获得工资性收入。财产性收入是指通过资本、技术和管理等要素参与社会生产活动所获得的收入，包括出让财产使用权所获得的利息、租金等收入，以及财产营运所获得的红利收入、财产增值收益等。农民合作组织通过让贫困边缘农户参与土地入股、资产入股、扶贫资金入股等使贫困农户获得资本分红收益。转移性收入是指国家、单位、社会团体对居民家庭的各种转移支付，对农户而言，主要包括政府的各种财政补贴。农民合作组织可以通过争取各种扶贫项目、资金、援助等帮助贫困边缘农户获得转移性收入。

最后，农民合作组织有助于减少农户的风险暴露机会，以降低其贫困脆弱性。农户在遭遇风险、不利冲击后的危机反应行为包括：减少膳食数量和降低膳食质量，减少与健康有关的医疗保健开支，要求子女辍学或未成年的子女从事非正规就业等。这些均不利于家庭的长期发展，减少了家庭各方面可享受的福利，增加了农户的风险暴露机会。较高的风险暴露会增加农户的贫困脆弱性，并且，信贷不足也会提高贫困脆弱性（Sun et al., 2020）。然而，农民合作组织可以带动农户有效地通过提供教育支持、积累资产、抵押贷款、参与互助网络等改善农户家庭的计划安排和相应行为，以降低其可能的风险暴露程度，从而减缓农户的贫困脆弱性。农民合作组织通过提供教育支持，帮助农户子女获得更好的教育，增加农户的福利水平；通过有效集结当地的农户，形成互帮互助的传统，有效提升农户的社会资本。这些途径都能够减少农户的风险暴露机会,从而降低其贫困脆弱性。

第三节 农民合作组织"事前阻贫"多案例分析

本节将在前文理论分析的基础上,通过多个典型案例进行实证分析,探寻农民合作组织事前阻贫的经验证据。

一、研究设计

(一)方法选择

本书主要采取多案例分析方法对农民合作组织事前阻贫的机制和效果进行实证,主要基于以下几个方面的考虑。案例研究是一种经验性的研究方法,能够简洁、直观地对"怎么样"和"为什么"进行相应的解释(Yin,2013),有利于清晰地说明农民合作组织如何减缓农户面临的风险冲击,并降低农户的贫困脆弱性,从而在农户陷入贫困之前进行贫困阻断。

多案例分析方法比单一案例分析方法具有明显的优势。一方面,由于现阶段中国农民合作组织具有不同的典型类型,而且具有产业、区域、成员等多方面的异质性,单一案例很难分析这些异质性因素的影响。另一方面,单一案例分析无法形成"实验组"和"对照组"(周振和孔祥智,2017),难以通过反事实分析的方法进行比较分析。与单一案例分析方法不同的是,多案例分析方法可以对研究问题进行反复论证,并且可以对不同类型、不同区域、不同产业的农民合作组织事前阻贫效果进行比较分析,有利于增强案例研究的有效性和研究结果的可信度。

(二)典型案例筛选

为了探寻农民合作组织事前阻贫的经验证据,本书以中国农民合作组织的典型代表(农民专业合作社)为例,在不同区域中选择处于不同生命周期、不同主营业务类型、不同主要产业领域的合作社进行典型案例分析。具体案例选择情况如表5-3所示。

表5-3 事前阻贫典型案例选择

案例编码	省市	合作组织名称	成立时间	主营业务类型	主要产业领域
5_A1	北京	北京益农缘生态农业专业合作社	2008.09.01	营销型	家禽养殖、苗木种植
5_A2	福建	安溪县山格淮山专业合作社	2008.01.18	产销型	淮山种植
5_A3	山东	诸城孟友烟叶生产专业合作社	2008.06.04	生产型	烟草种植
5_A4	山西	阳曲县清风良业种养殖专业合作社	2016.05.18	产销加工型	小杂粮种植、畜牧养殖
5_A5	河南	灵宝金塬烟叶专业合作社	2011.04.07	生产型	烟草种植
5_A6	重庆	秀山县川河盖蜜蜂养殖专业合作社	2010.09.20	产销型	蜜蜂养殖
5_A7	四川	天全县尚诚脱贫攻坚造林专业合作社	2018.04.13	生产型	林业
5_A8	四川	巴中市恩阳区渔溪中药材农民专业合作社	2008.07.25	产销型	药材种植

资料来源：通过实地调研资料和二手资料整理

　　本节案例的选择首先考虑了不同经济发展水平地区的代表性。在东部地区选择了北京、福建和山东，中部地区选择了山西和河南，西部地区选择了重庆和四川。由于区域经济发展差异较为明显，不同地区的合作社面临的风险和不利冲击等差别较大，这样的案例选择方式可以较好地形成对比，有利于归纳总结合作组织事前阻贫的经验证据。

　　本节案例的选择还考虑了合作组织所处生命周期的不同阶段，选择了不同时期成立的合作社进行对比分析。截至2018年，成立10年以上的合作社有4家，处于合作组织生命周期的成熟阶段；成立5~10年的合作社有2家，处于合作组织生命周期的发展阶段；成立1~5年的合作社有2家，处于合作组织生命周期的初创阶段。这样可以基于合作组织所处生命周期的不同阶段来分析合作组织事前阻贫的作用机制的差异。同时，也考虑了合作组织的主营业务类型和主要涉及的产业领域。本书选择的合作组织主营业务类型各不相同，包括生产型、产销型、产销加工型、营销型等。产业领域涉及范围较广，包括小杂粮、烟草、药材、林业等种植，以及蜜蜂、家禽等养殖。

二、案例分析过程

　　本节通过对不同地区、不同类型的典型案例合作社资料的梳理，首先，对合作组织情况进行梳理介绍，主要归纳出合作组织事前阻贫的主要做法、农户与合作组织的联结方式；其次，对合作组织事前阻贫的特征事实和效果进行分析，总结出合作组织事前阻贫的作用机制。

（一）农民合作组织情况简介

在事前阻贫阶段，农民合作组织主要通过吸纳贫困边缘农户入社，采取提供生产资料、提供专业服务、引入电商平台、发展产业、入股分红、保底回收等各种方式帮助农户降低陷入贫困的可能性。农户与农民合作组织的联结方式主要包括"合作社+基地+农户"、"合作社+农户"、"合作社+大户+散户"和"专家+基地+合作社+农户"等，具体如表5-4所示。

表5-4　事前阻贫案例合作组织情况简介

案例编码	农民合作组织主要做法	农户与农民合作组织的联结方式
5_A1	引入产业 引入电商平台 延长产业链	社员从组建初期126户发展到350多户。采取"专家+基地+合作社+农户"的模式，基于"一对一""多帮一"扶贫扶志的模式为广大农民服务。以"入社自愿，退社自由""生产在家，服务在社"为原则。组织低收入农村妇女参与培训和制作，并对优秀的产品实施推广和营销
5_A2	提供种苗 提供技术 保底收购 发展产业	合作社接收生计困难户入社；派出农技员指导农户学习新技术，提高生产技术能力。合作社实行"四个统一"，即统一收购、统一加工、统一品牌、统一销售，提高农产品品质，并保障农户销售收入
5_A3	引入产业 技术指导 提供就业	多元化经营，社社联合，除烟草外，合作社还从农民手中收购玉米芯等原料。加工成菌棒后再低价出售给农户，由农民自行种植菌菇，形成"合作社+基地+农户"的经营模式
5_A4	引入产业 技术指导	以"合作社+大户+散户"的形式，带动周边农户增收。指导帮扶，全程跟踪，免费为农户加工小杂粮（谷物、玉米等），帮助农户进行销售
5_A5	补贴物质 按股分红 专业化服务	推行"分户种植、专业服务、集约经营、盈余分配"的管理模式，提供专业化服务；可经营性资产股份量化分解到户，补贴的物资套餐按社员生产业绩量化扶持到户
5_A6	赊销供种 保底回收	以"委托培养、集中培训、现场指导"的模式培训蜂农。建立产品回收和分红返利机制。2015年带动75人就业，包括因病、因残、因年迈不能外出务工人员11人和妇女41人，吸引23人返乡创业
5_A7	提供就业 技能培训	一半以上社员都是由建档立卡贫困农户构成的。坚持"授人以鱼不如授人以渔"。合作社出资为贫困农户股东垫资股本，经营过程中表现突出的社员可以免费学习产业相关生产、加工技术
5_A8	按股分红	实行责任承包制，对入股农户划责任片区管理。提出"三不入"，即无土地的上班族不能入、无劳动力的有钱人不能入、只想分红不想参与劳动的"懒人"不能入

资料来源：通过实地调研资料和二手资料整理

通过案例5_A1~5_A8可以看出，农民合作组织事前阻贫的主要做法有以下几种：第一，引入新产业，增加农户盈利机会，降低农户的贫困脆弱性。农民合作组织通过与扶贫龙头企业合作，结合地区的自然优势，引入合适的产业，吸纳农户入社，通过"合作社+基地+农户""合作社+大户+散户"的模式，让农户参与农民合作组织的运营，变被动为主动；同时，分享新产业带来的新的盈利机会，从而降低农户的贫困脆弱性。第二，提供就业岗位，增加农户工资性收入，提高农户的抗风险能力。农民合作组织通过提供就业岗位的方式，让部分无法外出务工、失业的农户可以参与就业，增加农户的工资性收入，提高其抗风险能力。第三，提供专业化农业生产经营服务，降低农户的经营风险。在"专家+基地+合作社+农户"的模式下，基于农民合作组织的专业化服务，即统一收购、统一加工、统一品牌、统一销售等，提高农户生产经营能力，降低农户的经营风险，并通过提高农产品品质增加农户的经营收入，增强其抗风险能力。第四，按股分红，增加农户财产性收入，增加风险应对机制。对于无劳动力的老人、残疾人、病人等，按土地入股、产品入股、资金入股等方式；对于有劳动力的农户，按劳动力入股方式。不同的入股方式均可参与合作组织，年底按股分红，从而增加农户的财产性收入，增加农户的风险应对机制。同时，对入股的农户划责任片区管理，并且为了保障社员的利益提出"三不入"原则，即无土地的上班族不能入、无劳动力的有钱人不能入、只想分红不想参与劳动的"懒人"不能入，限制了农户"搭便车"等机会主义行为。第五，保底回收，降低农户的市场风险。农民合作组织建立产品回收、市场营销和分红返利机制，帮助农户减少市场风险冲击。对于农户在市场上滞销的产品，提供保底收购，减少农户可能面临的市场供求变化、价格波动带来的滞销风险。

（二）农民合作组织事前阻贫机制分析

农民合作组织事前阻贫的机制主要在于帮助农户减缓风险冲击、降低农户的贫困脆弱性，防止其陷入贫困之中，以达到事前阻贫的目的。通过八个典型案例分析，可以把合作组织事前阻贫路径、事前阻贫的特征事实和事前阻贫效果展示在表5-5中。

表5-5 农民合作组织事前阻贫案例分析

事前阻贫逻辑	事前阻贫路径	案例编码	事前阻贫的特征事实	事前阻贫效果
风险管理	风险识别、风险控制	5_A2	● 识别健康风险：提供健康免费义诊服务；提供优生优育、生殖保健等知识的咨询；为计生户家庭办理意外伤害保险803份； ● 控制技术风险：引进新技术、新品种； ● 回避市场风险：保底收购，每斤[1)]提高0.5元收购淮山药	● 争取"幸福工程""安居工程"项目； ● 增加福利：健康、保险等
		5_A4	● 识别健康风险：对高龄老人进行慰问，送大米、白面和食用油； ● 降低就业风险：主要针对老年人提供就业； ● 控制生产风险：合作组织提供机械化作业等专业化服务，降低农户的生产成本	● 收入增加：年收入6 000~15 000元； ● 福利提升：增加农户营养方面的福利； ● 生产规模扩大：种植面积达2 000多亩[2)]，2 000多户农民受益

第五章 农民合作组织"事前阻贫"贫困跨越机制

续表

事前阻贫逻辑	事前阻贫路径	案例编码	事前阻贫的特征事实	事前阻贫效果
风险管理	风险控制	5_A5	● 控制生产风险：提供机耕服务、起垄服务、中耕服务等； ● 控制收入风险：提供补贴	● 转移收入增加：直补金额达 98.87 万元； ● 合作社绩效提升：合作社烟叶总产值 2 050 多万元； ● 农户收入增加：户均收入达 5.2 万元以上
		5_A6	● 回避市场风险：以每千克 50 元的价格保底回收，减少滞销风险； ● 控制资产风险：蜂蜜入股； ● 降低生产风险：提供每群蜂 300 元/年的代养服务； ● 转移销售风险：拓展销售渠道，发展电商、微商	● 分担销售风险：保底收购； ● 增收：户均增收 4 000 元； ● 减少收入风险，将盈利的 40%进行分配
降低贫困脆弱性	提升生产经营能力、多元化收入来源，提升抗风险能力	5_A1	● 提升抗风险能力：引进新技术、新品种，专家指导果树种植； ● 创造就业机会：带领妇女、残疾人、回乡大学生、返乡农民工等创业； ● 增加收入来源：开展苹果文化节、建立乡下电商体验店等； ● 多元化收入：果树种植、家禽养殖、开发旅游业获得收入	● 提高生产经营能力：辐射带动 1 000 多户循环种植养殖；开发了 200 多亩果树地，引进了 5 000 棵优质果树苗； ● 增收：农户年收入平均提升 60%；2011年，增收 1 万元以上的农户超过 55%； ● 减少销售风险：在电商平台上建立特色馆和品牌店
	提升生产经营能力、减少风险暴露机会	5_A3	● 增加物质资产：提供育苗大棚、烤房、加工房等设施让农户使用； ● 提供就业岗位：每年为社员提供 3 600 多个务工需求； ● 提供专业服务：引导农户合理综合利用基础设施、机械和轮作农田等； ● 发展多元化经营：签订食用菌种植协议，拓宽增收渠道	● 增收：烟业种植增收合计 1.5 亿元；户均食用菌种植收入 2 000 元； ● 资本积累，减少风险暴露：育苗面积 15 000 亩，配置机械共 268 台（套）
	多元化收入来源，减少风险暴露机会	5_A7	● 增加工资性收入：100 元/天，每年至少有 8 个月务工时间； ● 增加财产性收入：每年收益的 20%作为红利分配给社员； ● 改善环境，减少风险暴露：承接造林项目 4 个	● 增加收入：年收入达到 2 万元左右； ● 多元化收入：造林项目促进增收，人均红利 800 元
	提升生产经营能力、多元化收入来源	5_A8	● 增加财产性收入：土地 1 亩 1 股，按股分红； ● 提供专业服务：提供统一生产、管理、销售等服务； ● 增加收入来源：享受土地出租费、园区务工费、土地产出红利	● 加强土地流转，增加生产经营能力：合作社流转土地 350 余亩，发展农产品 500 亩； ● 增收：人均纯收入每年可达 1.1 万元

1）1 斤=500 克
2）1 亩≈666.67 平方米
资料来源：通过实地调研资料和二手资料整理

基于案例5_A2、5_A4、5_A5、5_A6可以看出，农民合作组织能够帮助贫困边缘农户识别风险并帮助农户进行风险控制。首先，合作组织帮助农户识别市场风险和健康风险。合作组织通过向农户提供更多的市场信息，帮助农户识别可能面临的潜在市场风险，如产品价格下降、市场需求下降等。同时，合作组织通过与市、县、乡有关部门联系为计划生育家庭提供免费义诊服务，以及优生优育、生殖保健等知识咨询服务，帮助农户识别健康风险。其次，合作组织帮助农户回避市场风险。合作组织通过保底收购、统一销售等方式帮助农户回避农产品滞销风险。在市场价格波动较大、产品价格下降、市场需求下降，农户不能以高于市场价格的产品价格出售农产品时，合作社会以保底价格收购农产品，保证农户收益不受损。再次，合作组织帮助农户减缓福利风险和资金风险。例如，合作组织为计划生育家庭办理意外伤害保险，为特殊家庭办理"生育关怀"紧急救助等，增加农户福利，从而减少福利风险。同时，为需要资金贷款的计划生育困难户争取到贴息贷款，减少资金风险。最后，合作组织帮助农户提高抗风险能力从而帮助农户在承担风险后不至于陷入贫困。例如，合作组织提供农业生产经营专业化服务和技术指导，现场指导农户生产、养殖，通过提升农户的风险承担能力，帮助农户更好地控制风险。

基于案例5_A1、5_A3、5_A7、5_A8可以看出，农民合作组织具有降低农户贫困脆弱性的作用。首先，农民合作组织通过帮助农户提升其农业生产经营能力，降低贫困脆弱性。合作组织基于"专家+基地+合作社+农户"的模式，通过引进新技术、新品种，聘请专家指导果树种植，向农户提供种苗等生产资料服务、农业技术服务等，增加农户的生产经营能力，减少贫困脆弱性。其次，农民合作组织通过拓宽农户的收入来源渠道，增加农户的多元化收入，降低贫困脆弱性。农民合作组织通过增加农户的销售渠道，促进农产品销售，增加农户的经营性收入。同时，农民合作组织通过"土地入社、集约经营、农户参与、按股分配"的土地流转模式，增加农户的多元化收入，包括土地出租费、园区务工费、土地产出红利等，增加农户的财产性收入；农民合作组织带领周边村民、妇女、残疾人、回乡大学生、返乡农民工等创业，为他们提供就业岗位等，从而帮助他们获取工资性收入；基于政府的支持，农民合作组织帮助贫困边缘农户获得转移性收入等。最后，农民合作组织通过资本积累、资金互助、扩大社会网络等方式提升农户福利，减少农户的风险暴露机会，以降低其贫困脆弱性。农民合作组织通过自身资本积累帮助农户增加物质资本；通过资金互助帮助农户增加金融资本；通过组织内部网络和外部网络帮助农户增加社会资本，扩大农户的社会网络，实现资本积累。可见，农民合作组织可以有效实现资本积累、资金互助等，提高农户的福利水平，减少贫困边缘农户的风险暴露机会，从而降低其贫困脆弱性。

三、案例启示

根据八个典型案例的分析可以发现，农民合作组织能够帮助农户进行事前阻贫，并达到良好的效果。

第一，农民合作组织能够帮助农户识别风险、控制风险，缓解贫困边缘农户面临的风险冲击。基于案例分析可以看出，案例 5_A2、5_A4、5_A5、5_A6 中合作组织在缓解农户面临的风险冲击方面的作用比较突出。这些合作组织分布在不同区域、不同类型、不同行业，表明不同的合作组织都具有帮助农户减缓风险冲击的功能。具体包括合作组织为农户提供相关信息，让农户感知风险；帮助农户识别健康风险、市场风险；采取措施帮助农户回避和减缓风险、转移风险，在承担风险后不至于陷入贫困。

第二，农民合作组织能够帮助农户降低贫困脆弱性，有效阻止贫困边缘农户陷入贫困。基于案例分析可以看出，案例 5_A1、5_A3、5_A7、5_A8 中合作组织在发挥降低农户贫困脆弱性这方面的作用比较突出。这些合作组织主要通过向农户提供专业技术指导、农业生产资料等专业化农业服务提升农户的生产经营能力。同时，通过多种方式拓宽农户的收入来源渠道，增加农户的多元化收入。例如，提供就业岗位增加工资性收入、促进销售增加农业生产经营收入、吸纳农户入股分红增加财产性收入、鼓励和引导农户创业增加创业收入等。此外，通过资本积累、资金互助、扩大社会网络等方式，提升农户福利，减少风险暴露机会。通过这些方式降低农户的贫困脆弱性，从而有效阻断贫困。

第四节 本章小结

本章首先构建了农民合作组织事前阻贫的概念框架，并基于此分析了农民合作组织帮助贫困边缘农户进行事前贫困阻断的理论逻辑，选取东部、中部、西部不同业务类型、生命周期不同阶段、不同产业领域的八个典型案例实证了农民合作组织事前阻贫的作用机理。主要结论如下。

第一，从事前阻贫的经济和社会成本收益来看，进行事前贫困阻断是必要的。贫困治理的成本和收益不仅包括经济成本和收益，还包括社会成本和收益。从短期来看，只要事前阻贫的经济社会收益大于成本，就有必要进行事前贫困阻断；从长期来看，尽管事前阻贫的经济社会收益小于成本，但只要事前阻贫的成本小于事后贫困治理的成本，而且事前阻贫和事后扶贫的整体净收益为正，就有必要进行事前贫困阻断。

　　第二,农民合作组织能够帮助贫困边缘农户进行风险管理,降低风险冲击导致贫困的概率,以达到事前贫困阻断的目的。农户面临的风险多种多样,可以概括为资产风险、收入风险、福利风险等。在风险冲击下,农民合作组织可以有效地通过风险感知、风险评估和风险预警帮助贫困边缘农户进行风险识别,并在此基础上通过帮助贫困边缘农户回避风险、减缓风险、转移风险和承担风险,以有效帮助农户进行风险控制,从而降低农户由于风险冲击陷入贫困的概率,有效帮助贫困边缘农户阻断贫困。

　　第三,农民合作组织能够降低贫困边缘农户的脆弱性,以达到事前贫困阻断的目的。贫困脆弱性主要是农户风险暴露程度较高、风险承担能力较低及缺乏风险应对机制导致的。农民合作组织可以有效地通过提高农户的生产经营能力,拓宽收入来源渠道,实现多元化收入,减少风险暴露机会等措施降低农户的贫困脆弱性,从而降低农户陷入贫困的概率,以达到事前阻贫的目的。

第六章　农民合作组织"事后扶贫"贫困跨越机制

> 丰裕中的贫困是这个世界最大的挑战，要用我们的满腔激情和专业化的手段来与贫困作斗争。
>
> ——詹姆斯·沃尔芬森（James Wolfensohn）

与事前贫困阻断相对应的另一项重要任务是事后的贫困治理，即如何让已经陷入贫困的农户脱离贫困。这不仅是一项更加艰巨的任务，也是贫困治理相关研究重点关注的问题。从贫困动态发展的长期过程来看，应该把事前阻贫和事后扶贫放在一个统一的框架中进行分析。因此，本章以农民合作组织为切入点，在明晰贫困事前控制的基础上进一步探讨贫困的事后治理方式，案例数据主要来自2009~2018年。农民合作组织事后扶贫的方式主要在于通过精准识别贫困农户并对贫困农户进行动态监测实施精准扶贫；同时，改善贫困农户的可持续生计策略；此外，从收入贫困、能力贫困、权利贫困等方面解决贫困农户的多维贫困问题。

第一节　农民合作组织"事后扶贫"概念框架

一、事后扶贫的界定

事后与事前相对应，是由著名的斯德哥尔摩学派代表人物缪尔达尔（Myrdal，1933）提出的，并由其引入宏观经济领域。将事前与事后加以区别是理论经济学最具变革的见解之一（Shackle，1972）。本书所指的事后扶贫是指在农户陷入贫困之后，采取相应措施帮助农户脱离贫困，跳出贫困陷阱。同时，本书所指的贫困不仅包括绝对贫困和相对贫困，也涵盖暂时贫困和慢性贫困。因此，农民合作组织事后扶贫的对象不仅包括处于绝对贫困状态的农户，也包括处于相对贫困状态的农户；不仅包括处于暂时贫困状态的农户，也包括处于慢性贫困状态的农户。

现有研究主要讨论了事后治理措施中的事后追溯、事后救济、事后补偿等（Rijswijk et al.，2008；Grewal et al.，2010；Fleurbaey and Peragine，2012）。事后追溯是指在发生安全事件后追溯识别问题源头和召回问题产品（Regattieri et al.，2007），可追溯体系是解决信息不对称的关键手段（Powell et al.，2011）。事后救济是指通过一系列的售后服务来确保个体利益不受损失，对个体的经济损失进行相应的补偿（Grewal et al.，2010）。事后补偿是指在了解个体的努力信息之后，对同等努力下因环境不同而处于劣势的个体进行补偿（Fleurbaey and Peragine，2012）。

本书的事后扶贫属于事后治理的范畴，也能够涵盖事后追溯、事后救济、事后补偿等内容。可以通过事后追溯、事后救济、事后补偿等相应的事后扶贫措施帮助处于绝对贫困、相对贫困、暂时贫困或慢性贫困状态中的农户摆脱贫困状态。

二、事后扶贫的有效性分析

事前阻贫可以提前防止农户陷入贫困，但对于已经陷入贫困的农户而言，则需要采取事后扶贫措施，使其脱离贫困。事后扶贫的有效性可以从贫困可能带来的不良经济社会后果和扶贫将会带来的经济社会收益两方面的对比来进行分析。

（一）贫困的经济社会后果

贫困问题是最尖锐的社会问题之一，贫困会直接导致或间接衍生出一系列不良的经济社会后果，不仅对贫困个体造成困扰，还会给整个社会带来危害，不利于经济社会的发展。

对于个体而言，贫困可能产生的经济社会后果主要体现在：第一，贫困农户收入水平较低造成消费能力不足，从而导致贫困农户子女得不到优质的教育，减少子女未来的就业机会，造成贫困的代际传递。第二，贫困农户无力负担高额的医疗费用，健康得不到有效保障，因病致贫问题愈发严重。第三，贫困农户家庭的生计资本不足造成营养不足、饥饿，甚至由此导致死亡等。特别是对于儿童而言，如果身体所需营养得不到满足，不仅不利于身体健康，还会导致儿童未来的劳动供给不足。第四，贫困会导致贫困农户的幸福感降低，挫折感增加，这种挫折感是社会不稳定的源泉。第五，在家庭遭遇重大变故，如流感、自然灾害、暴乱等，贫困农户由于自身的可持续发展能力较弱，生计资本不足，无法进行有效的防范，也缺乏有效的风险分担机制，会加剧贫困，进而陷入慢性贫困。

对于社会而言，贫困可能产生的经济社会后果主要体现在：第一，在社会需求方面，贫穷导致社会需求减少，劳动力需求下降，居民失业概率增加，国家的综合实力下降。第二，在教育医疗方面，贫困导致国家的教育医疗水平下降，对居民的教育医疗等社会保障功能降低，导致社会矛盾激化，不稳定因素增加，增加社会负担。第三，在经济方面，贫困导致经济发展停滞甚至下滑，与其他国家的商品贸易机会减少，国家信贷能力下降等。第四，在生态环境方面，贫困会恶化农村地区的自然生态和社会生态。例如，贫困会导致农村的森林乱砍滥伐现象增加，同时，低效地燃烧生物质能导致污染物排放增加，自然生态环境遭到破坏。

（二）扶贫的经济社会收益

对于陷入贫困的农户，通过采取相应的扶贫措施，可以有效对冲贫困带来的不良后果，不仅能够给贫困个体带来收益，还能够提升整个社会的收益。事后扶贫最直接的社会收益表现为贫困人口减少、收入不平等减缓、经济发展、社会和谐等。

对于贫困农户而言，事后扶贫的经济社会收益表现为以下几个方面：第一，政府提供财政补贴、直接扶贫资金等可以增加贫困农户的收入，从而提高贫困农户的消费能力。第二，贫困治理可以增加贫困农户的就业机会，特别是对于部分农村家庭妇女而言，就业可以促进其自我价值的提升。第三，贫困治理使得贫困农户的健康、营养等状况得到改善，减少因病致贫的概率。第四，贫困治理可以提升贫困农户的社会地位、增加话语权、减少犯罪概率。第五，农村地区的"易地搬迁""住房改造""基础设施建设"等贫困治理措施有助于改善居民的居住环境，提升其生活满意度。第六，扶贫可以让贫困农户的子女获取更好的教育资源，可以保障子女受教育的权利，减轻贫困的代际传递。

对于社会整体而言，事后扶贫的经济社会收益表现为如下几个方面：第一，降低整个社会的贫困发生率，提升国家的整体实力，提高国际地位。第二，提升社会整体的文明程度。例如，增强农村地区的环保意识，减少自然资源和生态资源的破坏和浪费，改善村容村貌，提升农村居民的生活满意度；促进乡村文明建设，促进村民之间的和谐共处。第三，减少收入不平等，促进分配公平，从而提高社会稳定性。第四，促进社会和谐，如减少农村"空巢老人""留守儿童"无人照顾的社会不良现象。第五，有助于教育、医疗水平的提升，提高整个社会应对重大疾病的能力，提升全民身体素质。第六，扶贫有助于扩大产业规模，拉动国民消费，促进经济发展。

可见，无论是从贫困农户个体还是从社会整体来看，事后扶贫带来的经济社会收益均可以有效地对冲贫困可能导致的不良经济社会后果。同时，事后扶贫有助于为人民带来更好的物质生活与精神享受，促进经济社会发展，提升国家整体实力，从而为国家和人民从国际社会争取更多福利。

第二节 农民合作组织"事后扶贫"理论逻辑

农民合作组织不仅能够帮助处于贫困边缘的农户进行事前贫困阻断，对于已陷入贫困的农户，也能够通过一系列扶贫措施帮助其减缓贫困，甚至跳出贫困陷阱。农民合作组织基于其地缘优势和包容性特征可以精准识别贫困农户，并对其进行动态监测，从而进行精准扶贫；此外，其竞争特性有助于帮助成员贫困农户提升生计资本，优化其可持续生计策略，并帮助农户解决收入贫困、能力贫困、权利贫困等多维贫困问题。

一、基于精准扶贫的解释

（一）精准识别贫困农户

习近平总书记在 2013 年 11 月首次提出"精准扶贫"。随后，国务院扶贫开发领导小组办公室对其进行了概念化的界定，在 2014 年 5 月发布的《建立精准扶贫工作机制实施方案》中指出通过对贫困户和贫困村精准识别、精准帮扶、精准管理和精准考核，引导各类扶贫资源优化配置，实现扶贫到村到户，逐步构建精准扶贫工作长效机制，为科学扶贫奠定坚实基础。其中，精准识别贫困农户是实施精准扶贫的逻辑起点，也是判断是否"脱真贫"的重要依据。精准识别贫困农户是对贫困农户有效瞄准的基础和条件。中国农村的扶贫瞄准单元从县到村再到户，旨在让扶贫资源精准传递给扶贫对象。当扶贫资源自上而下进入基层时，可能不能精准地发放给贫困农户，但非政府组织的参与可以有效地提升扶贫资源的瞄准率，农户的参与也可以更好地了解扶贫资源的流向（Shankar and Gaiha，2012）。

第六章 农民合作组织"事后扶贫"贫困跨越机制

农民合作组织作为农户重要的组织载体，能够在精准扶贫过程中发挥重要作用，有助于精准识别并有效瞄准贫困农户。

扶贫瞄准是指在贫困地区的扶贫工作中，政府或相关的扶贫机构选择扶贫对象、投放资金和资源、制定扶贫政策的过程。这一过程包括了扶贫瞄准主体、扶贫瞄准对象、扶贫瞄准环境、扶贫瞄准资源等。图 6-1 清晰展示了扶贫瞄准主体即政府部门，扶贫瞄准对象即贫困农户，扶贫瞄准环境即农民合作组织通过对政府和贫困农户之间的有效沟通，精准传递扶贫资源。

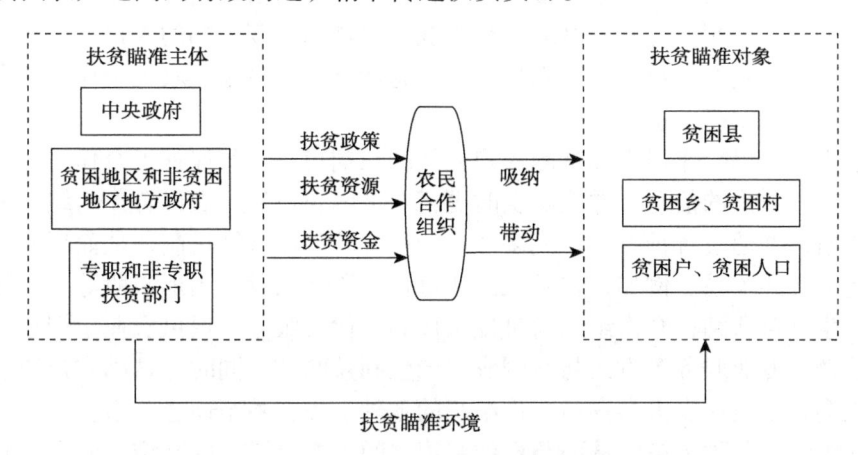

图 6-1 农民合作组织扶贫瞄准机制

农民合作组织在精准识别贫困农户方面的作用表现在以下两个方面：第一，农民合作组织具有地缘优势，其包容性特征保障其能够吸纳当地农户成为组织成员，为精准识别贫困农户提供基础条件。农民合作组织是基于社区成立的自发互助组织，因此是建立在农村熟人社会基础之上的，对当地社区的农户情况非常了解。而且合作组织成员之间形成的社会网络减少了成员之间的沟通成本，成员之间的非对称信息较少，相互之间比较熟悉和信任。因此合作组织有能力掌握农户的真实信息，对贫困农户进行精准识别，从而有效提升贫困人口的识别与瞄准效率，有效解决"扶持谁"的问题。

第二，农民合作组织能够成为扶贫资源的承载主体，实现扶贫资源到贫困农户之间的精准传递。农民合作组织通过吸纳贫困农户加入组织，通过承接政府、机构、企业的扶贫资源、扶贫资金、扶贫项目等展开扶贫工作，解决"谁来扶"的难题。农民合作组织作为自发式组织，可以减少贫困农户向政府隐瞒真实情况的问题，减少政府由于信息不对称而造成的扶贫资源错配损失，提高扶贫资源配置效率。贫困农户的资源获取能力相对较弱，即使政府会给予相应的补助资金，由于中间经历的审批环节较多，政府扶贫补助资金可能会出现损失；贫困农户之间的信息不对称也会导致资源错配的情况。但是，在农民合作组织的参与下，即政府将扶贫资源或扶贫资金交给合作组织，由合作组织以各种形式惠及贫困农户，可以减少交易成本，提高资源配置效率。同时，合作组织由于具有外部性特征，还能够通过溢出效应产生辐射带动效果影响非成员贫困农户。

（二）动态监测贫困农户

贫困具有动态性，贫困农户的贫困状况会随时发生变化，因此贫困治理措施也需要根据贫困演变的动态特征随时进行调整。贫困治理过程中需要对贫困农户进行长期动态监测，考察其贫困变化情况，对贫困程度加剧的农户、已经脱贫的农户，以及脱贫之后再返贫的农户实时动态调整帮扶措施。农民合作组织有助于动态监测贫困农户，主要体现在以下几个方面。

首先，农民合作组织和贫困农户之间的长期稳定契约保证了合作组织能够长期掌握贫困农户的信息，并能够实时更新。贫困农户加入农民合作组织成为合作组织成员，并通过各种方式形成多样化的稳定的利益联结机制，从而形成一种长期稳定的契约关系。例如，贫困农户通过扶贫资金入股、土地入股等方式与合作组织产生利益联结；合作组织通过提供代养、代耕服务，提供农业生产经营管理全产业链的专业服务等方式与贫困农户产生利益联结。同时，贫困农户通过全体成员大会、成员代表大会参与合作组织的各种事务，甚至通过监事会、理事会参与合作组织的各种决策，从而与合作组织之间建立更紧密的联结。此外，农民合作组织非贫困农户成员和贫困农户成员之间形成结对帮扶，也有助于合作组织实时掌握贫困农户的信息。由此，合作组织也能够长期掌握贫困农户的信息，而且相对完整和准确，并能够及时更新。

其次，农民合作组织的有效沟通机制降低了信息不对称，使农民合作组织能够拥有更多真实的贫困农户信息。信息不对称会导致农户的机会主义行为和道德风险。例如，非贫困农户虚报或者高报贫困程度导致非贫困农户被认定为贫困农户，贫困程度较轻的贫困农户被认定为深度贫困农户，已经脱贫的农户仍被认定为贫困农户，等等，从而造成扶贫资源的错配和浪费。农民合作组织作为一种网络组织，扩大了成员农户的社会网络，通过创造成员农户之间相互交流和沟通的机会，减少信息不对称。同时，合作组织是基于信任而形成的互助组织，成员之间隐瞒真实信息的概率相对较低。此外，合作组织成员之间也会互相监督，减少信息不对称和机会主义行为。而且，农民合作组织由于对当地社区比较熟悉，相对于政府、企业、科研机构等其他扶贫主体而言，获取农户生产生活状况的信息更为及时、准确。

最后，农民合作组织动态监测贫困农户的交易成本更低。农民合作组织动态监测贫困农户的交易成本主要包括信息收集成本、沟通成本、监督成本、协调成本、管理成本等。相对政府等其他扶贫主体而言，农民合作组织动态监测贫困农户的一系列成本更低。政府或科研机构一般是采取调研或上报的方式监测贫困农户。调研的执行成本较高，而且覆盖范围的广度和深度有限，和贫困农户之间的沟通成本也较高。因为贫困农户一般地处偏远山区，交通、通信等基础设施建设不完善，覆盖全部贫困农户的调研需要支付高额成本。但是，农民合作组织通过吸纳或带动贫困农户进入合作组织，从而在日常的生产经营活动中掌握贫困农户的情况，通过制定相应的制度和规范对贫困农户进行管理。

二、基于可持续生计的解释

（一）农户可持续生计策略

世界环境与发展委员会在1987年正式提出"可持续生计"的概念。随后，1992年的联合国环境与发展会议正式引入可持续生计概念，指出稳定的生计是减少和消除贫困的主要目标。Chambers和Conway（1992）认为可持续生计是个体或家庭拥有的能力与各项资本可以应对所面临的生计风险和不利冲击，同时在生计受损后有一定的能力恢复到原始状态，并且在个体或家庭采取生计策略时，其策略选择不会破坏自然环境，或对子孙后代的生计选择造成不利影响，即对社会发展是有利的，不会造成不良影响。随着国内外对生计方法的探讨及研究的深入，可持续生计的内涵在不断丰富，对于贫困的缓解起到了关键性的作用。

生计策略通常是指农户基于不同的生计目标利用各类生计资本参与各项生计活动，然后通过对不同生计活动的相互结合、相互促进实现生计策略（Ellis，2000）。然后，农户可以根据不同的生计策略创造出生活所需的物质资产、精神资料等，从而实现可持续生计，最终实现脱贫的目标（Sun et al.，2019）。生计资本是指一个国家或地区的不同类型的农户为维持生存和发展所需要的各种类型的资本总称，包括自然资本、物质资本、人力资本、金融资本、社会资本。这五类生计资本是农户实现可持续发展的生计资本，生计资本的变动决定了贫困的动态性。长期面临低收入的状况，处于贫困边缘，贫困脆弱性较高的家庭，如果生计资本不足，可持续发展能力较弱，将更容易陷入贫困。

贫困农户获取收入的能力较差，不能维持正常的可持续生计，主要是由于各类生计资本的缺乏。人力资本不足主要表现为家庭成员的健康状况不佳、教育不足、技能缺乏，从而导致能力缺失或劳动生产率下降。如果家庭人口增加，会导致人均人力资本减少，从而导致家庭人均收入进一步下降，更容易陷入贫困。金融资本表现为家庭的资金拥有情况，包括家庭的储蓄、工资、报酬、贷款、借款、扶贫资金等。由于缺乏基本的储蓄，当家庭遭遇风险冲击时，没有足够的资金来应对，容易陷入贫困。社会资本能够在减少贫困或改善收入分配方面发挥作用（Knack and Keefer, 1997; Abdul-Hakim et al., 2010）。社会资本缺乏主要表现为社会网络比较单一。因此，贫困农户在社会结构中所处的位置带来的资源相对较少。自然资本包括新鲜的空气、多种多样的动植物、土地等。贫困农户所处的边远地区往往自然资源也相对匮乏。物质资本主要表现为生活所需的基础设施和生产设备，如运输工具、灌溉设备、通信设备等。贫困农户由于收入有限，也很难获得丰富的物质资本。

（二）优化农户可持续生计策略的逻辑

农民合作组织通过向农户提供不同种类的资源，帮助农户获取生计资本，优化农户的生计策略，提高农户的可持续发展能力。拉格纳·纳克斯（Nurkse, 1953）提出的贫困恶性循环理论认为资本的缺乏是造成贫困的根源。同样，西奥多·舒尔茨（Schultz, 1990）指出缺乏资本是贫困状况无法改善的重要原因。当一种生计资本的存量存在下降风险时，其他的生计资本的提升可以补偿这部分资本的缺失，从而使整个生计资本维持原来的水平，从而改善贫困状况。

农民合作组织能够通过知识共享提升贫困农户的人力资本。知识水平的提高不仅可以改变农户自身的健康和消费状况，还可以潜移默化地影响家人的消费观念等，获得更健康的生活方式，从而改善贫困带来的健康和消费不足的状况。在知识经济时代，知识资本被视为最具战略性的资源，农民合作组织通过积极获取并利用新知识维持竞争优势（Davenport and Prusak, 1998）。通过农民合作组织的知识共享，贫困农户可以增加自身的知识积累，并通过参加合作组织的农业生产管理技术、农机使用技术等培训提升其各项技能，从而提升人力资本。此外，农民合作组织通过吸纳农户进行积极参与，帮助农户摆脱消极的心理，降低家庭对政府救济的依赖，激发其内生脱贫动力。进一步地，农民合作组织能够通过农业教育、技能培训和技术推广提升家庭劳动力的技能与综合素质，有效提升家庭劳动力的核心竞争力，增强家庭的人力资本。

农民合作组织能够通过其自身社会网络提升贫困农户的社会资本。贫困农户缺乏高质量的社会资本，能够获取或动用的社会资源少于高收入群体（Lin, 1999, 2001），缺乏市场竞争能力和自我保护能力。农民合作组织作为农户互助合作的组织，是农户之间的联合体，拥有丰富的社会网络。首先，农民合作组织有利于帮助农户拓展社会网络，降低农户的贫困脆弱性。社交网络提供了劳动力市场学习和交易的机会（Montgomery, 1991; Calvo-Armengol and Jackson, 2004; Beaman and Magruder, 2012）。贫困农户在加入农民合作组织后，能够和农民合作组织的其他成员之间建立网络联系，形成互帮互助的人际关系，提升自身的社会资本。农民合作组织通过引导和创造机会，充分发挥组织成员间沟通的桥梁作用，以实现扶贫信息对称、扶贫资源共享。其次，贫困农户可以利用农民合作组织在生产、加工、运输、销售等环节的产业链延伸过程中和外部社会网络中与企业、政府、市场及其他社会组织和个人建立联系，从而提升自身的社会资本，并在市场参与中获益。最后，农民合作组织有利于帮助农户形成社会信任，促进组织内成员之间的互助，同时也有利于农民合作组织帮助农户获取外部可利用的社会资源，与外部力量形成信任。

农民合作组织能够通过提供生产要素服务增加贫困农户的物质资本。贫困农户没有能力拥有足够的物质资本，而农民合作组织有能力拥有大型的生产要素资源，包括农业机械、蔬菜大棚、冷库、加工运输设备等。农民合作组织通过向贫困农户提供这类专用性资产，降低其生产成本、提升其生产效率。此外，农民合作组织通过与扶贫龙头企业合作，为贫困农户提供物质资本。同时，农民合作组织可以通过获取政府的支持帮助完善基础设施，如道路、水渠、水库、通信设施等，为贫困农户提供农业生产经营必需的公共物品，增加贫困农户的物质资本。农户的大多数物质资本都是由国家提供的，如公路、水利等基础设施，但是国家公共产品的供给是有限的，而农民合作组织正好能够对其做有益的补充。农民合作组织的发展有利于地区的基础设施的改善，如公路建设。农民合作组织在国家已有国道、县道等的基础上，拓展公路网至乡道、村道，完成公路到农户家中的"最后一公里"建设。基础设施的改善有利于帮助农户拓展农产品销售市场，为帮助农户脱贫创造有利的条件。

农民合作组织能够通过多种渠道提升贫困农户的金融资本。生产资金是贫困农户进行生产活动的重要保障。本地机构可以有效地为贫困农户提供储蓄、信贷和保险服务等（Ruben and Clercx，2003）。农民合作组织通过资金互助的方式可以增加贫困农户的金融资本。同时，农民合作组织还可以为贫困农户提供信贷担保，降低贫困农户的贷款难度并简化贷款程序，增加其金融贷款。此外，农民合作组织通过增加贫困农户的农业生产经营收入、入股分红等财产性收入为贫困农户争取到扶贫项目资金、分享奖励性资金等，有效地增加贫困农户的金融资本积累。

农民合作组织能够通过保护自然资源提升贫困农户的自然资本。土地是贫困农户最重要的生计资本。优化贫困农户可持续生计策略的关键在于提高农户土地要素可得性。农民合作组织可以有效提升农户土地要素可得性，帮助农户实现规模化生产经营，增加其土地要素资本。同时，农民合作组织可以有效引导并帮助贫困农户改善其生活环境，增强农户的环保意识，改善农村的风貌，如自然森林植被的保护（Torres-Rojo et al.，2019）、农村厕所等卫生环境的改善、生活垃圾的无害化处置等，通过这些措施提高环境质量，帮助农户获取更好的自然环境资源资本。

三、基于多维贫困的解释

贫困的本质是复杂的、多样的，会随着人类的发展、时间的推移、空间的变化等而不断发生变化。长期以来，人类对于贫困的认知经历了绝对贫困到相对贫困、物质贫困到能力贫困、单维贫困到多维贫困的过程。因此，基于多维贫困的视角缓解贫困具有重要的理论和现实意义。

（一）多维贫困的界定

自 Sen（1976）提出"可行能力"后，学术界对贫困的研究从单一的收入贫困转向了多维的福利贫困（王小林和 Alkire，2009），即各项能力、权利等不足。这意味着贫困不仅表现在缺少收入方面，还包括权利贫困、能力贫困等。多维贫困的度量通常采用 Alkire 和 Foster（2011）所提出的 A-F 方法（双界线法）。多维贫困指数 M_0 和平均不足份额 A 的计算公式分别为

$$\begin{cases} M_0 = \sum_{i=1}^{n} c_i(k) / nd \\ A = \sum_{i=1}^{n} c_i(k) / qd \end{cases} \quad (6\text{-}1)$$

其中，平均不足份额 A 表示存在不足的家庭中平均的不足程度；n 表示总人口数；q 表示在贫困线为 k 时的多维贫困人数；c_i 表示个体不足的广度，即个体所受到的不足的维度个数；d 表示所选取的维度个数。此外，贫困发生率为

$$H = q/n \quad (6\text{-}2)$$

由此可知多维贫困指数、贫困发生率、平均不足份额之间的关系为

$$M_0 = H \times A \quad (6\text{-}3)$$

各个维度 j 对多维贫困指数的贡献度为

$$M_{0j} = (q_j \times w_j) / n \quad (6\text{-}4)$$

其中，q_j 表示在维度 j（$j=1,2,3,\cdots,d$）下的贫困发生个体数；w_j 为维度 j 在多维贫困测度中所占的权重，一般 A-F 方法采用的是等权重法。维度 j 对多维贫困的贡献率 C_j 为

$$C_j = M_{0j} / M_0 = (q_j \times w_j) / (n \times M_0) \quad (6\text{-}5)$$

现阶段对农民合作组织缓解多维贫困路径的总结，有助于今后基于这些经验

继续发挥其重要作用。

（二）收入贫困减缓逻辑

2018年中央一号文件明确规定了农业综合生产能力稳步提升、农业增收渠道进一步拓宽、现行标准下农村贫困人口实现脱贫等战略目标。因此，减缓农户的收入贫困问题可以从提升贫困农户的生产经营能力、增加贫困农户获利空间等方面入手。

农民合作组织有助于提升贫困农户的生产经营能力，促进贫困农户增收，减缓收入贫困。一方面，农民合作组织内部的知识传递有助于提升贫困农户的生产经营能力。农民合作组织作为一种俱乐部组织，拥有完善的内部知识共享和传递机制，成员之间能够共享新良种、新技术、新机器设备的使用知识，并及时传递农业生产相关的信息。贫困农户可以通过与合作组织成员间的交流，向生产经营经验丰富的成员学习生产技能。通过对这种共享知识的吸纳，能够内化为自身的人力资本积累，从而提升自身的生产经营能力，促进农业收入增加，减缓收入贫困。另一方面，农民合作组织建立的内部关系网络和外部资源网络有助于贫困农户有效利用资源，从而提升贫困农户的生产经营能力。农民合作组织作为一种网络组织，可以建立政府、企业、其他主体与农户间的关系网，增加贫困农户与邻居、合作社成员、村民、亲戚等的社会联系（Dhanaraj et al.，2004）。通过这种关系联结，贫困农户可以充分利用各种资源提升其生产经营能力，促进其农业收入增加，减缓收入贫困。例如，农民合作组织可以为当地贫困农户引进相关的产业，或者与相关的扶贫龙头企业合作，通过产业扶贫的方式提升贫困农户的生产经营能力。

农民合作组织有助于帮助贫困农户提升农产品获利空间，减缓收入贫困。农民合作组织可以从多个方面帮助贫困农户提升农产品获利空间。第一，农民合作组织可以帮助贫困农户延伸产业链，使其获得更多农产品加工、销售环节的利润。农业生产环节的利润相对较低，而贫困农户仅凭自己的力量很难在加工和销售环节获取利润。第二，农民合作组织通过把农户联合起来，从而能够增强贫困农户的谈判能力，通过和上下游企业博弈等方式分享更多加工和销售环节的利润。第三，农民合作组织可以帮助贫困农户提升农产品品质，获得价格溢价带来的收益。第四，农民合作组织通过制定统一的农产品生产标准，为贫困农户提供统一的生产资料，进行统一的技术培训指导。同时，为贫困地区的农产品申请绿色农产品、无公害农产品、有机农产品等各种认证，并申请注册商标，宣传农产品品牌，全方位提升农产品的品质，满足消费者更高层次的需求，从而通过高品质的农产品提高贫困农户的获利空间，使其获得更多利润。

第五，农民合作组织还可以帮助贫困农户通过多元化营销方式获得更多利润。通过农超对接、电商平台销售等方式，不仅能够扩大销售范围，还能够节约包括信息搜寻成本、谈判成本等在内的交易成本，从而获得更多利润空间。第六，农民合作组织还可以帮助贫困农户降低生产成本获得更多利润空间。例如，通过规模化经营，采用新良种、新技术、机械设备等降低生产成本，从而提高农产品的利润空间。

（三）能力贫困减缓逻辑

Sen（1999b）认为，贫困不仅仅是个体或家庭收入的不足，更是个体或家庭基本可行能力不足的表现。同样地，联合国开发计划署（UNDP，1996）指出：贫困不仅仅表现为个体或家庭缺乏收入，更是基本生存和发展能力的不足。"可行能力"是指个体有能力做自己想做的事情，有能力使自身免于饥饿和疾病的困扰，有能力满足营养需求、接受教育、参与社区社会活动，从而提高生活满意度和幸福感。

农户"可行能力"不足会使农户陷入能力贫困（Sen，1983）。能力贫困是指由于个人环境或社会限制造成自我发展条件不足的现象。农户的相关能力主要包括基本生产能力、获取知识能力、参与决策能力、合理利用资源能力等（段世江和石春玲，2005；乔家君，2008）。2011年发布的《中国农村扶贫开发纲要（2011—2020年）》中强调，更加注重增强扶贫对象自我发展能力。农民合作组织作为一个自发组成的自治组织，可以有效通过增加贫困农户的自我发展能力，减缓农户的能力贫困，基本逻辑如图6-2所示。

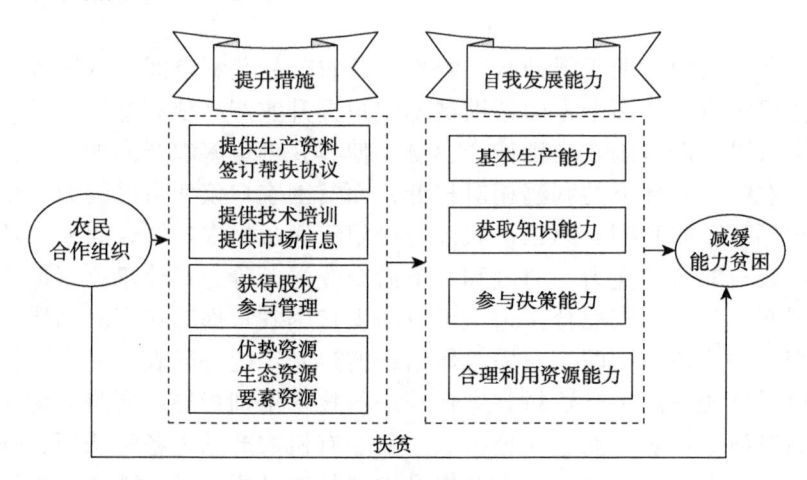

图6-2 农民合作组织减缓能力贫困的理论逻辑

首先，农民合作组织有助于提升贫困农户的基本生产能力，减缓能力贫困。

农民合作组织能够通过向贫困农户提供新型良种、新型技术、新型设备、相关培训和咨询指导服务等，增加贫困农户的农业生产经营能力。同时，农民合作组织能够向贫困农户提供生产基地，让农户在生产过程中提升其农业生产经营能力。此外，农民合作组织能够向贫困农户提供信贷担保，帮助贫困农户获得信用贷款，从而通过增加其农业投资提高其基本生产能力。而且，农民合作组织还能够通过帮扶协议等，向部分农村妇女、失业农户提供就业岗位，使得其通过自身的生产，提升基本生产能力。这些途径都有利于提升贫困农户的基本生产能力，从而减缓其能力贫困。

其次，农民合作组织有助于提升贫困农户获取知识的能力，减缓能力贫困。一方面，农民合作组织通过向贫困农户定期、系统地提供农业生产管理方面的技能培训并提供技术咨询等专业化服务，增加贫困农户关于农业种植、养殖等方面的专业技术知识，从而提高贫困农户获取农业生产经营知识的能力。另一方面，农民合作组织通过向贫困农户提供市场信息，如农产品价格、农产品需求、竞争对手信息等，提高贫困农户获取外部知识的能力。同时，农民合作组织通过向贫困农户子女提供教育资源，增加贫困农户子女获取基础知识的能力。这些途径都有利于提升贫困农户获取知识的能力，从而减缓其能力贫困。

再次，农民合作组织有助于提升贫困农户参与决策的能力，减缓能力贫困。农民合作组织通过吸纳贫困农户入社，并鼓励其参与农民合作组织的经营决策，提升其参与决策的能力。调研中发现，一些农民合作组织中的贫困农户通过资金入股、土地入股、扶贫资金入股、劳动力入股等方式获得股权，并充分发挥其股东权益，参与农民合作组织重大事项决策；也有些贫困农户参与农民合作组织全体成员大会或成员代表大会发表自己的意见和建议，参与到农民合作组织管理事务中去；还有些贫困农户进入理事会或者监事会，对农民合作组织运营进行管理或者监督，并参与决策。这些途径都有利于提升贫困农户参与决策的能力，从而减缓其能力贫困。

最后，农民合作组织有助于提升贫困农户合理利用资源的能力，减缓能力贫困。农民合作组织能够帮助贫困农户依靠当地优势资源，因地制宜，发展优势产业。利用自然资源与环境优势发展旅游业，利用森林资源发展林业，利用气候资源和土壤资源发展适宜的农作物和经济作物种植，利用太阳能资源引入"光伏扶贫"项目，从而实现光伏的应用，同时增强对农村资源的有效利用。同时，农民合作组织有助于引导贫困农户节约并保护生态资源。例如，农民合作组织引导贫困农户减少化肥和农药施用，保护生态环境；引导贫困农户节约电能、煤炭等能源，引导贫困农户保护森林资源、基本农田资源、水资源等。此外，农民合作组织还能够帮助贫困农户充分利用政府、企业、科研机构及其他社会力量的各种资源，包括资金、人力、技术、设备、基础设施等提高其生产经营效率。这些途径都有助于提升贫困农户合理利用资源的能力，从而减缓其能力贫困。

（四）权利贫困减缓逻辑

森（2006）认为权利是指"所有可获取的法定渠道及所获取的可以选择的商品集"，受到经济、法律与政治等诸多因素的影响，表现为不同个体对食品、住房、衣着等物质产品的控制能力和使用能力。德雷兹和森（2006）提出如果权利体制不合理或个体的市场交换权利不足，就会产生贫困。权利贫困的本质是个体权利的不均衡，可以根据赋权反贫困理论制定缓解权利贫困的相应措施。简单来说，要减少或消除贫困、实现脱贫，就要保护贫困者相应的权利。当贫困个体或家庭权利不足，即存在权利贫困现象时，应该建立或完善相应的社会与政治体制，通过赋权来保证贫困个体或家庭基本的生活权利、教育与医疗卫生权利等（Sajadi et al., 2017）。赋权意味着穷人能够改善自身的生活方式，更好地对自己拥有的资产等进行控制，提高生活质量（Prato and Longo, 2012）。赋予权利应该作为扶贫工作的三大战略之一，应该增加贫困农户参与社会、经济、政治的机会，从而实现减贫目标（世界银行，2001；World Bank, 2009）。农民合作组织有助于减缓农户权利贫困，主要体现在以下几个方面。

农民合作组织通过保障贫困农户的土地使用权，减缓其权利贫困。土地是农业生产最基本的投入要素，只有借助人力的开发才能发挥自身的价值。对于农村的贫困农户、五保户、困难户、残疾户等而言，由于劳动能力较低，无法通过耕地获取收入。久而久之，土地弃用、滥用现象严重。但是，农民合作组织的土地入股方式可以有效整合贫困农户的土地资源，有偿收回土地，从而提高贫困农户基于土地所获得的经营性收入和财产性收入。最终可以实现农村以土地为纽带的全员就业模式，保障农民的生存能力和基本生活水平。此时，贫困农户土地使用权利保障了其收入水平。

农民合作组织通过提升贫困农户的劳动就业权，减缓其权利贫困。贫困农户自身在经济、政治、文化等方面条件的不足，导致其难以谋取合适的就业岗位，劳动就业权得不到有效的保障。农民合作组织本身具有提供就业机会的功能，可以实现向贫困农户提供就业岗位的目的，保障贫困农户的劳动就业权。贫困农户通过参与合作组织的生产经营，在合作组织务工，享受就业权。特别地，合作组织提供就业岗位时，会优先考虑贫困农户、残疾人、妇女、老人等弱势群体。农民合作组织的"扶贫车间"创办初衷便是解决农村老人、妇女的就业问题。同时，就业收入也能够成为贫困个体或家庭的重要收入来源，因此劳动就业权的保障也能够助力收入贫困的减缓。

农民合作组织通过改善贫困农户的均等受教育权，缓解其权利贫困。教育缺失导致的贫困是比收入贫困更深层的贫困（Sen，1997）。对于缺乏普通教育、职业教育、继续教育等各种教育机会的贫困农户而言，受教育权利严重缺乏不仅会对自身产生不利影响，也会导致其子女的教育不足，从而导致贫困的代际传递。农民合作组织可以向贫困农户提供职业培训，保障贫困农户的受教育权，同时向贫困农户的子女提供教育经费，帮助贫困农户子女获取更好的教育。贫困农户及其子女受教育权的实现，还有助于促进其就业，保障劳动就业权。教育赋权有助于阻断贫困的代际传递，也有助于贫困农户的收入增加，减缓收入贫困。因此，多维贫困之间往往相互关联，而多维贫困的减缓措施也能够产生正反馈效应。

第三节　农民合作组织"事后扶贫"多案例分析

本节主要是在农民合作组织事后扶贫的理论分析基础上，通过对多个典型案例进行实证分析来寻找经验证据。

一、研究设计

（一）方法选择

本节选择多案例研究方法进行分析，主要有以下几个方面的原因：第一，案例研究是一种经验性的研究方法，能够简洁、直观地对"怎么样"和"为什么"进行解释（Yin，2013），有利于清晰地说明农民合作组织如何在精准识别并有效瞄准贫困农户的基础上对贫困农户进行动态监测，并优化贫困农户的可持续生计策略，减缓农户的多维贫困。第二，农民合作组织的类型较多，存在不同产业、社员不同贫困状态、不同地理位置等异质性，多案例比单一案例的代表性更强，而且能够形成"实验组"和"对照组"，便于比较分析。第三，多案例研究方法允许我们对所研究的问题进行反复论证，并且可以比较不同类型农民合作组织的扶贫效果，有利于增强案例研究的有效性及研究结果的可信度。

（二）典型案例筛选

从中国农民合作组织扶贫的作用机制来看，事后扶贫阶段主要是在精准识别并有效瞄准贫困农户的基础上动态监测贫困农户，提升贫困农户的生计资本，减缓农户的多维贫困，帮助贫困农户跳出贫困陷阱。为此，本书将通过多案例分析方法寻找其经验证据。具体以中国农民合作组织的典型代表（农民专业合作社）为例，主要在不同区域中选择处于不同生命周期、不同业务类型、不同产业领域的合作社作为典型案例进行分析。具体案例选择情况如表6-1所示。

表6-1 事后扶贫典型案例选择

案例编码	省区	农民合作组织名称	成立时间	业务类型	主要产业领域
6_A1	黑龙江	铁力市满江红精准致富平贝种植专业合作社	2016.03.14	生产型	平贝
6_A2	安徽	石台县河口秸秆食用菌专业合作社	2014.10.31	产销型	食用菌
6_A3	湖北	宜昌高山云雾茶叶专业合作社	2010.06.23	产销型	茶叶
6_A4	甘肃	镇原县鹏涛茂源农产品加工专业合作社	2017.04.17	生产加工型	核桃等
6_A5	甘肃	陇南市礼县良源果业专业合作社	2009.02.17	产销型	果树、药材等
6_A6	青海	互助县台子乡富农蔬菜专业合作社	2011.03.04	产销型	蔬菜
6_A7	云南	永善县永兴中药材种植专业合作社	2014.08.19	产销型	药材
6_A8	西藏	工布江达县朱拉松茸加工农民专业合作社	2014.03.16	生产加工型	松茸

资料来源：通过实地调研资料和二手资料整理。

本节案例的选择首先考虑了合作组织所处生命周期的不同阶段，选择了不同时期成立的合作社进行对比分析。截至2018年，成立8年以上的合作社有2家，处于组织生命周期的成熟阶段；成立3~7年的合作社有4家，处于组织生命周期的发展阶段；成立1~2年的合作社有2家，处于组织生命周期的初创阶段。这样可以基于合作组织所处生命周期的不同阶段来分析合作组织事后扶贫的作用机制。同时，也考虑了合作组织的不同业务类型和不同产业领域。本书选择的合作组织业务类型包括生产型、产销型、生产加工型等；产业领域涉及范围也比较广，包括了药材、蔬菜、食用菌、茶叶、果树及其他经济作物等。

本节案例的选择还考虑了不同经济发展水平地区的代表性。中国东部地区的经济发展水平较高，脱贫攻坚胜利前，贫困人口相对较少，贫困人口主要集中在中部、西部地区。因此，在东部地区仅选择了黑龙江，中部地区选择了安徽和湖北，西部地区选择了云南、西藏、甘肃和青海。这样的案例选择可以比较集中地对典型贫困地区进行分析，有利于归纳总结农民合作组织事后扶贫的经验。

二、案例分析过程

本节通过对不同地区、不同类型的典型案例合作社资料的梳理,首先,对农民合作组织情况进行简要介绍,主要归纳出农民合作组织事后扶贫的主要做法、农户与农民合作组织的联结方式;其次,对农民合作组织事后扶贫的路径、特征事实及其效果进行分析。

(一)合作组织情况简介

在事后扶贫阶段,农民合作组织主要通过精准识别并动态监测贫困农户,提升农户的生计资本,减缓农户的多维贫困等方式帮助农户摆脱贫困。从八个典型案例来看,农民合作组织在与贫困农户建立紧密的利益联结基础上,通过发展产业、提供就业、开办扶贫车间、提供生产资料、发展电商等方式在事后扶贫过程中发挥着重要作用,具体如表6-2所示。

表6-2 事后扶贫案例农民合作组织情况简介

案例编码	农民合作组织主要做法	农民合作组织与农户的联结方式
6_A1	发展产业 按股分红 提供就业	村书记、村委会主任带头,吸纳124户贫困农户入股。建立种植基地,形成产业化经营;采取集中种植、统一管理、统一加工、统一销售的经营模式;优先考虑有劳动能力的贫困农户务工
6_A2	发展产业 提供就业 收益分红	提供烘干设备;合作社的收益,除去包括社员工资在内的成本后,纯利润由村集体、合作社、社员按照4:3:3的比例分红
6_A3	发展产业 提供设备 入股分红	发放物资;已加入合作社的成员有754户;实行土地股份化(土地入社);与贫困农户、残疾人等签订帮扶协议,实行一卡一户联系制
6_A4	扶贫车间 提供就业	开办扶贫车间,为贫困农户提供就业岗位,务工人员获得基础工资、年终奖励、爱心分红3项增收
6_A5	电商扶贫 提供就业	通过高价收购、低价代购、义卖阻贫、提供就业、入股分红等措施帮助贫困农户增收;创建"义卖+就业+代销+代购"电商扶贫模式;形成"种植+基地+贮藏+销售+电子商务+物流"的产业链
6_A6	发展产业 提供种苗 提供就业	合作社已容纳70多名贫困农户常年就业;种植反季节蔬菜,引种陇椒、豇豆、西葫芦等优良品种,亩产经济收入5000多元
6_A7	发展产业 提供就业 入股分红	通过土地和资金入股,从党参种植、清洗到初加工等环节的用工需求,优先考虑村里的妇女、老人和残疾人
6_A8	发展产业 按股分红	实行"合作社+农牧户"的经营模式;注册品牌,统一销售、统一加工、统一销售返利;收益除公积金和风险基金外,其余均返还给入社农户

资料来源:通过实地调研资料和二手资料整理

基于案例 6_A1~6_A8 的基本情况简介可以看出，农民合作组织在事后扶贫过程中发挥着重要作用。其中，发展产业是普遍采用的方式。农民合作组织通过与扶贫龙头企业合作，因地制宜引入合适的产业。农民合作组织由于生产经营需求，可以向农户提供就业岗位，而且优先考虑村里的妇女、老人、残疾人、贫困农户等。因此，贫困农户通过进入合作组织务工等方式，实现增收脱贫。开办扶贫车间也是比较典型和新颖的扶贫方式。扶贫车间通过吸纳当地农村妇女、老人、残疾人、贫困农户等就业，实现劳动力就地转移。通过为贫困农户提供就业机会，让贫困农户获得工资性收入。而且扶贫车间为农户提供了交流沟通的平台，有利于贫困农户扩大社会网络，增加农户的社会资本。

随着互联网技术的飞速进步，农村地区的通信及网络基础设施逐步完善，农村电商逐渐成为农村贫困治理的重要方式。农民合作组织通过"义卖+就业+代销+代购"的电商扶贫模式，基于自身的产业优势，积极探索电商模式，通过网络营销形成"种植+基地+贮藏+销售+电子商务+物流"的产业链。在帮助贫困农户发展产业的基础上，扩大农产品的销售渠道，吸引更多的消费者，拓展农产品销售范围，从而提高贫困农户的盈利空间。同时，贫困农户采取多种方式入股，获取分红收益，增加财产性收入，这也是农民合作组织帮助贫困农户增加收入的一种重要渠道。从案例情况来看，农户的入股方式也较为多元化，根据自身的情况可以采用投资入股、劳动力入股、土地入股等方式。为了全面保障贫困农户的合法权益，合作组织还与残疾人签订帮扶协议，优先优价收购产品、参与分红、分发物资等。没有劳动能力的贫困农户通过入股方式享受分红返利收益。

（二）合作组织事后扶贫机制分析

农民合作组织事后扶贫的机制主要在于通过精准扶贫、优化可持续生计策略、缓解多维贫困等方式帮助贫困农户跳出贫困陷阱，以达到事后扶贫的目的。通过八个典型案例的分析发现，农民合作组织的事后扶贫措施可以有效帮助贫困农户脱贫。表 6-3 具体展示了合作组织事后扶贫的路径和效果。

表6-3　合作组织事后扶贫案例分析

事后扶贫逻辑	事后扶贫路径	案例编码	事后扶贫的特征事实	事后扶贫效果
精准扶贫	精准识别贫困农户；动态监测贫困农户	6_A1	● 精准识别贫困农户：2016 年精准扶贫工作启动后，为全村 124 户贫困农户专门成立合作社。 ● 充分吸纳贫困农户：全部雇用贫困农户和低保户。 ● 动态监测贫困农户：争取资金 410 万元，帮助社内 124 户贫困农户种植 216 亩	● 增收：2016 年有 4 户贫困农户务工年收入超过 1 万元，有 12 户贫困农户超过 5 000 元

续表

事后扶贫逻辑	事后扶贫路径	案例编码	事后扶贫的特征事实	事后扶贫效果
精准扶贫	精准识别贫困农户；动态监测贫困农户	6_A3	●精准识别贫困农户：在建档立卡的565户中选择了250户残疾人及特困户进行深度帮扶。 ●动态瞄准贫困农户：为残疾人及贫困农户免费发放采茶机及茶叶自动化修剪机；免费提供茶苗、生物肥。 ●动态监测贫困农户：提供专业培训，帮扶残疾人的子女就近就业；优先优价收购产品	●精准扶贫：2017年，重点帮助因病致残172户，特困户32户，易地搬迁户15户。 ●增收：人均茶叶收入由不足1 000元/亩，发展到4 000多元/亩。 ●脱贫：全村人口可支配收入超过1.1万元，实现整村脱贫。 ●基础设施完善：2017年，127户拆土房，修建新房，住房环境提升
	精准识别贫困农户；动态监测贫困农户	6_A8	●精准吸纳贫困农户：从50多户发展到82户152人。 ●动态瞄准贫困农户：设立扶贫基金，每年拿6万元慰问贫困农户、低保户和低收入家庭。 ●动态监测贫困农户：对口扶持贫困农户32户，户均扶持资金4 000元	●辐射带动周边230户400多人的发展。 ●增收：野生菌年销售额700余万元、社员人均增收5 000元。 ●生产生活条件改善：出资28万元修建3座桥梁
优化可持续生计策略	增加社会资本、物质资本和金融资本	6_A5	●增加社会资本：创建网商销售模式，扩大收入来源。 ●提升物质资本：建成示范园100亩、冷藏库1个，安装摄像头8个。 ●增加金融资本：招收贫困农户务工，增加工资收入	●脱贫：带动600多户贫困农户实现就业脱贫。 ●增收：户均保底分红1 000元以上，带动贫困农户稳定增收
	增加人力资本、物质资本和金融资本	6_A6	●提升人力资本：无偿提供技术资料和菌种；组织宣传和培训，贫困农户外出培训、学习达119人（次）。 ●提升物质资本：现有资产3 000万元，固定资产1 800万元；建成温室大棚、冷藏库、办公用房、包装车间，购置冷藏设备12台。 ●增加金融资本：解决贫困农户的就业，增加工资收入	●提升资本：为村民、贫困农户开展知识培训达200多期，参训人数达8 000人（次）。 ●培养人才：培养农业经纪人140余名。 ●脱贫：帮助33户贫困农户脱贫
	增加物质资本、金融资本和自然资本	6_A7	●提升物质资本：建设标准化示范种植基地500亩，并带动周边群众450余户种植党参3 000亩以上；在种植党参以外种植有机蔬菜。 ●增加金融资本：提供就业，户均年收入达1万余元。 ●增加自然资本：绿化荒山，植树造林	●提供就业：解决350多人的就业。 ●增收：累计种植1 450亩党参，同时养殖有机药膳猪270头，实现总收入近700万元。 ●脱贫：2014年，27户脱贫，2015年13户脱贫，带动7个村民小组129户486人（其中残疾人31户33人，贫困农户37户131人）

续表

事后扶贫逻辑	事后扶贫路径	案例编码	事后扶贫的特征事实	事后扶贫效果
缓解多维贫困	减少能力贫困和收入贫困	6_A3	● 增收：村集体收入从零元增加到5万多元。 ● 增加基本生产能力：改良品种，2014年，户均获8 000~10 000斤平菇。 ● 工资性收入：男工100元/天，女工80元/天。 ● 提升资源利用能力：基础设施改善，修建道路、桥梁、拦河坝、防汛堤。 ● 拓宽销售渠道：发展电子商务等	● 对口帮扶：2014年，帮扶141户贫困农户。 ● 增收：带动39户贫困农户增收达到1万多元。 ● 脱贫：2014~2016年贫困发生率从25.87%下降到1.74%；2017年剩余贫困农户为7户；2018年全部脱贫
	减少收入贫困和权利贫困	6_A4	● 增加收入：工作岗位采用计量制，多劳多得。 ● 拓宽销售渠道：产品出口意大利等国家。 ● 增加劳动就业权：提供就业岗位，签订长期用工协议，招工50多人，其中贫困农户30人。 ● 增加平等受教育权：聘请当地人才担任教师，进行就业、技术等培训	● 资本积累：合作社年销售额1 000万元以上。 ● 增收：人均月收入5 000元以上。 ● 劳动力转型："苦力型"转为"技能型"

资料来源：通过实地调研资料和二手资料整理

基于案例6_A1、6_A3、6_A8可以看出，合作组织有助于精准识别贫困农户并对其进行动态监测。合作组织更倾向于选择贫困农户、残疾人及老人等进行深度帮扶。通过签订帮扶协议、设立扶贫资金、发展产业等方式帮助残疾人和贫困农户脱贫。同时，合作组织通过对贫困农户状况进行动态监测，随时将尚未脱贫的建档立卡贫困农户纳入合作组织，并及时对已经脱贫的农户调整帮扶方案，使案例所在地区在合作组织的精准帮扶下贫困发生率大幅下降。

基于案例6_A5、6_A6、6_A7可以看出，合作组织有助于优化贫困农户的可持续生计策略。合作组织通过无偿地向贫困农户提供技术资料和生产资料、无偿地指导周边贫困农户进行生产，帮助解决生产技术、销售难题等，提升贫困农户的生计资本。例如，合作组织大力邀请农技专家为村民、贫困农户开展知识培训，提高贫困农户的人力资本。合作组织带动村民完善村里的基础设施，为贫困农户提供种苗等，增加贫困农户的物质资本。合作组织通过发展电子商务，实施网络销售，拓宽销路，增加农户的社会资本，减少农户的信息搜寻成本和谈判成本。此外，合作组织通过向政府、企业等争取扶持资金，增加贫困农户的金融资本。

基于案例6_A2、6_A4可以看出，农民合作组织有助于缓解农户收入贫困、权利贫困、能力贫困等多维贫困。农民合作组织带动山区贫困农户发展产业，通过带贫协议，贫困农户可以享受保底分红，有效带动贫困农户稳定增收，减少农户收入贫困。同时，农民合作组织通过招募贫困农户务工，解决就业问题，积极带动残疾人、贫困农户参与合作社等合作组织，保障贫困农户参与就业的平等权利；并帮助贫困农户、残疾人子女等接受教育，保障贫困农户子女受教育的平等权利，缓解贫困农户的权利贫困。此外，农民合作组织通过创办"扶贫车间"，招募贫困农户务工，使贫困农户可以在顾家的同时实现自我价值，减缓能力贫困。

三、案例启示

从以上八个典型案例的分析过程可以发现，农民合作组织能够在事后扶贫过程中发挥重要作用，并达到良好的效果。

第一，农民合作组织能够准确识别并有效瞄准贫困农户，并对其进行动态监测，确保扶贫资源的精准高效配置。基于案例6_A1、6_A3、6_A8可以看出，不同类型、不同地区、不同产业的合作组织均有助于实现精准扶贫，助力脱贫攻坚。农民合作组织通过与贫困农户签订帮扶协议等，长期监测贫困农户的情况，从而对贫困农户实施精准帮扶。对贫困农户的动态监测有助于减轻信息不对称，减少贫困农户的道德风险行为，使合作组织实时准确掌握贫困农户的真实信息，更有利于扶贫资源的精准匹配，提高资源利用效率。

第二，农民合作组织有助于优化农户的可持续生计策略，帮助贫困农户跳出贫困陷阱。基于案例6_A5、6_A6、6_A7可以看出，合作组织帮助贫困农户提升生计资本是改善其可持续生计策略，实现脱贫的重要方式。农民合作组织的资源共享机制和丰富的社会网络可以帮助贫困农户有效提升生计资本。例如，贫困农户加入合作组织后，可以享受合作组织提供的各项俱乐部产品，提高物质资本。同时，合作组织也可以增加农户获取市场信息、与专业技术人员交流的机会，增加其人力资本。

第三，农民合作组织有助于缓解贫困农户的多维贫困，在事后扶贫中扮演重要角色。基于案例6_A2、6_A4可以看出，农民合作组织在帮助农户提高收入的同时，可以提升贫困农户的农业生产经营能力、资源利用能力等，并为贫困农户解决子女的教育问题，为农户提供免费医疗服务，为贫困农户、妇女等提供就业机会，缓解贫困农户的能力贫困和权利贫困问题。

第四节 本 章 小 结

本章首先构建了农民合作组织事后扶贫的概念框架，并基于此分析了农民合作组织对已经陷入贫困的农户进行事后扶贫的理论逻辑。其次，选取东部、中部、西部不同业务类型、生命周期不同阶段、不同产业领域的八个典型案例验证了农民合作组织事后扶贫的作用机理。主要结论如下。

第一，从贫困可能产生的不良经济社会后果和扶贫能够带来的经济社会收益来看，事后扶贫是必要而且有效的。对于已经陷入贫困的农户而言，需要采取事后扶贫措施帮助其脱离贫困。贫困会带来失业、教育医疗缺失、健康受损、犯罪、经济下滑、环境污染等一系列不良的经济社会后果。贫困治理能够带来包括就业机会增加、教育医疗水平提升、社会地位提升、消费水平增加、经济发展、国际地位提升等在内的一系列经济社会收益，对冲贫困的不良后果。因此，事后扶贫是必要而且有效的。

第二，农民合作组织能够准确识别并有效瞄准贫困农户，并动态监测贫困农户的贫困变动情况，为扶贫提供重要的决策依据。农民合作组织具有地缘优势，其包容性特征使其能够吸纳贫困农户成为组织成员，为精准识别贫困农户提供基础条件。合作组织能够成为扶贫资源的承载主体，实现扶贫资源到贫困农户之间的精准传递。而且，农民合作组织和贫困农户之间的长期稳定契约保证了合作组织能够长期掌握贫困农户的信息。合作组织的有效沟通机制降低了信息不对称，使其能够拥有更多真实的贫困农户信息。同时，农民合作组织动态监测贫困农户的交易成本更低。

第三，农民合作组织有助于优化贫困农户的可持续生计策略。贫困农户缺乏充足的生计资本会导致生计不可持续，从而带来贫困的加剧和恶化。因此，贫困农户主要通过整合并提升各类生计资本，实现可持续生计策略。农民合作组织可以有效地通过共享知识提升贫困农户的人力资本，通过其自身社会网络提升贫困农户的社会资本，通过共享生产要素增加贫困农户的物质资本，通过共享资金资源提升贫困农户的金融资本，通过共享自然资源提升贫困农户的自然资本，从而为贫困农户可持续生计策略的改善提供重要保障。

第四，农民合作组织能够帮助贫困农户从多个维度减缓贫困。贫困的本质是复杂的、多样的，贫困不仅表现为收入缺乏导致的收入贫困，还表现为能力、权利不足造成的能力贫困和权利贫困。农民合作组织作为自发式的益贫组织，可以通过帮助贫困农户增收，减缓其收入贫困；通过帮助贫困农户提升基本生产能力、获取知识的能力、参与决策的能力、合理利用资源的能力等多方面的自我发展能力，减缓能力贫困；通过保障贫困农户的土地使用权、提升贫困农户的劳动就业权、改善贫困农户的受教育情况等，缓解其权利贫困。

第七章　农民合作组织"成本降低型创新-增长"贫困跨越机制

> 如果有更多人口参与创新，就会给经济提供更多增长动力。
> ——保罗·罗默（Paul Romer）

创新是经济发展最重要的驱动力。农民合作组织作为重要的农业生产经营主体，可以通过创新及其扩散促进自身绩效和农村经济增长，从而为农村减贫贡献力量。农民合作组织不仅能够成为创新主体，帮助组织内部成员实现成本降低和收入增长；还能成为创新中介，通过知识溢出效应让组织外部农户享受创新带来的好处，从而助力农村减贫目标的实现。本章主要分析农民合作组织通过成本降低型创新实现绩效增长及其帮助农户减贫的理论逻辑；在此基础上利用2013年的微观调查数据建立计量经济模型，探讨农民合作组织成本降低型创新的增收和减贫效应，从而对理论分析进行实证。

第一节　农民合作组织成本降低型创新概念框架

一、问题提出

在长期的扶贫工作开展之下，中国取得了巨大的减贫成就。2020年中国脱贫攻坚战取得了全面胜利，现行标准下9 899万农村贫困人口全部脱贫，832个贫困县全部摘帽，12.8万个贫困村全部出列，区域性整体贫困得到解决，完成了消除绝对贫困的艰巨任务（习近平，2021）。但是绝对贫困的消除并不意味着扶贫工作的结束，相对贫困会长期存在，尤其是农村居民收入相对较低，收入差距会长期存在。在中国的农村减贫过程中，融合组织要素和创新要素发挥的重要作用尤其值得关注。

农民合作组织作为农村重要的生产经营主体和服务主体，在促进农村经济发展和减贫中发挥着重要作用。一系列政策文件为农民合作组织参与扶贫指明了方向。2011年出台的《中国农村扶贫开发纲要（2011—2020年）》及2015年颁布的《中共中央 国务院关于打赢脱贫攻坚战的决定》相继指出通过农民专业合作社、农民资金互助组织等合作组织帮助贫困农户发展生产。重点加强贫困地区新型经营主体的培育，强化其与贫困农户的利益联结机制，充分发挥组织、带动作用。经验数据也表明，中国的农民合作组织已经进入蓬勃发展阶段。截至2018年底，全国依法登记的农民合作社达到217.3万家，且农户参与度提高，已突破1亿户，全国近一半（49.1%）的农户选择加入了合作社[①]。同时，以合作社和供销合作社为代表的农民合作组织在脱贫攻坚工作中的作用也逐渐凸显出来。合作社吸纳了全国237.5万个建档立卡贫困农户，约10%的国家示范社位于国家级贫困县，带动22.8万户成员增收，其中合作社成员的户均收入比非成员农户高出20%。

同时，中国的农村科技创新在缓解农村贫困的过程中也发挥了重要作用。2016年印发的《"十三五"脱贫攻坚规划》与2017年发布的《"十三五"农业农村科技创新专项规划》提出，强化科技扶贫精准脱贫，促进科技成果向贫困地区转移转化。2018年中国农业科技进步贡献率达到58.3%[②]，2019年林草科技成果转化率已达55%，科技进步贡献率为53%[③]。2006年颁布的《国家中长期科学和技术发展规划纲要（2006—2020年）》提出更加自觉、更加坚定地把科技进步作为经济社会发展的首要推动力量，把提高自主创新能力作为调整经济结构、转变增长方式、提高国家竞争力的中心环节。农民合作组织作为农村科技创新扩散的重要组织载体，以及农业科技创新的主体，在农业创新中发挥着重要的作用。2019年中央一号文件明确提出强化创新驱动发展，实施农业关键核心技术攻关行动，培育一批农业战略科技创新力量。国务院印发的《关于强化实施创新驱动发展战略进一步推进大众创业万众创新深入发展的意见》指出加快将现有支持"双创"相关财政政策措施向返乡下乡人员创新创业拓展。2007年《中共中央办公厅、国务院办公厅关于加强农村实用人才队伍建设和农村人力资源开发的意见》提出着力培养一批引领农业科技前沿、推动农业科技成果转化的高层次农业科技人才。一系列的政策措施为合作组织参与

---

① 对十三届全国人大一次会议第1578号建议的答复. http://www.moa.gov.cn/gk/jyta/201807/t20180713_6154079.htm，2018-07-13.
② 韩长赋：农业科技进步贡献率达到58.3%. https://page.om.qq.com/page/O63SrNUpdlhOIsN6aQeSPOJw0，2019-09-27.
③ 林草科技推广转化取得多方面成效[EB/OL]. 中国绿色时报, http://www.jxlytech.cn/sf_F0983DB4E29C407FB4DCA62501BE2CB2_250_isenlinzx.html，2020-01-14.

和推动科技创新，促进农村经济发展，助力贫困治理提供了政策保障。

现有研究也从理论和实证角度对合作组织创新增长进行了研究。理论研究早已经明确创新对于经济增长的促进作用。马克思最早明确创新的作用，他认为技术创新是经济发展与竞争的推动力，这一思想为后续创新经济理论的研究奠定了基础。现有研究也开始关注农民合作组织创新（Healy and Côté，2001；Giannakas and Fulton，2003），指出合作组织是现代农业的组织创新（Simpson，2000；郭红东等，2004；战明华等，2004），并且在科技创新过程中发挥了重要作用，表现在以下方面：其能够促进创新扩散和知识传播，从而提高创新成果转化率（Smith，1994；Owens et al.，2003；Yang et al.，2014；罗建利等，2015），在发展过程中也不断推进自身服务内容创新、利益分配机制创新、营销创新等（胡冉迪，2012），在降低农业生产投入品价格、增加农户的知识技能、推广农业技术、激励全社会的创新投入增加（Giannakas and Fulton，2005）等多方面发挥了积极作用。此外，也有研究探讨了农户参与农民合作组织、创新的影响因素（Fulton and Giannakas，2001；Yang and Liu，2012；杨丹，2012；蔡荣和韩洪云，2012；张启文等，2013；Abebaw and Haile，2013；Yang et al.，2021），以及合作组织和创新对农户收入和减贫的影响（Mendola，2007；张成玉和肖海峰，2009；Kassie et al.，2011；梁巧等，2014；温涛等，2015）。相关研究表明合作组织与创新都有助于农户收入的增加和贫困的缓解。

从以上现实背景和理论背景来看，农民合作组织能够成为创新主体和创新中介，推动创新的进程并促进创新成果的扩散，促进合作组织自身绩效增长及农村经济增长，从而惠及合作组织内部成员和外部农户，提升其经济福利，以达到减缓贫困的目的。因此，本书旨在建立一个合作组织创新增长的分析框架，分析合作组织成本降低型创新增长扶贫的作用机理，旨在为设计促进合作组织创新增长扶贫的相关政策提供理论和实践依据。

因此，本章的核心研究问题是农民合作组织成本降低型创新增长的扶贫机制。具体的研究问题包括农民合作组织成本降低型创新促进其自身绩效增长的路径和方式，以及农民合作组织创新增长助力农户贫困减少的基本逻辑。2020年中国实现全面脱贫，为保障脱贫攻坚与乡村振兴的有效衔接，探讨组织要素和创新要素在脱贫攻坚时期的贫困治理作用具有重要的理论和现实意义。

二、概念界定

（一）创新

最早的创新思想可以追溯到马克思（1975）在《资本论》中所提出的自然科

学在技术进步中的作用。斯密（Smith，1982）的《国富论》隐含地提出了创新主要通过论述分工的演化、分工形成和劳动熟练程度的提高来促进技术进步。熊彼特（Schumpter，1912）最早将创新的概念运用到经济学领域，他指出创新和发明是不同的概念，当发明应用于商业领域时才能成为创新。由此，他认为创新是将产品、市场、技术、组织等生产要素和生产条件引入新的生产体系，从而形成新的生产函数，具体包括新产品引入、新方法引入、新市场开辟、新材料供应及新组织形式形成等。然而，熊彼特对创新的定义仅仅局限于企业范围内，即创新主体主要是指企业。但是，随着科学技术的发展，创新的内涵、范围、外延发生了重大变化。创新的概念已经由科学的新发现迅速转化为新技术并直接推动技术进步，即科技创新。创新的范围不再局限于企业内部，创新的主体从企业扩展到科研机构、合作组织、社会团体、个人等各个方面。创新的内涵也延伸到发明、创新产生及创新扩散的整个过程。其中，发明指新构思的产生，以改进或重建产品、工艺或制度为目的，建立新的思想、图纸、模型等。创新成果经过全体潜在采纳者使用形成了创新的扩散。

随着创新内涵的丰富和相关研究的深入，创新的类型也日益多样化。根据创新对象的不同，创新分为制度、管理、技术及产品等的创新。根据创新的范围，创新分为封闭式创新和开放式创新。随着市场竞争的日益激烈，在资源有限性的约束下，传统的封闭式创新逐渐向开放式创新转变。传统的封闭式创新是指组织的创新行为仅仅局限于组织边界以内（Chesbrough，2003a），组织通常将创新行为封闭于组织内部，嵌入在垂直整合商业架构基础上的研发部门当中，并减少与外部合作伙伴或创新实体进行过多的技术信息交流（Freeman and Soete，1997；West and Bogers，2014）。开放式创新则刚好相反，它强调与组织外部的沟通和交流，通过获取外部知识来促进组织内部创新的产生，从而促进产出增加、绩效增长（Chesbrough，2003a；West and Gallagher，2006；Chesbrough and Bogers，2014）。从农业技术创新的角度而言，根据创新的表现形式可以把创新分为具体创新和非具体创新。具体创新是指可以体现在资本物品中的创新，而非具体创新是指无法体现在任何实体物件中的创新（Sunding and Zilberman，2001）。例如，在农业生产中新种子品种、新型农药或肥料等都属于具体创新，而改进灌溉的方式则属于非具体创新。

（二）成本降低型创新

本书所界定的创新涵盖了整个创新过程的发明、创新、扩散三个阶段。对于农民合作组织而言，成本降低型创新是指创新能够降低其农业生产成本或管理成本，属于技术创新范畴。

如图 7-1 所示，可以直观地描述成本降低型创新。图 7-1 中横坐标为资源投入量 X，对应投入成本；纵坐标为产出 Y，对应收益。成本降低型创新使产出路径由原来的 T 向上转动为 T'，此时，要得到不变的产出量 Y_1，资源投入量可以由原来的 X_1 降低为 X_1'。这表明成本降低型创新能够通过降低成本带来单位产出的投入节约。

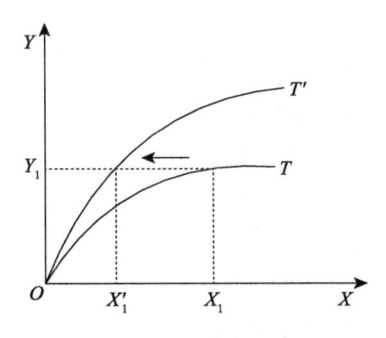

图 7-1 成本降低型创新

农民合作组织成本降低型创新主要体现在以下几个方面：一是农业生产阶段的成本降低型创新。例如，新的农业机械、农业化肥等的研发与应用能够显著提高农业生产效率和资源利用率，降低农业生产的劳动强度，节约农户的人力成本、减少要素投入成本。二是农产品加工运输阶段的成本降低型创新。主要以现代通信技术的研发与使用为典型代表。例如，手机和互联网等现代通信技术的普及和应用，极大地减弱和消除了市场信息在时空方面的障碍（Muto and Yamano，2009；Deichmann et al.，2016；Aker and Ksoll，2016），极大地降低了信息搜寻和沟通成本、交通运输成本。三是农产品销售阶段的成本降低型创新。例如，电子商务的应用减少了大量的中间销售环节，大幅降低了交易过程中的谈判成本、契约成本、运输成本。

三、合作组织成本降低型创新决策

创新是组织获取持续竞争优势最重要的推动力。组织需要持续创新以便在激烈的市场竞争及不确定的外部环境中实现良好的绩效。农民合作组织是否参与创新往往取决于其创新成本和收益之间的对比。因此，可以针对农民合作组织参与成本降低型创新的成本和收益对比，对农民合作组织成本降低型创新决策进行理论分析。

设定 R_0 为农民合作组织成本降低型创新之前的初始收益，C_0 为初始生产成本，因此农民合作组织成本降低型创新前的净收益为

$$r = R_0 - C_0 \quad (7\text{-}1)$$

农民合作组织进行成本降低型创新后，其生产成本会相应降低为 C_1，由此带来的生产成本节约为

$$\Delta C = C_0 - C_1 \quad (7\text{-}2)$$

创新本身会产生创新成本 C_{ic}，因此农民合作组织成本降低型创新之后的总成本变为

$$C' = C_1 + C_{ic} \quad (7\text{-}3)$$

进行成本降低型创新之后的净收益为

$$\begin{aligned} r' &= R_0 - C' \\ &= R_0 - (C_1 + C_{ic}) \end{aligned} \quad (7\text{-}4)$$

因此，农民合作组织成本降低型创新的决策条件是

$$\begin{aligned} & r' > r \\ \Rightarrow\ & R_0 - (C_1 + C_{ic}) > R_0 - C_0 \\ \Rightarrow\ & C_{ic} < C_0 - C_1 \\ \Rightarrow\ & C_{ic} < \Delta C \end{aligned} \quad (7\text{-}5)$$

这意味着只要农民合作组织成本降低型创新的成本小于由此带来的生产成本的节约，合作组织就会选择创新。

进一步，图 7-2 直观地描述了农民合作组织成本降低型创新的成本收益变化。图 7-2 中横坐标为资源投入量 Q，纵坐标为总成本 C 和收益 R。

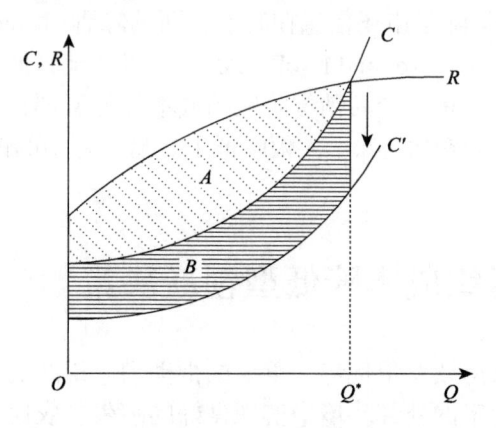

图 7-2　农民合作组织成本降低型创新决策

其中，农民合作组织进行成本降低型创新前的收益曲线为 R，成本曲线为 C。当资源投入量 Q 小于均衡资源投入量 Q^* 时，农民合作组织净收益为收益曲线 R 和成本曲线 C 所夹的阴影部分，即区域 A。当 $C_{ic} < \Delta C$ 时，农民合作组织会采用成本降低型创新，新的总成本曲线向下平移到 C'，净收益会由原来的区

域 A 扩大为区域 $A+B$。其中，区域 B 就是由于合作组织进行成本降低型创新而带来的收益增加部分。因此，农民合作组织采取成本降低型创新是有必要而且有效的。

第二节　农民合作组织"创新-增长"贫困跨越的逻辑解释

农民合作组织成本降低型创新增长扶贫的理论逻辑解释可以从信任、知识外溢和制度网络等角度展开，主要解释合作组织的成本降低型创新路径，以及合作组织创新实现组织绩效增长、农户收入增加，从而减缓贫困的基本逻辑。

一、基于信任的解释

合作组织是基于信任形成的，且内部成员之间的互动会进一步加强信任。合作组织内部不断被强化的信任能够促进合作组织成为创新主体并持续创新，从而实现合作组织绩效增长，帮助成员增加经济收益，从而达到扶贫目标。

（一）合作组织的信任构建

合作与信任之间有较强的互动关系，如图 7-3 所示。农民合作组织往往是基于信任而建立起来的，合作组织成员之间的信任又能够进一步强化合作，因而合作组织内部往往具有较高的信任水平。

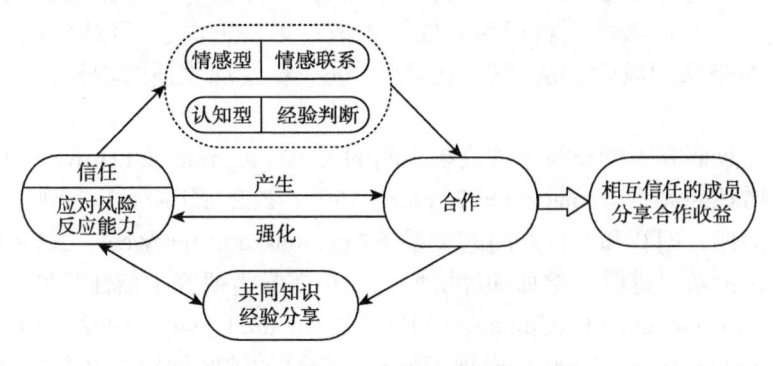

图 7-3　合作与信任之间的互动关系

一方面，信任是合作的基础，信任是为了应对风险而对感知的不确定性做出反应的一种能力。信任会刺激个人、团体和组织之间的合作行为（Mayer et al.，1995；McAllister，1995；Schoorman et al.，2007）。合作伙伴之间的信任和相似的价值观有助于增强合作伙伴之间的信心，确保组织成员对合作组织做出相应的平等贡献，分享合作带来的未来利益（Pesämaa and Hair，2008）。因此，农民合作组织往往能够基于成员之间的相互信任，以及成员和管理者之间的相互信任而组建（徐志刚等，2011）。

另一方面，合作能够进一步加强信任。当合作伙伴能够更好地了解对方、拥有更多的知识、分享更多的经验时，不确定性会减少，合作伙伴之间的信任会增强。McAllister（1995）将合作组织内部的信任分为情感型信任和认知型信任。情感型信任基于相互的关心与照顾而产生，表现为关心对方福利，充分考虑对方的目的和要求，反映信任双方之间特定的情感联系，更多的是一种感性的表现。农民合作组织最初是基于熟人社会网络中农户邻里之间情感上的信任组建的。认知型信任是根据对方的能力和品行等个人特征进行理性的判断而产生的，是对其可信性和可靠性的一种认可。因此，一般能力越强的人越能够赢得其他人的信任。例如，农民合作组织管理者的管理能力被成员认可，成员会更加信任合作组织管理者，成员对合作组织的忠诚度更高，更容易履行惠顾承诺等成员承诺，包括通过合作组织进行产品的销售或农业生产资料的购买（Wadsworth，1991）、参加合作组织提供的生产信息技术培训与指导等（Bravo-Ureta and Lee，1988；Theuvsen and Franz，2007），从而为农民合作组织扶贫工作的开展奠定基础。

（二）基于信任的创新增长扶贫机制

合作组织内部的信任是促进合作组织创新与增长的重要源泉，有助于实现其扶贫目标。基于信任建立的农民合作组织，一方面，可以促进缄默性知识的扩散和交流，从而激励创新行为和创新扩散；另一方面，可以降低创新的成本并分担创新带来的风险，从而促进创新，进一步实现收益的增长，帮助农户缓解贫困。

现有文献研究了创新与经济成果之间的关系（Aghion and Howitt，1992）、信任与经济增长的关系（Knack and Keefer，1997；Zak and Knack，2001），并进一步关注了信任、创新和增长之间的关系（Akçomak and ter Weel，2009），认为信任主要通过创新促进收入增加和经济增长。很多学者研究了信任与创新和增长之间的关系（Grossman and Helpman，1991；Aghion and Howitt，1992；Fritsch，2004；Akçomak and ter Weel，2009），发现信任水平较高的地区创新产出更高（Grossman and Helpman，1991），也更加富有。因此，信任对增长的影响是通过创新发挥作用的（Aghion and Howitt，1992）。信任是创新的重要决定因素，创新是信任影响经济增长的重要渠道（Akçomak and ter Weel，2009）。具体而言，信任程度较高的社会能够更好地管理创新进程，降低创新成本；同时，在相对信任的社会中，创造性的努力将得到回报。主要原因是创新是一项冒险的活动，如果风险投资家和研究者能够相互信任，就会实现双赢。在一个人们更信任对方的环境中，创新就更容易实现。

基于此，本书分析了信任促进合作组织成本降低型创新与增长，进而缓解贫困的机制，如图7-4所示。首先，合作组织基于信任实现创新和增长，主要体现在两个方面。第一，信任有利于缄默性知识的扩散和交流。越来越多的学者开始关注组织内部信任与组织技术创新之间的关系（Oldham and Cummings，1996；Hattori and Lapidus，2004）。组织内部的信任能够有效促进成员之间进行知识共享和交流，从而促进创新增加（Li，2007）。同时，相关研究表明社会关系可以促进相互学习，激励创新，并通过提供更多的资源和多样化的信息来源来推动创新进程（Powell，1990；Flora C B and Flora J L，1993；Storper，1995；Humphrey and Schmitz，1996；Malecki，2000）。信任作为社会关系中一种重要的约束和桥梁机制，能够加强人与人之间的联系，提高信息交流质量，促进集体知识的创造（Murphy，2002）。第二，信任有利于降低创新的成本并分担创新带来的风险。Murphy（2002）研究发现信任有助于减少监督成本和信息成本等交易成本，减少机会主义行为和道德风险，降低创新活动的风险，从而促进创新。合作组织内部普通成员和核心成员之间的信任能够降低成员的逆向选择和道德风险，减少其机会主义行为（李明贤和周蓉，2018），从而降低创新带来的风险；成员和管理者之间的信任能够减少监督成本，从而降低创新成本，促进合作组织创新，并提高创新绩效，带来增长。进一步，基于信任的创新和增长又会助力合作组织参与扶贫。合作组织内部成员之间的信任，提高了合作组织内部成员之间知识、技术的交流和共享的积极性，能够在各自的工作中开展和融入创造性的活动，增加了组织创新产出，从而带来更多的创新效益。合作组织收益增长将带来成员的收入增长，从而帮助绝对贫困农户减缓收入贫困，并帮助相对贫困农户降低收入不平等，减缓相对贫困。研究表明农民合作组织已经成为促进信息交流、改善合作、创新和农户进入市场的必要工具（Bernard and Spielman，2009），同时，也可以通过创造和推广新知识来激发农户的创新潜力（Hall and Clark，2010）。

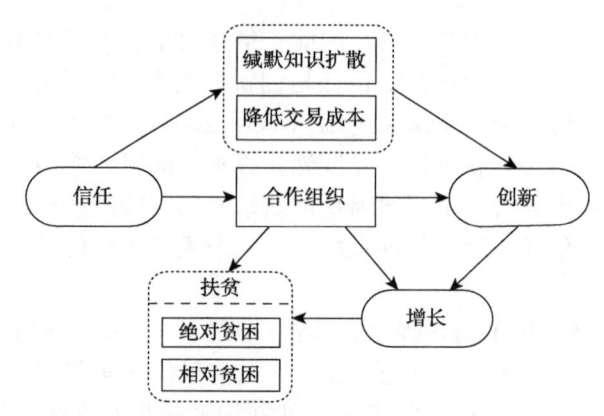

图 7-4　基于信任的合作组织创新增长扶贫机制

二、基于知识外溢的解释

合作组织作为创新主体和创新中介在整个创新过程中的作用日益显著。知识外溢效应促使合作组织创新知识有效扩散到外部农户，从而使合作组织作为创新中介提升外部农户的能力和素质，实现其收入增长；并推动社会创新改善外部环境，实现农村经济增长，帮助外部农户摆脱贫困。

（一）合作组织创新与知识外溢

创新往往伴随着新知识的生产和传播。由于知识具有公共产品属性，开发它的组织或个体不能完全占有它的经济利益（Papaconstantinou et al., 1996），会产生知识外溢效应。具体地，知识外溢是指一个组织或个体在研究过程中所产生的原始的、有价值的知识被其他组织或个体获得的过程，这些知识不仅包括创新知识也包括中间知识（Cohen and Levinthal, 1989）。与技术相关的知识外溢包括具体化技术知识外溢和非具体化技术知识外溢（Griliches, 1979）。前者主要是有形设备和产品的知识外溢，后者往往是无形技术的知识外溢（Sunding and Zilberman, 2001）。对于农民合作组织或者农户而言，具体化技术知识外溢包括拖拉机、化肥、新型良种、新型杀虫剂等的使用或者相关技术的知识外溢，而非具体化技术知识外溢包括综合病虫害防治计划等技术知识的外溢。相较于具体化技术，非具体化技术具有更高的知识外溢效应。

知识的传播是一个复杂的问题（Lambooy, 2006；Antonelli, 2008），知识外溢可以通过多种途径，如市场、出版物、社会网络、教育和劳动力流动等渠道，或通过培训工人使用复杂的资本货物来转移知识。研究表明，农户可以通过技术培训或"干中学"来学习农业技术（张复宏等，2017；董莹和穆月英，

2019）。具体地，在技术采纳初期，农户往往利用教育来降低获取新信息和学习应用新技术的成本；在技术采纳后期，农户更倾向于选择通过模仿学习邻居的行为获取新知识和新技能（杨志海，2018）。研究表明，拥有已经采用新技术的经验丰富邻居的农户往往比没有这种邻居的农户收益更高（Foster and Rosenzweig，1995）。Burger 等（1993）对肯尼亚的研究也进一步肯定了农业领域社会学习效应的存在，指出经济人在做出选择时会更加关注与自己情况类似的人群并向他们学习。合作组织通过对社员的示范、培训、教育促进内部农户获取新知识、采纳新技术，提高内部农户的农业生产经营能力。组织成员农户在农业生产经营过程中使用自己掌握的新知识和新技术会产生溢出效应，对外部农户形成示范和带动，使外部农户通过"干中学"获得新知识和新技能，以此实现知识的传播和创新的扩散。

合作组织是分散的小农户自愿联合成立的互助性经济组织，其基本原则决定了合作组织在农业创新过程中能够发挥越来越重要的作用。合作组织作为创新中介，能够为创新扩散提供平台，有利于促进创新成果的传播和转化。因为合作组织扎根农村，受农民群众信任，能够更方便、更准确地收集农民的创新需求，是农民需求表达的理想载体。同时，合作组织能够在创新主体和农户之间建立沟通和传播的桥梁，帮助科研机构等创新主体把创新知识和成果及服务迅速传播给农户，有助于创新需求与供给的匹配。此外，合作组织作为中介组织，可以帮助农户解决创新需求表达过程中产生的其他问题，畅通创新扩散渠道，提高创新成果转化率。此外，合作组织作为创新主体能够根据农业生产过程中的实际需要生产新知识，研发新技术，或者将自身原有服务功能与其他服务相结合进行组织创新，如投入供应和集体营销服务（Carney et al.，1996；Hussein，2001），通过技术培训和宣传教育等方式帮助合作组织内部成员学习新知识和采纳新技术。合作组织的规模优势还有助于有效解决农户创新采纳度低、创新成本高等问题。

（二）基于知识外溢的创新增长扶贫机制

知识外溢作为创新扩散的动力源，是增加组织创新产出、提高组织生产率的重要机制（Freeman，1991）。新增长理论将知识引入增长模型，指出知识的积累是技术进步的源泉，知识积累通过促进技术进步从而实现经济增长，在促进现代经济增长中发挥着决定性的作用。罗默（Romer，1986）提出的"知识外溢长期增长模式"强调了知识资本的功能。鉴于知识的外部性特性，产生的新知识会快速传播到整个社会中，实现人类知识共享，有利于改善社会整体环境，从而提高社会福利。对于合作组织来说，基于知识外溢效应，合作组织外部农户获得内部农户的创新知识成果,可以实现创新收益共享,从而帮助内外部农户摆脱贫困。

农民合作组织通过知识外溢实现经济增长从而达到扶贫效果的机制如图7-5所示。创新带来的知识外溢是创新成果转化为现实生产力的重要途径：一方面,知识外溢能够降低创新扩散成本,使新知识和新技术更高效地传播扩散到农民手中。知识外溢效应的存在可以降低创新知识扩散过程中的信息交流成本、协商谈判成本、交通运输成本,以及农户的技术采纳成本,进而降低新技术采纳农户的农业生产成本,促使组织外部农户积极获得最新的知识和技能。另一方面,由于知识外溢效应的存在,合作组织创新能够进一步推动社会创新,从而改善整个外部环境,形成全民创新的氛围,有效提高创新成果的转化率。

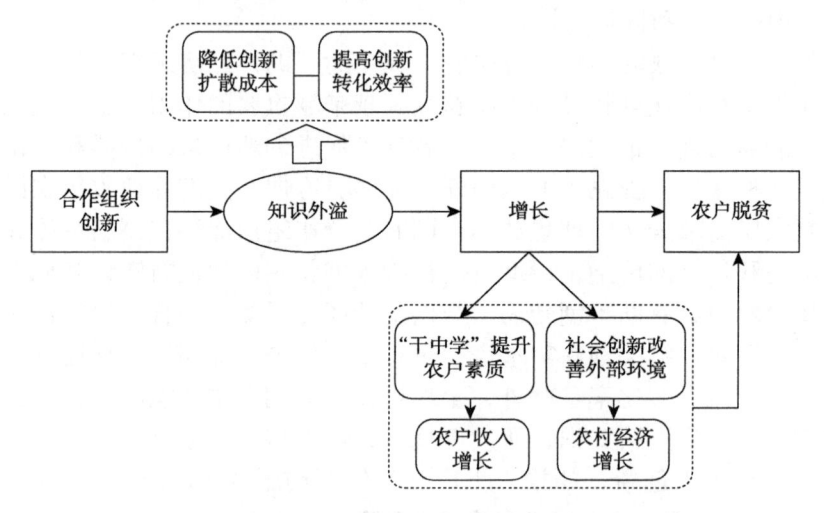

图7-5 基于知识外溢的合作组织创新增长扶贫机制

通过知识外溢,合作组织能够实现两个方面的增长,从而帮助农户摆脱贫困。一方面,通过农户的"干中学"获取创新成果提升农户自身素质,实现农户的收入增长。合作组织能够将组织内部获得的创新知识通过知识外溢传播给组织外部农户,提高农户的自身素质和能力,从而带来收入增长,甚至将创新的研发能力内化,促进农户由知识需求主体向供给主体转变（欧阳煌和李思,2016）,从而摆脱能力贫困。森（Sen,1998）认为贫困产生的根本原因是贫困人口缺乏获得收入的能力和机会。因此,个人能力的培养是帮助贫困人口脱贫的有效途径（Sen,2002）。另一方面,合作组织通过带动社会创新改善外部环境,实现农村经济增长。在农业生产实践中,普遍存在着农业技术进步缓慢,以及在农产品销售时农民、消费者和农业资源提供者之间创新收入分配不均等现实问题（Luo and Hu,2015）。合作组织创新及其带来的知识外溢能够促进农业技术进步,有效提高农业生产效率，改善农产品质量，从而促进农村经济增长。同时，创新活动能够使农产品生产成本降低，获得价格优势，有助于农产品出口（Karantininis et al., 2010; Alarcón and Sánchez, 2016），提升农产品的国际竞争力，进一步促进农村经济增长，有助于使贫困农户在农村经济增长的带动下脱离贫困。

三、基于制度网络的解释

合作组织作为制度网络中的重要制度主体和制度节点，能够通过关系嵌入和结构嵌入的方式影响政府等其他制度主体的行为和选择，有助于在创新过程中节约交易成本，从而实现绩效增长，并增加农户收益，达到扶贫目的。

（一）合作组织与制度网络

制度是正式规则、非正式规则及规则实施机制共同形成的相互联系与相互作用的复杂稳态结构，能够长期约束和规范人类的行为（North, 1990）。网络被定义为一种长期相互联结的关系。从本源上说，网络是制度产生的方式。由此，制度网络被定义为所有不同制度内容及其组织安排的集合，即以网络结构形式存在的制度体系。在这个制度体系中，各制度间长期相互联系、相互作用，从而形成了一种稳定的联结结构形态。制度网络的有效运行依赖于制度主体之间的良性互动。制度主体是制度的行为主体，囊括纵向和横向两个维度，纵向主体有基层政府、地方政府和中央政府，横向主体包括政府、市场、企业、合作组织、科研机构及其他社会行为主体。农民合作组织是农户农业生产经营及农户之间契约联系等制度安排的重要制度主体之一，内嵌于制度网络之中，连接制度网络中的其他制度主体，共同发挥制度作用，而制度主体之间的相互作用也会对制度变迁过程产生影响。

根据制度主体的嵌入方式，可以将制度网络分为结构嵌入性制度网络和关系嵌入性制度网络（Granovetter, 1985）。图7-6展示了两种制度网络结构。其中，结构嵌入性制度网络是指存在某些核心制度主体，其他众多制度主体围绕核心主体进行策略选择，并组织自己的行为。一般而言，网络结构中的核心制度主体具有相对的资源和权力优势，掌握着资源控制和分配的权力。结构嵌入性制度网络的关键问题在于各制度主体在网络中的网络位置、中心度和网络规模等结构属性的把握。关系嵌入性制度网络是指由大量聚集度相近的制度主体基于相互的信任而形成的制度网络结构，各制度主体独立、平等、互信，并且能够进行信息和资源的共享。网络中制度主体间的连接特性、关系质量、关系持久度及关系强度等是关系嵌入性制度网络要解决的核心问题。

(a) 结构嵌入性制度网络　　(b) 关系嵌入性制度网络

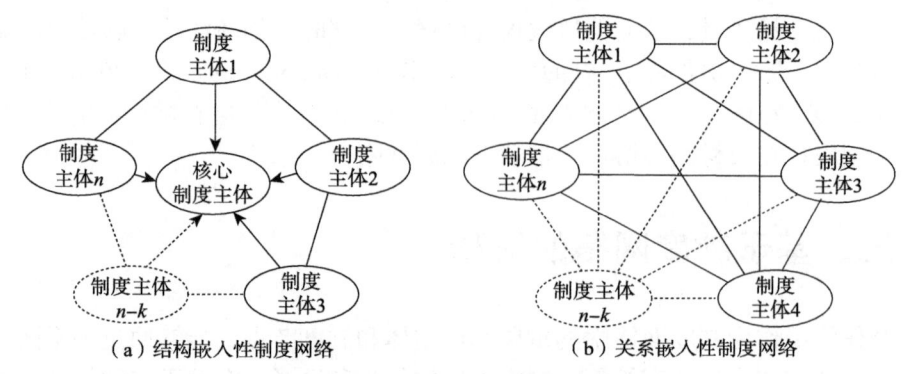

图 7-6　结构嵌入性和关系嵌入性制度网络

农民合作组织在扶贫过程中所属的制度网络并非单一的关系嵌入性制度网络或者结构嵌入性制度网络。当合作组织通过获取政府资源参与扶贫时，所处的制度网络表现出更明显的结构嵌入性制度网络特征。此时，制度网络中的核心制度主体是政府，合作组织和其他制度主体主要围绕政府的相关政策措施采取相应的行为和策略，以最大化地获取扶贫资源，合作组织和其他制度主体之间是竞争关系，即竞争性地获取政府的扶贫资源。当合作组织通过与政府之外的其他主体协作参与扶贫时，所处的制度网络表现出更明显的关系嵌入性制度网络特征。此时，合作组织和其他制度主体之间是协作关系，在平等互信的基础上共享扶贫信息和资源。总之，无论合作组织以何种方式内嵌于制度网络或与其他制度网络主体建立联系，都丰富了制度网络的内容。制度网络为合作组织与其他制度主体之间的交流与协作提供了支持与保障，推动制度的演化和自我加强。

（二）基于制度网络的创新增长扶贫机制

创新是农民合作组织整合多种资源、实现新组合、寻求新增长的过程。农民合作组织通过参与创新带来自身绩效增长，并通过组织内部收益共享带来合作组织内部成员的收入增加；同时，通过促进创新扩散带来农村经济的增长，并使合作组织外部的非成员农户享受到经济增长带来的好处，从而实现扶贫目的。在这个过程中，制度网络往往发挥着重要的作用。

制度网络能够为农民合作组织提供有效的资源通道，以促进合作组织参与创新，并实现绩效增长。制度网络是合作组织创新过程中的一种资源通道，有助于通过促进资源流动和优化资源配置提升合作组织创新收益（McKitterick et al., 2016）。一方面，制度网络在农民合作组织创新发展过程中所提供的信息、技术、税收、金融等方面的制度供给，有利于形成政府、市场与农民合作组织的良性互动，促进资源的有效流动。例如，合作组织通过制度网络与其他制度主体建立联系，通过整合并优化配置资源，为农户提供专业化的农业生产经营服务，将农户与各级政府、农技推广部门、研究机构、金融机构等制度主体联系起来（Gouët and van Paassen，2012），使农户在农业生产经营过程中所需的农业技术、农业信息、资金、农机设备等资源要素更有效地向农户流动。另一方面，合作组织通过制度网络能获取非市场化的特殊资源。合作组织与政府之间通过制度网络建立良好的关系，可增强政府对合作组织的信任，有利于合作组织从政府部门获得通过市场难以获得的资源和信息（Park and Luo，2001）。同时，合作组织与政府机构的网络嵌入还能提升合作组织的声誉与合法性，以提高其他市场主体对合作组织的认可程度，增强合作组织从政府以外的其他主体获取非市场化信息、知识和资源等要素的能力。非市场化的资源包括政府提供的一些奖励、补贴，以及其他主体提供的援助等。非市场化资源和信息与合作组织现有的资源和信息具有互补性，有助于形成"新组合"，进而推动合作组织创新。

制度网络能够帮助农民合作组织在创新过程中节约交易成本，带来创新收益的提升，有助于扶贫目标的实现。制度在经济发展过程中通过降低信息不对称、减少信息沟通成本和交易费用，提高经济活动的稳定性，建立安全性屏障，从而促进经济发展。合作组织所处的结构嵌入性制度网络能够帮助合作组织获取政府的支持和制度优势，应对环境的不确定性、降低风险、节约交易成本。一方面，制度网络能够通过促进信息交流降低交易成本。合作组织通过制度网络搜寻信息进行创新决策，以减少信息不对称、提高沟通效率，实现创新供需匹配；不同制度主体会通过制度之间的联结性来直接判断交易的可行性，通过制度网络的联结构建现实的行动网络，降低信息传递的费用。另一方面，制度网络通过知识、能力和专用资产的共享节约交易成本。制度网络的存在使不同制度主体沟通交流的频率加大，能够通过相互学习共享知识、能力和专用资产，并自动进行成本分摊，从而降低交易成本，增加创新收益。

制度网络能够在农民合作组织创新过程中促进知识流动，推动创新扩散，实现经济增长。制度网络提供了更多获取异质性知识和信息的机会（Schilling，2007），能够促进创新过程中的知识流动，形成知识转移，即创新扩散，从而让更多农户分享创新成果，实现收入增长。例如，研究机构的科研成果转移到合作组织，合作组织将科研成果应用于实践，然后把创新成果分享给组织内部成员，通过溢出效应把创新成果扩散给外部非组织成员，让他们享受到创新带来的好处。制度网络通过传递和扩散编码化的知识，促进合作组织创新和扩散（Baron and Kenny，1986），主要体现在以下方面：第一，制度网络有助于合作组织建立创新扩散网络，优化产业要素配置，能够实现创新成果高效推广的传播目标，并且由于内源性作用容易形成集聚效应，形成较强的扩散势能（欧阳煌和李思，2016）。第二，制度网络能够降低创新扩散成本。基于制度网络路径的创新扩散，有助于加强主体间的合作交流频率，降低创新推广成本和创新采纳成本。合作组织基于制度网络进行技术创新扩散,加快了创新扩散速度,提高了农户创新采纳程度,促使外部农户不断获得新知识并进行有效整合,提高了创新绩效,充分发挥创新效益并帮助农户减贫。

第三节 "成本降低型创新-增长"贫困跨越实证框架

理论分析表明合作组织能够通过成本降低型创新实现增长,从而达到扶贫效果,进一步地,本节试图构建实证分析框架以寻找经验证据。基本思路是从农户角度出发,检验其参与合作组织与采纳成本降低型农业技术的决策对其农业收入产生的影响。具体地,首先基于中国 15 省的微观调查数据分析农户的决策行为对其农业收入的影响,为了修正选择偏误,本节采用双重选择模型进行实证分析。其次,利用倾向得分匹配方法构建反事实场景,计算平均处理效应(average treatment effect for the treated,ATT)来验证农户参与合作组织与采纳成本降低型农业技术的增收和扶贫效应。

一、变量定义与描述性统计

农户的两个决策行为会产生四种不同的模式,如表 7-1 所示。我们对四种模式下的农户样本进行了描述统计。需要特别指出的是,已有关于合作组织研究文献中的微观调查数据大多仅关注合作组织内部成员的调研,而本章所采用的调查样本更全面地涵盖了参与合作组织的农户、未参与合作组织的农户、采纳成本降低型农业技术的农户、未采纳成本降低型农业技术的农户,为本章的实证分析提供了可行性。

表7-1 四种模式下样本的分布　　　　　　　　　　　　　单位:户

合作组织参与决策	未采纳成本降低型农业技术	采纳成本降低型农业技术
未参与合作组织	116	16
参与合作组织	171	93
合计	287	109

资料来源:研究团队微观调查数据

为了对理论逻辑进行验证，选取的因变量为农户的农业收入，核心自变量为农户的两个决策，即农户是否参与合作组织和是否采取农业机械这一成本降低型农业技术。为了纠正选择性偏误，基于理论分析和已有文献，采用社会资本（McEvily et al.，2003；朱月季，2016）来解释农户的两个决策行为；其他的控制变量包括农业投入（Fischer and Qaim，2012；Verhofstadt and Maertens，2014a；杨丹和刘自敏，2016）、农户特征（朱红根等，2008；Abebaw and Haile，2013；刘俊文，2017）、区位特征（蔡荣和韩洪云，2012；Yang and Liu，2012）。其中，社会资本主要从社会网络、社会信任与社会参与三个方面来度量（Putnam et al.，1994）。特定社会个体之间通过长期的交往形成的相对稳定的社会关系，即社会网络，主要构成要素包括社会网络规模和成员间的交流频度（Foster and Rosenzweig，1995），以农产品远销地作为农户社会网络规模大小的代理变量，以农户之间的互助合作作为农户社会网络交流频度的代理变量。农户农产品销售的范围越大、农户之间互助程度越高，表明农户的社会网络效应越强。社会信任是社会网络成员相互信任的一种表现（Putnam et al.，1994），有助于增进成员之间相互合作。用村受教育程度、农业保险作为社会信任程度的代理变量，农户所在的村庄整体受教育程度高，有利于相互讨论做出理性的决策，可以产生较好的集体信任感。农户购买农业保险，可以为农业生产提供保障，减少后顾之忧，在转移风险的基础上敢于信任或尝试新事物。社会参与是个体参与到社会网络中并获取稀缺资源的重要方式（Portes，1998）。用农业技能培训、农业信息服务作为社会参与的代理变量。表 7-2 给出了研究变量的具体定义和描述性统计。

表7-2 变量定义和描述性统计

变量类型	变量名		含义及赋值	均值	标准差
收入变量	农业收入		农户 2012 年种养业收入（元）的自然对数	10.93	1.17
决策变量	合作组织参与决策		参与合作组织=1，未参与合作组织=0	0.67	0.47
	成本降低型农业技术采纳决策		农业机械：采纳=1，未采纳=0	0.28	0.45
社会资本	社会网络	农产品远销地	农产品最远销往地：国外=7，外省=6，本省=5，本市=4，本县=3，本乡=2，本村=1	4.51	1.39
		互助合作	很高，经常互助=4；较高，有时互助=3；较低，偶尔互助=2；很低，基本不合作=1	2.44	1.18
	社会信任	村受教育程度	本村受教育程度为高中及以上的人员占比（%）	24.00	15.76
		农业保险	购买过农业保险=1，未购买过农业保险=0	0.41	0.49
	社会参与	农业技能培训	接受过农业培训=1，未接受过农业培训=0	0.74	0.44
		农业信息服务	是否获取过农业信息服务：是=1，否=0	0.81	0.40

续表

变量类型	变量名	含义及赋值	均值	标准差
农业投入	劳动力	家庭成员从事农业生产的劳动力（人）	2.62	1.02
	劳动力占比	劳动力占家庭人员的比例（%）	0.61	0.20
	经营土地	农户经营的土地面积（亩）	2.35	0.79
	物质资料	购买农业生产资料、雇工、租用农机等费用（元）的自然对数	9.61	1.47
	固定资产	现有农机折合现值（元）的自然对数	4.77	4.12
	农业贷款	2012年农户贷款额（元）的自然对数	3.35	4.78
农户特征	户主性别	男性=1，女性=0	0.82	0.38
	户主年龄	2012年户主的年龄（周岁）	44.38	9.27
	户主受教育程度	专科以上=5，高中=4，初中=3，小学=2，未接受教育=1	3.03	0.90
	户主党员身份	户主是共产党员=1，否=0	0.19	0.39
	技能专长	有专业专长=1，无专业专长=0	0.54	0.50
	家庭外出就业人数	家庭外出务工人员（人）	0.49	0.69
	家庭非农收入占比	非农收入/家庭总收入（%）	0.21	0.25
	家庭经济状况	很富裕=5，比较富裕=4，一般=3，比较贫穷=2，很贫穷=1	3.93	0.79
区位特征	政府支持	政府对合作组织的支持力度：非常大=5，比较大=4，一般=3，比较小=2，很小=1	3.29	1.25
	市场距离	本村离最近的农贸市场的距离（千米）	6.64	6.04
	村庄地形	山区=1，非山区=0	0.28	0.45

注：本书对变量取自然对数的处理方法都是用该变量取值+1再取自然对数

二、双重选择模型设定

本书通过双重选择模型分析农户的合作组织参与决策和成本降低型农业技术采纳决策的影响因素，并在修正选择偏误的基础上分析决策行为对农户农业收入的影响。采用双重选择模型的原因如下：一是农户决策行为受自我选择的影响，并非随机产生，若不考虑农户决策时所导致的选择偏误，直接考虑对农业收入的影响将会得到不一致的估计结果（Heckman and Vytlacil，2007），因此在分析农户决策对农户农业收入影响时需要消除样本选择偏误。二是农户的两个决策之间并不是独立进行的，需要同时进行估计，因此选择一阶段为Biprobit模型的双重选择模型是最合适的。

双重选择模型是同时考虑两个决策的内生偏误的两步估计模型。第一步使用Biprobit模型研究农户的两种决策行为，并计算逆米尔斯比率；第二步使用OLS （ordinary least squares，普通最小二乘）估计法研究加入选择性修正项（即逆米尔斯比率）时结果变量与解释变量之间的关系。

用 U_v 和 U_u 分别代表农户参与合作组织的期望收益和农户未参与合作组织的期望收益，如果 $U_v^* = U_v - U_u > 0$，农户就会组织化。用 U_s 和 U_o 分别代表农户采纳成本降低型农业技术的预期收益和使用传统技术的预期收益，如果 $U_s^* = U_s - U_o > 0$，农户就会采纳成本降低型农业技术。农户的净收益为 U_s^*，U_v^* 为潜变量，设定如下：

$$\begin{cases} U_v^* = x_v'\beta_v + \varepsilon_v \\ U_s^* = x_s'\beta_s + \varepsilon_s \end{cases} \quad (7\text{-}6)$$

其中，扰动项（ε_v，ε_s）服从二维正态分布，即期望为0，方差为1，相关系数为 ρ。因为净收益 U_s^*，U_v^* 为潜变量，不可观测，决策者可观测的选择为

$$D_v = \begin{cases} 1, & U_v^* > 0 \\ 0, & U_v^* \leqslant 0 \end{cases} \quad D_s = \begin{cases} 1, & U_s^* > 0 \\ 0, & U_s^* \leqslant 0 \end{cases} \quad (7\text{-}7)$$

其中，D_v 为农户参与合作组织的决策变量；D_s 为农户采纳成本降低型农业技术的决策变量。农户的两个决策会导致四种模式，因此总样本被分为四个子样本，分别记为 YB$_1$、YB$_2$、YB$_3$、YB$_4$，如表7-3所示。

表7-3　两个决策的四种模式

合作组织参与决策	$D_s=0$	$D_s=1$
$D_v=0$	YB$_1$	YB$_2$
$D_v=1$	YB$_3$	YB$_4$

因此，可以得到农户的两个选择决策对应的四个子样本相应的概率 P_{00}、P_{01}、P_{10}、P_{11} 如下：

$$P_{00} = \mathrm{pr}(D_s=0, D_v=0) = \mathrm{pr}(\varepsilon_s \leqslant -x_s'\beta_s, \varepsilon_v \leqslant -x_v'\beta_v) = \Phi(-x_s'\beta_s, -x_v'\beta_v, \rho) \quad (7\text{-}8)$$

$$P_{01} = \mathrm{pr}(D_s=0, D_v=1) = \mathrm{pr}(\varepsilon_s \leqslant -x_s'\beta_s, \varepsilon_v > -x_v'\beta_v) = \Phi(-x_s'\beta_s, x_v'\beta_v, -\rho) \quad (7\text{-}9)$$

$$P_{10} = \mathrm{pr}(D_s=1, D_v=0) = \mathrm{pr}(\varepsilon_s > -x_s'\beta_s, \varepsilon_v \leqslant -x_v'\beta_v) = \Phi(x_s'\beta_s, -x_v'\beta_v, -\rho) \quad (7\text{-}10)$$

$$P_{11} = \mathrm{pr}(D_s=1, D_v=1) = \mathrm{pr}(\varepsilon_s > -x_s'\beta_s, \varepsilon_v > -x_v'\beta_v) = \Phi(x_s'\beta_s, x_v'\beta_v, \rho) \quad (7\text{-}11)$$

其中，$\Phi(\cdot,\cdot,\pm\rho)$ 表示带有相关系数 $\pm\rho$ 的标准二维正态分布的累积分布函数。在双重选择模型的第一步 Biprobit 模型估计中，可以得到如下的似然函数：

$$L = \prod_{YB_1} \Phi(-x_s'\beta_s, -x_v'\beta_v, \rho) \cdot \prod_{YB_2} \Phi(-x_s'\beta_s, x_v'\beta_v, -\rho) \\ \cdot \prod_{YB_3} \Phi(x_s'\beta_s, -x_v'\beta_v, -\rho) \cdot \prod_{YB_4} \Phi(x_s'\beta_s, x_v'\beta_v, \rho) \quad (7\text{-}12)$$

最大化该似然函数即可得到参数估计值。利用 Biprobit 模型估计的结果，可

估计出逆米尔斯比率 $\hat{\lambda}_{sv}^{s}$ 和 $\hat{\lambda}_{sv}^{v}$。进一步，修正后的农户农业收入方程为

$$Y_{sv} = Z'\alpha_{sv} + \sigma_{sv}^{s}\hat{\lambda}_{sv}^{s} + \sigma_{sv}^{v}\hat{\lambda}_{sv}^{v} + \xi_{sv} \tag{7-13}$$

其中，$\xi_{sv} = \mu_{sv} - \sigma_{sv}^{v}\hat{\lambda}_{sv}^{v} - \sigma_{sv}^{s}\hat{\lambda}_{sv}^{s}$，两个 $\hat{\lambda}$ 项修正了双重选择偏误，$\hat{\lambda}_{sv}^{v}$ 项修正了农户参与合作组织的选择偏误，$\hat{\lambda}_{sv}^{s}$ 项修正了采纳成本降低型农业技术决策的选择偏误。

三、倾向得分匹配方法

双重选择模型在修正选择偏误的基础上分析了农户的两个决策对其农业收入的影响，但不能刻画农户的决策行为在多大程度上影响了其农业收入。因此，进一步采用倾向得分匹配方法通过构建反事实场景，计算平均处理效应验证农户的决策行为是否具有增收效应，进一步量化其增收幅度。

倾向得分匹配方法的基本思路如下：以可观测变量为依据，找到能够与每个处理组个体匹配的反事实个体，组成控制组，通过对比控制组和处理组的差别，排除其他因素的干扰，因而相对比较客观。具体步骤如下。

第一步是计算倾向得分。通过 Logit 模型计算农户做出决策的概率，即倾向得分：

$$p_i = p(x_i) = \text{prob}\{D_i = 1 \mid x_i\} \tag{7-14}$$

其中，D_i 为因变量，代表农户做出决策（$D_i=1$，采纳决策；$D_i=0$，未采纳决策）；x_i 表示个体的特征变量。

第二步是进行倾向得分匹配。根据计算的倾向得分，为每个处理组个体匹配最相近"反事实"个体。最邻近匹配、核匹配、半径匹配是较为常用的三种匹配方法。本书分别利用这三种匹配方法进行估计，以期获得稳健性的结果。

第三步是根据匹配样本计算平均处理效应。平均处理效应表示个体 i 在处理状态下的观测结果与其反事实的差，称为平均处理效应的标准估计量，其形式为

$$\text{ATT} = E\{Y_i(1) - Y_i(0) \mid D = 1\} = E\{Y_i(1) \mid D = 1\} - E\{Y_i(0) \mid D = 1\} \tag{7-15}$$

第四节 "成本降低型创新-增长"实证分析

合作组织成本降低型创新增长的思路是分析全样本农户参与合作组织、采纳

成本降低型农业技术的增收效应。利用全样本农户数据建立双重选择模型分析低收入农户的合作组织参与决策和成本降低型农业技术采纳决策的影响因素，以及在修正选择偏误的基础上分析决策行为对农户农业收入的影响。并利用倾向得分匹配方法构建反事实场景，计算平均处理效应来验证农户参与合作组织与采纳成本降低型农业技术的增收幅度。

一、全样本农户决策影响因素

通过采用双重选择模型分析合作组织成本降低型创新带给农户的增收效应得到相应的实证结果。双重选择模型是二阶段回归，一阶段回归主要分析农户两个决策的影响因素。表 7-4 展示了双重选择模型的一阶段回归结果，该结果显示农户的两个决策之间的相关系数 ρ 为 0.299，在 1%的水平上显著，表明农户参与合作组织与采纳成本降低型农业技术之间有很强的相关性，不是相互独立进行的，因此模型的选择是合适的。

表7-4 全样本双重选择模型一阶段回归结果

变量			合作组织参与决策		成本降低型农业技术采纳决策	
			估计系数	标准误	估计系数	标准误
社会资本	社会网络	产品远销地	0.067	0.054	0.107***	0.036
		互助合作	−0.022	0.073	0.080	0.065
	社会信任	村受教育程度	0.016***	0.005	0.017***	0.003
		农业保险	−0.073	0.155	0.239**	0.115
	社会参与	农业技能培训	0.852***	0.209	0.080	0.128
		农业信息服务	0.855***	0.218	−0.100	0.135
农业投入		劳动力占比	0.325	0.462	0.396	0.281
		经营土地	−0.082	0.102	0.100	0.080
农户特征		户主性别	0.387*	0.222	0.107	0.208
		户主年龄	−0.022**	0.009	0.002	0.008
		户主受教育程度	−0.066	0.096	−0.028	0.078
		户主党员身份	0.145	0.194	−0.116	0.125
		技能专长	0.266*	0.160	0.213*	0.112
		家庭外出就业人数	−0.024	0.106	0.064	0.101
		家庭非农收入占比	−1.637***	0.341	−0.996***	0.290
区位特征		政府支持	0.085	0.059	0.057	0.043
		市场距离	−0.028**	0.011	−0.004	0.010
		村庄地形	0.554***	0.210	0.040	0.148

续表

变量	合作组织参与决策		成本降低型农业技术采纳决策	
	估计系数	标准误	估计系数	标准误
常数项	−0.614	0.721	−2.482***	0.662
N			396	
Log pseudolikelihood			−744.072	
ρ			0.299***	

*、**、***分别表示在10%、5%、1%的水平上显著

其一,可以看出社会资本对农户决策行为的影响。从社会网络方面来看,农产品远销地对采纳成本降低型农业技术有显著的正向促进作用,农产品销售的范围越广,说明其产品越具有竞争力,而采纳成本降低型农业技术是提升产品竞争力的一种有效的途径。但是,农产品远销地对农户参与合作组织有正向但不显著的影响。从社会信任方面来看,村受教育程度对农户参与合作组织与采纳成本降低型农业技术有正向促进作用,受教育程度高的农户越多越有利于农户科学认识合作组织和成本降低型农业技术的优势,从而容易达成共识,促进农户做出决策。农业保险的购入对参与合作组织没用显著影响,但是对采纳成本降低型农业技术有促进作用,如果农户购买农业保险,会转移自然灾害等对农业正常生产的风险,在增强抵御农业风险的基础上为其采纳成本降低型农业技术减少顾虑并奠定前提条件。从社会参与方面来看,接受农业技术培训对参与合作组织有正向促进作用,对采纳成本降低型农业技术没有影响。农户接受农业技术培训会了解到农业技术的益处,而合作组织会提供农业技术培训的服务,因此农户会倾向于参与合作组织,该结果与已有文献研究一致(Mojo et al.,2015;杨丹和刘自敏,2016)。成本降低型农业技术需要更为专业的技术培训,但农户接受的技术培训倾向于种植与养殖的技术层面,因此会出现正向影响,但不会显著。农业信息服务对农户参与合作组织有显著的正向影响,合作组织本身会提供一定的农业信息服务,则参与合作组织有利于农户获取农业信息,减少信息不对称(褚彩虹等,2012;Wossen et al.,2017)。

其二,可以看出户主特征变量对农户决策行为的影响。户主性别为男性对参与合作组织有明显的促进作用,对采纳成本降低型农业技术没有明显的正向影响。户主的年龄大对农户参与合作组织有抑制作用。农户拥有技能专长对参与合作组织与采纳成本降低型农业技术有显著的促进作用,表明有技能的农户参与合作组织可以利用合作组织提供的农业服务,减少农户对农业时间精力的投入,采纳成本降低型农业技术同样有相同的效果。家庭非农收入占比对农户参与合作组织与采纳成本降低型农业技术均有显著负向影响,表明非农收入比例越高的农户越倾向于从事非农产业,进而对参与合作组织与采纳成本降低型

农业技术有抑制作用。区位特征同样会影响农户决策行为。市场距离对农户参与合作组织有显著的负向作用,即市场距离越远越不利于农户参与合作组织,距离越近越有利于农户参与合作组织。因为市场具有集聚作用,离得越远合作组织数量减少,因此市场距离越远越不利于农户参与合作组织(蔡荣和韩洪云,2012;Ainembabazi et al.,2017)。地形对农户参与合作组织有显著的正向影响,地形为山区交通设施不发达,农户参与合作组织有利于降低运输成本,该结果与已有文献研究一致(吴比等,2016)。

二、全样本农户决策对农业收入的影响

从双重选择模型二阶段回归结果(表7-5)可以得出,农户的合作组织参与决策、采纳成本降低型农业技术决策对农户农业收入均有显著的正向影响。这表明农户参与合作组织、采纳成本降低型农业技术都有助于提高农户的收入。该结果与已有文献研究一致(王静和霍学喜,2015;Mojo et al.,2017)。

表7-5　全样本双重选择模型二阶段回归结果

变量名		农业收入	
		估计系数	标准误
决策变量	合作组织参与决策	0.386*	0.215
	成本降低型农业技术采纳决策	1.081***	0.170
农业投入	劳动力	0.020	0.038
	经营土地	0.039	0.053
	物质资料	0.567***	0.029
	固定资产	0.011	0.007
	农业贷款	0.003	0.007
农户特征	户主性别	0.104	0.122
	户主年龄	0.002	0.005
	户主受教育程度	0.012	0.048
	家庭外出就业人数	-0.055	0.066
	家庭经济状况	-0.079*	0.046
区位特征	市场距离	0.009	0.006
	村庄地形	-0.144*	0.086
常数项		4.809***	0.476

*、**、***分别表示在10%、5%、1%的水平上显著

此外,影响农户农业收入的因素还包括:①农业投入。农户的物质资料投入显著正向影响农户的农业收入;劳动力投入、经营土地投入、固定资产投入、农

业贷款对农户的农业收入虽然没有显著影响，但系数为正，表明农户的各项农业投入越高越能够提高农业收入。②农户特征。家庭经济状况对农户农业收入有显著的负向影响，可能的解释是家庭经济状况好的农户对农业收入的依赖性不强，对农业收入关注相对比较低，会将更多的精力投入非农生产而获得非农收入，而家庭经济状况差的农户依赖于农业生产，在农业生产中投入较多，使得农业收入相对比较高。③区位特征。村庄地形为山地对农业收入有显著的负向影响，地形为山地不利于机械化生产，更多地依赖人畜从事农业生产，生产力效率低下，不利于提高农业收入。

三、全样本农户决策行为的增收效果

为了明确农户的两个决策带来的农户农业收入的增加幅度，进一步采用倾向得分匹配方法构建反事实场景计算平均处理效应来验证农户参与合作组织与采纳成本降低型农业技术是否具有增收效应，并量化其具体增收幅度。

倾向得分匹配方法的第一阶段 Logit 的回归结果，见表 7-6，在此基础上可计算倾向得分，然后可计算平均处理效应。

表7-6 农户决策的倾向得分匹配一阶段回归结果

变量			倾向得分匹配一阶段回归			
			合作组织参与决策		成本降低型农业技术采纳决策	
			估计系数	标准误	估计系数	标准误
社会资本	社会网络	产品远销地	0.100	0.107	0.192*	0.100
		互助合作	0.104	0.122	0.391***	0.115
	社会信任	村受教育程度	0.023**	0.009	0.020**	0.008
		农业保险	0.094	0.299	0.774***	0.263
	社会参与	农业技能培训	1.730***	0.326	0.472	0.356
		农业信息服务	1.713***	0.370	0.213	0.360
农业投入		劳动力占比	−0.451	0.663	0.117	0.630
		经营土地	−0.181	0.196	0.162	0.162
农户特征		户主性别	0.752**	0.355	−0.023	0.350
		户主年龄	−0.044***	0.016	−0.003	0.016
		户主受教育程度	−0.063	0.167	0.040	0.160
		户主党员身份	0.186	0.379	−0.129	0.330
		技能专长	0.720**	0.292	0.583**	0.266
		家庭外出就业人数	−0.057	0.202	0.097	0.198
		家庭非农收入占比	−2.530***	0.630	−0.273	0.573

续表

变量		倾向得分匹配一阶段回归			
		合作组织参与决策		成本降低型农业技术采纳决策	
		估计系数	标准误	估计系数	标准误
区位特征	政府支持	0.187*	0.114	0.079	0.102
	市场距离	−0.052**	0.023	−0.038*	0.023
	村庄地形	0.777**	0.376	−0.163	0.309
常数项		−1.195	1.345	−4.918***	1.311
N		396		396	
LR chi2(18)		141.91		50.08	
Prob>chi2		0.000		0.000	
Pseudo R^2		0.282		0.108	
Log likelihood		−181.106		−207.972	

*、**、***分别表示在10%、5%、1%的水平上显著

倾向得分匹配方法将数据分为处理组和对照组，为了更好地考察农户决策行为的增收效应，在执行匹配之前绘制处理组和对照组农业收入的密度函数分布图，通过分布图直观地感受农户决策行为对农业收入的影响，如图7-7所示。可以看出，两种情形下处理组农户的农业收入密度图基本位于对照组农户的右侧，说明农户参与合作组织、采纳成本降低型农业技术有利于农户增加其农业收入，下文将通过判断平均处理效应是否显著来验证全样本下农户的决策行为是否具有增收效应。

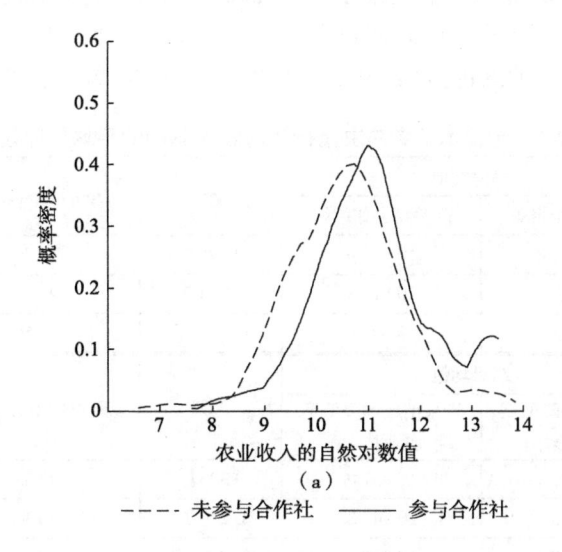

（b）

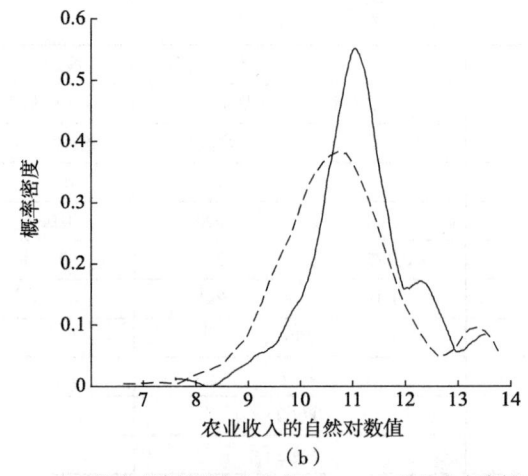

---- 未采纳成本降低型农业技术 —— 采纳成本降低型农业技术

图 7-7　不同情形下农户处理组与对照组的农业收入概率密度图

表 7-7 中分别采用三种不同的方法，即邻近匹配、内核匹配与半径匹配，构建反事实场景测算农户参与合作组织和采纳成本降低型农业技术对农业收入影响的平均处理效应。从计算结果可以看出，平均处理效应较为相近，说明结果比较稳健。在全样本下农户参与合作组织与采纳成本降低型农业技术的平均处理效应均显著，说明农户参与合作组织与采纳成本降低型农业技术对农户的农业收入有显著的提高，具有增收效应。农户参与合作组织可以使农户的农业收入（对数）增加 0.293 9~0.313 2，平均增收 0.300 8；增收幅度为 2.72%~2.90%，平均增收幅度为 2.78%。农户采纳成本降低型农业技术可以使农户的农业收入（对数）增加 0.239 3~0.326 0，平均增收 0.293 6；增收幅度为 2.19%~3.00%，平均增收幅度为 2.70%。

表7-7　全样本下农户决策行为对收入影响的平均处理效应

匹配方式	结果均值 参与合作组织	结果均值 未参与合作组织	ATT	Bootstrap 标准误	变化
邻近匹配	11.113 8	10.818 6	0.295 2*	0.170	2.73%
内核匹配	11.113 8	10.819 8	0.293 9*	0.155	2.72%
半径匹配	11.113 8	10.800 6	0.313 2**	0.156	2.90%

匹配方式	结果均值 采纳成本降低型农业技术	结果均值 未采纳成本降低型农业技术	ATT	Bootstrap 标准误	变化
邻近匹配	11.183 1	10.857 0	0.326 0*	0.183	3.00%
内核匹配	11.183 1	10.943 8	0.239 3*	0.134	2.19%
半径匹配	11.138 1	10.822 4	0.315 6***	0.121	2.92%

*、**、***分别表示在 10%、5%、1%的水平上显著

为了确保倾向得分匹配方法的结果可靠,需要对匹配后的样本数据进行平衡性检验。由表 7-8 可知,匹配后农户参与合作组织决策的数据平衡性检验中,除了村受教育程度、农业保险、经营土地这三个变量在5%的水平上有差别以外,其余的 15 个变量几乎不存在显著差异,基本满足平衡性检验的要求。在匹配后的农户采纳成本降低型农业技术决策的数据平衡性检验中几乎所有协变量的偏差都低于 10%,确保平衡性检验的要求得到充分满足。

表7-8 全样本倾向得分匹配数据平衡性检验

变量			合作组织参与决策		成本降低型农业技术采纳决策	
			偏误	P 值	偏误	P 值
社会资本	社会网络	产品远销地	-2.8%	0.726	2.0%	0.882
		互助合作	-0.6%	0.944	1.4%	0.920
	社会信任	村受教育程度	17.5%	0.027	4.4%	0.754
		农业保险	24.4%	0.005	3.8%	0.786
	社会参与	农业技能培训	-0.6%	0.935	2.2%	0.860
		农业信息服务	6.0%	0.382	3.8%	0.774
农业投入		劳动力占比	15.0%	0.092	-0.6%	0.967
		经营土地	31.1%	0.000	10.6%	0.411
农户特征		户主性别	4.4%	0.574	6.3%	0.645
		户主年龄	13.9%	0.110	-2.4%	0.855
		户主受教育程度	-3.1%	0.700	4.4%	0.752
		户主党员身份	2.4%	0.791	8.5%	0.534
		技能专长	14.5%	0.099	4.6%	0.733
		家庭外出就业人数	1.2%	0.876	-2.1%	0.876
		家庭非农收入占比	-0.6%	0.934	1.5%	0.910
区位特征		政府支持	-4.0%	0.650	4.6%	0.736
		市场距离	9.1%	0.216	-2.1%	0.867
		村庄地形	9.6%	0.256	-1.2%	0.932

注:限于篇幅仅汇报内核匹配的共同支撑检验与平衡性检验

同时,需要进行共同支撑检验。通过观察可知,匹配后的处理组和控制组的重叠性较好,满足共同支撑检验,说明对样本进行匹配较好地修正了样本的选择偏差。也就是说,除了农户是否参与合作组织与是否采纳成本降低型农业技术外,两组数据在其他可观测因素方面几乎不存在差异,农户的农业收入增加主要来自农户的上述行为。

第五节 "成本降低型创新-增长"贫困跨越实证分析

合作组织成本降低型创新扶贫的实证分析思路是：分析低收入农户参与合作组织、采纳成本降低型农业技术的减贫效应。主要利用低收入组的样本数据建立双重选择模型分析低收入农户的合作组织参与决策和成本降低型农业技术采纳决策的影响因素，以及在修正选择偏误的基础上分析决策行为对低收入农户农业收入的影响。然后，利用倾向得分匹配方法构建反事实场景，计算平均处理效应来验证农户参与合作组织与采纳成本降低型农业技术的增收幅度。基于此判断农户参与合作组织和采纳成本降低型农业技术的减贫效应。

一、低收入农户决策影响因素

通过采用双重选择模型分析合作组织成本降低型创新带给低收入农户的增收效应得到相应的实证结果。双重选择模型是二阶段回归，一阶段回归主要分析低收入农户两个决策的影响因素。表7-9展示了双重选择模型一阶段回归结果，表中显示在1%的水平上两个决策间的相关系数显著，ρ为0.412，表明低收入组的农户参与合作组织与采纳成本降低型农业技术之间具有强相关性，不是相互独立进行的，因此模型的选择同样是合适的。同时，可以发现其相关性高于全样本下农户决策之间的相关性。通过对比影响低收入农户参与合作组织、采纳成本降低型农业技术的因素，发现与全样本下农户的分析结果略有差异，说明低收入组的农户存在异质性。

表7-9 低收入组双重选择模型一阶段回归结果

变量			双重选择模型一阶段回归			
			合作组织参与决策		成本降低型农业技术采纳决策	
			估计系数	标准误	估计系数	标准误
社会资本	社会网络	产品远销地	0.067	0.084	0.085	0.092
		互助合作	−0.036	0.115	0.353**	0.139
	社会信任	村受教育程度	0.010	0.009	0.027***	0.009
		农业保险	−0.017	0.260	0.447*	0.261
	社会参与	农业技能培训	0.505**	0.256	0.095	0.288
		农业信息服务	0.769***	0.255	−0.394	0.263

续表

变量		双重选择模型一阶段回归			
		合作组织参与决策		成本降低型农业技术采纳决策	
		估计系数	标准误	估计系数	标准误
农业投入	劳动力占比	0.856	0.586	0.301	0.625
	经营土地	0.018	0.162	0.296	0.183
农户特征	户主性别	0.501*	0.297	−0.024	0.312
	户主年龄	−0.020	0.013	−0.010	0.016
	户主党员身份	0.075	0.303	−0.404	0.382
	技能专长	−0.308	0.231	0.091	0.232
	户主受教育程度	−0.158	0.137	0.115	0.152
	家庭外出就业人数	−0.017	0.172	0.031	0.189
	家庭非农收入占比	−1.960***	0.505	−1.376**	0.549
区位特征	政府支持	0.168*	0.090	0.179*	0.091
	市场距离	−0.033	0.026	0.018	0.027
	村庄地形	0.659*	0.341	−0.113	0.331
常数项		−0.364	1.241	−3.790***	1.459
N		181			
Log pseudolikelihood		−320.069			
ρ		0.412***			

*、**、***分别表示在10%、5%、1%的水平上显著

在社会网络中，互助合作行为对低收入农户采纳成本降低型农业技术有显著的影响，相比于全样本下的农户，低收入农户社会网络规模相对较小，更加注重社会网络的交流频度，互助合作程度高有利于技术扩散。在社会信任中，村受教育程度和农业保险与全样本下相同，对促进农户采纳成本降低型农业技术有显著的作用。在社会参与中，农业技能培训和农业信息服务与全样本下相同，对农户参与合作组织有显著的促进作用。在农户特征中，低收入农户往往缺乏技能专长，因此对决策行为影响不显著，与全样本下有差异。在区位特征中，相比于全样本下的农户，低收入农户在社会信任中更加注重政府支持，政府支持对其参与合作组织与采纳成本降低型农业技术有显著的正向影响。政府支持力度大可以使得低收入农户更加有保障，容易产生信任，进而选择参与合作组织或采纳成本降低型农业技术。

二、低收入农户决策对农业收入的影响

从表7-10的双重选择模型二阶段回归结果可以得出低收入组农户的决策行为和其他控制变量对农户农业收入的影响。

表7-10 低收入组双重选择模型二阶段回归结果

变量名		农业收入	
		估计系数	标准误
决策变量	合作组织参与决策	0.706***	0.231
	成本降低型农业技术采纳决策	0.778***	0.256
农业投入	劳动力	−0.005	0.048
	经营土地	0.114	0.085
	物质资料	0.664***	0.040
	固定资产	0.013	0.012
	农业贷款	0.016	0.010
农户特征	户主性别	0.270*	0.153
	户主年龄	0.007	0.007
	户主受教育程度	−0.017	0.073
	家庭外出就业人数	−0.001	0.089
	家庭经济状况	−0.064	0.060
区位特征	市场距离	0.012	0.013
	村庄地形	−0.075	0.136
	常数项	2.999***	0.675

*、**、***分别表示在10%、5%、1%的水平上显著

低收入农户的合作组织参与决策和成本降低型农业技术采纳决策对农户农业收入的影响显著为正，说明低收入农户的合作组织参与决策与成本降低型农业技术采纳决策都有助于提高农户的农业收入（Mendola，2007）。农业投入中，物质资料的投入能够显著影响农户的农业收入。户主性别能够显著正向影响农户的农业收入，从事农业生产，男性体力通常比女性更好，在劳动生产率方面明显优于女性。

三、低收入农户决策行为的减贫效果

从低收入组双重选择模型二阶段的回归结果来看，农户参与合作组织与采纳成本降低型农业技术有助于提高低收入农户的农业收入。低收入农户的决策行为在多大程度上提高了农户的农业收入及该决策行为是否具有减贫效应值得关注。为了明确低收入农户参与合作组织与采纳成本降低型农业技术的减贫效应，先采用倾向得分匹配方法构建反事实场景计算平均处理效应来验证低收入农户参与合作组织与采纳成本降低型农业技术是否具有增收效应，进一步量化其增收幅度。然后对比低收入组与全样本下农户增收幅度的差距来判断合作组织参与和农业技

术采纳的减贫效应。

低收入组的倾向得分匹配方法的第一阶段 Logit 的回归结果见表 7-11，在此基础上计算倾向得分，通过倾向得分匹配来计算平均处理效应。

表7-11 低收入组农户决策的倾向得分匹配一阶段回归

变量			倾向得分匹配一阶段回归			
			合作组织参与决策		成本降低型农业技术采纳决策	
			估计系数	标准误	估计系数	标准误
社会资本	社会网络	产品远销地	0.107	0.171	0.231	0.197
		互助合作	0.217	0.217	0.846***	0.254
	社会信任	村受教育程度	−0.000	0.018	0.027	0.020
		农业保险	0.645	0.526	1.062*	0.543
	社会参与	农业技能培训	1.392***	0.468	0.426	0.569
		农业信息服务	1.759***	0.483	−0.270	0.508
农业投入		劳动力占比	−0.296	1.040	0.611	1.199
		经营土地	0.143	0.322	0.718**	0.348
农户特征		户主性别	1.100**	0.535	−0.500	0.550
		户主年龄	−0.039	0.025	−0.011	0.028
		户主受教育程度	−0.265	0.253	0.420	0.272
		户主党员身份	0.456	0.667	−0.885	0.825
		技能专长	−0.328	0.456	0.670	0.476
		家庭外出就业人数	−0.121	0.311	−0.161	0.366
		家庭非农收入占比	−2.188**	0.995	−0.905	1.173
区位特征		政府支持	0.292	0.185	0.173	0.197
		市场距离	−0.064	0.048	0.050	0.050
		村庄地形	0.362	0.607	−0.720	0.637
常数项			−1.083	2.410	−8.693***	2.674
N			181		181	
LR chi2(18)			58.13		46.04	
Prob>chi2			0.000		0.000	
Pseudo R^2			0.262		0.232	
Log likelihood			−82.090		−76.218	

*、**、***分别表示在10%、5%、1%的水平上显著

为了更好地考察低收入农户决策行为的减贫效应，在执行匹配之前绘制处理组和对照组农业收入的密度函数分布图，通过分布图直观判断低收入农户决策行为对农业收入的影响。从图 7-8 中可以看出，两种情形下处理组农户的农业收入密度图基本位于对照组农户农业收入密度图的右侧，初步说明低收入农户参与合作组织、采纳成本降低型农业技术有利于增加其农业收入。

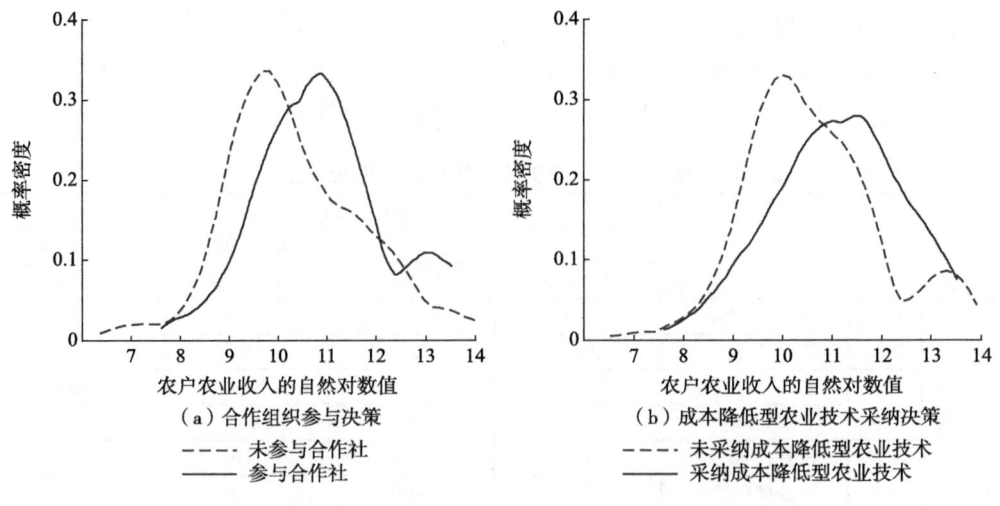

图 7-8 不同决策下农户农业收入反事实概率密度分布

表 7-12 展示了采用三种不同的方法,即邻近匹配、内核匹配与半径匹配,构建反事实场景测算低收入农户参与合作组织与采纳成本降低型农业技术对农户农业收入影响的平均处理效应。从平均处理效应计算结果上可以看出,三种方法的结果均较为相近,说明估计结果稳健。在低收入组中农户参与合作组织与采纳成本降低型农业技术的平均处理效应均显著,说明低收入农户参与合作组织与采纳成本降低型农业技术能显著地提高其农业收入,具有增收效应。低收入农户参与合作组织使其农业收入(对数)增加 0.524 3~0.590 1,平均增收 0.556 7;增收幅度为 5.07%~5.75%,平均增收幅度为 5.40%。低收入农户采纳成本降低型农业技术使其农业收入(对数)增加 0.470 8~0.497 3,平均增收 0.481 9;增收幅度为 4.48%~4.70%,平均增收幅度为 4.56%。

表7-12 低收入组农户决策行为对收入影响的平均处理效应

匹配方式	结果均值 参与合作组织	结果均值 未参与合作组织	ATT	Bootstrap 标准误	变化
邻近匹配	10.860 0	10.270 0	0.590 1*	0.331	5.75%
内核匹配	10.865 9	10.310 2	0.555 8*	0.325	5.39%
半径匹配	10.860 0	10.335 7	0.524 3*	0.307	5.07%

匹配方式	结果均值 采纳成本降低型农业技术	结果均值 未采纳成本降低型农业技术	ATT	Bootstrap 标准误	变化
邻近匹配	11.075 7	10.578 4	0.497 3*	0.282	4.70%
内核匹配	10.976 0	10.505 2	0.470 8*	0.284	4.48%
半径匹配	11.075 7	10.597 9	0.477 8**	0.239	4.51%

*、**、***分别表示在 10%、5%、1%的水平上显著

全样本农户参与合作组织的增收幅度为 2.72%~2.90%，平均增收幅度为 2.78%。低收入农户参与合作组织的增收幅度为 5.07%~5.75%，平均增收幅度为 5.40%。低收入农户参与合作组织的平均增收幅度比全样本下的平均增收幅度高 2.62%，即平均增收幅度的差距为 2.62%。全样本农户采纳成本降低型农业技术的增收幅度为 2.19%~3.00%，平均增收幅度为 2.70%。低收入农户采纳成本降低型农业技术的增收幅度为 4.48%~4.70%，平均增收幅度为 4.56%。低收入农户采纳成本降低型农业技术的平均增收幅度比全样本下的平均增收幅度高 1.86%，即平均增收幅度的差距为 1.86%。

已有文献研究表明经济增长有利于减缓贫困，然而收入差距的扩大容易导致相对贫困的产生。通过对比以上三组数据，在全样本与低收入组中，农户参与合作组织与采纳成本降低型农业技术均能提高农户的农业收入，具有增收效应，能够降低绝对贫困。同时，低收入组农户参与合作组织、采纳成本降低型农业技术对农业收入的增收幅度均高于全样本下农户的增收幅度，将会缩小低收入农户与全样本下农户农业收入的差距，说明低收入农户的合作组织参与决策、成本降低型农业技术采纳决策同样能够降低相对贫困。

倾向得分匹配方法分析需要对匹配样本进行平衡性检验。表 7-13 展示了匹配后低收入组农户参与合作组织决策的数据平衡性检验结果，除了农业保险、劳动力占比、经营土地和村庄地形四个变量在 5%的水平上有差别以外，其余 14 个变量不存在显著的差异，可以基本满足平衡性检验的要求。在匹配后低收入组中农户采纳成本降低型农业技术决策的数据平衡性检验中所有协变量没有显著偏差，几乎偏差都低于 10%，这确保平衡性检验的要求得到充分满足。

表7-13 低收入组倾向得分匹配数据平衡性检验

变量			合作组织参与决策		成本降低型农业技术采纳决策	
			偏误	P 值	偏误	P 值
社会资本	社会网络	产品远销地	−17.0	0.177	5.5	0.798
		互助合作	−13.9	0.267	−6.0	0.781
	社会信任	村受教育程度	11.0	0.329	2.8	0.895
		农业保险	35.9	0.005	7.5	0.755
	社会参与	农业技能培训	12.6	0.286	2.8	0.895
		农业信息服务	0.5	0.960	2.4	0.916
农业投入		劳动力占比	36.0	0.010	10.1	0.627
		经营土地	33.5	0.008	5.6	0.757
农户特征		户主性别	7.2	0.576	1.1	0.965
		户主年龄	12.4	0.360	1.3	0.955
		户主受教育程度	−5.2	0.699	0.6	0.980

续表

变量		合作组织参与决策		成本降低型农业技术采纳决策	
		偏误	P值	偏误	P值
农户特征	户主党员身份	−2.9	0.816	−6.8	0.748
	技能专长	16.8	0.188	−7.4	0.739
	家庭外出就业人数	−2.4	0.824	6.2	0.760
	家庭非农收入占比	−9.8	0.390	0.3	0.989
区位特征	政府支持	5.2	0.672	12.9	0.558
	市场距离	12.2	0.242	5.7	0.812
	村庄地形	24.2	0.041	11.3	0.632

注：限于篇幅仅汇报内核匹配的共同支撑检验与平衡性检

进一步对匹配样本进行共同支撑检验。通过观察发现匹配后的处理组和控制组的重叠性较好，满足共同支撑检验。

通过平衡性检验与共同支撑检验，说明对样本进行匹配较好地修正了样本选择偏差。也就是说，除了低收入组农户是否参与合作组织、是否采纳成本降低型农业技术外，两组数据在其他可观测因素方面几乎不存在差异。

第六节 本章小结

本章首先建立了农民合作组织成本降低型创新的概念框架，并对合作组织创新增长扶贫的理论逻辑进行了解释，再利用微观数据建立双重选择模型，在修正选择偏误的基础上分析农户的决策行为对农业收入的影响，利用倾向得分匹配方法构建反事实场景，计算平均处理效应来验证农户参与合作组织与采纳成本降低型农业技术的增收和扶贫效应，对合作组织成本降低型创新增长和扶贫进行了实证。主要的研究结论如下。

第一，农民合作组织内部不断被强化的信任能够促进合作组织持续创新，从而实现合作组织绩效增长，帮助成员农户增加经济收益，从而达到扶贫目标。农民合作组织是基于成员之间的相互信任及成员和管理者之间的相互信任而建立起来的，合作组织成员之间的信任进一步强化合作，因而合作组织内部具有较高的信任水平。合作组织内部的信任是促进合作组织创新与增长的重要源泉，有助于实现其扶贫的社会目标。基于信任建立的农民合作组织，一方面，促进缄默性知识扩散和交流，激励创新行为和创新扩散；另一方面，降低创新的成本并分担创新带来的风险，从而促进创新，并进一步实现收益的增长，帮助农户缓解贫困。

第二，农民合作组织作为创新主体，不仅能够通过创新实现绩效增长，实现对内扶贫；还能够作为创新中介，通过知识外溢实现创新扩散，并推动社会创新，实现对外扶贫。农民合作组织作为创新主体，能够通过创新促进组织绩效提高，带动内部农户收入增加，从而减缓贫困。同时，农民合作组织能够作为创新中介，通过知识外溢实现创新扩散，并推动社会创新，实现对外扶贫。知识外溢能够降低创新扩散成本，促进新知识和新技术的传播；由于知识外溢效应的存在，合作组织创新能够进一步推动社会创新，从而改善整个外部环境，形成全民创新的氛围，有效提高创新成果的转化率。合作组织创新的知识外溢不仅能够通过农户的干中学获取创新成果提升农户自身素质，实现农户的收入增长；还能够通过带动社会创新改善外部环境，实现农村经济增长。这两方面的增长都有助于农户摆脱贫困。

第三，农民合作组织作为制度网络中的重要制度主体和制度节点，能够通过影响其他制度主体以节约创新过程中的交易成本实现绩效增长，以达到扶贫目的。农民合作组织在扶贫过程中所属的制度网络并非单一的关系嵌入性制度网络或者结构嵌入性制度网络。当合作组织通过获取政府资源参与扶贫时，所处的制度网络表现出更明显的结构嵌入性制度网络特征。当合作组织通过与政府之外的其他主体协作参与扶贫时，所处的制度网络表现出更明显的关系嵌入性制度网络特征。制度网络能够为农民合作组织提供有效的资源通道，以促进合作组织参与创新，并实现绩效增长。制度网络能够帮助农民合作组织在创新过程中节约交易成本，以带来创新收益的提升，有助于扶贫目标的实现。制度网络能够在农民合作组织创新过程中促进知识流动，推动创新扩散，实现经济增长。

第四，实证研究表明农民合作组织成本降低型创新能够带来农户收入的增长，具有明显的减贫效应。对中国15省的微观数据分析表明，农户参与合作组织和采纳成本降低型创新农业技术均能提高农户的农业收入，具有明显的增收效应，平均增收幅度分别为2.78%和2.70%。低收入农户参与合作组织和采纳成本降低型创新农业技术的增收效应更加明显，平均增收幅度分别为5.40%和4.56%。因此，农户的合作组织参与决策、成本降低型农业技术采纳决策将会缩小低收入农户与高收入农户农业收入的差距，这意味着农户参与合作组织和采纳成本降低型创新农业技术具有明显的减贫效应。

第八章　农民合作组织"质量提升型创新–增长"贫困跨越机制

> 创新本身具有创造资源的能力，同时也赋予了资源创造财富的能力。
> ——彼得·德鲁克（Peter Drucker）

高质量发展是兴国之道，走质量兴农之路是中国农业实现平稳健康转型升级的必然选择，也是农村贫困长期治理目标实现的重要保障。随着中国经济由高速增长阶段转向高质量发展阶段，农业也面临着重要转型。将农村扶贫工作与农业高质量发展有机融合也是缓解相对贫困的有效路径。农民合作组织作为农村重要的生产经营主体，具有较强的创新能力。农民合作组织的质量提升型创新能够通过提升农产品的品质带来价格溢价，以此提高农户收入并实现组织自身绩效增长，帮助农户减缓贫困。本章首先提出合作组织质量提升型创新的概念框架，其次，通过理论模型分析合作组织帮助农户采用质量提升型创新带来的福利效果，并利用2013年的微观调查数据建立计量经济模型，探讨合作组织质量提升型创新的增收和减贫效应。

第一节　农民合作组织质量提升型创新概念框架

一、问题提出

走质量兴农之路是现阶段中国农业发展的必然选择，也是乡村振兴战略实施的重要方向。经济增长使消费结构加快升级，激发了消费者对优质农产品的需求。现阶段农业供给侧结构性改革以提高农产品供给质量为核心，农业发展要以市场为导向，更加注重满足消费者的高品质需求。在实现中国农业平稳健康升级的过程中，认真贯彻落实质量兴农战略，推动农业由增产转向提质增效的质量变革，不仅有助于农业供给侧结构性改革的深化，也为乡村振兴战略的实施提供有力保障，还为农业高质量发展指明方向。

农业高质量发展不仅意味着农产品的品质提高，也要求农业生产工艺质量标准提高，这必然引起农业技术、农产品、农业组织形式、农业制度、农业管理方式等一系列创新。近年来，一系列政策文件为农业科技创新保障农业高质量发展指明了方向。2017年中央一号文件强调推进农业供给侧结构性改革，要在确保国家粮食安全的基础上，紧紧围绕市场需求变化，以增加农民收入、保障有效供给为主要目标。2018年中央一号文件提出建立产学研融合的农业科技创新联盟，加强农业绿色生态、提质增效技术研发应用。2019年中央一号文件提出要围绕"巩固、增强、提升、畅通"深化农业供给侧结构性改革，加大脱贫攻坚力度，提升农业发展质量。同年，农业农村部等7部门联合印发《国家质量兴农战略规划（2018—2022年）》，提出到2022年，要基本建立质量兴农制度框架，农业高质量发展取得显著成效；到2035年，质量兴农制度体系更加完善，农业高质量发展取得决定性进展，农业农村现代化基本实现。

同时，中国政府也出台相关政策引导合作组织在质量提升型创新及农业高质量发展方面做出贡献。例如，2020年中央一号文件提出要重点培育家庭农场、农民合作社等新型农业经营主体，培育农业产业化联合体，通过订单农业、入股分红、托管服务等方式，将小农户融入农业产业链。2020年农业农村部印发的《新型农业经营主体和服务主体高质量发展规划（2020—2022年）》也指出要深入开展农民合作社质量提升整县推进试点，发展壮大单体农民合作社、培育发展农民合作社联合社、提升县域指导扶持服务水平。截至2018年底，农民合作社在依法按照交易量（额）向农户返还盈余的基础上，平均为农户二次分配1400多元，吸纳了385.1万个建档立卡贫困农户。同时，合作社坚持以市场需求为导向，注重产销对接，实施标准化、品牌化生产，对农产品质量安全进行严格管控，有效推动了新品种、新技术装备的应用。总之，中国政府在创新驱动农业高质量发展的战略背景下，为实现农民增收和贫困减缓提供了一系列政策支持，在这一过程中合作组织的重要作用也逐渐凸显出来。

基于政策背景，中国在实践中积极推进科技创新，并取得了显著的成绩。自国务院颁布《国家中长期科学和技术发展规划纲要（2006—2020年）》以来，中国政府不断加大科技研发创新投入、研发人员规模也在不断扩大。根据RDmag发布数据，2018年底，全球研发总投入2.19万亿美元，中国以4748.1亿美元的研发经费投入位列全球第二，占比为21.68%。中国研发人员总量也达到419万人，从2013年以来一直排名世界第一。同时，农民合作组织也积极参与产品与营销创新。农民合作社业务范围不断拓宽，截至2018年底，创办加工实体、发展农村电子商务、进军休闲农业和乡村旅游的农民合作社分别有3.5万家、近2万家、超过7 300家。农民合作社通过延长产业链、提升农产品品质、提升农产品利润空间等方式为农户增收脱贫开拓了新的路径。随着农业科技创新的不断推进，农业发展也逐步向高质量迈进。据农业农村部统计，2018年中国主要农作物良种覆盖率持续稳定在96%以上，"三品一标"①产品总数达到12.2万个。2019年绿色食品认证增加13 487个，有机农产品认证增加2 499个，地理标志农产品新增255个。合作社、联合社成为提升农产品质量的重要力量，2018年注册自有商标的合作社达7.4万家，通过绿色、有机等农产品质量认证的合作社有4万多家。2019年全年农产品质量安全例行监测合格率达97.4%。

已有研究从理论和实证角度对合作组织创新增长进行了研究。相关研究主要包括以下几个方面：第一，创新对经济增长和贫困影响的研究。创新实现经济增长已经得到学界共识。Abernathy和Utterback（1978）较早提出产品创新是满足市场需要的一项新技术或技术组合，Romer（1990）也指出技术创新是经济增长的源泉。对创新技术的采用可以通过增加粮食产出（周振等，2016）、提高劳动生产率（肖卫和肖琳子，2013）来增加农户收入，从而缓解贫困（Kassie et al.，2011）。但是，也有部分研究认为创新技术的采纳对农户收入没有显著影响（Cunguara and Darnhofer，2011）。第二，合作组织创新的相关研究。合作组织本身就是以农业经营制度为基础经过制度创新建立起来的（卫龙宝和卢光明，2004）。同时，合作组织在其他创新的过程中也发挥了重要作用。合作组织可以作为创新主体，为其内部成员提供技术创新服务（Luo and Hu，2015）。第三，合作组织对农产品质量提升创新的影响研究。合作组织的首要职能就是进行标准化生产，发展绿色产品，开发、引进和推广各种创新，保证农产品质量（卫龙宝和卢光明，2004）；联合分散的小农户进行产品质量控制（李凯等，2015；田永胜，2018）。合作组织通过增加创新活动，如通过获取食品安全证书、与超级市场或者出口企业合作、制定并实施质量标准等一系列行为促进农户采纳质量提升型创新决策，提升产品质量和过程管理质量（Drivas and Giannakas，2010；Cai and Su，2016）。值得注意的是，合作组织也会因为成员搭便车问题出现农产品质量供给低效率（Pennerstorfer and Weiss，2013）。因此，合作组织还需要通过制度创新、管理创新等方式为合作组织质量提升型技术创新提供保障。

从现实背景和理论背景来看，通过创新推动农业发展由增产转向提质增效，是乡村振兴的必然要求，也为中国脱贫攻坚与乡村振兴的有效衔接提供了新的解决思路。农民合作组织作为重要的农业经营主体能够参与质量提升型创新，推动

---

① 三品一标是指无公害农产品、绿色食品、有机农产品和农产品地理标志。

农产品质量提升、保障农产品质量安全、促进合作组织自身绩效增长,并将创新成果惠及合作组织内外部农户,提升其经济福利。通过建立一个合作组织参与质量提升型创新带来绩效增长从而助力贫困减缓的分析框架,探索合作组织质量提升型创新增长扶贫的作用机理,并进一步进行实证,旨在为设计促进合作组织创新增长的增收政策提供理论和实践证据。

因此,本章的核心研究问题是合作组织质量提升型创新的增收扶贫机制。具体的研究问题包括农民合作组织质量提升型创新促进其自身绩效增长的路径和方式,以及农民合作组织创新增长助力农户贫困减少的基本逻辑。在农业高质量发展、乡村振兴和共同富裕的背景下,探讨合作组织质量提升型创新的发展机制具有重要的理论和现实意义。

二、概念界定

(一)产品创新

产品创新包括实物产品和服务的创新,即新种类的实物产品或服务的产生,但大部分产品创新是对现有产品性能的改善。企业进行产品创新是为了通过新产品或者新服务占据市场份额。Abernathy 和 Utterback(1978)较早提出产品创新是以满足用户和市场需要而产生的一项新技术或一个新的技术组合,是一种商业化手段。产品创新关注的三大重点分别是产品性能、产品品种和产品的标准化成本。产品创新既包括劳动资料的变革,也包括消费资料的变革。从企业创新的角度而言,根据创新的对象和内容差异可以把创新分为产品、过程、技术或管理等方面的创新(Damanpour,1991;Boer and During,2001)。产品创新与组织管理创新、技术创新及过程创新之间存在密切的关系,产品创新的实现必然要进行技术和组织管理的创新。过程创新是指产品生产工艺、设备和组织管理方式等的变革。企业往往通过过程创新降低成本和增加产量来获得效率收益,并通过缩短产品的生产时间、提高产品的质量和可靠性来为客户增加价值(Frishammar et al.,2012)。产品创新也可视为组织学习过程,即帮助组织管理人员加强组织的学习技能及它们与新产品管理的关系使得组织学习更有效的产品创新,即进行组织创新以推进产品创新(McKee,1992)。产品创新过程极其复杂,涉及组织对许多不同活动的有效管理(Kathryn and Sullivan,2004),组织内部的文化是产品创新的决定性因素(Valencia et al.,2010)。

已有文献对产品创新进行了诸多分类。Grossman 和 Helpman(1991)认为产品创新可以分为纵向产品创新和横向产品创新两类。纵向产品创新是对原有产品进行质量改进,保持功能基本不变,新产品与原有产品呈现一种垂直的关系。横向产品创新是指赋予原有产品新的功能,形成一种新的产品,其与原有产品为水平关系。横向产品创新能够增加生产的专业化,并满足消费者的多样性需求。纵向产品创新产出的新产品是一种换代产品,包括全新产品和改进产品两种类型。通过横向产品创新推出的新产品称为多样性产品。除此之外,就创新对原消费模式的影响来看,产品创新可以分为连续创新、非连续创新、动态连续创新等。其中,连续创新是在现有产品知识、技术、市场基础上对产品进行的一种技术改进;非连续创新是在新知识、技术、市场环境中进行的改进;动态连续创新则介于二者之间。根据进入市场的时间,可以将产品创新分为率先创新和模仿创新。根据创新实现方式,可以将产品创新分为自主创新和合作创新。合作产品创新的对象包括与大学、供应商、客户及竞争对手等的研发合作,每种类型的研发合作在向组织提供的新知识的广度和获取新知识的难易程度方面都不同,从而对产品创新产生不同的影响(Nieto and Santamaría,2007;Un et al.,2010)。

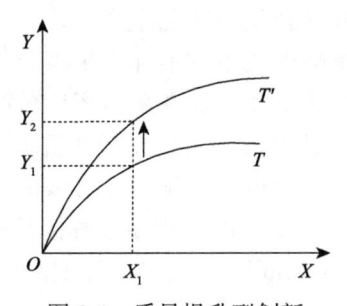

(二)质量提升型创新

质量提升型创新是指能够提升产品质量的创新(Sunding and Zilberman,2001),属于产品创新范畴。产品质量是指产品满足用户需要的特征和特性的总和。用户通常把产品的性能、寿命(即耐用性)、可靠性与维修性、安全性、适应性、经济性等特征作为判断产品质量的依据。对于需求弹性缺乏的部分农产品而言,增加农业附加值的一个方法是提高产品质量。例如,新的基因工程品种有望显著提高产品质量,包括提高货架期、改善营养成分、改善外观等(Huttner et al.,1995)。

质量提升型创新过程如图 8-1 所示。其中,横坐标为资源投入量,对应投入成本,纵坐标为产出,对应收益,质量提升型创新使产出路径由原来的 T 向上转动为 T',此时,当资源投入量 X_1 保持不变时,产出量由原来的 Y_1 上升为 Y_2。这表明质量提升型创新能够通过提升产品质量带来单位投入的产出增加。

图 8-1 质量提升型创新

农民合作组织质量提升型创新主要体现在以下几个方面:第一,农业生产阶段的质量提升型创新,如新农产品品种、优质种苗的采用、有机肥施用、测土配方技术使用、病虫害防控技术使用等。这类质量提升型创新能够带来农作物抗病虫害和自然灾害的能力增强、优质农产品产量的增加、农产品外观和口感的改善、存储时间的延长、营养物质的增加等。第二，农产品加工运输阶段的质量提升型创新，包括包装保鲜技术使用及销售渠道创新，如采用互联网销售、产地采摘销售、农超对接等方式。这类质量提升型创新能够延长农产品保鲜和存储时间，提升农产品品质。第三，生产组织过程中的质量提升型创新，如以合作组织方式组织生产，在组织管理过程中加强内部质量监督管理、加强农产品质量追溯等。

三、合作组织质量提升型创新决策

农民合作组织是否参与质量提升型创新取决于其创新成本和收益之间的对比分析。因此，可以针对农民合作组织参与质量提升型创新的成本和收益对比，对农民合作组织质量提升型决策进行理论分析。

设定农民合作组织参与质量提升型创新之前的初始收益为 R_0，初始成本为 C_0。由此，农民合作组织参与质量提升型创新之前的净收益为

$$r = R_0 - C_0 \tag{8-1}$$

质量提升型创新会因为农产品品质提高而产生农产品价格溢价，从而带来农民合作组织的收益上升为 R_1，显然合作组织的收益变化 $\Delta R = R_1 - R_0 > 0$。同时，创新本身也会产生创新成本 C_{iq}，因此，农民合作组织参与质量提升型创新之后的总成本变为

$$C'' = C_0 + C_{iq} \tag{8-2}$$

因此，农民合作组织参与质量提升型创新之后的净收益为

$$\begin{aligned} r'' &= R_1 - C'' \\ &= R_1 - (C_0 + C_{iq}) \end{aligned} \tag{8-3}$$

此时，农民合作组织参与质量提升型创新的决策条件为

$$\begin{aligned} &r'' > r \\ &\Rightarrow R_1 - (C_0 + C_{iq}) > R_0 - C_0 \\ &\Rightarrow R_1 - R_0 > C_{iq} \\ &\Rightarrow \Delta R > C_{iq} \end{aligned} \tag{8-4}$$

这意味着只要农民合作组织参与质量提升型创新的成本小于创新带来的整体收益增加，合作组织就会选择创新。

进一步地，用图 8-2 来对农民合作组织质量提升型创新的成本收益变化进行

直观描述。图 8-2 中横坐标为资源投入量 Q，纵坐标为成本 C 和收益 R。

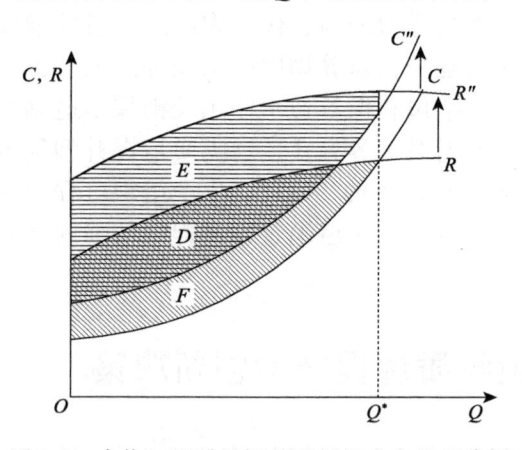

图 8-2　合作组织质量提升型创新成本收益分析

其中，农民合作组织进行质量提升型创新之前的收益曲线为 R，成本曲线为 C。当资源投入量小于均衡的资源投入量，即 $Q < Q^*$ 时，合作组织的净收益为收益曲线 R 和成本曲线 C 所夹的面积，即区域 $D + F$。当合作组织采用质量提升型创新时会使收益曲线向上平移到曲线 R''，总成本曲线会向上平移到曲线 C''，合作组织的净收益变化为新的收益曲线 R'' 和新的成本曲线 C'' 所夹的面积，即区域 $D + E$。合作组织质量提升型创新决策条件用图 8-2 来直观描述即区域 $D + E$ 大于区域 $D + F$。

即当以下条件满足时，农民合作组织就会进行质量提升型创新：

$$S_{E+D} > S_{F+D}$$
$$\Rightarrow S_E > S_F \tag{8-5}$$

第二节　农民合作组织"质量提升型创新-增长"贫困跨越理论分析

本节以农民合作组织为例，对合作组织创新增长扶贫进行理论模型分析。基本逻辑思路是农户通过加入合作组织与合作组织建立契约联系，并通过质量提升型农业技术采纳这种创新行为增加利润，从而实现农民合作组织创新增长进而减少农户收入贫困。然后，对比农户与合作组织或企业之间的不同契约联结方式下农户的技术采纳创新行为对农户利润的影响差异,并进行均衡条件的分析。

一、模型基本设定

假设农户与合作组织建立契约联系代表农户加入合作组织并向合作组织销售农产品,农户与农业企业建立契约联系代表农户不加入合作组织,而是与农业企业签订订单合同,把农产品直接销售给农业企业。模型考虑农户的契约联结方式和技术创新行为。由于农户是否加入合作组织、是否采用农业技术创新成果并不是一致的,因此进行决策通常会产生四种不同的模式:一是不加入合作组织,也不采用质量提升型农业技术;二是不加入合作组织,但采用质量提升型农业技术;三是加入合作组织,但不采用质量提升型农业技术,四是加入合作组织,并采用质量提升型农业技术。

为了分析农户在四种模式下决策行为产生的条件,需要做如下假设:①农户为理性人,追求利润最大化;②农户不与合作组织建立契约联系就与农业企业建立契约联系;③技术成本是离散的。设定农户质量提升型农业技术采用创新行为的成本为

$$c_k = \begin{cases} \underline{c_k}, & p(c_k = \underline{c_k}) = \theta_j \\ \overline{c_k}, & p(c_k = \overline{c_k}) = 1 - \theta_j \end{cases} \quad (8\text{-}6)$$

令 $\underline{c_k} < \overline{c_k}$,$\theta_j \in [0,1]$,$j=1,2$。其中,$\underline{c_k}$ 为采用质量提升型农业技术的成本;$\overline{c_k}$ 为采用传统农业技术的成本;j 代表农业技术的采用创新者,$j=1$ 表示技术采用创新者为合作组织成员农户,$j=2$ 表示技术采用创新者为与公司交易的农户;θ_j 为 j 采用农业新技术时成本 $\underline{c_k}$ 发生的概率,$1-\theta_j$ 为 j 采用传统农业技术时成本 $\overline{c_k}$ 发生的概率。

由于技术成本是离散的,引入示性函数来求不同情况下的成本。θ_{ji} 表示 j 满足约束条件 i 时采用新农业技术概率的临界点,取值范围为[0,1]。假定:

$$I_{ji}(\theta_j) = \begin{cases} 0, & \theta_j \in [0, \theta_{ji}] \\ 1, & \theta_j \in (\theta_{ji}, 1] \end{cases} \quad j=1,2,\ i=1,2,\cdots n \quad (8\text{-}7)$$

用 $[\theta_j \cdot I_{ji}(\theta_j) \cdot \underline{c_k} + (1-\theta_j) \cdot I_{ji}(\theta_j) \cdot \overline{c_k}]$ 表示质量提升型技术采用创新者 j 在不同情况下的成本,当 $\theta_j \in [0, \theta_{ji}]$ 时,采用传统农业技术的成本为 $\overline{c_k}$,$\theta_j \in (\theta_{ji}, 1]$,采用农业新技术的成本为 $\underline{c_k}$。

二、合作组织成员创新行为分析

假设合作组织成员农户生产的农产品总量为 1，单个农户生产的农产品数量为 q，设定 $0 < q < 1$。假设成员农户将所有的农产品都出售给合作组织。合作组织的利润函数为

$$\pi_c = p - w_c - c_c - [\theta_1 \underline{c_k} + (1-\theta_1) \overline{c_k}] \quad (8\text{-}8)$$

其中，p 为合作组织销售农产品的市场价格；w_c 为合作组织收购农产品的价格；c_c 为除农业技术成本以外的成本；$[\theta_1 \underline{c_k} + (1-\theta_1) \overline{c_k}]$ 表示合作组织农业技术创新行为的期望成本。合作组织盈利的条件为 $\pi_c > 0$，由此可以推出 θ_1 的范围，具体如下：

$$\theta_1 > \frac{\overline{c_k} - (p - w_c - c_c)}{\overline{c_k} - \underline{c_k}} \quad (8\text{-}9)$$

令 $\Delta c = \overline{c_k} - \underline{c_k}$，$\theta_{11} = \frac{\overline{c_k} - (p - w_c - c_c)}{\Delta c}$。当 $j=1, i=1$ 时，即农业技术创新者为合作组织，以其盈利的最低概率 θ_{11} 为分界点，$I_{11}(\theta_1) = \begin{cases} 0, & \theta_1 \in [0, \theta_{11}] \\ 1, & \theta_1 \in (\theta_{11}, 1] \end{cases}$，将 $I_{11}(\theta_1)$ 乘合作组织利润函数中的 θ_{11}，得到不同情况下的合作组织的利润函数：

$$\begin{aligned}\pi_c &= p - w_c - c_c - [\theta_1 \cdot I_{11}(\theta_1) \cdot \underline{c_k} + (1-\theta_1) \cdot I_{11}(\theta_1)\overline{c_k}] \\ &= \begin{cases} p - w_c - c_c - \overline{c_k}, & \theta_1 \in [0, \theta_{11}] \\ p - w_c - c_c - \underline{c_k}, & \theta_1 \in (\theta_{11}, 1] \end{cases}\end{aligned} \quad (8\text{-}10)$$

当 $\theta_1 \in [0, \theta_{11}]$，用 $\pi_c|_{\theta \leqslant \theta_{11}}$ 表示 $p - w_c - c_c - \overline{c_k}$，代表合作组织不进行质量提升型技术创新，即采用传统农业技术的利润函数。当 $\theta_1 \in (\theta_{11}, 1]$，用 $\pi_c|_{\theta > \theta_{11}}$ 表示 $p - w_c - c_c - \underline{c_k}$，代表合作组织进行质量提升型农业新技术创新的利润函数。

假定合作组织进行质量提升型农业技术创新，则为成员农户提供质量提升型农业技术。那么，合作组织农户成员采用质量提升型农业技术的利润函数为

$$\pi_{fc} = w_c q - c_f + k + q\alpha\pi_c \quad (8\text{-}11)$$

其中，k 为农户采用质量提升型农业技术的总收益；c_f 为农户成员除采用质量提升型农业技术以外的生产成本；α 为合作组织为农户分配利润的比例，且 $0 < \alpha \leqslant 1$。

采用质量提升型农业技术时，合作组织农户成员利润变化为

$$\begin{aligned}\Delta\pi_{fc} &= k + q\alpha\Delta\pi_c \\ &= k - q\alpha[\theta_1 \underline{c_k} + (1-\theta_1)\overline{c_k}]\end{aligned} \quad (8\text{-}12)$$

农户采用质量提升型农业技术的条件为 $\Delta\pi_{fc} > 0$，可以得到 $\theta_1 > \dfrac{q\alpha\overline{c_k} - k}{q\alpha\Delta c}$，

令 $\theta_{12} = \dfrac{q\alpha\overline{c_k} - k}{q\alpha\Delta c}$。当 $j = 1, i = 2$ 时，即合作组织为其成员农户提供质量提升型农业技术，农户成员采用合作组织提供的质量提升型农业技术，以农户成员盈利的最低概率 θ_{12} 为分界点，$I_{12}(\theta_1) = \begin{cases} 0, & \theta_1 \in [0, \theta_{12}] \\ 1, & \theta_1 \in (\theta_{12}, 1] \end{cases}$，将 $I_{12}(\theta_1)$ 乘农户采用质量提升型农业技术利润函数中的 k 和 θ_1，得到不同情况下的农户的利润函数：

$$\begin{aligned}\pi_{fc} &= w_c q - c_f + k \cdot I_{12}(\theta_1) \\ &\quad + q\alpha(p - w_c - c_c - [\theta_1 \cdot I_{11}(\theta_1) \cdot I_{12}(\theta_1) \cdot \underline{c_k} + (1 - \theta_1) \cdot I_{11}(\theta_1) \cdot I_{12}(\theta_1))\overline{c_k}]) \\ &= \begin{cases} w_c q - c_f + q\alpha(p - w_c - c_c - \overline{c_k}), & \theta_1 \in [0, \theta_{11}] \\ w_c q - c_f + q\alpha(p - w_c - c_c - \underline{c_k}), & \theta_1 \in (\theta_{11}, \theta_{12}] \\ w_c q - c_f + k + q\alpha(p - w_c - c_c - \underline{c_k}), & \theta_1 \in (\theta_{12}, 1] \end{cases}\end{aligned} \quad (8\text{-}13)$$

当 $\theta_1 \in [0, \theta_{11}]$，用 $\pi_{fc}|_{\theta_1 \leq \theta_{11}}$ 表示 $w_c q - c_f + q\alpha(p - w_c - c_c - \overline{c_k})$，代表合作组织不给其成员农户提供质量提升型农业技术，农户仍采用传统农业技术时的利润函数。当 $\theta_1 \in (\theta_{11}, \theta_{12}]$，用 $\pi_{fc}|_{\theta_{11} < \theta_1 \leq \theta_{12}}$ 表示 $w_c q - c_f + q\alpha(p - w_c - c_c - \underline{c_k})$，代表合作组织进行质量提升型农业技术创新，并为其成员农户提供质量提升型农业技术，但农户不采用质量提升型技术，仍采用传统农业技术的利润函数。当 $\theta_1 \in (\theta_{12}, 1]$，用 $\pi_{fc}|_{\theta_{12} < \theta_1 \leq 1}$ 表示 $w_c q - c_f + k + q\alpha(p - w_c - c_c - \underline{c_k})$，代表合作组织进行质量提升型农业技术创新，并为其成员农户提供质量提升型农业技术，农户采用合作组织提供的质量提升型农业技术的利润函数。

三、非合作组织成员创新行为分析

当农户不与合作组织建立契约联系，而与农业企业建立契约联系时，农业企业并不为农户提供质量提升型农业技术，因而不需要分摊农户技术创新行为的成本。此时，农业企业的利润函数为

$$\pi_o = p - w_o - c_o \quad (8\text{-}14)$$

其中，p 为公司销售农产品的市场价格；w_o 为农业企业收购农产品的价格；c_o 表示农业企业的总成本。与农业企业契约联结的农户进行农业技术创新的利润为

$$\pi_{fo} = w_o q - c_f + k - [\theta_2 \underline{c_k} + (1 - \theta_2)\overline{c_k}] \quad (8\text{-}15)$$

其中，c_f 为农户除采用质量提升型农业技术以外的生产成本；θ_2 为与农业企业建立契约联系的农户采用质量提升型农业技术时成本 $\underline{c_k}$ 发生的概率；$1-\theta_2$ 为与农业企业建立契约联系的农户采用传统农业技术时成本 $\overline{c_k}$ 发生的概率；k 为农户采用质量提升型农业技术的总收益。式（8-15）中假定与农业企业建立契约联系的农户采用与合作组织同样的农业技术，则要承担和合作组织一样的农业技术成本，但是与农业企业建立契约联系的农户和合作组织选择同样农业技术成本的概率是不一样的。此外，不考虑农户可以租赁农业技术以及分摊的情况。

采用新农业技术时，与农业企业建立契约联系的农户收益变化如下：

$$\Delta \pi_{fo} = k - [\theta_2 \underline{c_k} + (1-\theta_2)\overline{c_k}] \tag{8-16}$$

与农业企业建立契约联系的农户采用质量提升型农业技术的条件为 $\Delta \pi_{fo} > 0$，可以得到 $\theta_2 > \dfrac{\overline{c_k} - k}{\Delta c}$，令 $\theta_{21} = \dfrac{\overline{c_k} - k}{\Delta c}$。

当 $j=2$ 时，即与农业企业建立契约联系的农户采用质量提升型农业技术，以其盈利的最低概率 θ_{21} 为分界点，$I_{21}(\theta_2) = \begin{cases} 0, & \theta_2 \in [0, \theta_{21}] \\ 1, & \theta_2 \in (\theta_{21}, 1] \end{cases}$，将 $I_{21}(\theta_2)$ 乘以与农业企业建立契约联系的农户采用质量提升型农业技术利润函数中的 k 和 θ_2，得到不同情况下的农户的利润函数：

$$\begin{aligned}\pi_{fo} &= w_o q - c_f + k \cdot I_{21}(\theta_2) - [\theta_2 \cdot I_{21}(\theta_2) \cdot \underline{c_k} + (1-\theta_2) \cdot I_{21}(\theta_2))\overline{c_k}] \\ &= \begin{cases} w_o q - c_f, & \theta_2 \in [0, \theta_{21}] \\ w_o q - c_f + k - \underline{c_k}, & \theta_2 \in (\theta_{21}, 1] \end{cases}\end{aligned} \tag{8-17}$$

当 $\theta_2 \in [0, \theta_{21}]$，用 $\pi_{fo}|_{\theta_2 \leqslant \theta_{21}}$ 表示 $w_o q - c_f$，代表与农业企业建立契约联系的农户采用农业传统技术的利润函数。当 $\theta_2 \in (\theta_{21}, 1]$，用 $\pi_{fo}|_{\theta_2 > \theta_{21}}$ 表示 $w_o q - c_f + k - \underline{c_k}$，代表与农业企业建立契约联系的农户采用质量提升型农业技术的利润函数。

四、均衡条件分析

当 $0 \leqslant \theta_1 \leqslant \theta_{11}$ 且 $0 \leqslant \theta_2 \leqslant \theta_{21}$ 时，合作组织不提供质量提升型农业技术且农户成员仍采用传统农业技术，与采用传统农业技术的与农业企业建立契约联系的农户相比，农户加入或继续留在合作组织的条件为：加入合作组织农户的利润要高于与农业企业建立契约联系的农户的利润，即 $\pi_{fc}|_{\theta_1 \leqslant \theta_{11}} > \pi_{fo}|_{\theta_2 \leqslant \theta_{21}}$，具体表示如下：

$$w_c q - c_f + q\alpha\pi_c |_{\theta_1 \leq \theta_{11}} > w_o q - c_f$$
$$\Rightarrow \alpha\pi_c |_{\theta_1 \leq \theta_{11}} > w_o - w_c \quad (8\text{-}18)$$
$$\Rightarrow \frac{w_o - w_c}{\pi_c |_{\theta_1 \leq \theta_{11}}} < \alpha \leq 1$$

由式（8-18）可以看出，合作组织的分配利润要大于公司收购价格扣除合作组织收购价格的差，同时也可以求得合作组织利润分配比例的范围，在此范围内农户才具备加入合作组织的条件。

当 $\theta_{11} < \theta_1 \leq \theta_{12}$ 且 $0 \leq \theta_2 \leq \theta_{21}$ 时，合作组织将会提供质量提升型农业技术，但是成员农户采用质量提升型农业技术导致利润下降而放弃使用，同采用传统农业技术的与农业企业建立契约联系的农户相比，在该情况下，农户愿意加入合作组织或合作组织成员继续留在合作组织的条件为 $\pi_{fc}|_{\theta_{11} < \theta_1 \leq \theta_{12}} > \pi_{fo}|_{\theta_2 \leq \theta_{21}}$，具体推导如下：

$$w_c q - c_f + q\alpha\pi_c |_{\theta_1 > \theta_{11}} > w_o q - c_f$$
$$\Rightarrow \alpha\pi_c |_{\theta_1 > \theta_{11}} > w_o - w_c \quad (8\text{-}19)$$
$$\Rightarrow \frac{w_o - w_c}{\pi_c |_{\theta_1 > \theta_{11}}} < \alpha \leq 1$$

此时，合作组织利润分配的比例 α 应在上述范围内。

当 $\theta_{11} < \theta_1 \leq \theta_{12}$ 且 $\theta_{21} < \theta_2 \leq 1$ 时，合作组织提供质量提升型农业技术，但是成员农户采用农业新技术导致利润下降而放弃使用。与采用质量提升型农业技术的与农业企业建立契约联系的农户相比，在该情况下，农户愿意加入合作组织或合作组织成员继续留在合作组织的条件为 $\pi_{fc}|_{\theta_{11} < \theta_1 \leq \theta_{12}} > \pi_{fo}|_{\theta_2 > \theta_{21}}$，具体推导如下：

$$w_c q - c_f + q\alpha\pi_c |_{\theta_1 > \theta_{11}} > w_o q - c_f + k - c_k$$
$$\Rightarrow q\alpha\pi_c |_{\theta_1 > \theta_{11}} > (w_o - w_c)q + k - c_k \quad (8\text{-}20)$$
$$\Rightarrow \frac{(w_o - w_c) + (k - c_k)/q}{\pi_c |_{\theta_1 > \theta_{11}}} < \alpha \leq 1$$

此时，合作组织利润分配的比例 α 应在上述范围内。

当 $\theta_{12} < \theta_1 \leq 1$ 且 $0 \leq \theta_2 \leq \theta_{21}$ 时，合作组织提供质量提升型农业技术，农户成员采用质量提升型农业技术。此时与没有采用质量提升型农业技术的与农业企业建立契约联系的农户相比，农户愿意加入合作组织或合作组织成员继续留在合作组织的条件，即 $\pi_{fc}|_{\theta_{12} < \theta_1 \leq 1} > \pi_{fo}|_{\theta_2 \leq \theta_{21}}$，具体推导如下：

$$w_c q - c_f + k + q\alpha\pi_c |_{\theta_1 > \theta_{11}} > w_o q - c_f$$
$$\Rightarrow q\alpha\pi_c |_{\theta_1 > \theta_{11}} > (w_o - w_c)q - k \quad (8\text{-}21)$$
$$\Rightarrow \frac{(w_o - w_c) - k/q}{\pi_c |_{\theta_1 > \theta_{11}}} < \alpha \leqslant 1$$

此时，合作组织利润分配的比例 α 应在上述范围内。

当 $\theta_{12} < \theta_1 \leqslant 1$ 且 $\theta_{21} < \theta_2 \leqslant 1$ 时，合作组织提供质量提升型农业技术，农户成员采用质量提升型农业技术，并且与公司交易的农户也采用质量提升型农业技术。此时，农户愿意加入合作组织或继续留在合作组织的条件为 $\pi_{fc}|_{\theta_{12} < \theta_1 \leqslant 1} > \pi_{fo}|_{\theta_2 > \theta_{21}}$，具体的推导如下：

$$w_c q - c_f + k + q\alpha\pi_c |_{\theta_1 > \theta_{11}} > w_o q - c_f + k - c_k$$
$$\Rightarrow q\alpha\pi_c |_{\theta_1 > \theta_{11}} > (w_o - w_c)q - c_k \quad (8\text{-}22)$$
$$\Rightarrow \frac{(w_o - w_c) - c_k/q}{\pi_c |_{\theta_1 > \theta_{11}}} < \alpha \leqslant 1$$

此时，合作组织利润分配的比例 α 应在上述范围内。

通过以上分析得到采用质量提升型农业技术的条件，并且推导出不同条件下农户的利润函数，通过利润函数之间的比较，得到农户加入合作组织的条件。接下来进一步通过实证方法检验农户决策的影响因素，以及农户决策所导致的不同模式对农户收入的影响。

第三节 "质量提升型创新-增长"贫困跨越实证框架

理论分析表明合作组织能够通过质量提升型创新实现增长从而达到扶贫效果，本节进一步构建实证分析框架试图找到经验证据。基本思路是从农户角度出发检验其采纳质量提升型农业技术的决策对其农业收入产生的影响，并探讨这种影响是否通过合作组织起作用。主要通过采用中国 15 个省的微观调查数据建立内生转换回归（endogenous switching regression，ESR）模型，在修正选择偏误的基础上分析农户的决策行为对农业收入的影响，并计算平均处理效应来量化农户采纳质量提升型农业技术的增收和扶贫效应；采用中介效应模型探讨这种影响机制是否通过合作组织起作用。对增长效应和扶贫效应的分析则分别采用对全农户样本和低收入农户样本进行分析的处理方法。

一、变量定义和描述性统计

农户的两个决策行为会产生四种不同的模式，表 8-1 分别对四种模式下的农户样本进行了描述统计。未参与合作社且未采纳质量提升型农业技术的农户为 76 人，占比为 57.6%；未参与合作社但采纳质量提升型农业技术的农户为 56 人，占比为 42.4%。参与合作社但未采纳质量提升型农业技术的农户为 101 人，占比为 38.3%；参与合作社且采纳质量提升型农业技术的农户为 163 人，占比为 61.7%。

表8-1　四种模式下样本的分布

合作组织参与决策	未采纳质量提升型农业技术	采纳质量提升型农业技术
未参与合作社	76	56
参与合作社	101	163

资料来源：本研究团队收集的微观调查数据

全样本下农户的合作社参与决策与质量提升型农业技术采纳决策的相关系数为 0.183，在 1% 的水平上显著。在低收入组中，农户的合作社参与决策与质量提升型农业技术采纳决策的相关系数为 0.200，在 1% 的水平上显著。两组数据均说明农户的合作社参与决策与质量提升型农业技术采纳决策之间并不独立，具有相关性，因此有必要纳入一个框架中考虑。与全样本下的农户相比，低收入组中农户两个决策之间的相关性更高一些，也说明低收入农户参与合作社，有利于质量提升型农业技术在低收入群体中扩散（Kolade and Harpham，2014）。

为了对前文理论逻辑进行验证，选取的因变量为农户家庭农业纯收入，核心解释变量是农户是否采纳质量提升型农业技术，用农户是否采用优质种苗来度量。由于需要处理农户的选择性偏误，根据已有文献采用社会网络作为农户采用质量提升型农业技术的决策的外生变量[①]（Matuschke and Qaim，2009；Ma and Abdulai，2016）。由已有文献可知，社会网络是社会上某些特定个体通过长期交往形成的一种较稳定的社会关系，主要包括社会网络规模和成员之间的交流频度等重要维度（Putnam et al.，1994；Foster and Rosenzweig，1995；杨志海，2018），以农户农产品远销地作为其社会网络规模大小的代理变量，以农户之间的互助合作程度作为其社会网络交流频度强弱的代理变量。农产品销售的范围越大、农户之间互助

---

① 两阶段回归方程中的自变量允许重复，正确的识别需要保证一阶段回归方程中至少有一个自变量不出现在二阶段回归方程的自变量中。因此一阶段回归方程的自变量为二阶段回归方程的自变量加上一个或多个外生工具变量，该工具变量影响农户的决策，但不影响结果方程的因变量。

程度越高，表明农户的社会网络有效性越强。此外还控制了包括合作组织、农业社会化服务（杨丹和刘自敏，2017；Nakano et al.，2017）、社会网络（Matuschke and Qaim，2009）、农业要素投入（Williamson，1989）、农户特征（Doss and Morris，2000；李后建，2012）、区位特征（王静和霍学喜，2015；Wossen et al.，2017）等变量。具体的变量定义及描述统计详见表 8-2。

表8-2 变量定义和描述统计

变量类型	变量名	含义及赋值	均值	标准差
因变量	农业纯收入	农户 2012 年家庭农业纯收入（元）的自然对数	10.196	1.081
核心自变量	质量提升型农业技术采纳决策	农户采纳优质种苗=1，未采纳优质种苗=0	0.553	0.498
合作组织	成员资格	是合作组织成员=1，否=0	0.566	0.496
农业社会化服务	农业贷款	2012 年农户贷款额（元）的自然对数	3.347	4.780
	农业保险	购买过农业保险=1，否=0	0.407	0.492
	农业技能培训	接受过农业培训=1，未接受过农业培训=0	0.745	0.436
	农业信息服务	获取过农业信息服务=1，否=0	0.806	0.396
社会网络	产品远销地	农产品最远销售地：国外=7，外省=6，本省=5，本市=4，本县=3，本乡=2，本村=1	4.508	1.386
	互助合作程度	很高，经常互助=4；较高，有时互助=3；较低，偶尔互助=2；很低，基本不合作=1	2.442	1.177
农业要素投入	农业劳动力	家庭成员从事农业生产的劳动力（人）	1.248	0.269
	土地面积	农户经营的土地面积（亩）	2.487	0.893
	物质资料	购买农业生产资料、雇工、租用农机等费用（元）的自然对数	9.391	1.344
	固定资产	现有农机折合现值（元）的自然对数	4.769	4.116
农户特征	户主性别	男性=1，女性=0	0.821	0.384
	户主年龄	2012 年户主的年龄（周岁）	44.381	9.267
	户主受教育程度	专科以上=5，高中=4，初中=3，小学=2，未接受教育=1	3.030	0.902
	技能专长	有专业技能专长=1，无=0	0.535	0.499
区位特征	市场距离	本村离最近的农贸市场的距离（千米）	6.638	6.042
	村庄地形	山区=1，非山区=0	0.283	0.451
	村受教育水平	本村受教育程度为高中以上的人员占比（%）	24.156	15.631

注：①实证研究所采用的样本是农户层面的样本，相关的区位特征为被访农户所在村特征；②对变量取自然对数的处理方法是用该变量取值+1 再取自然对数

二、内生转换回归模型

通过内生转换回归模型分析农户采纳质量提升型农业技术的影响因素，并在修正选择偏误的基础上分析决策行为对农户农业收入的影响。采用内生转换回归模型主要基于两方面的考虑：一是农户决策行为受自我选择的影响，若不考虑农户决策时所导致的选择偏误，直接考虑对农业收入的影响将会得到不一致的估计结果（Heckman and Vytlacil，2007），因此在分析农户决策对农户农业收入影响时需要消除样本选择偏误。二是内生转换回归模型能够计算平均处理效应，从而量化农户采纳质量提升型农业技术的增收幅度。因此内生转换回归模型是最合适的。

内生转换回归模型是一个两步回归模型（Maddala，1986），第一步使用 Probit 模型研究农户采用质量提升型农业技术的影响因素，并计算逆米尔斯比率；第二步用 OLS 方法估计加入选择性修正项（即逆米尔斯比率）时结果变量和一系列解释变量之间的关系，包括农户采用与未采用质量提升型农业技术的两个结果回归方程，即

$$\begin{cases} \pi_{1i} = \beta_1 X_{1i} + \xi_{1i}, & D_i = 1 \\ \pi_{0i} = \beta_0 X_{0i} + \xi_{0i}, & D_i = 0 \end{cases} \quad (8\text{-}23)$$

其中，π_{1i} 表示农户 i 采用质量提升型农业技术的农业收入；π_{0i} 表示农户没有采用质量提升型农业技术时的农业收入；X_{1i} 和 X_{0i} 分别为影响农户农业收入的弱外生变量的向量；ξ_{1i} 和 ξ_{0i} 分别为服从零均值正态分布的误差项。

内生转换回归模型考虑了不可观测因素导致的选择性偏误，通过估计选择方程，可以得到逆米尔斯比率 λ_{1i} 和 λ_{0i}，以及协方差 $\sigma_{\varepsilon\xi_1} = \text{cov}(\varepsilon_i, \xi_{1i})$，$\sigma_{\varepsilon\xi_0} = \text{cov}(\varepsilon_i, \xi_0)$，代入结果回归方程中，得到：

$$\begin{cases} \pi_{1i} = \beta_1 X_{1i} + \lambda_{1i}\sigma_{\varepsilon\xi_1} + \mu_{1i}, & D_i = 1 \\ \pi_{0i} = \beta_0 X_{0i} + \lambda_{0i}\sigma_{\varepsilon\xi_0} + \mu_{0i}, & D_i = 0 \end{cases} \quad (8\text{-}24)$$

根据模型设定，用全信息极大似然（full information maximum likelihood，FIML）估计方法同时估计选择方程和结果方程获得一致的标准误，该方法依赖于选择方程和结果方程中误差项的联合正态性（Lokshin and Sajaia，2004）。

该模型还能够将采用质量提升型农业技术的农户与反事实情况对比，即通过计算处理组的平均处理效应得到可观测的实际农业收入与反事实农业收入的差异，以分析农户的决策行为对其农业收入的影响。

采用质量提升型农业技术的农户（可观测）的期望农业收入为

$$E(\pi_{1i} | D=1; X_{1i}) = \beta_1 X_{1i} + \lambda_{1i}\sigma_{\varepsilon\xi_1} \quad (8\text{-}25)$$

未采用质量提升型农业技术的农户（反事实）的期望农业收入为

$$E(\pi_{0i}|D=1;X_{1i}) = \beta_0 X_{1i} + \lambda_{1i}\sigma_{\varepsilon\xi_0} \qquad (8\text{-}26)$$

因此，处理组的平均处理效应，即采用质量提升型农业技术的可观测农业收入与反事实农业收入之间的差异为

$$\begin{aligned}\text{ATT} &= E(\pi_{1i}|D=1;X_{1i}) - E(\pi_{0i}|D=1;X_{1i}) \\ &= (\beta_1 X_{1i} + \lambda_{1i}\sigma_{\varepsilon\xi_1}) - (\beta_0 X_{1i} + \lambda_{1i}\sigma_{\varepsilon\xi_0}) \\ &= (\beta_1 - \beta_0)X_{1i} + \lambda_{1i}(\sigma_{\varepsilon\xi_1} - \sigma_{\varepsilon\xi_0})\end{aligned} \qquad (8\text{-}27)$$

三、中介效应模型

为进一步研究农户采用质量提升型农业技术是通过何种机制作用于农户农业收入，采用中介效应模型对该问题进行研究（Baron and Kenny，1986）。具体的模型设定如下：

$$\pi_i = \gamma_0 + \gamma_1 D_i + \sum \gamma_2 L_i + \omega_1 \qquad (8\text{-}28)$$

$$M_i = \tau_0 + \tau_1 D_i + \sum \tau_2 L_i + \omega_2 \qquad (8\text{-}29)$$

$$\pi_i = \kappa_0 + \kappa_1 D_i + \kappa_2 M_i + \sum \kappa_3 L_i + \omega_3 \qquad (8\text{-}30)$$

其中，π_i 表示农户的农业收入；D_i 表示农户采用质量提升型农业技术的决策行为；M_i 表示中介变量，包括是否加入合作组织、农业社会化服务、农业投入等；L_i 表示可能会影响质量提升型农业技术、中介变量及农业纯收入的控制变量，包括农户特征、区位特征等；式（8-28）的系数 γ_1 为质量提升型农业技术 D_i 影响农户农业收入 π_i 的总效应；式（8-29）的系数 τ_1 表示质量提升型农业技术 D_i 影响中介变量 M_i 的效应；式（8-30）的系数 κ_2 表示中介变量 M_i 影响农户农业收入 π_i 的效应；系数 κ_1 表示质量提升型农业技术 D_i 影响农户农业收入的直接效应；$\omega_1 \sim \omega_3$ 表示残差。

中介效应等于系数 τ_1 与 κ_2 的乘积 $\tau_1\kappa_2$，常采用逐步法（Baron and Kenny，1986）、Sobel 检验法（Sobel，1982）、Bootstrap 法（Preacher and Hayes，2008）对中介效应进行检验。除了逐步法以外，其他两种方法检验中介效应的检验为 $H_0: \tau_1\kappa_2 = 0$。需要注意的是，模拟研究发现 Sobel 检验法在检验力上要优于逐步法（MacKinnon et al.，2002；温忠麟和叶宝娟，2014），但 Sobel 检验法的局限性在于检验统计量需要满足 $\tau_1\kappa_2$ 服从正态分布的假设，而实际中可能满足不了这样的假设条件。Bootstrap 法也被称为非参数百分位 Bootstrap 法，是一种不涉及总体分布及其参数的非参数方法，其检验力高于 Sobel 检验法（Fritz and MacKinnon，2007），因此在判定中介效应时采用 Sobel 检验法与 Bootstrap 法，但是以 Bootstrap 法为主。

第四节 "质量提升型创新-增长"贫困跨越实证分析

质量提升型创新增长扶贫效应实证分析的主要思路如下：分别验证质量提升型创新的增长效应和扶贫效应。质量提升型创新增长效应分析的思路是分析全样本农户采纳质量提升型农业技术的增收效应。利用全样本农户数据，建立内生转换回归模型分析农户的质量提升型农业技术采纳决策的影响因素，在修正选择偏误的基础上分析决策行为对农户农业收入的影响，并利用反事实分析方法计算平均处理效应来量化农户采纳质量提升型农业技术的增收幅度。

质量提升型创新扶贫效应分析的思路如下：分析低收入农户采纳质量提升型农业技术的减贫效应。利用低收入农户数据建立内生转换回归模型分析农户的质量提升型农业技术采纳决策的影响因素，在修正选择偏误的基础上分析决策行为对农户农业收入的影响，计算平均处理效应来量化农户采纳质量提升型农业技术的增收幅度，通过与全样本农户的增收幅度进行对比来验证是否存在减贫效应。

一、质量提升型创新的增收效应

（一）全样本农户模型联立估计

首先利用全样本数据建立内生转换回归模型，在处理农户选择性偏误的基础上研究农户采用质量提升型农业技术对农户农业收入的影响。表 8-3 汇报了两阶段回归的结果，第一阶段是农户采用质量提升型农业技术的影响因素，第二阶段是在修正选择偏误的基础上分析不同决策行为下农户农业收入的影响因素。具体实证分析结果如下。

表8-3 全样本农户技术采纳与农户农业收入联立估计结果

变量		质量提升型农业技术		农户农业收入			
				采纳农业技术		未采纳农业技术	
		系数	标准误	系数	标准误	系数	标准误
合作组织	成员资格	0.410**	0.167	0.135	0.155	−0.268*	0.155

续表

变量		质量提升型农业技术		农户农业收入			
				采纳农业技术		未采纳农业技术	
		系数	标准误	系数	标准误	系数	标准误
农业社会化服务	农业贷款	−0.057***	0.015	−0.035**	0.015	0.005	0.014
	农业保险	0.430***	0.150	0.174	0.129	−0.290**	0.140
	农业技能培训	0.603***	0.181	0.157	0.190	−0.000	0.160
	农业信息服务	0.341*	0.201	0.016	0.187	0.187	0.148
农业要素投入	劳动力	0.088	0.266	0.104	0.201	0.443*	0.232
	土地面积	0.319***	0.097	0.219***	0.081	0.226**	0.088
	物质资料	−0.276***	0.066	0.335***	0.063	0.557***	0.056
	固定资产	−0.003	0.017	−0.001	0.014	0.006	0.014
农户特征	户主性别	−0.454**	0.198	0.210	0.164	−0.003	0.171
	户主年龄	0.003	0.008	0.006	0.006	0.003	0.007
	户主受教育程度	0.088	0.087	−0.018	0.068	0.080	0.072
	技能专长	0.181	0.154	0.105	0.122	−0.047	0.128
区位特征	市场距离	−0.009	0.013	0.015	0.009	−0.012	0.011
	村庄地形	−0.074	0.179	−0.406***	0.141	−0.114	0.139
	村受教育程度	0.004	0.005	0.014***	0.004	0.004	0.004
社会网络	产品远销地	0.157***	0.055				
	互助合作	0.103	0.064				
常数项		−0.201	0.824	5.285***	0.665	3.137***	0.717
$\ln \sigma_{\varepsilon_1}$				−0.209**	0.094		
ρ_{ε_1}				0.471	0.289		
$\ln \sigma_{\varepsilon_0}$						−0.285***	0.090
ρ_{ε_0}						−0.473*	0.226
Log likehood				−664.647			
Wald 卡方值				164.20***			
N				396			

*、**、***分别表示在10%、5%、1%的水平上显著

由表 8-3 可知相关系数 $\rho_{\varepsilon\xi_0}$ 在 10%的水平上显著，说明存在选择性偏差，即农户在采用质量提升型农业技术时受不可观测因素的影响，因此需要在修正选择偏误的基础上考虑决策行为对农户农业收入的影响，同时说明所选择的内生转换回归模型是科学合理的。$\rho_{\varepsilon\xi_1}$ 和 $\rho_{\varepsilon\xi_0}$ 符号相反，说明农户是基于比较优势来选择采用质量提升型农业技术的；$\rho_{\varepsilon\xi_0}$ 显著为负说明存在正的选择偏差，即高于平均农业收入的农户更有可能不会采用质量提升型的农业技术（Lokshin and Sajaia，2004）。

通过表 8-3 的内生转换回归模型一阶段回归结果可知，合作组织和社会网络是农户采用质量提升型农业技术的重要影响因素。农户具有合作组织成员资格对其采用质量提升型农业技术有显著的促进作用，因为合作组织具有农业技术推广的作用，加入合作组织有利于农户采用农业技术（Abebaw and Haile，2013；吴比等，2016；杨丹和刘自敏，2017）。代表社会网络规模的产品远销地对农户采用质量提升型的农业技术有显著的促进作用，因为采用质量提升型的农业技术会提高农产品的质量，进而提高竞争力，促进销售的范围扩大（Maertens and Barrett，2013）。此外，农业社会化服务对农户采用质量提升型农业技术也有显著影响。农业贷款对农户采用质量提升型农业技术有显著的抑制作用，因为农户进行农业贷款主要是为了解决生产中短期的、季节性的资金短缺，对采用新的农业技术可能存在的风险持规避态度（Barham et al.，2015）；购买农业保险对农户采用质量提升型农业技术有显著的促进作用，因为农业保险可以提供一定的保障来应对遭受自然灾害等事故造成的经济损失，减少对农业生产的冲击，保险的功能为农户采用质量提升型的农业技术提供了一定的保障（朱萌等，2016）；农业技术培训对采用质量提升型农业技术有显著的促进作用，表明参与农业技术培训可以让农户了解和掌握农业技术，有利于促进农户采用质量提升型农业技术（Ali and Abdulai，2010）；农业信息服务对农户采用质量提升型的农业技术有促进作用，农户获取农业信息，有利于合理安排农业生产、了解新技术相关信息（褚彩虹等，2012）。农业要素投入也对农户采用质量提升型农业技术有显著影响。土地面积对农户采用质量提升型农业技术有显著的促进作用，与农产品质量相对应的是产品的价格，如果农户土地面积较小，产量会受到约束，则采用该技术的规模效益就不太明显（Khanna，2001）；物质资料的投入对农户采用质量提升型农业技术有显著的抑制作用，农户的各项投入与农户之前的技术相匹配，而若要采用质量提升型农业技术，需要一个适应的过程，需要其他方面与其匹配，可能会增加农民的负担。从农户特征来看，户主性别对采用质量提升型的农业技术有显著的抑制作用，即女性更加青睐采用质量提升型的农业技术。

表 8-3 的内生转换回归模型二阶段回归结果主要用于分析质量提升型农业技术采用与未采用两种情形下各因素对农户农业收入的影响。从合作组织的影响来看，对于未采用质量提升型农业技术的农户，具有合作组织成员资格对提高其农业收入有显著的抑制作用，表明合作组织农户未采用质量提升型的农业技术，会成为技术落后者，使其收益下降（Cochrane，1958）。从农业社会化服务的影响来看，对于采用质量提升型农业技术的农户，农业贷款对其农业收入有显著的抑制作用，因为农户借用贷款需要偿还相应的本金与利息，这会相对降低农户的农业收入；对于该技术的未采用者，农业保险对其农业纯收入的提高有显著的抑制作用。从农业要素投入的影响来看，对采用与未采用质量提升型农业技术的农户，土地面积和物质资料对其农业收入都有显著的促进作用，表明扩大土地面积与物质资料投入有利于提高其农业收入（Mojo et al., 2017）。从区位特征的影响来看，对于采用质量提升型农业技术的农户，村庄地形为山地对农户的农业收入有抑制作用，山地地形交通不便，会增加运输成本等，降低农户的农业收入。村受教育程度对其农业收入有显著的促进作用，村中受教育程度高的农户越多越有利于得出科学的认识来促进农业生产，提升农户的农业收入。

（二）全样本农户处理效应分析

为了进一步计算采用质量提升型农业技术能在多大程度上提升农户的农业收入，进一步通过构建反事实场景估算平均处理效应来验证采用质量提升型农业技术的增收效果。具体分析结果如表 8-4 所示。

表8-4 全样本农户技术采纳影响收入的平均处理效应

农户农业收入	结果均值 采用者	结果均值 未采用者	ATT	t 值	增收幅度
全样本	10.312（0.046）	9.482（0.058）	0.830***	25.789	8.75%

*、**、***分别表示在10%、5%、1%的水平上显著

注：表中结果均值为农业纯收入的自然对数；括号内表示标准误

从表 8-4 可以看出，对于全样本农户而言，采用质量提升型农业技术的平均处理效应在 1%的水平上显著，说明农户采用质量提升型农业技术能显著提高其农业收入。相比于未采用质量提升型农业技术的农户而言，采用了该技术的农户的农业收入显著增加 0.830，增收幅度为 8.75%。

为了更直观地展示农户技术采纳的增收效果，将模型估计的采用质量提升型农业技术的农户拟合农业收入与其反事实情形下的农业收入的概率密度函数图如图 8-3 所示。可以看出，采用质量提升型农业技术农户的农业收入概率密度函数曲线基本位于未采用质量提升型农业技术农户的农业收入概率密度函数曲线的右

侧，表明农户采用质量提升型农业技术有明显的增收效果。

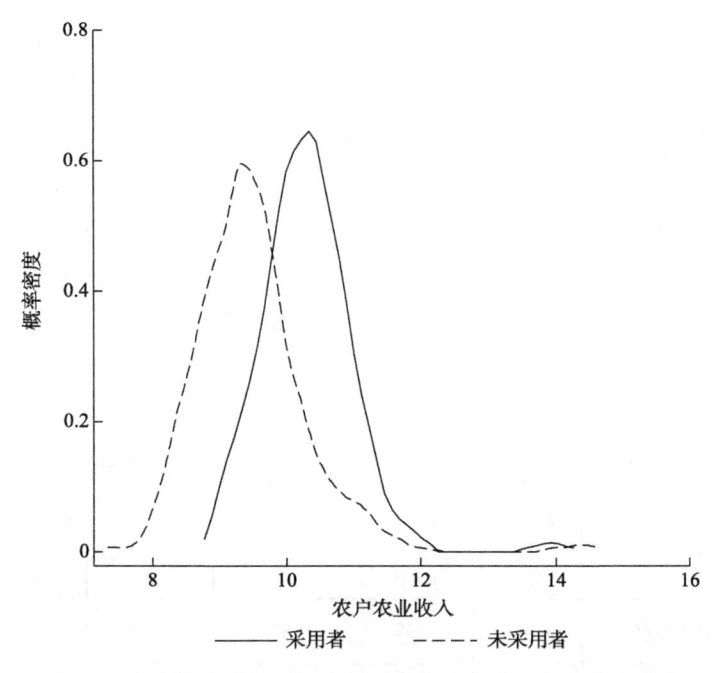

图 8-3　农户技术采纳的拟合与反事实农业收入概率密度分布

二、质量提升型创新的减贫效应

中国农村消除绝对贫困后，相对贫困将是中国全面步入小康社会后所面临的主要贫困问题。世界银行将收入低于平均收入 1/3 的人口划分为相对贫困人群，有些国家的相对贫困标准较高，将相对贫困人口定义为其收入低于平均收入 40% 的人群。部分发达国家采用收入中位数的 50%或 60%作为相对贫困线标准。国内学者常用收入中位数的 50%作为相对贫困线进行探讨与研究（陈宗胜等，2013）。本小节将进一步利用内生转换回归模型分析低收入农户采用质量提升型农业技术对其农业收入的影响，并利用反事实分析方法计算低收入农户采用质量提升型农业技术带来的农业收入差异，并以此来分析质量提升型农业技术采纳的减贫效应。本书采用的收入划分标准主要取决于数据可得性及中国农户收入状况。根据《中国统计年鉴》数据计算，2012 年中国平均的农村居民人均纯收入为 7 917 元，因此，本书将被调查样本农户中人均纯收入低于或等于 7 917 元的农户划分为低收入组。

（一）低收入农户模型联立估计

表 8-5 汇报了低收入农户技术采纳决策模型与农户农业收入模型的联立估计结果。可以看出，$\rho_{\varepsilon\xi_1}$ 和 $\rho_{\varepsilon\xi_0}$ 两者符号相反说明低收入农户是基于比较优势而选择采用质量提升型农业技术的；$\rho_{\varepsilon\xi_1}$ 在 10%的水平上显著，说明存在选择性偏差，低收入农户采用质量提升型农业技术的决策行为受不可观测因素的影响，因此需要在修正选择偏误的基础上分析决策行为对低收入农户福利的影响；同时 $\rho_{\varepsilon\xi_1}$ 显著为正表明存在负的选择偏差，即低于平均农业收入的低收入农户更有可能选择采用质量提升型农业技术，对于低收入农户而言，负的选择偏差是非常合理的，因为质量提升型农业技术有望改善低收入农户的福利（Ma and Abdulai，2016）。

表8-5 低收入农户技术采纳影响农业收入的估计结果

变量		质量提升型农业技术		农户农业收入			
				采用者		未采用者	
		系数	标准误	系数	标准误	系数	标准误
合作组织	成员资格	0.041	0.269	0.383**	0.168	−0.026	0.191
农业社会化服务	农业贷款	−0.048*	0.025	−0.026	0.017	0.013	0.021
	农业保险	0.119	0.257	0.110	0.168	0.157	0.183
	农业技能培训	0.898***	0.264	−0.054	0.212	−0.326	0.248
	农业信息服务	0.336	0.300	0.179	0.197	0.284	0.178
农业要素投入	农业劳动力	0.059	0.417	0.043	0.284	0.339	0.285
	土地面积	0.584***	0.204	0.198	0.137	0.288**	0.138
	物质资料	−0.084	0.130	0.207**	0.081	0.421***	0.086
	固定资产	0.024	0.026	0.013	0.018	−0.028	0.018
农户特征	户主性别	−0.821***	0.302	0.119	0.202	0.132	0.254
	户主年龄	0.022	0.014	0.021**	0.010	−0.001	0.009
	户主受教育程度	0.140	0.130	−0.054	0.086	0.109	0.098
	技能专长	0.310	0.250	−0.042	0.161	−0.111	0.181
区位特征	市场距离	−0.000	0.022	0.023	0.015	−0.015	0.015
	村庄地形	−0.184	0.316	−0.164	0.196	−0.297*	0.178
	村受教育程度	0.010	0.020	0.004	0.007	0.003	0.006
社会网络	产品远销地	0.106	0.089				
	互助合作	0.298**	0.128				
	常数项	−3.695**	1.759	5.504***	1.028	4.262***	1.045
	$\ln\sigma_{\varepsilon\xi_1}$			−0.410***	0.132		

续表

变量	质量提升型农业技术		农户农业收入			
			采用者		未采用者	
	系数	标准误	系数	标准误	系数	标准误
$\rho_{\varepsilon\xi_1}$			0.648*	0.233		
$\ln\sigma_{\varepsilon\xi_0}$					−0.457***	0.085
$\rho_{\varepsilon\xi_0}$					−0.161	0.490
Log Likehood	−264.770					
Wald 卡方值	45.65***					
N	181					

*、**、***分别表示在 10%、5%、1%的水平上显著

通过对比低收入组与全样本农户的内生转换回归模型回归结果可以发现，各因素对农户采用质量提升型农业技术的影响，以及对农户农业收入的影响都有所差异，因此低收入组农户存在异质性。表 8-5 中内生转换回归模型一阶段回归结果分析了低收入农户选择质量提升型农业技术的影响因素：①社会网络方面，互助合作对低收入农户采用质量提升型农业技术有显著的提升作用（汪建和庄天慧，2015），与全样本下的农户相比，低收入农户普遍面临着社会网络规模较小的情形，因此更加注重社会网络交流的频度，这样更加有利于低收入农户交流信息，了解农业技术。②土地面积、农业技能培训对低收入农户采用质量提升型农业技术有显著的促进作用（Wossen et al., 2017），与全样本下有类似的显著影响作用，但是通过与全样本下系数的对比，土地面积、农业技能培训对促进低收入农户采用质量提升型农业技术的影响作用更强。③农业贷款、户主性别对低收入农户采用质量提升型农业技术有显著的抑制作用，与全样本下有类似的显著影响作用，但是影响程度各异。

表 8-5 中内生转换回归模型二阶段回归结果分析了低收入组农户是否采纳质量提升型农业技术两种情形下各因素对农户农业收入的影响：第一，对于采用质量提升型农业技术的低收入农户，具有合作组织成员资格对提高其农业收入有显著的促进作用。第二，对于采用质量提升型农业技术的低收入农户，物质资料、户主年龄对提高其农业收入有显著的促进作用。第三，对于未采用质量提升型农业技术的低收入农户，土地面积、物质资料投入对提高其农业收入有显著的促进作用，村庄地形为山地对提高其农业收入有显著的抑制作用；物质资料对提高采用者与未采用者的农业收入都有显著的促进作用。

（二）低收入农户处理效应分析

低收入农户采用质量提升型农业技术的减贫效应如何，需要判断其采用该农

业技术是否具有增收效应。通过内生转换回归模型构建反事实计算平均处理效应。

由表 8-6 可以看出,低收入农户采用质量提升型农业技术的平均处理效应在 1%的水平上显著,说明低收入农户采用质量提升型农业技术能显著地提高其农业收入,具有增收效应,能减缓贫困。相比于未采用质量提升型农业技术的低收入农户,采纳了该技术的低收入农户能使其农业收入显著增加 0.321,增收幅度为 3.47%。

表8-6　低收入农户技术采纳影响农业收入的平均处理效应

农户农业收入结果均值		ATT	t 值	增收幅度
采用者	未采用者			
9.572（0.049）	9.252（0.068）	0.321***	5.106	3.47%

*、**、***分别表示在 10%、5%、1%的水平上显著
注：结果均值为农业纯收入的自然对数；括号内表示标准误

为了更直观地展示低收入农户技术采纳的减贫效果,同样将模型估计的采用质量提升型农业技术的低收入农户的拟合农业收入与其反事实情形下农业收入的概率密度函数图如图 8-4 所示。可以看出,采用质量提升型农业技术的低收入农户的农业收入的概率密度函数曲线位于未采用质量提升型农业技术的低收入农户的农业收入的概率密度函数曲线的右侧,并且未采用质量提升型农业技术的农户的概率密度图出现左拖尾的现象,表明低收入农户采用质量提升型农业技术有明显的增收效果。

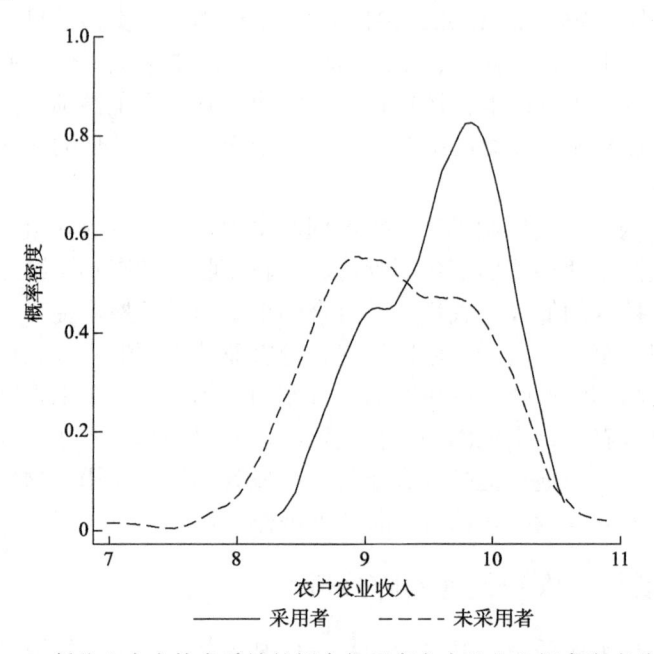

图 8-4　低收入农户技术采纳的拟合与反事实农业收入概率密度分布

综上所述，在全样本与低收入组中，农户采用质量提升型农业技术均能提高农户的农业收入，都具有增收效应。低收入组与全样本下的农户采用质量提升型农业技术的增收幅度分别为3.47%、8.75%，低收入农户采用质量提升型农业技术的增收幅度比全样本下的增收幅度低5.28个百分点。在一定程度上会扩大低收入农户与全样本农户之间增收幅度的差距，说明低收入农户采用质量提升型农业技术由于其增收效应的存在能够减少贫困。但是，由于其对不同收入水平农户的增收幅度存在差异，因此对缓解相对贫困收效甚微。低收入农户增收幅度相对较低可能的原因是：低收入农户的资源禀赋比较差、抗风险能力较弱、资金筹措能力有限、农业生产成本较高等，对节约生产成本的需求往往高于提升农产品质量的需求。同时，农户的技术创新采纳存在一定的门槛，成本降低型创新有利于降低低收入农户创新采纳的门槛，从而获得更多增收效应。

第五节 "质量提升型创新-增长"贫困跨越机制分析

为了分析农户采用质量提升型农业技术通过什么样的作用机制影响其农业收入，进一步采用中介效应模型（Baron and Kenny，1986）进行分析，并按照中介检验的步骤（温忠麟和叶宝娟，2014），分别检验理论分析框架中提出的质量提升型农业技术影响农户农业收入的三条路径，即合作组织路径、农业社会化服务路径和要素配置路径是否真实存在。

一、基于合作组织的机制分析

为了检验农户采用质量提升型农业技术能否通过合作组织路径提高其农业收入，设定中介效应模型的因变量为农户农业收入，自变量为质量提升型农业技术的采纳决策，中介变量为合作组织成员资格。检验结果如表8-7所示。其中路径Ⅰ、路径Ⅱ的系数值分别表示全样本农户采用质量提升型农业技术对中介变量（合作组织成员资格）的影响，以及中介变量（合作组织成员资格）对农户农业收入的影响效应，即模型设定的式（8-29）与式（8-30）中的τ_1与κ_2。表8-7中的中介效应表示农户采用质量提升型农业技术通过中介变量对农户农业收入所产生的影响作用，即对应于模型中的中介效应$\tau_1\kappa_2$。

表8-7　合作组织路径的中介效应检验

路径Ⅰ 技术采纳对中介变量的影响	系数	路径Ⅱ 中介变量对农户农业收入的影响	系数	中介效应	Sobel检验 Z值 P值	Bootstrap检验 Z值 P值	中介效应占比
全样本农户							
技术采纳→ 合作组织成员资格	0.192*** (0.048)	合作组织成员资格 →农业收入	0.347*** (0.108)	0.066** (0.013)	2.49 0.012	2.38 0.017	31.47%
低收入农户							
技术采纳→ 合作组织成员资格	0.187** (0.074)	合作组织成员资格 →农业收入	0.390*** (0.122)	0.072* (0.037)	1.98 0.048	1.81 0.071	27.93%

*、**、***分别表示在10%、5%、1%的水平上显著
注：其他控制变量都已控制在模型中，但限于篇幅，估计结果并未汇报；括号中为标准误；Sobel检验和Bootstrap检验中上面一行汇报Z值，下面一行汇报P值；Bootstrap的次数为500；中介效应占比为中介效应与总效应的比值

从表8-7可以看出，对于全样本与低收入农户而言，在控制了其他控制变量之后，农户采用质量提升型农业技术会显著促进其加入合作组织，而加入合作组织又会显著促进农户农业收入的提升。主要是因为农户采用质量提升型农业技术会增加成本并面临风险，加入合作组织有助于分散风险并分担成本，从而提升农户农业收入。由中介效应模型的Sobel检验和Bootstrap检验可知，对于全样本与低收入农户，合作组织成员资格变量至少在10%的统计水平上显著，表明农户采用质量提升型农业技术通过合作组织路径对其农业收入产生正向的中介作用，因此合作组织路径是存在的。

二、基于农业社会化服务的机制分析

为了检验农户采用质量提升型农业技术能否通过农业社会化服务路径提高其农业收入，设定中介效应模型的因变量为农户农业收入，自变量为质量提升型农业技术的采纳决策，中介变量为一系列农业社会化服务，包括农业贷款、农业保险、农业技能培训、农业信息服务。检验结果如表8-8所示。

表8-8　农业社会化服务路径的中介效应检验

路径Ⅰ 技术采纳对中介变量的影响	系数	路径Ⅱ 中介变量对农户农业收入的影响	系数	中介效应	Sobel检验 Z值 P值	Bootstrap检验 Z值 P值	中介效应占比
全样本农户							
技术采纳→ 农业贷款	-1.361*** (0.481)	农业贷款 →农业收入	0.026** (0.011)	-0.036* (0.020)	-1.83 0.067	-1.67 0.095	14.51%

续表

路径 I 技术采纳对中介变量的影响	系数	路径 II 中介变量对农户农业收入的影响	系数	中介效应	Sobel 检验 Z 值 P 值	Bootstrap 检验 Z 值 P 值	中介效应占比
技术采纳→ 农业保险	0.183*** (0.047)	农业保险 →农业收入	0.054 (0.111)	0.010 (0.020)	0.48 0.629	0.45 0.656	4.68%
技术采纳→ 农业技能培训	0.233*** (0.042)	农业技能培训 →农业收入	0.359*** (0.124)	0.084*** (0.033)	2.56 0.010	2.64 0.008	39.63%
技术采纳→ 农业信息服务	0.146*** (0.039)	农业信息服务 →农业收入	0.406*** (0.136)	0.059** (0.025)	2.34 0.019	2.22 0.027	28.02%
低收入农户							
技术采纳→ 农业贷款	−0.297 (0.709)	农业贷款 →农业收入	0.024* (0.013)	−0.007 (0.017)	−0.41 0.683	−0.38 0.707	2.64%
技术采纳→ 农业保险	0.082 (0.069)	农业保险 →农业收入	0.297** (0.133)	0.024 (0.023)	1.05 0.292	0.98 0.325	9.35%
技术采纳→ 农业技能培训	0.351*** (0.068)	农业技能培训 →农业收入	0.090 (0.136)	0.032 (0.048)	0.66 0.512	0.69 0.490	12.10%
技术采纳→ 农业信息服务	0.157** (0.065)	农业信息服务 →农业收入	0.340** (0.141)	0.054 (0.031)	1.71 0.088	1.53 0.127	20.49%

*、**、***分别表示在10%、5%、1%的水平上显著

注：其他控制变量都已控制在模型中，但限于篇幅，估计结果并未汇报；括号中为标准误；Sobel检验和Bootstrap检验中上面一行汇报Z值，下面一行汇报P值；Bootstrap的次数为500；在中介效应占比中，中介效应为负汇报的是中介效应与直接效应比值的绝对值，其余均为中介效应与总效应的比值

从表8-8可以看出，对于全样本农户，由中介效应的Sobel检验和Bootstrap检验可知，农业贷款、农业技能培训、农业信息服务这三个中介变量，至少在10%的统计水平上显著，说明在全样本下农业社会化服务的路径存在。其中，农户采用质量提升型农业技术通过农业培训、农业信息服务对农户农业收入产生正向的中介作用，因为这些农业社会化服务可以在农业分工与专业化的过程中，提升农户从事农业生产的个人能力及拓展农业信息的渠道。农业贷款会产生负的中介作用，因为农户获取农业贷款主要是为了解决生产中短期的、季节性的资金短缺，但是采用农业新技术往往会有一定的风险而持有规避态度，这种表现会遮掩农业贷款对农户农业收入的提升，因此农户采用质量提升型农业技术通过农业贷款对农户农业收入产生负向中介作用。

表8-8中Sobel检验和Bootstrap检验结果表明，农业信息服务可以通过Sobel检验，却没有通过Bootstrap检验，本节主要采用检验力更高的Bootstrap检验结果，所以判定农业信息服务不具有显著的中介作用。对于低收入农户，自身的资源禀赋较低，导致所能接受到的农业社会化服务水平较低，因此低收入农户采用质量提升型农业技术没有显著通过农业社会化服务对农业收入产生中介作用，说

明在低收入组下农业社会化服务的路径没有显著存在。

三、基于要素配置的机制分析

为了检验农户采用质量提升型农业技术能否通过农业要素投入提高其农业收入，设定中介效应模型的因变量为农户农业收入，自变量为质量提升型农业技术的采纳决策，中介变量为一系列农业要素投入，分别包括劳动力、土地面积、物质资料、固定资产。检验结果如表8-9所示。

表8-9　要素配置路径的中介效应检验

路径Ⅰ 技术采纳对中介变量的影响	系数	路径Ⅱ 中介变量对农户农业收入的影响	系数	中介效应	Sobel 检验 Z值 P值	Bootstrap 检验 Z值 P值	中介效应占比
全样本农户							
技术采纳→ 劳动力	−0.005 (0.027)	劳动力 →农业收入	0.183 (0.195)	−0.001 (0.005)	−0.21 0.833	−0.13 0.898	0.51%
技术采纳→ 土地面积	0.187* (0.088)	土地面积 →农业收入	0.444*** (0.056)	0.083** (0.040)	2.05 0.040	2.24 0.025	39.24%
技术采纳→ 物质资料	−0.186 (0.130)	物质资料 →农业收入	0.501*** (0.031)	−0.093 (0.065)	−1.43 0.154	−1.34 0.180	30.59%
技术采纳→ 固定资产	−0.013 (0.420)	固定资产 →农业收入	0.009 (0.013)	−0.000 (0.003)	−0.03 0.975	−0.02 0.985	0.06%
低收入农户							
技术采纳→ 劳动力	0.004 (0.040)	劳动力 →农业收入	0.221 (0.233)	0.001 (0.009)	0.10 0.917	0.06 0.950	0.35%
技术采纳→ 土地面积	0.271*** (0.099)	土地面积 →农业收入	0.320*** (0.090)	0.087** (0.040)	2.16 0.031	2.12 0.034	33.25%
技术采纳→ 物质资料	0.183 (0.150)	物质资料 →农业收入	0.380*** (0.055)	0.070 (0.058)	1.20 0.230	1.09 0.276	26.64%
技术采纳→ 固定资产	0.704 (0.628)	固定资产 →农业收入	0.006 (0.015)	0.004 (0.011)	0.36 0.713	0.29 0.770	1.55%

*、**、***分别表示在10%、5%、1%的水平上显著

注：其他控制变量都已控制在模型中，但限于篇幅，估计结果并未汇报；括号中为标准误；Sobel检验和Bootstrap检验中上面一行汇报Z值，下面一行汇报P值；Bootstrap的次数为500；在中介效应占比中，中介效应为负汇报的是中介效应与直接效应比值的绝对值，其余均为中介效应与总效应的比值。

从表8-9对比可知，对于全样本与低收入农户而言，在控制了其他控制变量之后，农户采用质量提升型农业技术会对其扩大土地面积有显著的促进作用，而扩大土地面积又会显著地促进农户农业收入的提升。这是因为农户采用质量提升型农业技术，如优质种苗，要获取技术进步带来的更多收益，会十分依赖土地要

素的投入。由中介效应模型的 Sobel 检验和 Bootstrap 检验可知，对于全样本与低收入农户，农业要素投入中仅有土地面积这个变量均在 5% 的统计水平上显著，表明土地面积具有中介作用，可以说明要素配置的路径存在。在全样本下劳动力、物质资料、固定资产虽然中介效应不显著，但作用方向为负，而在低收入组中这三个中介变量存在正的中介作用，说明对于低收入农户增加这些要素的投入也有助于提高其农业收入。

第六节 本 章 小 结

本章首先建立了农民合作组织质量提升型创新的概念框架，建立理论模型对比农户与合作组织或企业之间的不同契约联结方式下农户的技术采纳创新行为对农户收益的影响差异，并进行均衡条件分析，以此来分析合作组织质量提升型创新增长扶贫效应。其次，基于质量提升型创新增长扶贫的实证框架，利用微观数据对农户决策对农户收入的影响进行了实证，并探讨其影响机制，为农民合作组织质量提升型创新增长扶贫提供经验证据。主要的研究结论如下。

第一，合作组织质量提升型创新决策与农户参与合作组织决策都取决于其成本和收益对比。合作组织主要基于成员农户福利最大化目标对技术创新、产品创新或管理创新进行决策。只要农民合作组织参与质量提升型创新的成本小于创新带来的整体收益增加，合作组织就会选择创新。对比农户与合作组织或企业之间的不同契约联结方式下农户的技术采纳创新行为带来的收益差异，发现当农户加入合作组织获得的收益高于与农业企业建立契约联系获得的收益时，农户会加入合作组织。同时，通过合作组织获取农业技术创新成果，可以获得最大化收益。

第二，实证研究表明合作组织质量提升型创新具有增收效应，但减贫效应比较复杂。一方面，由于其增收效应的存在能够减少绝对贫困；另一方面，其对不同收入水平农户的增收幅度差异可能会导致其缓解相对贫困的力量较弱。通过对全样本采纳质量提升型创新技术决策的收入效应分析，发现全样本农户采纳质量提升型创新技术能够显著提高其农业收入，增幅达到 8.75%，具有明显的增收效应。对低收入农户采纳质量提升型创新技术决策的收入效应分析发现，低收入农户采纳质量提升型创新技术也能够显著提高其农业收入，增幅为 3.47%，具有明显的增收效应，但增收幅度比全样本农户低 5.28%，说明低收入农户参与合作组织与采纳质量提升型农业技术的减贫效应比较复杂，能够降低绝对贫困，但缓解相对贫困的力量较弱。因此，对于低收入农户而言，成本降低比质量提升更重要。

第三,实证研究表明农户质量提升型农业技术采纳决策受多重因素的影响,对于不同收入水平农户而言,影响存在异质性。合作组织和社会网络对于农户采纳质量提升型农业技术具有重要影响。此外,对于全样本农户而言,农户购买农业保险、参加农业技术培训、土地面积都会对农户采用质量提升型的农业技术有显著的促进作用,且女性更加青睐采用质量提升型的农业技术。农业贷款和物质资料的投入对农户质量提升型农业技术采纳的作用却相反。对于低收入农户而言,互助合作、土地面积和农业技能培训会促进其采用质量提升型农业技术,农业贷款、户主为男性对低收入农户采用质量提升型农业技术有显著的抑制作用。

第四,农户采用质量提升型农业技术会通过合作组织、农业社会化服务及要素配置等多条路径来影响其农业收入。农户采用质量提升型农业技术会显著促进其加入合作组织、扩大土地面积,从而促进其农业收入的提升;同时,加入合作组织、扩大土地面积在低收入组中的中介作用均分别高于全样本下的中介作用。农业社会化服务也是农户采用质量提升型农业技术影响其农业收入的一条路径,但是对低收入农户的影响并不显著。一方面,全样本农户采用质量提升型农业技术会通过农业技能培训与农业信息服务促进其农业收入的提升;另一方面,全样本农户采用质量提升型农业技术通过农业贷款对农户农业收入产生负向中介作用。

第九章　农民合作组织视角的贫困跨越国际经验借鉴

> 贫困是一个超级重要的问题，而且我们已经了解到这是我们可以取得进展的问题。
> ——迈克尔·克雷默（Michael Kremer）

消除贫困是人类长期努力的目标，人类的发展历史从某种意义上讲就是进行反贫困斗争，消除贫困与走向富裕的历史。中国是世界上最大的发展中国家，曾经贫困人口数量庞大，自改革开放以来中国的减贫成绩举世瞩目，为世界各国摆脱贫困提供了成功的经验借鉴。这一成绩无疑是多种因素综合作用的结果，其中农民合作组织发挥的重要作用尤其值得关注。然而事实上中国的农民合作组织发展并未达到世界先进水平。中国的农民合作组织起步较晚，发展过程也经历过曲折，其他国家农民合作组织的成功经验仍然值得中国借鉴。2020年中国实现全面脱贫之后，返贫风险、相对贫困、多维贫困等一系列问题将成为实现乡村振兴和共同富裕的工作重点，也需要更具针对性地对农民合作组织助力乡村振兴的模式进行探索。本章通过梳理不同经济发展水平国家在反贫困斗争中形成的农民合作组织减贫经验，为中国农民合作组织在新发展阶段的相对贫困治理进一步创新提供有效参考。

第一节　日本农民合作组织参与贫困治理的经验

日本的农业生产条件与同属东亚地区的中国比较相似，秉承传统农耕文化，人多地少、农地细碎化程度较高，以家庭经营为主要形式。日本农业协同工会（简称日本农协）作为日本农民合作组织的主要代表，根据本国要素禀赋特征，充分发挥纽带作用联结小农户与大市场，形成特色化、品牌化的农业经营体系，在减缓贫困方面做出重要贡献。本节通过剖析日本农协扶贫的经验模式，为中国未来的合作组织发展之路提供借鉴。

一、日本贫困与农村贫困状况

日本作为发达国家，政府贫困治理、居民收入与社会福利等均处于世界较高水平，虽然绝对贫困已经消除，但历史上同样经历过贫困阶段，并且仍存在一定程度的相对贫困问题。

（一）日本贫困状况

日本作为发达国家，绝对贫困问题已经得到解决，但20世纪90年代后半期以来相对贫困问题逐步加剧。20世纪50年代至80年代，日本在美国经济援助政策的扶持下大力实施出口导向型经济战略，通过推动企业积极投资、技术引进、人才培养等手段重点发展劳动密集型产业，在短期内实现经济腾飞，一跃成为发达地区。同期日本国民平均生活水平也逐步踏入发达国家之列，绝大多数日本国民已经摆脱绝对贫困。20世纪90年代至21世纪初，日本外部经济环境逐步恶化，以出口导向性经济战略为发展核心的日本经济增速开始放缓，甚至陷入停滞，日本政府出台一系列自由放任导向的经济政策，试图通过刺激国内资本市场来拉动投资与消费。但这一举措收效甚微，并加剧了日本国内阶级分化与收入不平等程度。如图9-1所示，日本国民调查数据表明，1985~2009年日本相对贫困率从12%上升至16%，日本相对贫困线从1997年130万日元/（人·年）下降至2009年112万日元/（人·年），这表明日本相对贫困问题日益突出。

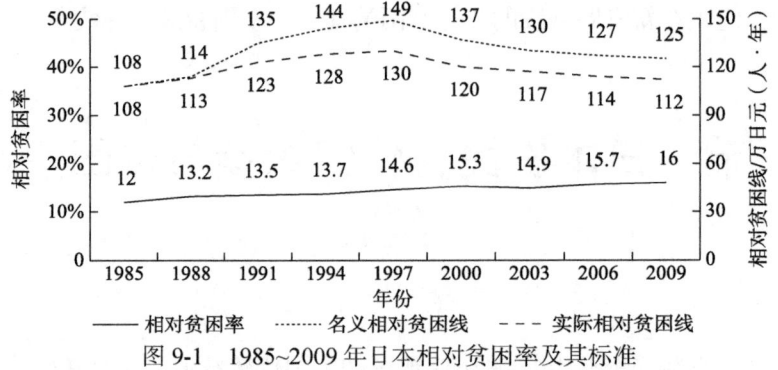

图9-1 1985~2009年日本相对贫困率及其标准

日本相对贫困线标准由日本厚生劳动省每年定期发布，为中等收入线的一半

资料来源：日本厚生劳动省于2010年公布的日本全国家庭经济结构调查，详见https://www.e-stat.go.jp/stat-search?Page=1&query=poverty&layout=dataset&cycle_facet=%3Acycle&metadata=1&data=1/

(二) 日本农村贫困状况

目前,日本农村居民平均收入水平同城市工薪阶层持平,不存在特别突出的农村贫困问题。但在20世纪60年代至70年代,日本农村相对贫困问题比较突出,城乡收入差距不断扩大、农户利益大幅受损。20世纪60年代,日本出口导向型经济快速推动其工业化进程,同期日本农产品市场也向全世界开放。由此造成的国外低价农产品冲击、国内农产品市场价格波动频繁等问题直接导致农民利益大幅受损,城乡收入差距逐年扩大。从区域层面来看,1957年日本城市居民人均收入水平为农村居民人均收入水平的1.3倍,到1960年这一差距扩大至1.5倍。从产业层面来看,1960年以农业收入为主的农户平均收入水平仅为制造业工人平均收入水平的63.6%。20世纪70年代,日本依靠发展战略取得出口贸易优势,从而积累起大量资本。日本政府能够凭借充分的财政收入出台一系列农业补贴和农产品贸易保护政策,有效缓解了城乡收入差距过大的问题。数据表明,1977年日本农户人均收入为92.2万日元,城市居民人均收入为81.7万日元,农村相对贫困问题得到很大程度缓解。20世纪80年代过后,日本城乡一体化基本完成,城乡居民收入水平基本持平,日本农村贫困问题基本得到解决。

二、日本农协发展情况

日本农协是日本农民合作组织的典型代表,与欧美经典合作社不同,具有行政辅助的功能,在长期发展过程中几乎将全体农民纳入协会内部,利用体量优势发挥风险共担、收入共享等功能,在农村减贫过程中发挥了重要作用。

(一) 日本农协发展历史

日本农协的发展历史较为曲折,政府的指导与规制发挥了重要作用。1947年11月,日本政府颁布《农业协同组合法》标志着日本农协的形成。该法案的颁布旨在在日本农村地区建立一个促进农民发展,提高农民社会经济地位的组织。20世纪50年代,农业协同组合在几次调整后,形成了以综合农协为主导的稳定的三层组织结构,其农业经营事业和信贷事业等已基本覆盖90%以上的市町村。同期日本农协数量也到达了顶峰,据日本农林水产省统计,1950年日本全国1 443个村庄成立了13 308个农业协同组合。20世纪60年代,日本农协经营出现危机,政府据此修改《农业协同组合法》,并制定《农渔业协同组合再建整顿法》,强化政府职能部门对于农协业务与财务状况的检查与监督,以推动基层农协合并为主要手段解决基层农协"乱立"的问题。20世纪70年代至80年代,日本农协在政府出台的《综合农政的基本方针》指导下大力推动现代化农业发展，农协的信用、购买和销售事业得到快速发展。同期日本农业人口大幅下降，农协合并速度也开始加快。据日本农林水产省统计，1975年日本全国有4 803个基层综合性农协，1985年综合农协数量减少为4 267个。20世纪90年代后，日本出台新《粮食法》以应对市场贸易与自由开放的压力，取消了农协在粮食领域"统购统销"的垄断地位，对内开放粮食市场。因而日本农协各事业部门的营业额开始下降，基层农协合并速度逐步加快。如图9-2所示，日本农林水产省数据表明，1998~2003年，日本农协大量裁撤与合并，农协数量大幅减少。2003年后，日本农协合并与裁撤进程逐渐放缓。2014年以来，日本农协发展基本稳定，综合农协数量保持在600余个的水平。

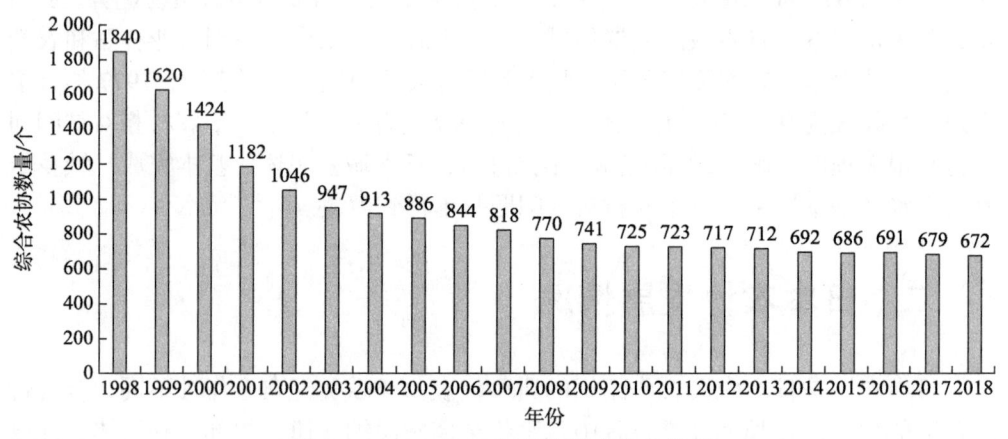

图 9-2　1998~2018年日本综合农协数量

资料来源：日本农林水产省，https://www.maff.go.jp/j/tokei/kouhyou/noukyo_rengokai/index.html，截至2020年5月该数据更新至2018年，每年数据收集截止日为次年3月31日

（二）日本农协的类型

日本农协作为日本政府在农业领域行政职能的延伸，其组织架构同日本政府行政部门相似，分为全国农协联合会—地方农协联合会—基层农协三级组织，有利于政府农业政策的落地与贯彻执行。日本农协按照业务范围划分为综合农协和专业农协，其中综合农协为日本农协体系中主体部分，能够为会员提供多类型、全方位的农村社会化服务。具体而言，综合农协能够向会员提供包括农产品储存与产销、生产资料供销、信贷与保险、教育与医疗等服务在内的一系列服务，涵盖农协会员农业生产与生活的方方面面。在生产服务占核心地位的信贷服务中，基层综合性农协与专业农协接受上一级县级农业信用协同组合联合会（简称县信联）的监督与指导，县信联受全国农业信用协同组合联合会（简称全信联）的领导，形成基层农协—县信联—全信联的三级合作金融体系，全信联专门为农协提

供贷款，并将提供贷款后的剩余资金投入资本市场存入国家银行以实现保值增值。此外，日本农协在综合指导事业、农产品贩卖与工业品供应、保险业务与医疗卫生事业等方面分别存在类似合作金融体系的组织结构，从而使整体实现基层农协—县级联合会—全国联合会三级组织架构。具体结构如图 9-3 所示。

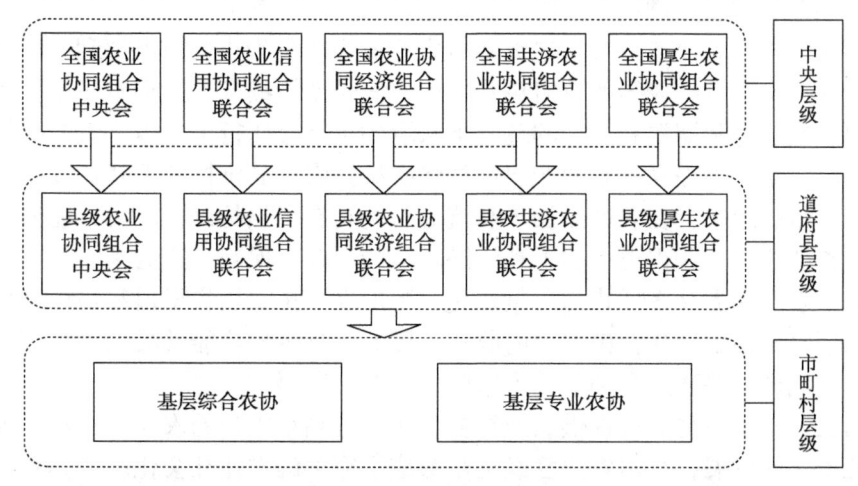

图 9-3　日本农协组织结构

日本农协从业务类型上还可以分为农业协同组合、渔业协同组合与森林协同组合等。日本农协法律规定，渔业与森林协同组合须从农业协同组合这一大类当中分离出来单独成立，它们在经营业态上同农业协同组织存在差别，但组织架构与功能特点同农业协同组织相似。近年来，渔业协同组合与森林协同组合发展保持平稳，如图 9-4 所示，日本农林水产省数据表明，2012~2016 年日本各类型协同组合数量保持稳定。

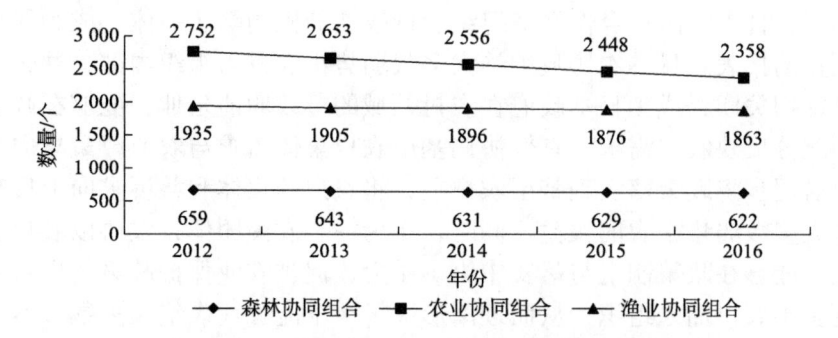

图 9-4　2012~2016 年日本各类型协同组合数量

日本农协从类型上可分为农业协同组合、森林协同组合与渔业协同组合，每个类型的农协均包括综合农协与专业农协两种，此处的数量统计为不同类型协同组合的总数

资料来源：日本农林水产省，https://www.maff.go.jp/j/tokei/kouhyou/noukyo_rengokai/index.html，截至 2020 年 5 月该数据更新至 2016 年，每年数据收集截止日为次年 3 月 31 日

（三）日本农协的特点

日本农协是在农地改革背景下为提高农业生产力和农民在社会上的经济地位，同时促进国民经济发展而成立的合作组织，这意味着日本农协具有独特之处，而且能够在农村减贫过程中发挥重要作用。

第一，日本农协通过吸纳绝大多数农户成为会员为小农户谋福利。虽然日本农协成立与发展具有较强的政府色彩，但农协长期持续发展的根本还是基于农户群体建立在自身预期福利增加的基础上采取的主动合作行为。由于农产品的需求弹性较小，生产力提高带来的产出增加势必导致农产品价格的下降，农协将绝大多数农户组织起来，在农产品加工和流通市场具有更强的议价能力，能够帮助小农户延长产业链，获得更多加工和流通环节的利润，保障农户的利益。同时，农协推动了农产品品种多样化与质量优化，帮助农户拓宽销售渠道和销售网络，进一步保证农户在农产品营销方面的收益。因此，日本农协能够吸纳绝大多数农户成为组织成员，并通过多种渠道为这些成员农户谋福利。

第二，日本农协通过提供农业社会化服务提高小农户的农业生产经营能力。经历几十年的发展，日本农协已经逐步形成了完善的农业社会化服务体系，能够通过推动产业化经营带动小农逐渐转型。地区层面，农协能够根据各地区资源要素禀赋，合理提出农业生产计划与种植结构计划，充分利用地区现有优势，发展特色产业实现"一村一品"，使各地区农业资源得到充分科学利用。农户层面，农协能够根据各个农户自身情况，给予农业生产经营方方面面的指导，通过推广实用性农业技术、制订合理耕作计划、提供农业经营委托服务、提供农机作业服务等手段，帮助小农户克服规模化与集约化中的技术与资本壁垒，提高农业生产要素利用的效率，从而提高小农户的农业生产经营能力。

第三，日本农协集合作经济组织、行政辅助机构等于一体，成为弱势小农集体利益的代表。日本农协吸纳绝大多数弱势小农进入组织内部，并长期与政府保持密切关联，成为日本政府在农村领域的行政职能延伸，能够在政府议政活动中充分反映农户需求，有效协调基层农户集体需求与农业政策导向，辅助日本政府逐步将政策落实到基层农户上，将农户的集体利益诉求向上反映，切实保障大多数弱势小农的权益。同时，作为一个农民团体，农协以农户利益为出发点，能够在政策制定与落实中给予压力，促进农业保护政策的出台，带动外部更多小农户加入组织，从而逐渐形成了一个能够代表绝大多数日本农户的利益集团。因此，日本农协能够保障弱势小农的利益，帮助其降低收入贫困、能力贫困和权利贫困。

三、日本农协贫困治理案例分析

日本农协将绝大多数农户纳入协会当中,形成了庞大的农协组织体系,并建立完善的农业社会化服务体系,在农村扶贫中发挥着重要作用。本节旨在通过对日本典型农协案例进行剖析,探索日本农协的扶贫机理。

(一)案例研究设计

为了得到可靠和可信的分析结果,选择多案例研究方法进行分析。多案例研究方法的优势主要体现在两个方面:第一,案例研究是一种经验性的研究方法,能够很好地解释"怎么样"和"为什么"的问题,能够有效说明日本农协的具体扶贫路径和机制。第二,日本农协分布广泛,在地域、层级、类型、主营业务、产业领域等多方面都存在异质性,单个案例难以代表日本农协全貌,多案例代表性更强,能够形成实验组和对照组方便进行对比分析,有助于得到稳健和可靠的结果。

案例选择主要基于样本的典型性、代表性及与研究主题的契合性,有利于对日本农协参与扶贫的整体情况进行推断。具体而言,选择了大山町农协、北海道士幌农协、静冈县三日町农协、神风町伊罗多雷斯农协、长野县经济联合会、全国互助联合会六家农协作为典型案例。它们分别来自日本农协体系的三个不同层级,能够代表日本不同层级的农民合作组织。这六家农协的主营业务类型涵盖了种养型、销售型、加工型等主要类型;所涉及的主要产业领域包括粮食作物、经济作物种植业,以及养殖业等;地域层面覆盖了日本北部、西南部、中部等地区,因此能够代表日本不同主营业务类型、不同产业领域、不同地域的农民合作组织,较好地体现日本农协的基本情况。案例资料主要从二手文献资料中获取,通过对相关文献资料的搜集整理和梳理归纳得到案例分析的基本材料。

(二)案例选择和简介

本书在日本基层农业协同组合这一层级中选择了大山町农协、北海道士幌农协、静冈县三日町农协与神风町伊罗多雷斯农协。这四家基层农协主要通过充分发挥产业、土地、资金、技术等方面的优势帮助农户摆脱贫困。在地区联合会层级中选择了长野县经济联合会,该合作组织主要通过发展现代通信技术降低农产品市场风险来帮助农户摆脱贫困。在全国联合会层级中选择了日本全国互助联合会,该组织是日本最大的保险机构,主要通过向农协全体成员提供人身、财产、农业生产等各种方面的保险支持来帮助农户摆脱贫困。这三个层级的农协在地域分布、主营业务类型、产业领域等方面各有不同,表 9-1 展示了这六家典型农协的基本情况。

表9-1　日本农协典型案例选择

案例编码	农民合作组织名称	合作组织层级	地域分布	主营业务类型	产业领域
9_A1	大山町农协	基层农协	日本西南部	种养、加工、销售	梅子、牛肉
9_A2	北海道士幌农协	基层农协	日本北部	种植、加工销售	土豆
9_A3	静冈县三日町农协	基层农协	日本中部	种植、销售	橘子
9_A4	神风町伊罗多雷斯农协	基层农协	日本西南部	加工	料理装饰
9_A5	长野县经济联合会	地区联合会	日本中部	种植、销售	蔬菜
9_A6	全国互助联合会	全国联合会	日本全国	互助金融组织	互助事业

资料来源：案例 9_A1（大山町农协）资料来源于秦富、卢向虎、李瑾，等."一村一品"与现代农业组织[J]. 山东农业大学学报（社会科学版），2007，(2)：1-6，127；郭福春. 农村金融改革与发展问题研究[M]. 杭州：浙江大学出版社，2007. 案例 9_A4（神风町伊罗多雷斯农协）资料来源于 Haga K. Innovation in rural Japan: Entrepreneurs and residents meeting the challenges of aging and shrinking agricultural communities[J]. Journal of Innovation Economics，2018，25（1）：87-117. 案例 9_A2（北海道士幌农协）、9_A3（静冈县三日町农协）、9_A5（长野县经济联合会）与 9_A6（全国互助联合会）资料来源于郭伟. 农民组织化与乡村建设：四川农村经济合作组织调查兼与日本农协比较[M]. 成都：四川人民出版社，2009；立花隆. 农协——巨大的挑战[M]. 刘新付译. 北京：农业出版社，1984

案例 9_A1（大山町农协）简介

日本大分县大山町地处日本西南部山区，可耕种土地少，平均每个农户仅有 0.2 公顷土地，仅仅能够维持温饱。20 世纪 70 年代，大山町成立农业协同组合发起"一村一品"运动，放弃传统的水稻种植，转而发展梅子、栗子、牛肉等特色产业。为发展特色产业脱贫致富，大山町农协采取如下几点举措：第一，帮助农户提升人力资本，提高成员农户的农业经营水平。农协大规模动员农户，鼓励成员改变传统农业生产思路，组织村民到日本各地甚至国外学习特色产业发展经验，培育农协现有成员的产业经营管理能力，提高成员农业生产管理水平。第二，集中力量培育优质种苗，改善农户生产技术。农协立足山地资源优势与特色，重点引进优质种苗来保障农产品质量与市场竞争力。第三，发展与打造特色品牌。农协利用电视、广播、展销会等多种渠道扩大销售，利用品牌效应迅速打开并扩大相应特色农产品市场。最终，大山町农协成员积极响应"一村一品"运动，实现集体脱贫致富。2002 年，大山町农协总产值超过 10 亿美元，人均年收入突破 2.7 万美元，农协通过产业扶持带动该地区彻底摆脱贫困。

案例 9_A2（北海道士幌农协）简介

北海道士幌地处日本北部深度贫困地区，当地自然条件恶劣，大多数农户温饱都难以得到保障。1960 年后，北海道士幌农协在国家政策鼓励与支持下大力发展机械化实现规模效益，带动成员走出贫困。具体而言，农协采取以下举措带动贫困农户增收脱贫。第一，农协推动土地流转，扩大农户的农业经营规模。由于当地恶劣的自然条件，弃农弃耕现象逐渐严重。农协据此配合基层政府重新分配土地，农协以保证相对公平为原则收购大量弃耕土地，并向无地或少地农户提供低息的土地购置贷款。第二，农协推动机械化生产，扩大农户的农业生产规模，提高农业生产效率。农协在政府大额的农机补贴下实施机械化积极开垦农地，截至1960年，该地区可耕种面积达到2 800公顷，户均可耕种土地面积扩大了20余公顷。除此之外，农协还针对种植的诸多经济作物提供育苗播种、病虫害统防统治、收割等一系列机械化服务，极大地降低了农户的生产成本。

案例9_A3（静冈县三日町农协）简介

日本静冈县以盛产柑橘、牛肉而闻名，而三日町农协在特色产业发展过程当中功不可没，以其极高的经营指导水平与技术水平有效提高农户成员抗风险能力，识别农产品市场骗局，避免农协与农户破产的命运。在日本，柑橘市场并未受到政府管制，市场价格波动的问题长期困扰三日町农协经营与发展。对此，农协主要采取了如下方式帮助农户降低贫困脆弱性及陷入贫困的概率：首先，引入先进技术科学管理柑橘生产全过程，采用全面质量管理的办法极大提高柑橘质量，保证农协产品在市场上具有极强的竞争力。其次，农协鼓励成员发展肉牛养殖业，以提供低息贷款为主要方式大力扶持成员引入技术设备，有效分担成员高度依赖柑橘产业所造成的相关风险。

案例9_A4（神风町伊罗多雷斯农协）简介

20世纪70年代，日本西南部的神风町频发风暴等自然灾害，造成当地水稻种植户长期歉收，从中获得的微薄收入难以维持农户生计。时任当地农技推广员的横井友二成立伊罗多雷斯农协，响应"一村一品"运动发展特色产业，利用当地特有的林业资源开发料理装饰，加工种类繁多的树叶与花朵销往日本高级料理店。2005年，该农协成员达到190位，多为女性，成员平均年龄达到67岁，年度总产值达到2.7亿日元，平均每位成员收入140万日元。在加入该农协期间，成员年收入翻了10倍。该农协有效利用当地资源进行产品开发，会员在长期的经营过程中积累了丰富的生产与营销知识逐步改进产品获取更高收益。老年妇女成员也热衷于该项事业，从中获得归属感与成就感，极大地提升其心理健康水平。

案例9_A5（长野县经济联合会）简介

日本长野县坐落于高原地区，当地农业以蔬菜生产为主。长期以来蔬菜市场价格波动问题一直困扰着当地蔬菜种植户，季节性蔬菜价格暴跌与价格暴涨所导致的农户利益受损问题严重，当地大量低收入农户急需有效手段来应对蔬菜市场竞争。长野县经济联合会据此利用计算机的联机系统收集和分析市场情报，调整蔬菜生产和上市量，利用真空制冷器来保持蔬菜质量，以最新科学技术有效改善农户在市场价格频繁的波动下的弱势地位。具体而言，该联合会采取如下几点有效措施提高大部分低收入农户抗风险能力。第一，利用网络联机集中处理蔬菜的运输与销售。联合会为减少下属农协内部竞争所造成的损失，采用网络联机收集各个市场蔬菜的行情与需求量相关情报，同时协调各个农协将蔬菜分散销售到指定市场。第二，利用制冷装置有效保障蔬菜新鲜程度。蔬菜价格波动频繁还与极高的运输和储存成本相关，联合会利用自身体量与资源优势，将销售蔬菜统一保鲜，保证蔬菜质量的同时极大降低运输成本与储存成本。

案例9_A6（全国互助联合会）简介

全国互助联合会是日本负责向广大农户提供益贫式农业保险的协会组织，其本身属于日本农协体系当中的事业部分，互助联合会基于农协庞大的组织规模体系深入日本农村基层，向广大农协会员提供多类型特色保险产品，形成完善的风险防范网络。日本全国互助联合会体系包括基层互助协会——地方互助联合会——全国互助联合会三层组织结构，日本农户能够通过参与基层互助协会共同防御自然灾害冲击，防止因灾致贫。地方互助联合会与全国互助联合会发挥担保与再保险功能，通过向基层互助联合会提供再保险，将自然风险从受灾地区分散到全国，从而平抑风险。此外，日本农协还向农户提供多类型的益贫式农业保险产品防止多维贫困，具体可分为两类产品：第一类为农户综合保险。这类产品主要是对农户在农业生产经营过程当中受到意外事故进行赔付的人身意外险。第二类主要是对农作物、农产品遭受干旱、洪涝等自然灾害或是病虫害造成的损失进行赔付的政策性农业保险。这些保险产品均获得国家财政与农协事业费用的双重补贴，农户实际需要支付的费用较低，极大地减轻了农户保费负担，分担了农户的风险。

（三）案例分析

通过梳理和剖析这些扶贫案例可知，日本农协在扶贫过程中发挥着重要作用，主要基于"事前阻贫-事后扶贫"贫困跨越机制分析框架实现贫困的阻断和贫困的减缓。对处于贫困边缘的农户或具有较高致贫风险的农户而言，日本农协在农户陷入贫困前就通过提高农户抗风险能力、降低其贫困脆弱性等方式有效阻断贫困的发生，从而实现事前贫困阻断。对慢性贫困农户而言，日本农协能够通过提升贫困农户生计资本，实现可持续生计，从而实现事后扶贫。表9-2展示了日本农协典型案例的具体扶贫机制。其中，案例9_A1（大山町农协）、9_A2（北海道士幌农协）和 9_A3（静冈县三日町农协）主要通过事后扶贫机制参与扶贫；案例

9_A4（神风町伊罗多雷斯农协）、9_A5（长野县经济联合会）和9_A6（全国互助联合会）主要通过事前阻贫机制参与扶贫。具体而言，案例9_A1（大山町农协）充分发挥农协在贫困地区的扶贫主体作用，摒弃传统粮食作物种植，根据当地山区地质土壤条件引入特色经济作物形成扶贫产业，并通过技术推广、农业生产条件改善等多种措施降低农户向扶贫产业靠拢过程中的技术与资本门槛，从而实现成员生计转型。案例9_A2（北海道士幌农协）充分发挥其协同纽带作用，协调政府扶贫资源与贫困农户内在诉求，精准传导扶贫资源，弥补当地实现规模经济的物质资本缺口，盘活当地土地资源优势，农协成员专业化程度与集约化程度的提高有效保障农户生计的可持续性发展。案例9_A3（静冈县三日町农协）重点培育农户可持续生计能力，即通过技术培训等方式培育贫困农户人力资本，提高其专业化程度；同时鼓励农户从事养殖业，实现生计多样化，提高其抗风险能力。案例9_A4（神风町伊罗多雷斯农协）通过扩展收入来源，提高贫困农户健康水平等方式提高其抗风险能力。案例9_A5（长野县经济联合会）发挥信息载体作用，通过统筹市场供需降低农户与市场之间的信息不对称，进而改善农户在市场竞争当中的弱势地位，稳定其收入水平。案例9_A6（全国互助联合会）通过向全体日本农协会员提供非营利性质的人寿保险、退休金保险、农机保险等一系列产品，分担农户农业生产过程当中的各项风险，提高农户抗风险能力。

表9-2　日本农协扶贫案例分析

案例编号	农协名称	扶贫机制	扶贫逻辑	扶贫路径	扶贫特征化事实
9_A1	大山町农协	事后扶贫	农协发挥扶贫主体作用：优化资源开发模式，带动全体贫困农户生计转型	农协根据自然资源禀赋特征，重点打造扶贫产业，培育贫困农户人力资本与物质资本	大山町农协根据充分发挥山地种植梅子与栗子的优势，引入相关种植与加工技术，形成农产品加工产业，培育农户相关农产品生产与加工技能，重视提高农户销售技巧，从而带动整个地区脱贫致富
9_A2	北海道士幌农协	事后扶贫	农协发挥协同纽带功能：实现政府扶贫资源的精准瞄准	农协能够代表广大贫困农户，进而协调扶贫政府扶贫政策导向与其利益诉求，盘活扶贫资源利用	北海道士幌农协所在地区人少地多，受限于季节与地形等难以充分开发。政府与农协合作，通过向农协提供大量农机购置补贴提高当地贫困农户物质资本，推动当地规模化专业化农业经营发展
9_A3	静冈县三日町农协		农协提升农户可持续生计能力：提高生计集约化程度，实现生计多样化，降低返贫风险	农协通过人力资本与金融资本层面提升，提高农户专业化程度的同时多元化其收入来源	静冈县三日町农协通过科学技术创新与生产管理创新有效提高农户经营管理水平，并降低信贷门槛鼓励农户发展养殖业

续表

案例编号	农协名称	扶贫机制	扶贫逻辑	扶贫路径	扶贫特征化事实
9_A4	神风町伊罗多雷斯农协	事前阻贫	农协能够提高农户抗风险能力,阻断农户多维贫困风险	农协引入特色产业拓展农户收入来源,实现多个生计目标	神风町伊罗多雷斯农协发展特色高附加值林业产品加工业,扩展当地季节性失业人口收入来源,其特色产业较高的市场认可度与回报率极大地提高成员的满足感与自豪感,保障农户心理健康
9_A5	长野县经济联合会	事前阻贫	农协发挥信息传递功能,提高农户风险管理能力,降低贫困风险	农协利用技术与体量优势,统筹农产品供求,降低生鲜农产品市场信息不对称程度,保障农户权益	长野县经济联合会利用电子计算机的联机系统收集和分析市场情报,调整蔬菜生产和上市量,降低蔬菜价格市场波动对农户的负面影响
9_A6	全国互助联合会	事前阻贫	农协发挥风险分担功能,吸纳广大农户,利用体量优势平抑风险	提升贫困边缘农户金融资本,提高其抗风险能力	全国互助联合会向农户提供多种保险产品,并通过多种渠道补贴保险产品降低保费,保障农户权益

注:根据文献资料梳理和笔者分析结论编制

(四)案例启示

通过对日本农协参与扶贫的典型案例进行分析,可以得出日本农协扶贫机制主要体现在"事前阻贫-事后扶贫"贫困跨越机制分析框架下的经验,主要有以下启示。

第一,日本农协能够帮助贫困边缘或低收入农户进行风险管理,并降低农户的贫困脆弱性,达到事前阻贫的效果。首先,农协能够提高农户抗风险能力,降低风险冲击下的暴露度。其次,农协能够发挥信息载体功能,提高农户风险管理能力,通过提供市场供求信息服务提高生鲜农产品的市场交易效率,统筹资源供给配置实现成员间的合作共赢,降低道德风险、信息不对称等因素造成的交易成本过高,保障农户生计的长期稳定。最后,农户能够发挥风险分担功能,利用基层农协村庄信任与声誉压力等特征,发挥合作性保险优势,降低道德风险,优化农户风险管理手段,降低农户的贫困脆弱性,达到事前阻贫的效果。

第二,日本农协能够提高贫困农户的生计资本,减缓贫困农户的多维贫困,达到事后扶贫效果。首先,农协能够作为扶贫主体,利用其集体行动优势形成特色扶贫产业,改变要素资源配置结构提高贫困农户生计资本,促成农协成员集体生计策略优化转型。其次,农协能够发挥协同纽带作用,集中表达贫困农户的现实诉求,使扶贫资源能够精准传递到贫困农户手中,提高扶贫资源的利用效率,并助力贫困农户跨越技术与资本门槛，形成规模经济，提升农户自我发展和可持续发展能力。最后，农协能够通过帮助贫困农户提高收入、拓宽收入渠道等方式减缓收入贫困，通过技术培训等方式提高农户的农业生产经营管理能力，减缓农户的能力贫困，并通过保障农协成员参与政治事务的权利和公民基本权利等方式减缓农户的权利贫困，从而减缓贫困农户的多维度贫困状况。

第二节 印度农民合作组织参与贫困治理的经验

在发展中国家当中，印度和中国有很多相似之处，具有农业人口众多，粮食需求量大，人均土地规模小，农业生产转型困难等特点，而印度农民合作组织在"绿色革命"推动下，通过一系列农业生产技术创新与推广活动极大地提高了土地生产力，有效解决了粮食安全问题与农户贫困问题。这也意味着总结印度农民合作组织扶贫的经验模式能够为中国农民合作组织扶贫提供借鉴。

一、印度贫困与农村贫困情况

印度作为新兴经济体之一，近年来经济增长迅速，反贫困工作取得一定进展，尤其是农村领域的反贫困工作成绩显著，贫困人口规模大幅下降，但相对贫困问题仍需解决。

（一）印度贫困状况

印度绝对贫困问题得到显著缓解，但相对贫困问题仍然严重。伴随着印度经济的高速增长，印度的贫困发生率从1993年的45.3%下降至2011年的21.9%，但2011年印度仍约有21.9%的人口未摆脱贫困。印度快速的经济增长同时也加剧了社会不平等程度。作为经济发展势头最为迅猛的新兴市场国家之一，印度的GDP增速在2014年、2015年、2016年分别达到了7.41%、8.15%、7.11%，高于同期大多数发展中国家，但基尼系数也逐年增高，不平等程度逐年加剧。图9-5展示了1993~2011年印度GDP、贫困发生率与基尼系数的变动状况，可以看出1993~2011年印度GDP大幅上升，经济快速增长，同时基尼系数也在提高。

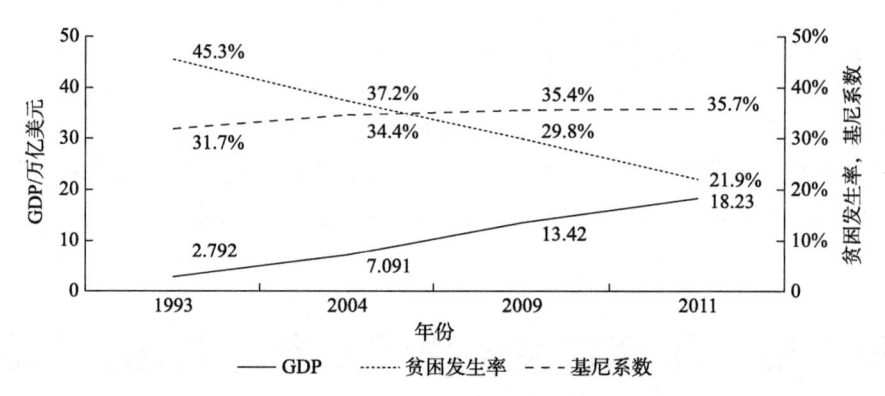

图 9-5　1993~2011 年印度 GDP、贫困发生率与基尼系数变动状况
贫困标准为印度官方制定的贫困线
资料来源：世界银行数据库，https://databank.worldbank.org/source/national-poverty-line-^-subnational-poverty/preview/on

（二）印度农村贫困状况

印度农村贫困问题十分严峻，农村地区集聚大量贫困人口，地区发展不平衡问题也很突出。随着印度反贫困工作的开展，贫困问题得到一定程度的缓解。如图 9-6 所示，1993~2011 年，印度城市与农村贫困人口规模大幅下降，其中农村贫困人口规模较城市贫困人口规模降幅更大，但贫困人口规模基数更高。这意味着印度扶贫工作的重点在农村。从地域上来看，印度贫困人口大多聚集在印度中西部自然条件恶劣的山地丘陵地区，其中贫困人口众多的邦有阿萨姆、比哈尔等地区。印度贫困人口地域性分布特征与其区域经济发展不平衡息息相关。以阿萨姆邦为例，1993~2011 年地区生产总值增长率为 2.59%，远低于印度全国平均水平 6.13%，而人均地区生产总值增长率仅为 0.98%，远低于全国平均水平 4.38%。

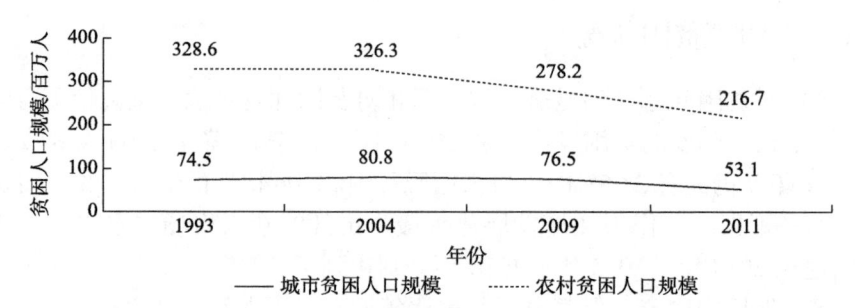

图 9-6　1993~2011 年印度城市与农村贫困人口规模变动状况
贫困标准为印度官方制定的贫困线
资料来源：世界银行数据库，https://databank.worldbank.org/source/national-poverty-line-^-subnational-poverty/preview/on

二、印度农民合作组织发展情况

印度农民合作组织经过 100 多年的发展，形成了世界上最大的农民合作组织体系，分布在 16 个农业经济领域，覆盖了印度绝大多数的村庄、三分之二以上的农户家庭。印度农民合作组织凭借其庞大的组织规模与完善的组织体系已成为印度国民经济的一支重要力量。

（一）印度农民合作组织发展历史

印度农民合作组织起源于合作信贷，在随后 100 多年的发展历史当中逐渐壮大，合作社数量、成员规模与运转资金规模大幅上升，至今农民合作组织已经成为印度国民经济当中的重要力量。

20 世纪初，印度农村地区缺乏正规农村金融机构向农户提供信贷服务，民间高利贷现象猖獗，被高利贷剥削的农户无力摆脱贫困。为促进农村地区社会稳定与农民福祉，印度政府于 1904 年出台《信贷合作社法》，试图通过组建合作社缓解农村地区信贷资源短缺。《信贷合作社法》规定，城乡可以建立多种信贷合作社，并且信贷合作社可以获得政府的多项扶持。在政府的支持下，印度合作社得到迅猛发展。1906~1907 年度，印度注册在案的有 843 个合作社，共计 9 万余位社员，合作社的周转资金有 237 万卢比。1911~1912 年度，印度合作社数量猛增到 8 000 余个，社员规模扩大到 40 多万人，合作社的周转资金也增加到 3 357 万卢比。到 1947 年，合作社已经成为印度发展农业必不可缺的重要力量，各种类型的农业合作社总数已经达到 17.2 万个，社员规模达到 916 万人，周转资金达到 16.4 亿卢比。1950 年后印度农民合作组织得到快速发展。印度政府在 1950 年制定"一五"计划时明确提出应特别鼓励和帮助中、小农民志愿地组成农业合作社。印度政府与相关机构也通过一系列重大决策，在农业、手工业、金融等行业推动合作社发展，将合作社这一组织形式视为当时印度社会经济发展计划当中的重要组成部分。1954 年印度农村债务委员会鼓励印度国家银行将分支机构延伸至农村地区，与当地信贷合作社建立起有机联系，联合向农户提供短期信贷用于季节性生产调整，向农村地区提供长期贷款用于水利、桥梁与道路等基础公共设施的修建。

20 世纪 80 年代以来，印度依然有 60%~70% 的人口从事农业生产，成立村级合作社 35 万个，社员共计 1.2 亿人，周转资金约 2 000 亿卢比。全国 91% 的村庄正在开展合作事业，全国 45% 的农户加入合作社。同时，印度也在从"市场经济+计划经济"体制逐渐向市场经济体制转变，相应合作组织政策也逐步适应宏观经济局势的变化。印度合作组织在原有基础上开始转型，通过提高产品质量与生产效率、扩展产品附加值等手段提高组织市场竞争力，同企业与其他市场主体争夺产品市场。

合作组织在这一过程当中，利用自身发展基础实行一体化发展战略，积极从事农产品生产、加工、销售一体化经营。部分发展较好的合作组织将产业链条向前延伸，向农户提供生产资料、技术培训等服务帮助农户提高农产品原料质量。还有合作社在政策扶持下将产业链条向后延伸，从事农产品贮藏、加工、运输与销售等业务。印度合作组织不断发展壮大，2012年印度成立各种类型合作社达到54.53万个，社员规模达到2.49亿人，分布在16个经济领域。除此之外，合作社在诸多领域拥有极高的话语权，其占有38%的农村信贷领域市场，占有35%的农用肥料市场，占有33.5%的小麦收购市场，占有50%的动物饲料领域市场。如表9-3所示，印度合作社数量从1950年的18万个增长到2012年的54万个，增加了2倍；初级社社员从1950年的1 370万人增长到2012年的24 900万人，增加了17倍左右；股金从1950年的4.5亿卢比增长到2012年的286.6亿卢比，增加了62.7倍。

表9-3　1950~2012年印度合作社发展情况

年度	合作社数/万个	初级社社员数/万人	股金/亿卢比
1950~1951	18	1 370	4.5
1960~1961	33	3 520	22.2
1970~1971	32	6 440	85.1
1975~1976	31	8 480	152.9
1980~1981	30	10 620	208.8
1981~1982	29	11 490	210.0
2011~2012	54	24 900	286.6

资料来源：《印度统计年鉴（1979）》《印度统计年鉴（1985）》；印度《计划》1987年第4期，第23页；陈家涛. 印度农业合作社的发展及对中国的启示[J]. 海派经济学，2015，13（4）：152-164

（二）印度农民合作组织类型

农民合作组织是印度国民经济当中的重要组成部分，对印度农业发展起着重要的推动作用。印度农民合作组织的组织结构可分为四个层次，分别为基层合作社、地区合作联社、邦合作联社、全国合作联社，如图9-7所示。

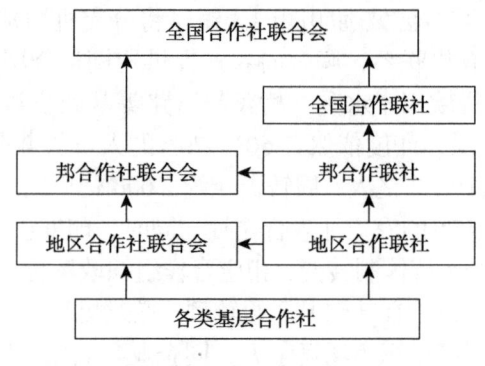

图9-7　印度农民合作组织结构

其中，基层合作社大多数建立在基层农村，向农户提供基本的生产销售服务。基层合作社一般需要加入地区合作联社，主要包括地区合作中心银行、农业销售联合社等。地区合作社主要为合作社成员提供贷款服务、种子、化肥、农药服务，以及指导、咨询服务等。地区合作联社一般要参加邦合作联社，邦合作联社主要由地区农业销售联合社、消费联合社等组成。各个邦合作联社最后组成全国合作联社，业务领域涵盖销售、工业、手工业、住房、消费、制糖、牛奶、纺织、肥料、金融、土地等多个方面。除此之外，各类基层合作社与地区合作联社一般加入地区合作社联合会，地区合作社联合会与邦合作联社的日常经营与重大决策受邦合作社联合会的指导。印度合作社最上层的组织为全国合作社联合会，其发挥领导与组织职能，可将各地区邦合作联社组织起来。

（三）印度农民合作组织特点

印度农民合作组织在政府的正确引导下发展迅速。政府通过立法、资金、技术支持等手段有效保障了合作组织内部大多数成员的利益，推动合作组织益贫式发展。具体而言有如下特点。

第一，印度农民合作组织的民主化管理模式保障大多数基层成员切身利益。印度法律规定，合作组织运营过程中须采取民主管理方式，通过成员选举的方式来决定合作组织的代表和管理机构。投票选举产生的个人与组织利益能够与大多数成员的利益保持一致，弱势群体的利益诉求能够得到及时反馈。当合作组织面临重大决策时，合作组织同样采用成员投票的方式来决定。这种决策机制能够有效排除个人利益行为的干扰，遏制各种以组织名义谋私的企图，制度上保障组织的整体利益，让合作组织能够更好地为全体成员服务，从而保障大多数基层成员的切身利益。

第二，印度农民合作组织为农户提供全方位的生产服务，缓解农户多维贫困。印度合作组织体系在政府的引导下，同农业教育科研系统、涉农企业、金融机构等其他相关部门协同合作，能够向全体成员提供销售、农资、农技、信贷等方面的生产服务。全面的生产服务体系能够根据农户发展诉求，弥补基层农户在物质资本、人力资本、金融资本、自然资本等方面的短板，解决农户在产前、产中、产后遇到的困难，促进农业经营收入增加，带动农户改善生计策略，从而缓解农户的收入贫困、能力贫困、权利贫困等多维贫困。

第三，政府大力支持印度农民合作组织发挥益贫功能。农民合作组织发挥益贫效应离不开政府的大力支持。一方面，印度政府通过立法手段保障基层成员的利益。印度法律鼓励更多的农民参与到合作组织日常的经营和管理中来，鼓励基层成员表达自身利益诉求，尤其是鼓励贫困农户表达自身需求。另一方面，政府通过一系列政策举措带动贫困地区合作组织发展。政府针对贫困地区农业的发展状况，针对性制定发展政策，加大教育、基础设施建设和科技等方面的投入，建立良好的融资渠道，筹集更多的资金，开设加工厂等配套性服务，为贫困地区合作组织发展提供良好的外部条件，支持印度农民合作组织发挥益贫功能。

三、印度农民合作组织贫困治理案例分析

印度农民合作组织成立的初衷就是在农村地区创造一种自助的金融机构，为贫穷的农民融通资金，以实现农业技术的改进，使农民摆脱贫困。至今，印度农民合作组织已经顺应国内经济形势变化，在信贷合作组织的基础上演变出多种类型的合作组织。本节旨在通过对印度典型农民合作组织案例进行剖析，探索印度农民合作组织的扶贫机理。

（一）案例研究设计

为了得到可靠和可信的分析结果，本节选择多案例研究方法实证印度农民合作组织的扶贫效应。多案例研究方法是一种经验性的研究方法，能够很好地解释"怎么样"和"为什么"的问题，能够有效说明印度农民合作组织的具体扶贫路径和机制。同时，印度合作运动历史经历了多个发展阶段，每个阶段重点发展的合作组织类型不同，单个案例难以代表印度合作运动发展的整个历史时期的不同特征，因此选用多案例分析更合适。而且，多案例比较能够形成实验组和对照组，从而进行对比分析，以得到比较稳健和可靠的结果。

本节主要选择瓦尔纳合作联社、阿木尔牛奶合作联社、阿拉库咖啡合作社、邦胡里渔民合作社四家合作组织作为典型案例进行分析。案例的选择主要依据印度合作社的成立时间、地域分布、主营业务类型与主要产业领域进行。其地域分布覆盖印度西南部、西部、南部与东部，主营业务覆盖生产、加工、销售三个环节，主要产业领域包括蔗糖、牛奶、咖啡、渔业等，能够较好地代表印度农业合作社发展的主要方向与未来趋势。资料主要从二手文献资料中获取，通过对相关文献资料的搜集整理和梳理归纳得到案例分析的基本材料。

（二）案例选择和简介

印度农民合作组织主要通过技术创新来改善贫困地区农业生产效率，选取在印度合作运动发展中具有代表性的四家农民合作组织，如表9-4所示。其中，瓦尔纳合作联社和阿木尔牛奶合作联社为两家合作社联合社，阿拉库咖啡合作社和邦胡里渔民合作社为两家专业合作社，属于合作社的不同层级，能够从这两个层级形成代表性。这些合作组织在政府的号召下，主要通过技术创新促进合作社组

织绩效提升，实现创新成果和增收效益社员共享，并辐射周边地区，带动地区经济发展，从而帮助贫困农户脱贫。

表9-4 印度农民合作组织典型案例选择

案例编码	合作组织名称	合作组织层级	成立时间	地域分布	主营业务类型	产业领域
9_B1	瓦尔纳合作联社	联合社	1955年	马哈拉斯特拉邦	生产、加工、销售	蔗糖
9_B2	阿木尔牛奶合作联社		1946年	古吉拉特邦	生产、加工、销售	奶业
9_B3	阿拉库咖啡合作社	专业社	2007年	安德拉邦	生产、销售	咖啡
9_B4	邦胡里渔民合作社		1974年	西孟加拉邦	生产	渔业

资料来源：案例9_B1（瓦尔纳合作联社）资料来源于林卓群，李欣广. 中国式比较经济学基础研究[M]. 北京：中国经济出版社，2001. 案例9_B2（阿木尔牛奶合作联社）资料来源于冯雷. 农产品流通市场组织模式研究[M]. 北京：经济管理出版社，1996. 案例9_B3（阿拉库咖啡合作社）来源于 Karki S, Jena P, Grote U. Fair trade certification and livelihoods: A panel data analysis of Coffee-growing Households in India[J]. Agricultural and Resource Economics Review, 2016, 45(3), 436-458. 案例9_B4（邦胡里渔民合作社）资料来源于 Husain Z, Bhattacharya R N. Common pool resources and contextual factors: Evolution of a fishermen's cooperative in Calcutta[J]. Ecological Economics, 2004, 50(3): 201-217

案例9_B1（瓦尔纳合作联社）简介

瓦尔纳合作联社于1955年成立，位于印度马哈拉斯特拉邦的干旱缺水的瓦尔纳流域，当地季节性干旱严重，甘蔗种植户歉收风险极高。对此，瓦尔纳合作联社在组织领头人的领导下逐渐实现技术革新，通过研发与推广相关农业技术改善社员农业生产条件，保障合作社经济效益的同时实现社会价值。具体而言，该合作联社采取相应措施降低农户生产成本，提高农产品质量与产量。具体措施包括：第一，合作社创新土壤改良技术。合作社建立土壤实验室，根据该地区测土化验结果指导农户使用化肥，改良土壤。第二，合作社提供资金与设施，推动新品种研发与推广。合作社设立"甘蔗开发基金"鼓励新品种的实验与推广，同时提供种植试验场与相关设备开发新品种。第三，合作社提供免费的灌溉技术服务。合作社通过资助资金、技术指导等方式促进社员采纳排灌技术，极大改善合作社与当地社区灌溉条件，降低当地小农的生产成本。

案例9_B2（阿木尔牛奶合作联社）简介

1940年前后，印度凯拉地区牛奶市场被中间商把持，奶农受到残酷剥削。因此，当地奶农在国会议员柏特尔的领导下，于1946年组织成立阿木尔牛奶合作社。通过引进优秀管理人才与技术人才，创新组织盈余分配制度与生产加工技术，实现社员收益极大提升，并逐渐成立印度国内家喻户晓的大型牛奶合作联社。此外，该合作社壮大过程中经营事业范围逐步辐射整个凯拉地区，带动周边农户进行奶牛养殖，实现创新成果惠及当地社会。该合作联社积极采取措施带动内部成员脱贫,并将创新成果辐射组织外部。具体的措施包括:第一,引入先进的牛奶加工技术,解决牛奶供给剩余问题。合作社通过引入完整的炼乳、麦芽糖、奶粉等奶制品加工生产线,生产出质量极高的乳制品,销往印度各地获取极高的利润。第二,创新奶牛管理技术,保障原材料供应质量。合作社专门投资成立牛奶生产研究会,提供一整套牛奶生产管理技术服务,包括改善饲料质量与养殖环境服务,医疗技术援助服务,人工授精服务,等等,有效提高牛奶质量。第三,创新盈余分配制度,让利于贫困小农。该合作社成立之初的目标就在于解救被剥削的奶农,因此在牛奶收购环节也尽可能让利于奶农。合作社将盈余用于补贴奶农,以极高的收购价收购奶农牛奶,极大地促进了当地农户入社与生产积极性。

案例9_B3(阿拉库咖啡合作社)简介

阿拉库合作社于2007年成立,位于安德拉邦山脉地区,当地部落为扩大农业生产经营规模长期大规模砍伐森林,造成极大生态破坏。一个非政府组织为协调部落农户与生态环境之间的矛盾,在当地引入并推广咖啡这一高回报的经济作物,并组织当地贫困少地部落农户成立阿拉库咖啡合作社。该合作社在非政府组织长期扶持下逐渐实现技术创新,有效保障合作社与社员利益的同时实现当地社会生态效益。合作社通过不同的方式进行技术创新,提高农产品质量与产量。具体方式包括:第一,非政府组织成立合作社,租用农户土地开垦咖啡种植园,并引入咖啡种植技术,组织培训部落农户种植咖啡。第二,合作社为其咖啡产品质量满足公平贸易标准认证,引入绿色无公害种植技术。合作社为获得更大市场与更高收益,开始向有机农业转型。引入绿色无公害种植技术,降低化肥农药的使用,采用自制有机肥料。

案例9_B4(邦胡里渔民合作社)简介

2004年前后,当地附近工厂向合作社所在水域大规模排污,渔业资源严重受损,合作社经营与成员生计受到严重威胁。据此,合作社进行技术创新,合作社成员在接受当地政府提供的环境友好型技术培训后,通过采用污水净化技术,种植水葫芦等措施保障渔业资源。此外,合作社开始转变经营策略,通过聘请专业管理人员逐步发展休闲观光业,推动产业融合,使合作社收入来源多样化,提高组织绩效。合作社的不断发展也提升了内部成员的福利,合作社除了根据劳动量向成员支付工资以外,还向成员家庭提供教育、医疗等方面的援助,定期组织野餐与文娱活动,等等。渔业合作社的成立与发展壮大有效改善了当地渔业资源的利用状况,集体行动极大降低了个人机会主义行为,缓解了渔民过度捕捞、过度养殖对当地水域造成的负外部性。合作社通过制度约束与观念传递等方式促进成员形成可持续发展观念，并通过技术创新与经营业态模式创新逐渐形成绿色发展模式，促成渔民生计与资源环境之间的和谐。

（三）案例分析

通过梳理和剖析扶贫案例可知，印度农民合作组织在扶贫过程中发挥着重要作用，其主要基于"创新-增长"贫困跨越的分析框架实现成本降低型技术创新、质量提升型技术创新、环境友好型技术创新，从而提升合作组织自身经济效益，并实现社会效益与生态效益的提升，以此带动组织内外部贫困农户增收减贫。

如表9-5所示，案例9_B1（瓦尔纳合作联社）主要通过成本降低型技术创新实现经济增长，从而帮助贫困农户脱贫；案例9_B2（阿木尔牛奶合作联社）主要通过成本降低型技术创新、质量提升型技术创新实现经济增长，从而帮助贫困农户脱贫；9_B3（阿拉库咖啡合作社）主要通过质量提升型技术创新、环境友好型技术创新实现经济增长，从而帮助农户脱贫；9_B4（邦胡里渔民合作社）主要通过环境友好型技术创新实现经济增长，从而帮助贫困农户脱贫。具体而言，案例9_B1（瓦尔纳合作联社）基于当地恶劣自然条件，设立基金加大技术研发投入，经过试验逐步在组织内部推广，改善农业生产过程中的土壤条件与灌溉条件，从而实现成本降低型技术创新，带来合作组织自身绩效增长，以达到扶贫目的。案例9_B2（阿木尔牛奶合作联社）在政府的资助下形成完善的奶牛养殖技术服务体系，降低成员奶农的生产成本，通过引入完整乳制品生产加工技术产业带动合作社周边农户就业，帮助非成员奶农减缓贫困。9_B3（阿拉库咖啡合作社）在外部非政府组织的扶持下引入咖啡种植技术，通过质量认证等方式鼓励农户采取环境友好型技术，降低化肥农药施用，提升生态效益，提高农户的综合收益，帮助贫困农户减贫。9_B4（邦胡里渔民合作社）在渔业资源日渐恶化的现实背景下，采用本土化水质改善技术，建立渔业资源环境修复管理机制，实现合作社自身经济绩效与环境绩效的统一，使成员农户受益。

表9-5　印度农民合作组织扶贫案例分析

案例编号	合作组织名称	扶贫机制	扶贫逻辑	扶贫路径	扶贫特征化事实
9_B1	瓦尔纳合作联社	成本降低型技术创新增长扶贫	合作社发挥扶贫主体功能，基于外部环境产生内生技术创新动力	合作社基于地区干旱少雨的气候条件，加大研发投入力度，创新土壤改良技术与灌溉技术，改善农业生产条件	合作社根据当地土壤条件研发相关土壤改良技术，改善当地成员生产要素利用效率，进而降低生产成本。此外，合作社促进社员采纳排灌技术，极大地改善合作社与当地社区灌溉条件，降低当地小农的生产成本

续表

案例编号	合作组织名称	扶贫机制	扶贫逻辑	扶贫路径	扶贫特征化事实
9_B2	阿木尔牛奶合作联社	成本降低型技术创新、质量提升型技术创新增长扶贫	合作社发挥扶贫载体功能，引入新技术带动资金、劳动力等生产要素的流动和重组，优化要素资源配置	合作社在政府支持下引进牛奶生产配套技术，并向成员提供技术推广服务，改进落后生产方式	政府协助合作社引进大批牛奶产业管理人才与技术人才，并引入成套牛奶生产技术服务，提升成员生产的农产品质量
9_B3	阿拉库咖啡合作社	质量提升型技术创新、环境友好型技术创新增长扶贫	合作社发挥脱贫协同纽带功能，加强同非政府组织的技术互动，弥补知识存量劣势	科研机构发挥技术优势研发环境改善型技术，通过合作组织进行技术推广，实现成员生产的产品质量提升	在科研机构、非政府组织机构与合作社多方协作下，引入咖啡种植技术与绿色无公害技术实现农产品产量与质量的飞跃，改善当地生态环境
9_B4	邦胡里渔民合作社	环境友好型技术创新增长扶贫	合作社发挥扶贫主体功能，在环境恶化与资源枯竭双重压力下，产生技术进步动力	合作社为解决湖泊水质逐渐下降这一问题，创新采用本土化水质改善技术，修复当地生态环境	合作社采用新技术在污染区域种植水葫芦，并加入大量石灰粉清洁水质，保障农产品质量

资料来源：根据文献资料梳理和笔者分析结论编制

（四）案例启示

通过对印度农民合作组织参与扶贫的典型案例进行分析可知，印度农民合作组织的扶贫机制主要体现在"创新-增长"的贫困跨越分析框架下的经验。印度农民合作组织能够在外因诱导下自发实现成本降低型技术创新、质量提升型技术创新及环境友好型技术创新，从而提升合作组织自身经济效益，实现社会效益与生态效益，以此带动贫困农户增收脱贫。主要启示如下。

第一，印度农民合作组织能够发挥扶贫主体功能，通过加大科研投入形成知识存量实现成本降低型技术创新，促进形成规模经济分摊生产成本，通过技术培训等方式提高农户经营管理水平，通过降低成本提升经济效益以带动内部成员增收脱贫。合作组织能够通过内部技术供给带动包括贫困成员在内的全体成员共享创新成果，通过改善农业生产条件以降低农户规模经营门槛，形成规模效应降低生产成本，贫困农户可加入合作社从中获益。此外，合作社的技术创新能够潜移默化地影响内部贫困农户管理水平，通过技术服务指导、技术培训等教育手段提升贫困农户对自有土地的经营管理能力，提高其生产效率与经营效率，以减缓农户贫困。

第二，印度农民合作组织能够通过技术引进、知识互动等方式实现质量提升型技术创新，或通过提升组织绩效带动成员贫困农户增收，提供就业机会履行社会责任，转变技术创新范式以实现环境友好收益。首先，合作组织能够通过技术指导与生产监督来保障农户农产品质量，提升组织绩效带动贫困成员增收。其次，合作组织能够通过利用农产品的质量优势发展下游加工产业，提高纵向一体化程度，增加相关就业岗位机会造福社会，同时辐射周边地区农户形成技术外溢与知识共享。此外，合作组织能够基于外部环境约束与产品质量标准改变技术创新范式，优化内部贫困成员要素投入结构，兼顾组织经济效益与生态效益，从而使贫困农户受益。

第三节　本章小结

本章以日本和印度作为不同经济发展水平国家的典型代表，在描述其贫困状况尤其是农村贫困状况，以及农民合作组织发展历史和现状的基础上，梳理各国农民合作组织参与贫困治理的成功经验，为中国相对贫困及多维贫困治理、巩固和拓展脱贫攻坚成果，以及全面推进乡村振兴和共同富裕提供经验借鉴。主要形成了如下结论。

第一，不同经济发展水平的典型代表国家已经取得了不同程度的减贫成绩，但仍存在不同类型的贫困问题，反贫困依然是长期需要坚持的工作。日本作为发达国家，历史上也存在过城乡收入差距加剧、农户利益受损的贫困时期，历史经验值得我们借鉴；虽然绝对贫困已全面消除，但相对贫困问题仍然存在，反贫困工作仍需继续。印度作为新兴经济体，随着持续的经济增长，绝对贫困问题已经得到一定程度上的缓解，但农村贫困问题仍然比较严重。

第二，不同经济发展水平国家的农民合作运动都经历了较长的发展历史，其农民合作组织均肩负一定程度的减贫使命，并通过发挥各自的支农助农作用助力贫困减缓。日本农协拥有全国联合会、农协联合会、基层农协三级组织架构，通过把全体农民纳入协会内部，利用体量优势发挥风险共担、收入共享、利益需求表达等功能，提升农户福利。印度农民合作组织正处于发展转型阶段，具有全国联社、邦级合作联社、地区合作社、基层合作社四级组织架构，在政府的支持下发挥全方位服务体系优势，带动农户脱贫。

第三，不同经济发展水平国家的农民合作组织参与贫困治理经验模式各有不同，值得借鉴。日本农协参与贫困治理经验表明，合作组织能够通过提升农户人力资本拓宽收入来源，通过提升农户金融资本降低贫困边缘农户的风险，提高其风险承受能力，实现事前阻贫；同时，依托脱贫产业，以开发利用自然资本、提升贫困农户人力资本与物质资本为主要手段带动慢性贫困农户发展，实现事后扶贫。印度农民合作组织参与贫困治理经验表明，农民合作组织能够通过成本降低型技术创新节约内部贫困成员生产成本，提高生产效率以提升其经济收益；通过质量提升型技术创新提升组织绩效带动内部贫困成员增加收入，并通过知识外溢辐射带动外部贫困农户，实现创新成果社会共享，从而实现经济效益、社会效益与生态效益的共同提升。

第十章　研究结论与启示

> 穷人很难脱贫，主要是因为很多慈善组织的做法是建立在误解的基础上，没有考虑到穷人真正面临的难题。
>
> ——阿比吉特·班纳吉（Abhijit Banerjee）

本书通过理论借鉴、框架建立、逻辑梳理、归纳演绎对中国农民合作组织视角的贫困跨越机制进行理论分析；通过描述中国农民合作组织发展、农村贫困及其治理历史和现状分析中国农民合作组织参与贫困治理的可能空间；从动态视角对中国农民合作组织"事前阻贫-事后扶贫"的贫困跨越机制进行理论和实证分析，并从发展视角对中国农民合作组织"创新-增长"的贫困跨越机制进行理论和实证分析；对不同经济发展水平的代表性国家的农民合作组织参与贫困治理的典型案例进行剖析；基于研究结论对促进中国农民合作组织积极参与贫困治理并发挥更大效应的相关政策进行优化设计，为巩固和拓展脱贫攻坚成果、推进乡村振兴和共同富裕等工作提供理论和实践参考。

第一节　研究结论

本书借鉴合作社理论、贫困及其治理理论，并利用1978~2018年中国的微观调查数据和各国的宏观统计数据，采用理论分析、统计描述分析、计量模型分析、案例分析，以及国际比较分析等多种方法，探讨了农民合作组织的扶贫机制及其效应，形成了有价值的研究结论。主要包括以下几个方面。

第一，农民合作组织具有包容性、竞争性和益贫性等基本特征，使其能够在农村减贫中做出重要贡献。农民合作组织的包容性体现在能够吸纳贫困农户作为合作组织成员，甚至即使贫困农户不加入合作组织也能够享受合作组织带来的好处、合作组织的治理结构和发展理念能够代表贫困农户的利益。农民合作组织的竞争性往往体现为营利能力，虽然合作组织是以社员福利最大化为目标的，但还是需要在市场竞争中与企业抗衡，否则无法生存，更难以保护使用者利益。农民合作组织的益贫性体现在农民合作组织能够吸纳贫困农户，为其提供各种农业服务，或提供更多的就业机会，丰富家庭收入来源，提升家庭收入，从而帮助贫困农户减缓贫困甚至脱离贫困。农民合作组织的包容性、竞争性和益贫性，使其能够在农村减贫中做出重要贡献。

第二，农民合作组织视角的贫困跨越机制核心在于农民合作组织在扶贫过程中扮演着多重角色，既是扶贫主体，又是脱贫载体，还是扶贫协同纽带。农民合作组织是重要的扶贫主体，意味着农民合作组织能够把自身拥有的扶贫资源有效传递到贫困农户手中，帮助合作组织内部成员中的贫困农户脱贫。同时，农民合作组织通过知识外溢、创新扩散等渠道惠及合作组织外部非成员的贫困农户，有助于外部贫困农户脱贫。农民合作组织是有效的脱贫载体，意味着农民合作组织能够成为贫困农户的利益代表，接受扶贫主体的各种资源。例如，帮助贫困农户获取政府提供的具有纯公共品性质的资源、企业提供的具有私人品性质的资源及村集体、科研院所、其他经济组织提供的具有准公共品性质的资源等。农民合作组织是理想的协同纽带，主要体现在农民合作组织不仅是不同扶贫主体之间共同协作的纽带，也是扶贫主体和贫困农户之间有效沟通的桥梁，更是贫困农户之间团结合作的平台。

第三，纵观历史和现实，中国农村贫困治理成绩卓著，农民合作组织功不可没。从中国农民合作组织发展历史和农村贫困治理过程来看，中国农民合作组织在不断发展壮大和不断规范的过程中积极参与农村贫困治理并发挥了重要作用，为世界各国提供了经验借鉴。中国农村扶贫过程时间跨度长、任务重，经历了广义扶贫阶段（改革开放前）、减贫阶段（经济体制改革时期）、扶贫阶段（大规模开发）、扶贫攻坚阶段（大规模开发）、全面脱贫阶段。纵观中国农村扶贫过程，主要采取了促进经济增长，夯实产业扶贫基础来帮助贫困农户摆脱物质贫困；提高医疗卫生条件、扩大教育可得性、提升农村教育质量、改善贫困农户的人力资本状况、提升贫困农户生存发展能力、改善农村居民生活条件、减少环境脆弱性等措施。经过一系列的扶贫实践，中国已取得脱贫攻坚的胜利。农村居民收入水平不断提高、收入结构优化，物质贫困状况得到明显改善；贫困农户享受教育、医疗等社会服务的权利得到有效保障、人力资本提高、可持续发展能力增强。同时，农村居民生存环境改善，生活质量明显提升。

第四，从贫困演变的动态视角来看，在贫困发生之前帮助贫困边缘农户进行事前贫困阻断，在贫困发生之后对已经陷入贫困的农户进行事后帮扶是必要而且有效的。从事前阻贫的经济和社会成本收益来看，进行事前贫困阻断是必要的。从短期来看，只要事前阻贫的经济社会收益大于成本，就有必要进行事前贫困阻断；从长期来看，尽管事前阻贫的经济社会收益小于成本，但只要事前阻贫的成本小于事后贫困治理的成本，而且事前阻贫和事后扶贫的整体净收益为正，就有必要进行事前贫困阻断。从贫困可能产生的不良经济社会后果和扶贫能够带来的经济社会收益来看，事后扶贫是必要而且有效的。对于已经陷入贫困的农户而言，需要采取事后扶贫措施帮助其脱离贫困。贫困能够带来包括失业、教育/医疗缺失、健康受损、犯罪、经济下滑、环境污染等在内的一系列不良的经济社会后果。扶贫能够带来包括就业机会增加、教育/医疗水平提升、社会地位提升、消费水平提升、经济发展、国际地位提升等在内的一系列经济社会收益，对冲贫困的不良后果。因此，事后扶贫是必要而且有效的。

第五，农民合作组织能够进行事前阻贫，帮助还未陷入贫困的边缘农户进行贫困阻断，降低其陷入贫困的概率，防止其陷入贫困。农户风险暴露程度较高，可能面临资产风险、收入风险、福利风险等多种多样的风险冲击，加之，农户风险承担能力较低、缺乏风险应对机制导致其处于贫困脆弱性中。农民合作组织可以有效地通过风险感知、风险评估和风险预警帮助贫困边缘农户进行风险识别，并在此基础上通过提高农户的生产经营能力，增加收入来源渠道，实现多元化收入，减少风险暴露机会等措施帮助贫困边缘农户回避风险、减缓风险、转移风险和承担风险，以有效帮助农户进行风险控制，改善农户的贫困脆弱性，从而降低农户陷入贫困的概率，以达到事前阻贫的目的。

第六，农民合作组织能够进行事后扶贫，对已经陷入贫困的农户进行事后帮扶，帮助贫困农户摆脱贫困。一方面，源于农民合作组织的地缘优势、包容性等基本特征及与贫困农户的契约关系，农民合作组织能够以相对较低的交易成本和信息成本实现对贫困农户的准确识别和有效瞄准，并动态监测贫困农户的贫困变动情况，为扶贫提供重要的决策依据和基础条件。而且，农民合作组织能够成为扶贫资源的承载主体，实现扶贫资源到贫困农户之间的精准传递。另一方面，农民合作组织有助于改善贫困农户的可持续生计策略。贫困农户缺乏充足的生计资本而导致生计不可持续，从而带来贫困的加剧和恶化。因此，贫困农户主要通过整合并提升各类生计资本，实现可持续生计策略。

农民合作组织可以有效地通过其自身社会网络提升贫困农户的社会资本，通过共享知识、生产要素、资金资源和自然资源提升贫困农户的人力资本、物质资本、金融资本和自然资本，从而为贫困农户可持续生计策略的改善提供重要保障。此外，农民合作组织能够帮助贫困农户从多个维度减缓贫困。例如，可以有效通过帮助贫困农户增收减缓其收入贫困；从生产技能、知识获取、决策参与、资源利用等方向多维提升贫困农户能力，进而减缓能力贫困；通过保障贫困农户的土地使用权、提升贫困农户的劳动就业权、改善贫困农户的平等受教育权等，缓解其权利贫困。从而多方面、全方位地解决农户的贫困问题，有效减缓农户的多维贫困。

第七，从发展的视角来看，农民合作组织能够通过创新带来的绩效和经济增长助力扶贫。农民合作组织能够从制度、管理、技术、产品等方向协同创新，并促进经济、社会、生态效益提高，进而助力扶贫。农民合作组织内部不断被强化的信任能够促进合作组织持续创新，从而实现合作组织绩效增长，帮助成员农户增加经济收益，从而达到扶贫目标。农民合作组织作为创新主体，通过创新实现绩效增长，实现对内扶贫；还能够作为创新中介，通过知识外溢实现创新扩散，并推动社会创新，实现对外扶贫。农民合作组织作为制度网络中的重要制度主体和制度节点，能够通过影响其他制度主体以节约创新过程中的交易成本，从而实现绩效增长，以达到扶贫目的。但其对不同收入水平农户的增收幅度差异可能会导致其减少相对贫困的能力较弱。对于低收入农户而言，成本降低型创新比质量提升型创新更重要。

第八，从国际经验来看，不同经济发展水平的典型代表国家已经取得了不同程度的减贫成绩，但仍存在不同类型的贫困问题，反贫困依然是长期需要坚持的工作，各国农民合作组织均肩负一定程度的减贫使命，但扶贫经验模式各有不同，值得借鉴。日本作为发达国家，历史上也存在过城乡收入差距加剧、农户利益受损的贫困时期，虽然绝对贫困已全面消除，但相对贫困问题仍然存在。日本农协通过把全体农民纳入协会内部，利用体量优势发挥风险共担、收入共享、利益需求表达等功能，提升农户福利。通过提升农户人力资本拓宽其收入来源，通过提升农户金融资本降低贫困边缘农户的风险，提高其风险承受能力，实现事前阻贫；同时，依托脱贫产业，以开发利用自然资本、提升贫困农户人力资本与物质资本为主要手段带动慢性贫困农户发展，实现事后扶贫。印度作为新兴经济体，随着持续的经济增长，绝对贫困问题已经得到一定程度上的缓解，但农村贫困问题仍然比较严重。印度农民合作组织能够通过成本降低型技术创新节约内部贫困成员生产成本，提高生产效率以提升其经济收益；通过质量提升型技术创新提升组织绩效带动内部贫困成员增加收入，并通过知识外溢辐射带动外部贫困农户，实现创新成果社会共享，从而实现经济效益、社会效益与生态效益的共同提升。

第二节 政策建议

从农民合作组织发展的生命周期来看，中国农民合作组织经历了萌芽期和发展期两个重要阶段，现在已经进入了规范期这一关键阶段。农民合作组织作为农民自愿互助形成的农村重要组织形式,在农村扶贫过程中发挥了重要作用。因此,政府应该充分激励农民合作组织参与相对贫困和多维贫困治理,并提供相应的保障,继续推进脱贫攻坚与乡村振兴的有效衔接工作,为乡村振兴和共同富裕做好准备。本书旨在基于个体理性约束和激励相容约束,通过解决政府和合作组织之间的委托代理问题,提出相应的政策设计思路。在这个政策设计框架中,政府是委托人,合作组织是代理人,政府通过委托农民合作组织完成相对贫困的治理目标,从而形成委托代理关系。本书所设计的激励和约束机制即个体理性约束,实施机制和保障机制即激励相容约束。

一、完善农民合作组织参与相对贫困治理的激励机制

农民合作组织参与相对贫困治理的激励机制是基于个体理性约束提出的,旨在在倡导基本理念的基础上对农民合作组织参与相对贫困治理进行奖励。在这个机制下,合作组织参与相对贫困和多维贫困治理比不参与收益更高。具体的政策措施如下。

(一)倡导农民合作组织参与相对贫困治理的基本理念

其一,创造全社会共同参与乡村振兴建设的良好舆论环境。一方面,加强中央政府和各级地方政府官方媒体对全社会共同参与乡村振兴建设的舆论宣传。例如,在相关官方网站披露农村增收和农村建设的相关信息,加大对乡村振兴和共同富裕的专题报道力度、及时回应相对贫困和多维贫困治理社会问题、畅通政府与民众之间有关相对贫困和多维贫困治理的沟通渠道、提高客观公正应对负面信息的回复效率等。另一方面,辅助自媒体以文字、图片、视频、语音、漫画等形式对全社会共同参与农村增收和农村建设的舆论宣传。例如,通过微信、微博等文字、图片形式的自媒体,喜马拉雅等语音自媒体,抖音等视频自媒体发布相关的相对贫困和多维贫困治理政策信息、帮扶信息,打通社会群众和相对贫困和多维贫困治理之间的信息壁垒。相关专家和具备专业技能的技术人员,则可以通过自媒体平台,对脱贫摘帽地区的实际问题,进行专业建议,并带动更多群众参与其中。通过"官媒为主、自媒为辅"的舆论宣传方式,加大"全民相对贫困和多维贫困治理"的宣传力度、增强"全民相对贫困和多维贫困治理"的集体意识,进而形成良好的社会舆论环境。

其二,提升农民合作组织参与相对贫困治理的社会责任感和历史使命感。一方面,通过对合作组织主要管理人员的思想政治教育,提高其思想素质,增强其社会责任感和历史使命感。政府定期举行相对贫困和多维贫困治理政策解读、法

律法规宣讲、相对贫困和多维贫困治理经验交流等活动，厘清相对贫困和多维贫困治理的国家战略意义和农户生活水平提高现实意义之间的协同性，加强合作组织管理人员的社会责任感和历史使命感。另一方面，充分发挥合作组织中党员同志的先锋作用，提升农民合作组织参与相对贫困治理的社会责任感和历史使命感。着力提升党员的党性修养，激励其主动担当乡村振兴的重任，并为群众做好榜样。此外，通过对合作组织相对贫困和多维贫困治理先进案例进行宣传报道，用榜样教育法加强理念信仰教育。从榜样树立角度而言，应兼顾多元化、亲民化、真实化、时代化等基本特质，要让榜样的力量"看得见，摸得着"，能够同相对贫困和多维贫困治理工作者和贫困农户形成内在共鸣，如邀请榜样模范，进行现场经验分享，实现面对面沟通，全方位交流工作经验。

其三，普及农村建设和农民就业等相关支持政策的知识和信息。一方面，通过多种方式宣传农民增收相关支持政策的知识和信息，提高相对贫困和多维贫困治理政策宣传质量。在发放相对贫困和多维贫困治理宣传资料方面，可采用官方文件发布、相对贫困和多维贫困治理宣传图册发放、公众号网文推送、合作组织内公告栏公布等"线上+线下"多元化宣传方式。在相对贫困和多维贫困治理政策宣讲方面，可采用大会集体培训、小型会议辅导、线上群组沟通等方式，以满足合作组织中不同层次成员的政策信息需求，提高政策和相关知识的普及质量。另一方面，提升合作组织获取相对贫困和多维贫困治理政策知识和信息的主观能动性，推进合作组织政策学习。总结合作组织各参与主体的知识、资本、动机等初始条件，加强各主体对政策的多维学习意识；政府领导小组应适度放权至合作组织，避免过度干预，应充当监督者和调节者，给予合作组织各主体学习政策、落实政策的宽松环境；合作组织各主体从内部而言，应协同发展方向，从多维角度落实政策，从外部而言，应协同政策要求和组织发展方向，由"适应政策"转型至"自主变革"。

（二）细化农民合作组织参与相对贫困治理的奖励措施

其一，明确农民合作组织参与相对贫困治理的政策奖励措施。一方面，对参与农村发展和建设的合作组织采取税收优惠等奖励政策。对于合作组织而言，可加大合作组织用能成本的降税力度，进一步降低或免收合作组织销售产品增值税等；依据稳定吸纳低收入劳动力的数量，适度减免企业所得税、城建税等。对于低收入农户或脱贫农户而言，对具有稳定工作关系的劳动力，减免三到五年的个人所得税。另一方面，对相对贫困和多维贫困治理绩效突出的典型合作组织实施附加政策奖励。按照县政府、市政府、省政府、中央政府逐级评选各级相对贫困和多维贫困治理系统先进集体、认定各级相对贫困和多维贫困治理合作社，对于通过认定的合作组织，予以相对贫困和多维贫困治理资金奖励、产业项目扶持奖励、以高标准农田建设项目为代表的专项奖励、农业综合开发项目奖励等。其中，评级越高的先进集体、合作组织，得到的政策支持力度越大。

其二，细化农民合作组织参与相对贫困治理的资本奖励措施。一方面，根据合作组织扶持低收入农户的规模制定资本奖励措施。资本奖励内容包括一次性奖励资金、相对贫困和多维贫困治理资金折股支持。例如，依据合作组织内具有一年以上稳定劳动关系的低收入农户数量等指标，发放一次性奖励资金；依据合作组织一年内吸纳低收入农户的数量，政府在相对贫困和多维贫困治理专项资金中拨款，配套相应资金作为低收入农户的折股支持。另一方面，根据合作组织扶持低收入农户的内容制定资本奖励措施，鼓励脱贫摘帽地区的合作组织发展。例如，针对发展特色产业的合作组织，对产业、生产加工设备等进行奖补；针对农业种植、牲畜养殖的合作组织，对农田设施、养殖设施等进行奖补。

其三，明晰农民合作组织参与相对贫困治理的个人奖励措施。一方面，各级政府对相对贫困和多维贫困治理绩效突出的合作组织主要管理人员进行个人奖励。奖励的形式可以多样化，包括物质奖励、荣誉称号、表彰通告等。例如，评选各级相对贫困和多维贫困治理先进工作者，并授予资质证明，福利待遇与同级或低一级的先进工作者和劳动模范一致；地方政府对合作组织管理层中参与相对贫困和多维贫困治理的先进个人进行表彰，除个人奖励外，再对其所在合作组织进行适度奖励。另一方面，各级政府对通过合作组织提升内生发展能力的典型农户进行个人奖励。各级政府定期评选出所辖合作组织中积极参与农村产业发展和农村建设的农户，给予现金奖励，并授予荣誉证书，张榜表彰。同时，各级政府对于乡村振兴建设过程中表现突出、社会影响较大的农户，通过大会宣讲、媒体公布等方式及时进行典型宣传，提高农户荣誉感的同时，也要积极推广典型模范的经验。

二、构建农民合作组织参与相对贫困和多维贫困治理的约束机制

农民合作组织参与相对贫困治理的约束机制也是基于个体理性约束提出的，旨在通过对农民合作组织参与相对贫困治理的监督和评估来约束合作组织的相对贫困治理行为。在这个机制下，对于合作组织而言，参与相对贫困和多维贫困治理比不参与效益更好。具体的政策设计思路如下。

（一）加大对合作组织参与相对贫困和多维贫困治理的监督力度

其一，加强政府对合作组织参与相对贫困和多维贫困治理的监督力度。一方面，政府应对合作组织相对贫困和多维贫困治理进行动态监督和考核。对于已经

认定为相对贫困和多维贫困治理合作组织的，若在相对贫困和多维贫困治理过程中出现违规现象应责令整改，情节严重者可撤销相对贫困和多维贫困治理项目、相对贫困和多维贫困治理资金、降低合作组织等级等，情节恶劣者可依法对相关失职渎职人员追究民事责任甚至刑事责任。另一方面，政府应加强对合作组织内低收入农户的监督。政府应动态监督低收入农户的收入、就业等变化情况；对于恶意拖欠小额贷款、贷款挪作他用的低收入农户，应进行一定程度的惩戒，如降低信用评级、取消小额信贷资格、纳入信贷黑名单等。

其二，加大第三方机构对合作组织参与相对贫困和多维贫困治理的监督力度。发挥好第三方机构质量"质检仪"的作用，构建第三方评估规范和标准，规范分省交叉、全员培训认证等制度，建立APP全数据采集、大数据评估平台、标准化统计分析等系统。具体监督内容包括：定期核验合作组织的各类报表，从合作组织管理结构、财务状况、利润分配、发展绩效、相对贫困和多维贫困治理绩效、市场占额、发展潜力等方面进行多维评估，对先进合作组织的优质发展经验进行及时的鼓励宣传，对合作组织相对贫困和多维贫困治理过程中的不规范、不合规行为及时披露，对消极合作组织予以曝光。

其三，提升对合作组织参与相对贫困和多维贫困治理的群众监督力度。一方面，加强群众参与程度。合作组织相对贫困和多维贫困治理方案的制订必须通过组织大会形式，充分考虑合作组织各主体代表的建议和意见。对于相对贫困和多维贫困治理的阶段性成果，合作组织必须定期召开会议，向组织内各主体代表详细公布，并汇报后期的相对贫困和多维贫困治理计划。另一方面，畅通群众监督的反映渠道。群众对于合作组织内可能存在的相对贫困和多维贫困治理资源贪墨、组织负责人不作为等问题，要积极纠偏或举报。在组织内部纠偏过程中，合作组织成立监管裁决部门，以反映群众意见；在进行举报的过程中，政府需要畅通信函、邮件、相对贫困和多维贫困治理网站、相对贫困和多维贫困治理热线、上访等各类信息传递媒介，以便于群众反映。

（二）完善对合作组织参与相对贫困和多维贫困治理绩效的评估体系

其一，完善政府对合作组织相对贫困和多维贫困治理绩效的评估。一方面，加强政府对合作组织相对贫困和多维贫困治理绩效的评估力度。政府从合作组织的农户参与数量、稳定工作农户数量、合作组织盈利情况等多方面，对合作组织相对贫困和多维贫困治理及发展潜力进行全方位评估，并依据评估结果为后期的相对贫困和多维贫困治理资源分配、相对贫困和多维贫困治理政策制定、相对贫困和多维贫困治理项目分配、相对贫困和多维贫困治理先进评选等提供参考。另一方面，提升政府对评估结果的实时披露频率。对于合作组织参与相对贫困和多维贫困治理考核，由常规的年度考核，改为每半年考核或每三个季度考核，加强合作组织的生产积极性。

其二，规范第三方机构对合作组织参与相对贫困和多维贫困治理绩效的评估。一方面，规范第三方机构行业标准，完善第三方机构专业资质检验流程，健全第三方评估指标体系，严把第三方调查的"问卷设计关、数据分析关、结果可信关"，提高进入门槛，进而总结不同行业均适用的总指标体系，以及表示不同行业特点的分行业指标体系，从而形成"总分结合"的科学指标体系，提高第三方结构评估结果的信度；另一方面，加强第三方机构的资金保障，提高对第三方机构统计结果的回访力度。为保证第三方机构中立，政府应设置独立部门，管理第三方机构所用资金，保证其统计过程中的中立态度。同时，通过提高回访力度，促使第三方机构实事求是。

其三，加强合作组织参与相对贫困和多维贫困治理信息披露和自我评估。一方面，健全合作组织相对贫困和多维贫困治理信息披露机制。规范合作组织相对贫困和多维贫困治理信息披露频率，完善合作组织参与相对贫困和多维贫困治理信息披露内容，包括相对贫困和多维贫困治理对象、相对贫困和多维贫困治理内容、相对贫困和多维贫困治理资金使用、相对贫困和多维贫困治理效果、后续相对贫困和多维贫困治理计划等。另一方面，完善合作组织相对贫困和多维贫困治理自我评估机制。完善合作组织参与相对贫困和多维贫困治理信息公开制度和治理信息公告公示制度，及时向组织内部成员、政府和社会大众公示相对贫困和多维贫困治理信息；完善相对贫困和多维贫困治理动态监督检查制度，及时把握低收入农户的增收状态，并调整对低收入农户的帮扶措施；定期对相对贫困和多维贫困治理资金使用、低收入农户的增收金额、就业情况、健康状态等进行自我评估。

三、优化农民合作组织参与相对贫困和多维贫困治理的实施机制

农民合作组织参与相对贫困治理的实施机制是基于激励相容约束提出的，旨在在低收入农户与合作组织高效联结的基础上提升合作组织的相对贫困和多维贫困治理资源配置效率，提升相对贫困和多维贫困治理绩效。在这个机制下，相对贫困和多维贫困治理政策既对合作组织有益，又对政府和低收入农户有益。具体的政策措施包括以下方面。

（一）创建合作组织和低收入农户的高效联结

其一，促进以低收入农户股权参与合作组织的方式建立联结。鼓励低收入农

户入股，并调整股权分配方式，注重各方收益平衡，增加农户资产收益。一方面，根据低收入农户的生计资本状况，多元化低收入农户入股方式。例如，将相对贫困和多维贫困治理资金、奖励金作为股金入股；通过土地流转，利用土地入股；低收入农户参与到合作组织的生产发展中，以劳动力入股；低收入农户将个人资本投入合作组织中，实现投资入股；等等。另一方面，注意合作组织内部的股权结构。避免大农户股权比例过高，限制股权最高比例，提高低收入农户群体的股权比例，在合作组织内部形成相对平衡的股权结构。

其二，保障以合作组织为低收入农户提供全产业链服务的方式建立联结。一方面，合作组织为低收入农户提供生产端服务并建立联结。在生产过程中，合作组织可以向低收入农户低价或免费提供生产资料配送服务，并向低收入农户提供田间管理服务、技术指导、机械支持及初级产品加工等，从生产端建立联结。另一方面，合作组织为低收入农户提供销售端服务并建立联结。合作组织在销售过程中，可以向低收入农户提供销售信息、共用运输渠道、帮助低收入农户完成产品销售，从销售端建立联结。同时，合作组织也能依据低收入农户劳动技能，为其在生产端或销售端提供匹配的工作岗位。

其三，提倡以合作组织帮低收入农户托管和托养的方式建立联结。针对丧失农业劳动能力、外出务工且暂无农业劳动意愿的低收入农户，合作组织应采用土地托管、牲畜托养等方式，与低收入农户建立紧密联结。合作组织将生产费用形成明细发放至低收入农户，进行生产收费；在分配收益时，合作组织可适当提高低收入农户的收益比例。同时，为避免后期纠纷，合作组织应在土地托管、牲畜托养等之前，与低收入农户进行风险分摊协议，如双方可以按照适当比例分摊农业保险费用、政府补贴用于低收入农户农业保险等。

其四，尝试以低收入农户在合作组织中进行信用合作的方式建立联结。一方面，合作组织内部尝试构建资金借贷部门。资金较为充足的合作组织分配出部分资金作为资金借贷部门的本金，设定较低息率。除去借贷过程的关键环节，简化借贷流程，为低收入农户提供应急资金保障。另一方面，政府尝试成立相对贫困和多维贫困治理资金借贷部门，为低收入农户较多的合作组织提供应急资金支持。政府在分配相对贫困和多维贫困治理资金过程中，留出一部分应急。对于低收入农户较多的合作组织，适当降低抵押物、质押物要求，搭建借贷电子平台，简化借贷流程，以合作组织相对贫困和多维贫困治理效果作为评判，对合作组织借贷资金收取低息或免息。

（二）提升合作组织的相对贫困和多维贫困治理资源配置效率

其一，鼓励合作组织创新发展，增强合作组织创新能力。一方面，合作组织应加大特色产品、特色基地的建设力度。例如，通过进行特色农产品品种保护、选育，并进行生产示范基地建设以支持老区发展；加强新品种、新技术引进，建立特色农产品示范区；鼓励、支持绿色、无公害、有机农产品和具有地理标志农产品认证。另一方面，合作组织应主动拓宽销售渠道，尝试新型销售模式。例如，促进特色农产品交易市场发育，拓宽脱贫摘帽地区合作社与大型零售超市对接渠道，进一步加强农村对接。构建生产端和销售端的信息畅通平台，实时公布生产及销售信息，降低产品供需搜寻成本，优化"订单农业"销售模式。

其二，拓宽合作组织融资渠道，提高合作组织金融资本。首先，提升财政资金支持合作组织的力度，提高合作组织的金融资本。强化合作组织相对贫困和多维贫困治理财政支持，各级财政部门应逐年加大合作组织发展预算，并对各合作组织配套适当额度的启动资金。其次，整合各类相对贫困和多维贫困治理资金，拓宽合作组织融资渠道。各脱贫摘帽县要做到资金专项专用，整合相对贫困和多维贫困治理资源，加大合作组织基础设施投入力度，改善合作组织发展条件，为合作组织带动低收入农户增收奠定坚实基础。最后，整合多种贷款渠道，提升合作组织的金融资本。整合信贷资金资源，支持合作组织发展，如合理利用双联贷款小额贷款、妇女小额贷款、蔬菜养殖双业贷款等资源。同时，政府应适度加强财政相对贫困和多维贫困治理支持，用于产业基地建设、生产技术（能）训练、产业新技术推广、农业保险等有利于低收入农户增收的项目。

其三，鼓励农村能人创办农民合作组织参与相对贫困治理，提升农民合作组织的社会资本。一方面，积极宣传精准相对贫困和多维贫困治理相关政策，引导农村能人主动参与相对贫困和多维贫困治理。县政府、乡政府联合组织农村大户、农村能人召开相对贫困和多维贫困治理政策宣讲会。重点讲述相对贫困和多维贫困治理的战略意义，创办合作组织的发展前景、社会责任、优惠政策等，增强农村能人主动创办合作组织的主观能动性。另一方面，加强对农村能人的培训，提供必要支持。加强农村能人培训，加强脱贫摘帽地区创业致富带头人的创业培训教育并支持其创办新型农业经营主体，如农民合作社、家庭农场、企业等。政府提供必要的启动资金补贴、低收入农户创业补贴等作为支持。

四、健全农民合作组织参与相对贫困和多维贫困治理的保障机制

农民合作组织参与相对贫困治理的保障机制是基于激励相容约束提出的，旨在为农民合作组织参与相对贫困治理提供制度、要素等全方位保障。在这个机制下，相对贫困和多维贫困治理政策既对合作组织有益，又对政府和低收入农户有

益。具体的政策设计思路如下。

（一）建立农民合作组织参与相对贫困治理的制度框架

其一，完善合作组织和相对贫困和多维贫困治理相关立法。一方面，完善合作组织相关法律法规。例如，通过立法进一步规范合作组织发展，对"空壳"合作社等一系列不合规的合作组织进行清理和整治；适当增加对农民合作组织参与相对贫困治理的相关立法规定；完善保障低收入农户在合作组织中权利的相关法规，防止各类合作组织排斥或边缘化低收入农户。另一方面，健全相对贫困和多维贫困治理相关的法律法规。例如，国家层面应对相对贫困和多维贫困治理进行立法，地方政府也应出台相对贫困和多维贫困治理相关的法规和条例；从相对贫困和多维贫困治理对象确认、相对贫困和多维贫困治理措施建立、相对贫困和多维贫困治理资金和项目报批，到相对贫困和多维贫困治理过程考核和监督、相对贫困和多维贫困治理法规责任划分等，都应做出具体且合理的条文规定；对恶意获取相对贫困和多维贫困治理资源的农户、工作者、执法者，以及挪用相对贫困和多维贫困治理专项资金的人员或组织，都应明文规定处罚举措。

其二，完善合作组织相对贫困和多维贫困治理相关监管制度。一方面，完善合作组织相对贫困和多维贫困治理过程中的资金监管制度。加强合作组织内部财务监管、盈余分配监管的内部监管力度；同时，财政、审计、相对贫困和多维贫困治理等有关部门应协同法律、法规、资金统筹等要求，共同规划有效使用方案，并对相对贫困和多维贫困治理资金流向、项目运营情况进行定期审计和督查。另一方面，加强低收入农户的退出监管。量化对低收入农户的帮扶区间，避免过度相对贫困和多维贫困治理。动态调整政策对象，对边缘低收入农户提供适度支持，避免返贫，进而规避"悬崖效应"；定期评估低收入农户的增收状况和内生发展能力。对于少量不思进取者，应采取相应的惩戒手段，以激发其主动奋斗的主观能动性。避免低收入农户陷入"福利陷阱"。

其三，优化农民合作组织参与相对贫困治理的扶持政策。一方面，加强合作组织经营政策扶持力度。落实普惠性税收，对合作组织的用能成本、销售产品执行低税或免税；加大补贴力度，加大土地流转补贴、生产资料补贴、农机购买补贴等；加大财政支持，对相对贫困和多维贫困治理效果显著、带动贫困农户增收的合作组织进行资金支持，如相对贫困和多维贫困治理专项资金划拨、相对贫困和多维贫困治理贴息贷款等。另一方面，加强合作组织人力资本提升政策扶持力度。加强人才吸引政策力度，从住房、保险、薪资、政策等多方面协同提升人才待遇，吸引人才回流；增强合作组织成员人力资本水平，定期开展专项培训，提高劳动力专业技能；加强低收入农户子女教育优惠政策，按照教育阶段差额提供教育补贴、生活补贴，支持低收入农户子女学费免息贷款。

（二）完善农民合作组织参与相对贫困治理的要素保障

其一，完善土地要素市场。首先，对于土地确权，需要进一步明晰确权边界、合理利益分配、保证信息公开、加强确权培训，同时为保障土地确权的顺利推进，还应成立专业的纠纷解决小组，开展针对低收入农户的技能培训。其次，对于经营权流转，政府在经营权流转的过程中，逐步放权给合作组织、企业、农户等，加速市场高效配置。政府还应合理规划补贴内容，避免过度补贴降低合作组织、农户的积极性。最后，对于土地经营权入股，政府及合作组织需要对低收入农户进行深入引导，合作组织适度让利，所以低收入农户的入股协议应该区别于普通农户，从而加速土地流转进程，加快土地市场完善进程。

其二，完善劳动力要素市场。一方面，拓宽就业渠道。政府应构建劳动力信息平台，降低信息搜索成本，提高劳动市场供需双方的交互频率，并为低收入农户择业提供必要帮扶。同时对于合作组织而言，在招聘工作人员时，同等条件下，可优先考虑低收入农户。另一方面，加强脱贫摘帽地区的人力资本投入水平，提升低收入农户劳动力技能。对于不同培训群体而言，如妇女、老人、残疾人等，需要结合不同群体实际，进行异质化培训，使其最大限度提高劳动技能。对于具体培训方式，可以选择大会集中培训、小班教学、线上教学、实践教学、技术进修及实践等多元方式协同开展。

其三，完善资金要素市场。一方面，拓宽合作组织融资渠道。扩展合作组织和合作组织成员的抵押物、质押物范围，由政府出面协调，拓宽合作组织与金融机构的合作渠道。以合作组织优质创新项目为代表的相对贫困和多维贫困治理类项目，开通融资贷款绿色通道，最大限度上简化办理手续，符合基本要求后，优先放宽，从而提高合作组织融资水平。另一方面，构建相对贫困和多维贫困治理资金监管系统。资金借贷前，金融机构明确借贷资金用途、收益预期、归还预期，资金借贷中，金融机构加强对借贷资金流向、借贷资金风险评估等方面的监管。保障相对贫困和多维贫困治理资金的专项专贷、专项专用，加速农业资本市场的规范化、高效化进程。

其四，完善公共物品供给。首先，加强合作组织重视基础设施建设的理念，树立合作组织与农村基础设施建设相结合的理念，为推动特色产业相对贫困和多维贫困治理创造客观条件。其次，提高资金利用效益，完善农村基础设施建设管理。由乡镇政府、村委会与村民代表共同决议，做到科学决策，从根源上杜绝无用基础设施、面子工程的出现，提高资金效率。同时，村委会、村民代表应当成立独立的监督委员会，持公开、严格的原则保证项目各个环节合规合法、施工具体过程的保质保量。最后，因地制宜搬迁相对贫困和多维贫困治理，合作组织提供助力。由于部分脱贫摘帽地区发展潜力低、地理位置偏僻，基建成本高、难度大，可通过易地搬迁改善农户生产生活条件，培养搬迁农户劳动生产技能，提高自我发展能力。

值得注意的是，现有政策对低收入农户给予太多关注，在政策设计的过程中要避免出现对低收入农户的过度倾斜，以及约束的不足，造成政策设计的不公平。这意味着相对贫困和多维贫困治理政策设计要尽量避免对高收入农户的"悬崖效应"，即避免低收入农户和高收入农户之间的政策差异导致其福利差距明显，出现社会规则失序，引发新的不公；同时避免低收入农户陷入"福利陷阱"，出现争当低收入农户的现象。

第三节　研究展望

农民合作组织视角的贫困跨越机制研究是一个重要的研究议题，虽然中国在2020年已经全面消除绝对贫困，但相对贫困和多维贫困还将长期存在，巩固和拓展脱贫攻坚成果和乡村振兴有效衔接及实现共同富裕将是新时期将要面临的重要工作。对过去农村贫困治理经验的梳理能够为这些重要工作提供重要的理论和实践指导。由于时间和篇幅的限制，本书对该议题的探讨还不够完善，有一些值得进一步深入研究的内容并未涉及，可以成为继续研究的方向。

第一，本书提出了农民合作组织在乡村振兴建设及促进共同富裕中扮演的多重角色，既是乡村建设和乡村发展的主体，又是农民增收的载体，还是农户与市场连接的纽带。但是由于篇幅限制，本书仅从乡村建设和乡村发展的主体及农民增收的载体两个方面进行了细致的研究，并未深入分析农民合作组织所扮演的协同纽带角色。后续的研究可以进一步分析农民合作组织与其他乡村建设的主体之间的互动关系及协同机理，以及如何通过这种协同纽带作用在乡村振兴和共同富裕阶段做出贡献。

第二，本书提出了农民合作组织可以通过创新带来合作组织绩效增长从而达到农民增收、提升内生发展能力的目的，并在研究框架中提出了创新的类型包括制度创新、管理创新、技术创新、产品创新等。但在具体章节的理论分析过程中仅关注了产品创新和技术创新两个方面，并从质量提升型创新和成本降低型创新两个方面进行实证分析，验证创新带来的绩效增长产生增收效应。后续的研究还可以进一步从理论层面关注制度创新和管理创新提升合作组织绩效并产生增收效

第十章 研究结论与启示

应的理论逻辑,并在实证过程中关注技术创新中的环境友好型创新带来的绩效增长产生的增收效应,为建立解决相对贫困的长效机制提供经验借鉴。

第三,本书提出了农民合作组织存在多种类型,包括农民专业合作社、股份合作社、社区合作社、供销合作社、农村信用合作社和互助社等。但是,在具体的理论和实证分析过程中并未专门针对不同类型的农民合作组织在乡村振兴建设和促进共同富裕中所发挥作用的异同进行对比分析。后续的研究可以从理论上探讨不同形式的农民合作组织在乡村振兴建设过程中所发挥的作用有何异同,并对不同形式的农民合作组织选择典型案例进行比较分析。

参 考 文 献

奥肯 A. 1999. 平等与效率：重大的权衡[M]. 王奔洲译. 北京：华夏出版社.
庇古 A C. 2007. 福利经济学[M]. 金镝译. 北京：华夏出版社.
蔡荣, 韩洪云. 2012. 农户参与合作社的行为决策及其影响因素分析——以山东省苹果种植户为例[J]. 中国农村观察, 5：32-40.
蔡荣, 马旺林, 王舒娟. 2015. 小农户参与大市场的集体行动：合作社社员承诺及其影响因素[J]. 中国农村经济, 4：44-58.
陈宗胜, 沈扬扬, 周云波. 2013. 中国农村贫困状况的绝对与相对变动——兼论相对贫困线的设定[J]. 管理世界, 1：67-77.
褚彩虹, 冯淑怡, 张蔚文. 2012. 农户采用环境友好型农业技术行为的实证分析——以有机肥与测土配方施肥技术为例[J]. 中国农村经济, 3：68-77.
德雷兹 J, 森 A. 饥饿与公共行为[M]. 苏雷译. 北京：社会科学文献出版社, 2006.
邓衡山, 王文烂. 2014. 合作社的本质规定与现实检视——中国到底有没有真正的农民合作社?[J]. 中国农村经济, 7：15-26, 38.
迪顿 A. 2014. 逃离不平等[M]. 崔传刚译. 北京：中信出版社.
董莹, 穆月英. 2019. 农户环境友好型技术采纳的路径选择与增效机制实证[J]. 中国农村观察, 2：34-48.
段世江, 石春玲. 2005. "能力贫困"与农村反贫困视角选择[J]. 中国人口科学, A1：99-104.
恩格斯 F. 1956. 英国工人阶级状况[M]. 中共中央马克思恩格斯列宁斯大林著作编译局编译. 北京：人民出版社.
冯根福. 2004. 双重委托代理理论：上市公司治理的另一种分析框架——兼论进一步完善中国上市公司治理的新思路[J]. 经济研究, 12：16-25.
高杨, 薛兴利. 2013. 扶贫互助资金合作社试点运行状况分析——以山东省为例[J]. 农业经济问题, 34（6）：43-49, 111.
郭红东, 徐旭初, 邵雪伟, 等. 2004. 我国农民专业合作经济组织发展的完善与创新——基于对浙江省实践的分析[J]. 中国软科学, 12：7-15.
赫希曼 A. 1991. 经济发展战略[M]. 潘照东, 曹征海译. 北京：经济科学出版社.
胡联. 2014. 贫困地区农民专业合作社与农户收入增长——基于双重差分法的实证分析[J]. 财经科学, 12：117-126.
胡联, 姚绍群, 杨成喻, 等. 2021. 数字普惠金融有利于缓解相对贫困吗？[J]. 财经研究, 47（12）：

93-107.

胡冉迪. 2012. 当前我国农民专业合作社创新发展问题与对策研究[J]. 农业经济问题，11：44-48.

黄祖辉，扶玉枝. 2012. 创新与合作社效率[J]. 农业技术经济，9：117-127.

冀名峰，李琳. 2020. 农业生产托管：农业服务规模经营的主要形式[J]. 农业经济问题，1：68-75.

科莱尔 A M，温斯顿 M D，格林 J R. 2014. 微观经济理论（上册）[M]. 曹乾，等译. 北京：中国人民大学出版社.

李后建. 2012. 农户对循环农业技术采纳意愿的影响因素实证分析[J]. 中国农村观察，2：28-36，66.

李凯，周洁红，陈潇. 2015. 集体行动困境下的合作社农产品质量安全控制[J]. 南京农业大学学报（社会科学版），15（4）：70-77，133.

李明贤，周蓉. 2018. 社会信任、关系网络与合作社社员资金互助行为——基于一个典型案例研究[J]. 农业经济问题，5：103-113.

梁巧，吴闻，刘敏，等. 2014. 社会资本对农民合作社社员参与行为及绩效的影响[J]. 农业经济问题，11：71-79.

刘俊文. 2017. 农民专业合作社对贫困农户收入及其稳定性的影响——以山东、贵州两省为例[J]. 中国农村经济，2：44-55.

刘嶺，欧璟华，洪涛，等. 2022. 理事长利他精神与农民专业合作社发展——基于重庆市开州区田野调查案例的分析[J]. 中国农村经济，1：76-92.

刘宇翔. 2015. 欠发达地区农民合作扶贫模式研究[J]. 农业经济问题，36（7）：37-45，110-111.

罗建利，郭红东，贾甫，等. 2015. 农业技术创新体系中合作社的技术获取模式——基于扎根理论的研究[J]. 管理案例研究与评论，2：117-132.

马尔萨斯 T. 1992. 人口原理[M]. 朱泱，等译. 北京：商务印书馆.

马克思. 1975. 资本论（第1卷）[M]. 中共中央马克思恩格斯列宁斯大林著作编译局译. 北京：人民出版社.

马克思，恩格斯. 1972. 马克思恩格斯文集（第4卷）[M]. 中共中央马克思恩格斯列宁斯大林著作编译局编译. 北京：人民出版社.

马克思，恩格斯. 1979. 马克思恩格斯文集（第6卷）[M]. 中共中央马克思恩格斯列宁斯大林著作编译局编译. 北京：人民出版社.

马克思，恩格斯. 1982. 马克思恩格斯文集（第44卷）[M]. 中共中央马克思恩格斯列宁斯大林著作编译局编译. 北京：人民出版社.

马彦丽，孟彩英. 2008. 我国农民专业合作社的双重委托—代理关系——兼论存在的问题及改进思路[J]. 农业经济问题，5：55-60，111.

米德玛 S G. 2007. 科斯经济学：法与经济学和新制度经济学[M]. 罗君丽，李井奎，茹玉骢译. 上海：上海三联书店.

缪尔达尔 G. 1968. 富裕国家与贫穷国家[M]. 许大川译. 台北：台湾银行经济研究室.

缪尔达尔 G. 1991. 世界贫困的挑战——世界反贫困大纲[M]. 顾朝阳，等译. 北京：经济学院出版社.

纳尔逊 R R. 1956. 不发达国家的一种低水平均衡陷阱[J]. 美国经济评论，46（5）：894-908.

纳克斯 R. 1966. 不发达国家的资本形成问题[M]. 谨斋译. 北京：商务印书馆.

欧阳煌, 李思. 2016. 创新扩散、制度网络与专业合作社发展——基于小世界网络视角[J]. 中国农村经济, 8: 82-95.

潘劲. 2011. 中国农民专业合作社: 数据背后的解读[J]. 中国农村观察, 6: 2-11, 94.

朋文欢, 黄祖辉. 2017. 农民专业合作社有助于提高农户收入吗?——基于内生转换模型和合作社服务功能的考察[J]. 西北农林科技大学学报(社会科学版), 17(4): 57-66.

皮尔斯 D, 沃福德 J. 1996. 世界无末日——经济学、环境与可持续发展[M]. 张世秋译. 北京: 中国财政经济出版社.

普雷斯 F. 1963. 人口原理的说明和例证[M]. 对外贸易学院译. 北京: 商务印书馆.

乔家君. 2008. 中国乡村地域经济论[M]. 北京: 科学出版社.

萨卡 S. 2008. 生态社会主义还是生态资本主义[M]. 张淑兰译. 青岛: 山东大学出版社.

萨缪尔森 P, 诺德豪斯 W. 1999. 经济学(第十六版)[M]. 萧琛, 等译. 北京: 商务印书馆.

森 A. 2004. 贫困与饥荒——论权利与剥夺[M]. 王宇, 等译. 北京: 商务印书馆.

森 A. 2006. 饥饿与公共行为[M]. 苏雷译. 北京: 社会科学文献出版社.

森 A. 2012. 以自由看待发展[M]. 任赜等译. 北京: 中国人民大学出版社.

世界银行. 2001. 世界发展报告[R]. 北京: 中国财政经济出版社.

舒尔茨 H. 1992. 论人力资本投资[M]. 吴珠华, 等译. 北京: 北京经济学院出版社.

孙久文, 夏添. 2019. 中国扶贫战略与2020年后相对贫困线划定——基于理论、政策和数据的分析[J]. 中国农村经济, 10: 98-113.

孙天合, 马彦丽, 孙永珍. 2021. 农民专业合作社理事长提高社员有效参与的行为意向研究[J]. 农业技术经济, 11: 130-144.

索维 A. 1982. 人口通论(上册)[M]. 查瑞传, 等译. 北京: 商务印书馆.

唐宗焜. 2012. 合作社真谛[M]. 北京: 知识产权出版社.

田永胜. 2018. 合作社何以供给安全食品——基于集体行动理论的视角[J]. 中国农业大学学报(社会科学版), 35(4): 117-126.

托达罗 M P. 1992. 经济发展与第三世界[M]. 印金强译. 北京: 中国经济出版社.

汪建, 庄天慧. 2015. 贫困地区社会资本对农户新技术采纳意愿的影响分析——基于四川16村301户农户的调查[J]. 农村经济, 4: 69-74.

王春超, 叶琴. 2014. 中国农民工多维贫困的演进——基于收入与教育维度的考察[J]. 经济研究, 49(12): 159-174.

王国良, 徐晖, 海波, 等. 2009. 扶贫资金互助组织的发展现状与前景——川、陕、皖三省贫困村村级发展互助资金试点调查报告[C]//微型金融与农村扶贫开发. 北京: 中国财政经济出版社.

王静, 霍学喜. 2015. 农户技术选择对其生产经营收入影响的空间溢出效应分析——基于全国七个苹果主产省的调查数据[J]. 中国农村经济, 1: 31-43.

王小林, Alkire S. 2009. 中国多维贫困测量: 估计和政策含义[J]. 中国农村经济, 12: 4-10, 23.

卫龙宝, 卢光明. 2004. 农业专业合作组织实施农产品质量控制的运作机制探析——以浙江省部分农业专业合作组织为例[J]. 中国农村经济, 7: 37-41, 46.

温涛, 王小华, 杨丹, 等. 2015. 新形势下农户参与合作经济组织的行为特征、利益机制及决策效果[J]. 管理世界, 7: 82-97.

参 考 文 献

温忠麟, 叶宝娟. 2014. 中介效应分析: 方法和模型发展[J]. 心理科学进展, 22（5）: 731-745.

吴比, 刘俊杰, 徐雪高, 等. 2016. 农户组织化对农民技术采用的影响研究——基于 11 省 1022 个农户调查数据的实证分析[J]. 农业技术经济, 8: 25-33.

吴海涛, 丁士军. 2013. 贫困动态性: 理论与实证[M]. 湖北: 武汉大学出版社.

吴忠, 曹洪民, 林万龙. 2008. 扶贫互助资金仪陇模式与新时期农村反贫困[M]. 北京: 中国农业出版社.

习近平. 2021-02-26. 在全国脱贫攻坚总结表彰大会上的讲话[N]. 人民日报,（002）.

肖卫, 肖琳子. 2013. 二元经济中的农业技术进步、粮食增产与农民增收——来自 2001~2010 年中国省级面板数据的经验证据[J]. 中国农村经济, 6: 4-13, 47.

谢若登 M. 2005. 资产与穷人———项新的美国福利政策[M]. 高鉴国译. 北京: 商务印书馆.

熊彼特 J. 1997. 经济发展理论[M]. 何畏, 等译. 北京: 商务印书馆.

徐旭初. 2012. 农民专业合作社发展辨析: 一个基于国内文献的讨论[J]. 中国农村观察, 5: 2-12, 94.

徐志刚, 张森, 邓衡山, 等. 2011. 社会信任: 组织产生、存续和发展的必要条件?——来自中国农民专业合作经济组织发展的经验[J]. 中国软科学, 1: 47-58, 192.

杨丹. 2012. 农业分工和专业化能否引致农户的合作行为——基于西部 5 省 20 县农户数据的实证分析[J]. 农业技术经济, 8: 56-64.

杨丹. 2019a. 社会责任: 脱贫攻坚中的农民合作社[J]. 中国农民合作社, 10: 43.

杨丹. 2019b. 市场竞争结构、农业社会化服务供给与农户福利改善[J]. 经济学动态, 4: 63-79.

杨丹, 刘自敏. 2016. 农村合作社制度下的农户行为研究[J]. 经济科学, 4: 102-113.

杨丹, 刘自敏. 2017. 农户专用性投资、农社关系与合作社增收效应[J]. 中国农村经济, 5: 45-57.

杨丹, 唐羽. 2019. 合谋视角下的农民合作社绩效与评级[J]. 农业技术经济, 3: 75-86.

杨丹, 王晓丽. 2020a. 空壳合作社的成因分析与治理框架——基于组织生命周期理论与案例研究[J]. 新疆农垦经济,（9）: 33-44.

杨丹, 王晓丽. 2020b. 组织生命周期视角下的空壳合作社治理[J]. 中国合作经济评论,（2）: 71-78.

杨丹, 王晓丽, 唐羽. 2020. 农业补贴、农户增收与收入不平等[J]. 华中农业大学学报（社会科学版）,（5）: 60-70, 171.

杨丹, 曾巧. 2021. 农户创业加剧了农户收入不平等吗——基于 RIF 回归分解的视角[J]. 农业技术经济,（5）: 18-34.

杨文, 孙蚌珠, 王学龙. 2012. 中国农村家庭脆弱性的测量与分解[J]. 经济研究, 4: 40-51.

杨印生, 盛国辉, 刘子玉. 2005. 吉林省新型农村科技服务体系建设模式与运行机制研究[J]. 农业技术经济, 1: 64-69.

杨志海. 2018. 老龄化、社会网络与农户绿色生产技术采纳行为——来自长江流域六省农户数据的验证[J]. 中国农村观察, 4: 44-58.

尤努斯 M. 2006. 穷人的银行家[M]. 吴士宏译. 北京: 生活·读书·新知三联书店.

苑鹏. 2013. 中国特色的农民合作社制度的变异现象研究[J]. 中国农村观察, 3: 40-46.

苑鹏. 2015. 欧美农业合作社的实践创新及其对我国的启示[J]. 学习与实践, 7: 33-38.

战明华, 吴小钢, 史晋川. 2004. 市场导向下农村专业合作组织的制度创新——以浙江台州上盘镇西兰花合作社为例[J]. 中国农村经济，5：24-30.

张成玉，肖海峰. 2009. 我国测土配方施肥技术增收节支效果研究——基于江苏，吉林两省的实证分析[J]. 农业技术经济，2：44-52.

张复宏，宋晓丽，霍明. 2017. 果农对过量施肥的认知与测土配方施肥技术采纳行为的影响因素分析——基于山东省9个县（区、市）苹果种植户的调查[J]. 中国农村观察，3：117-130.

张启文，吴刚. 2000. 农村信用合作社为农服务问题研究[J]. 农业经济问题，9：21-24.

张启文，周洪鹏，吕拴军，等. 2013. 农户参与合作社意愿的影响因素分析——以黑龙江省阿城市料甸乡为例[J]. 农业技术经济，3：98-104.

张全红，周强. 2015. 中国贫困测度的多维方法和实证应用[J]. 中国软科学，7：29-41.

张维迎. 2004. 博弈理论与信息经济学[M]. 上海：格致出版社.

浙江大学中国农民合作组织研究中心. 2017. 中国农民合作社发展报告2016[M]. 杭州：浙江大学出版社.

周加来，于璐娜. 2017. 中国合作经济发展研究报告（2017）[M]. 北京：中国商业出版社.

周振，孔祥智. 2017. 资产专用性、谈判实力与农业产业化组织利益分配——基于农民合作社的多案例研究[J]. 中国软科学，7：28-41.

周振，张琛，彭超，等. 2016. 农业机械化与农民收入：来自农机具购置补贴政策的证据[J]. 中国农村经济，2：68-82.

朱红根，陈昭玖，翁贞林，等. 2008. 稻作经营大户对专业合作社需求的影响因素分析——基于江西省385个农户调查数据[J]. 农业经济问题，12：71-78，112.

朱萌，齐振宏，邬兰娅，等. 2016. 种稻大户资源禀赋对其环境友好型技术采用行为的影响——基于苏南微观数据的分析[J]. 生态与农村环境学报，32（5）：735-742.

朱月季. 2016. 社会网络视角下的农业创新采纳与扩散[J]. 中国农村经济，9：58-71.

邹薇，方迎风. 2011. 关于中国贫困的动态多维度研究[J]. 中国人口科学，6：49-59，111.

Abdul-Hakim R, Abdul-Razak N A, Ismail R. 2010. Does social capital reduce poverty? A case study of rural households in Terengganu, Malaysia[J]. European Journal of Social Science, 14（4）: 556-566.

Abebaw D, Haile M G. 2013. The impact of cooperatives on agricultural technology adoption: Empirical evidence from Ethiopia[J]. Food Policy, 38: 82-91.

Abernathy W J, Utterback J M. 1978. Patterns of industrial innovation[J]. Technology Review, 80（7）: 40-47.

Aghion P, Howitt P. 1992. A model of growth through creative destruction[J]. Econometrica, 60（2）: 323-351.

Aghion P, Ljungqvist L, Howitt P, et al. 1998. Endogenous Growth Theory[M]. Cambridge: MIT Press.

Ainembabazi J H, van Asten P, Vanlauwe B, et al. 2017. Improving the speed of adoption of agricultural technologies and farm performance through farmer groups: Evidence from the Great Lakes region of Africa[J]. Agricultural Economics, 48（2）: 241-259.

Akçomak I S, ter Weel B. 2009. Social capital, innovation and growth: Evidence from Europe[J]. European Economic Review, 53（5）: 544-567.

Aker J C, Ksoll C. 2016. Can mobile phones improve agricultural outcomes?Evidence from a randomized experiment in Niger[J]. Food Policy, 60: 44-51.

Alarcón S, Sánchez M. 2016. Is there a virtuous circle relationship between innovation activities and exports? A comparison of food and agricultural firms[J]. Food Policy, 61: 70-79.

Ali A, Abdulai A. 2010. The adoption of genetically modified cotton and poverty reduction in Pakistan[J]. Journal of Agricultural Economics, 61(1): 175-192.

Alkire S, Fang Y. 2019. Dynamics of multidimensional poverty and uni-dimensional income poverty: an evidence of stability analysis from China[J]. Social Indicators Research, 142(1): 25-64.

Alkire S, Foster J. 2011. Counting and multidimensional poverty measurement[J]. Journal of Public Economics, 95(7/8): 476-487.

Anand S, Sen A. 1997. Concepts or human development and poverty: A multidimensional perspective[J]. United Nations Development Programme, Poverty and Human Development: Human Development Papers: 1-20.

Antonelli C. 2008. Localised Technological Change: Towards the Economics of Complexity[M]. London: Routledge.

Arcand J L, Wagner N. 2016. Does community-driven development improve inclusiveness in peasant organizations? Evidence from Senegal[J]. World Development, 78: 105-124.

Arrow K. 1962. Economic Welfare and the Allocation of Resources for Invention, in the Rate and Direction of Inventive Activity: Economic and Social Factors[M]. New Jersey: Princeton University Press.

Atkinson A B, Hills J. 1998. Exclusion, Employment and Opportunity[R]. Centre for Analysis of Social Exclusion, LSE.

Azeem M M, Mugera A W, Schilizzi S, et al. 2016. Poverty and vulnerability in the Punjab, Pakistan: A multilevel analysis[J]. Journal of Asian Economics, 44: 57-72.

Bane M J, Ellwood D T. 1896. Slipping into and out of poverty: the dynamics of spells[J]. Journal of Human Resources, 21(1): 1-23.

Barham B L, Chavas J P, Fitz D, et al. 2015. Risk, learning, and technology adoption[J]. Agricultural Economics, 46(1): 11-24.

Barham J, Chitemi C. 2009. Collective action initiatives to improve marketing performance: Lessons from farmer groups in Tanzania[J]. Food Policy, 34(1): 53-59.

Baron R M, Kenny D A. 1986. The moderator-mediator variable distinction in social psychological research: Conceptual, strategic, and statistical considerations[J]. Journal of personality and Social Psychology, 51(6): 1173.

Bateson P, Hinde R A, Bateson P P G. 1991. The Development and Integration of Behaviour: Essays in Honour of Robert Hinde[M]. Cambridge: Cambridge University Press.

Beaman L, Magruder J. 2012. Who gets the job referral? Evidence from a social networks experiment[J]. American Economic Review, 102(7): 3574-3593.

Bebbington A. 1999. Capitals and capabilities: A framework for analyzing peasant viability, rural livelihoods and poverty[J]. World Development, 27(12): 2021-2044.

Becker G S, Tomes N. 1979. An equilibrium theory of the distribution of income and intergenerational mobility[J]. Journal of Political Economy, 87（6）: 1153-1189.

Bernard T, De-Janvry A, Sadoulet E. 2010. When does community conservatism constrain village organizations?[J]. Economic Development and Cultural Change, 58（4）: 609-641.

Bernard T, Spielman D J. 2009. Reaching the rural poor through rural producer organizations? A study of agricultural marketing cooperatives in Ethiopia[J]. Food Policy, 34（1）: 60-69.

Bernard T, Taffesse A S. 2012. Returns to scope? Smallholders' commercialisation through multipurpose cooperatives in Ethiopia[J]. Journal of African Economies, 21（3）: 440-464.

Bernard T, Taffesse A S, Gabre-Madhin E. 2008. Impact of cooperatives on smallholders' commercialization behavior: Evidence from Ethiopia[J]. Agricultural Economics, 39（2）: 147-161.

Bharadwaj B. 2012. Roles of cooperatives in poverty reduction: A case of Nepal[J]. Administration and Management Review, 24（1）: 120-139.

Bhukuth A, Roumane A, Terrany B. 2018. Cooperative, human capital and poverty: A theoretical framework[J]. Economics and Sociology, 11（2）: 11-18.

Birchall J. 2003. Rediscovering the Cooperative Advantage-Poverty Reduction through Self-help[M]. Geneva: International Labour Organisation.

Bird K, Shinyekwa I. 2005. Even the "Rich" are vulnerable: Multiple shocks and downward mobility in rural Uganda[J]. Development Policy Review, 23（1）: 55-85.

Boer H, During W E. 2001. Innovation, what innovation? A comparison between product, process and organizational innovation[J]. International Journal of Technology Management, 22（1/3）: 83-107.

Bourgeon J M, Chambers R G. 1999. Producer organizations bargaining and asymmetric information[J]. American Journal of Agricultural Economics, 81（3）: 602-609.

Bowles S, Durlauf S N, Hoff K, et al. 2006. Poverty Traps[M]. New Jersey: Princeton University Press.

Bravo-Ureta B E, Lee T C. 1988. Socioeconomic and technical characteristics of New England dairy cooperative members and non-members[J]. Journal of Agricultural Cooperation, 3: 12-27.

Burger K, Collier P, Gunning J. 1993. Social Learning: An application to Kenyan Agriculture[M]. Nairobi: Centre for the Study of African Economies.

Cai R, Su Y. 2016. Effects of member size and selective incentives of agricultural cooperatives on product quality[J]. British Food Journal, 118（4）: 858-870.

Calvo-Armengol A, Jackson M O. 2004. The effects of social networks on employment and inequality[J]. American Economic Review, 94（3）: 426-454.

Carney D. 1998. Implementing the sustainable rural livelihoods approach[J]. Sustainable Rural Livelihoods: What Contribution Can We Make, 3: 27.

Carney O, McIntosh J, Worth A. 1996. The use of the nominal group technique in research with community nurses[J]. Journal of Advanced Nursing, 23（5）: 1024-1029.

Chaddad F. 2012. Advancing the theory of the cooperative organization: the cooperative as a true hybrid[J]. Annals of Public and Cooperative Economics, 83（4）: 445-461.

Chambers R, Conway G. 1992. Sustainable Rural Livelihoods: Practical Concepts for the 21st Century[M]. Brighton: Institute of Development Studies.

Chaudhuri S, Ravallion M. 1994. How well do static indicators identify the chronically poor?[J]. Journal of Public Economics, 53 (3): 367-394.

Chen X P, Wasti S A, Triandis H C. 2007. When does group norm or group identity predict cooperation in a public goods dilemma? The moderating effects of idiocentrism and allocentrism[J]. International Journal of Intercultural Relations, 31 (2): 259-276.

Chesbrough H. 2003a. Open Innovation: The New Imperative for Creating and Profiting from Technology[M]. Cambridge: Harvard Business Press.

Chesbrough H. 2003b. The logic of open innovation: Managing intellectual property[J]. California Management Review, 45 (3): 33-58.

Chesbrough H, Bogers M. 2014. Explicating open innovation: Clarifying an emerging paradigm for understanding innovation[C]//Chesbrough H, Vanhaverbeke W, West J. New Frontiers in Open Innovation. Oxford: Oxford University Press: 3-28.

Christiaensen L J, Subbarao K. 2005. Towards an understanding of household vulnerability in rural Kenya[J]. Journal of African Economies, 14 (4): 520-558.

Clements K C, Stephens D W. 1995. Testing models of non-kin cooperation: mutualism and the Prisoner's Dilemma[J]. Animal Behaviour, 50 (2): 527-535.

Cochrane W W. 1958. Farm Prices: Myth and Reality[M]. Minneapolis: University of Minnesota Press.

Cohen W M, Levinthal D A. 1989. Innovation and learning: the two faces of R&D[J]. The Economic Journal, 99 (397): 569-596.

Commons J R. 1931. Institutional economics[J]. The American Economics Review, 21(4): 648-657.

Cook M L. 1994. The role of management behavior in agricultural cooperatives[J]. Journal of Agricultural Cooperation, 9: 42-58.

Cook M L. 1995. The future of US agricultural cooperatives: A neo-institutional approach[J]. American Journal of Agricultural Economics, 77 (5): 1153-1159.

Cook M L, Chaddad F R, Iliopoulos C. 2004. Advances in Cooperative Theory since 1990: A Review of Agricultural Economics Literature[C]. Restructuring Agricultural Cooperatives, Erasmus University Press.

Cook M L, Iliopoulos C. 2000. Ill-defined property rights in collective action: the case of US agricultural cooperatives[C]//Ménard C. Institutions, Contracts and Organizations, chapter 22, Edward Elgar Publishing.

Copestake J, Bhalotra S, Johnson S. 2001. Assessing the impact of microcredit: A zambian case study[J]. Journal of Development Studies, 37 (4): 81-100.

Cormican K, O'Sullivan D. 2004. Auditing best practice for effective product innovation management[J]. Technovation, 24 (10): 819-829.

Costanza R, Daly H E. 1992. Natural capital and sustainable development[J]. Conservation Biology, 6 (1): 37-46.

Coward E W, Oliver M, Conroy M. 1999. Building Natural Assets—Rethinking the Centers' Natural Resources Agenda and Its Links to Poverty Alleviation[R]. Meeting on Assessing the Impact of Agricultural Research on Poverty Alleviation.

Cunguara B, Darnhofer I. 2011. Assessing the impact of improved agricultural technologies on household income in rural Mozambique[J]. Food Policy, 36（3）: 378-390.

Damanpour F. 1991. Organizational innovation: A meta-analysis of effects of determinants and moderators[J]. Academy of Management Journal, 34（3）: 555-590.

Davenport T H, Prusak L. 1998. Working Knowledge: How Organizations Manage What They Know[M]. Boston: Harvard Business Press.

Deaton A. 2013. The Great Escape: Health, Wealth, and the Origins of Inequality[M]. Princeton: Princeton University Press.

Deichmann U, Goyal A, Mishra D. 2016. Will digital technologies transform agriculture in developing countries?[J]. Agricultural Economics, 47（S1）: 21-33.

Dercon S. 2005. Risk, poverty and vulnerability in Africa[J]. Journal of African Economies, 14（4）: 483-488.

Dercon S. 2010. Risk, Poverty, and Human Development: What Do We Know, What Do We Need to Know?[M]. London: Palgrave Macmillan.

Dercon S, Krishnan P. 2000. In sickness and in health: Risk sharing within households in rural Ethiopia[J]. Journal of Political Economy, 108（4）: 688-727.

De-Weerdt J, Dercon S. 2006. Risk-sharing networks and insurance against illness[J]. Journal of Development Economics, 81（2）: 337-356.

DFID. 2000. Sustainable Livelihoods Guidance Sheets[M]. London: Department for International Development.

Dhanaraj C, Lyles M A, Steensma H K. 2004. Managing tacit and explicit knowledge transfer in IJVs: The role of relational embeddedness and the impact on performance[J]. Journal of International Business Studies, 35（5）: 428-442.

Doss C R, Morris M L. 2000. How does gender affect the adoption of agricultural innovations? The case of improved maize technology in Ghana[J]. Agricultural Economics, 25（1）: 27-39.

Drivas K, Giannakas K. 2010. The effect of cooperatives on quality - enhancing innovation[J]. Journal of Agricultural Economics, 61（2）: 295-317.

Dutta I, Foster J E, Mishra A. 2011. On measuring vulnerability to poverty[J]. Social Choice and Welfare, 37（4）: 743-761.

Eilers C, Hanf C H. 1999. Contracts Between Farmers and Farmers' Processing Co-operatives: A Principal-Agent Approach for the Potato Starch Industry[M]. Heidelberg: Physica.

Ellis F. 2000. Rural Livelihoods and Diversity in Developing Countries[M]. Oxford: Oxford University Press.

Emelianoff I V. 1948. Economic theory of cooperation: Economic structure of cooperative organizations[J]. Monographs: Applied Economics.

Enke S. 1945. Consumer cooperatives and economic efficiency[J]. American Economic Review, 35（1）:

148-155.

Fafchamps M. 2003. Rural Poverty, Risk and Development[M]. Cheltenham: Edward Elgar Publishing.

Fafchamps M. 2004. Market Institutions in Sub-Saharan Africa: Theory and Evidence[M]. Cambridge: MIT Press.

Fafchamps M, Lund S. 2003. Risk-sharing networks in rural philippines[J]. Journal of Development Economics, 71 (2): 261-287.

Fama E F, Jensen M C. 1983. Separation of ownership and control[J]. The Journal of Law and Economics, 26 (2): 301-325.

Feinerman E, Falkovitz M S. 1991. An agricultural multipurpose service cooperative: pareto optimality, price-tax solution, and stability[J]. Journal of Comparative Economics, 15 (1): 95-114.

Ferrer-i-Carbonell A. 2005. Income and well-being: an empirical analysis of the comparison income effect[J]. Journal of Public Economics, 89 (5/6): 997-1019.

Fischer E, Qaim M. 2012. Linking smallholders to markets: Determinants and impacts of farmer collective action in Kenya[J]. World Development, 40 (6): 1255-1268.

Fleurbaey M, Peragine V. 2012. Ex-ante versus ex-post equality of opportunity[J]. Economica, 80(317): 118-130.

Flora C B, Flora J L. 1993. Entrepreneurial social infrastructure: A necessary ingredient[J]. The Annals of the American Academy of Political and Social Science, 529 (1): 48-58.

Fogel R W. 2004. The Escape from Hunger and Premature Death, 1700-2100: Europe, America, and the Third World[M]. Cambridge: Cambridge University Press.

Foster A D, Rosenzweig M R. 1995. Learning by doing and learning from others: human capital and technical change in agriculture[J]. Journal of Political Economy, 103 (6): 1176-1209.

Foster J E, Greer J W, Thorbecke E. 1984. A class of decomposable poverty measures[J]. Econometrica, 52 (3): 761-776.

Francesconi G N, Heerink N. 2011. Ethiopian agricultural cooperatives in an era of global commodity exchange: Does organisational form matter?[J]. Journal of African Economies, 20(1): 153-177.

Freeman C. 1991. Networks of innovators: a synthesis of research issues[J]. Research Policy, 20(5): 499-514.

Freeman C, Soete L. 1997. The Economics of Industrial Innovation[M]. London: Psychology Press.

Frishammar J, Kurkkio M, Abrahamsson L, et al. 2012. Antecedents and consequences of firms' process innovation capability: a literature review and a conceptual framework[J]. IEEE Transactions on Engineering Management, 59 (4): 519-529.

Fritsch M. 2004. Cooperation and the efficiency of regional R&D activities[J]. Cambridge Journal of Economics, 28 (6): 829-846.

Fritz M S, MacKinnon D P. 2007. Required sample size to detect the mediated effect[J]. Psychological Science, 18 (3): 233-239.

Fuchs V. 1967. Redefining poverty and redistributing income[J]. The Public Interest, 8: 88.

Fulton M. 1995. The future of cooperatives in Canada: A property rights approach[J]. American Journal of Agricultural Economics, 77: 1144-1152.

Fulton M. 1997. The future of Canadian agricultural cooperatives: a property right approach[J]. American Journal of Agricultural Economics, 77（5）: 1144-1152.

Fulton M. 1999. Cooperatives and member commitment[J]. The Finnish Journal of Business Economics, 48（4）: 418-437.

Fulton M, Giannakas K. 2001. Organizational commitment in a mixed oligopoly: Agricultural cooperatives and investor-owned firms[J]. American Journal of Agricultural Economics, 83（5）: 1258-1265.

Galbraith J K. 1958. The Affluent Society[M]. Massachusetts: Houghton Mifflin Harcourt.

Gao J, Mills B F. 2018. Weather shocks, coping strategies, and consumption dynamics in rural Ethiopia[J]. World Development, 101: 268-283.

Getnet K, Anullo T. 2012. Agricultural cooperatives and rural livelihoods: Evidence from Ethiopia[J]. Annals of Public and Cooperative Economics, 83（2）: 181-198.

Giannakas K, Fulton M E. 2003. Agricultural Cooperatives and Cost-reducing R&D in the Agri-food System[R]. American Agricultural Economics Association.

Giannakas K, Fulton M. 2005. Process innovation activity in a mixed oligopoly: The role of cooperatives[J]. American Journal of Agricultural Economics, 87（2）: 406-422.

Glewwe P, Hall G. 1998. Are some groups more vulnerable to macroeconomic shocks than others? Hypothesis tests based on panel data from Peru[J]. Journal of Development Economics, 56（1）: 181-206.

Goffman E. 2006. Environmental refugees: How many, how bad? [J]. CSA Discovery Guides, 7: 11-15.

Gouët C, van Paassen A. 2012. Smallholder marketing cooperatives and smallholders' market access: lessons learned from the actors involved[J]. The Journal of Agricultural Education and Extension, 18（4）: 369-385.

Granovetter M. 1985. Economic action and social structure: the problem of embeddedness[J]. American Journal of Sociology, 91（3）: 481-510.

Grashuis J, Cook M. 2018. An examination of new generation cooperatives the upper midwest: Successes, failures, and limitations[J]. Annals of Public and Cooperative Economics, 89: 623-644.

Grewal R, Chakravarty A, Saini A. 2010. Governance mechanisms in business-to-business electronic markets[J]. Journal of Marketing, 74（4）: 45-62.

Griliches Z. 1979. Issues in assessing the contribution of research and development to productivity growth[J]. Bell Journal of Economics, 10（1）: 92-116.

Grossman G M, Helpman E. 1991. Innovation and Growth in the Global Economy[M]. Cambridge: MIT Press.

Hall A, Clark N. 2010. What do complex adaptive systems look like and what are the implications for innovation policy?[J]. Journal of International Development: The Journal of the Development

Studies Association, 22 (3): 308-324.

Halse M. 1980. Increasing the incomes of landless laborers and small-holders - part 1: the experience of India's dairy co-operatives[J]. Agricultural Administration, 7 (4): 259-272.

Harris A, Stefanson B, Fulton M E. 1996. New generation cooperatives and cooperative theory[J]. Journal of Cooperatives, 11: 15-27.

Harte M. 1995. Ecology, sustainability, and environment as capital[J]. Ecological Economics, 15 (2): 157-164.

Hassenger R, Lenski G. 1966. Power and privilege: A theory of social stratification[J]. American Sociological Association, 27 (4): 251.

Hattori R A, Lapidus T. 2004. Collaboration, trust and innovative change[J]. Journal of Change Management, 4 (2): 97-104.

Haughton J, Khandker S R. 2009. Handbook on Poverty Inequality[M]. Washington DC: World Bank Publications.

Healy T, Côté S. 2001. The Well-Being of Nations: The Role of Human and Social Capital. Education and Skills[M]. Organisation for Economic Cooperation and Development, 2 rue Andre Pascal, F-75775 Paris Cedex 16, France.

Heckman J J, Vytlacil E J. 2007. Econometric evaluation of social programs, part I: Causal models, structural models and econometric policy evaluation[J]. Handbook of econometrics, 6: 4779-4874.

Helmberger P. 1966. Future roles for agricultural cooperatives[J]. Journal of Farm Economics, 48 (5): 1427-1435.

Helmberger P, Hoos S. 1962. Cooperative enterprise and organization theory[J]. Journal of Farm Economics, 44 (2): 275.

Hendrikse G. 1998. Screening competition and the choice of the cooperative as an organizational form[J]. Journal of Agricultural Economics, 49 (2): 202-217.

Hendrikse G W J, Veerman C P. 2001. Marketing cooperatives and financial structure: A transaction costs economics analysis[J]. Agricultural Economics, 26 (3): 205-216.

Henriksen I, Hviid M, Sharp P. 2012. Law and peace: Contracts and the success of the danish dairy cooperatives[J]. The Journal of Economic History, 72 (1): 197-224.

Hill M S. 1981. Some dynamic aspects of poverty. Hill M S, Hill D H, Morgan J N. Five Thousand American Families-Patterns of Economic Progress[C]. Michigan: The University of Michigan: 105.

Hilliová M, Hejkrlík J, Mazancová J, et al. 2017. Reaching the rural poor through agricultural cooperatives in Mongolia[J]. Annals of Public and Cooperative Economics, 88 (3): 449-466.

Hobbs J E. 2004. Information asymmetry and the role of traceability systems[J]. Agribusiness, 20 (4): 397-415.

Hoffmann R. 2005. Ownership structure and endogenous quality choice: Cooperatives versus investor-owned firms[J]. Journal of Agricultural and Food Industrial Organization, 3 (8): 1-24.

Holmén H. 1990. State, cooperatives and development in Africa[J]. Research Report Scandinavian

Institute of African Studies, 86.

Holzmann R, Jorgensen S. 1999. Social protection as social risk management: Conceptual underpinnings for the social protection sector strategy paper[J]. Journal of International Development, 11（7）: 1005-1027.

Hoynes H W, Page M E, Stevens A H. 2006. Poverty in America: Trends and explanations[J]. Journal of Economic Perspectives, 20（1）: 47-68.

Hulme D, Montgomery R. 1994. Cooperatives, credit and the poor: Private interest, public choice and collective action in Srilanka[J]. Savings and Development, 18（3）: 359-382.

Humphrey J, Schmitz H. 1996. Trust and Economic Development[M]. Brighton: Institute of Development Studies.

Hussein K A. 2001. Operational Efficiency in Islamic Banking: the Sudanese Experience[M]. Jeddah: Islamic Research and Training Institute, Islamic Development Bank.

Hussi P, Murphy J, Lindberg O, et al. 1993. The Development of Cooperatives and Other Rural Organizations: the Role of the World Bank[M]. Michigan: The World Bank.

Hutchens R, Ellwood D T. 1990. Poor support: Poverty in the American family[J]. Industrial and Labor Relations Review, 43（4）: 486.

Huttner S L, Miller H I, Lemaux P G. 1995. US agricultural biotechnology: status and prospects[J]. Technological Forecasting and Social Change, 50（1）: 25-39.

Iliopoulos C, Valentinov V. 2018. Cooperative longevity: Why are so many cooperatives so successful?[J]. Sustainability, 10（10）: 3449.

Iliopoulos C, Valentinov V. 2018. Member heterogeneity in agricultural cooperatives: A system-theoretic perspective[J]. Sustainability, 10（4）: 1271-1292.

Ito J, Bao Z, Su Q. 2012. Distributional effects of agricultural cooperatives in China: Exclusion of Smallholders and Potential Gains on Participation[J]. Food Policy, 37（6）: 700-709.

Jalan J, Ravallion M. 1998. Transient poverty in postreform rural China[J]. Journal of Comparative Economics, 26（2）: 338-357.

Jensen M C, Meckling W H. 1976. Theory of the firm: Managerial behavior, agency costs and ownership structure[J]. Journal of Financial Economics, 3: 305-360.

Karantininis K, Sauer J, Furtan W H. 2010. Innovation and integration in the agri-food industry[J]. Food Policy, 35（2）: 112-120.

Karantininis K, Zago A. 2001. Endogenous membership in mixed duopolies[J]. American Journal of Agricultural Economics, 83（5）: 1266-1272.

Kassie M, Shiferaw B, Muricho G. 2011. Agricultural technology, crop income, and poverty alleviation in Uganda[J]. World Development, 39（10）: 1784-1795.

Kathryn C, Sullivan D O. 2004. Groupware architecture for R& D managers[J]. Int. J. of Networking and Virtual Organisations, 2（4）: 367-386.

Khanna M. 2001. Sequential adoption of site-specific technologies and its implications for nitrogen productivity: A double selectivity model[J]. American Journal of Agricultural Economics, 83（1）: 35-51.

Klasen S, Waibel H. 2015. Vulnerability to poverty in South-East Asia: Drivers, measurement, responses, and policy issues[J]. World Development, 71 (1): 1-3.

Knack S, Keefer P. 1997. Does social capital have an economic payoff? A cross-country investigation[J]. The Quarterly Journal of Economics, 112 (4): 1251-1288.

Kolade O, Harpham T. 2014. Impact of cooperative membership on farmers' uptake of technological innovations in Southwest Nigeria[J]. Development Studies Research. An Open Access Journal, 1 (1): 340-353.

Kurosaki T. 2006. Consumption vulnerability to risk in rural Pakistan[J]. Journal of Development Studies, 42 (1): 70-89.

Kuznets S. 1955. Economic growth and income distribution[J]. The American Economic Review, 45 (1): 3-28.

Labar K, Bresson F. 2011. A multidimensional analysis of poverty in China from 1991 to 2006[J]. China Economic Review, 22 (4): 646-668.

Lambooy J G. 2006. Innovative competitive cities as complex adaptive systems: An evolutionary economics approach[C]. Warsaw Conference: Towards a new creative and innovative Europe.

Leibenstein H. 1957. Economic Backwardness and Economic Growth[M]. New York: John Wiley and Sons.

Lele U. 1981. Cooperatives and the poor: A comparative perspective[J]. World Development, 9 (1): 55-72.

Levay C. 1983. Agricultural cooperative theory: A review[J]. Journal of Agricultural Economics, 34 (1): 1-44.

Li P P. 2007. Guanxi as the Chinese norm for personalized social capital: Toward an integrated duality framework of informal exchange[J]. Handbook of Research on Asian Business: 6283.

Liang Q, Hendrikse G. 2016. Pooling and the yardstick effect of cooperatives[J]. Agricultural Systems, 2143: 97-105.

Ligon E, Schechter L. 2003. Measuring vulnerability[J]. The Economic Journal, 113 (3): 95-102.

Lin N. 1999. Social networks and status attainment[J]. Annual Review of Sociology, 25: 467-487.

Lin N. 2001. Social Capital: A Theory of Social Structure and Action[M]. New York: Cambridge University Press.

Liu Z, Yang D, Wen T. 2019. Agricultural production mode transformation and production efficiency: A labor division and cooperation lens[J]. China Agricultural Economic Review, 11(1): 160-179.

Livingstone I. 2000. Agriculture, small enterprise development and poverty eradication in Vietnam[J]. Journal of the Asia Pacific Economy, 5 (3): 173-189.

Lkire S, Foster J E. 2011. Counting and multidimensional poverty measurement[J]. Journal of Public Economics, 95 (7): 476-487.

Lokshin M, Sajaia Z. 2004. Maximum likelihood estimation of endogenous switching regression models[J]. Stata Journal Promoting Communications on Statistics and Stata, 4 (3): 282-289.

Lopezcalva L F, Ortizjuarez E. 2011. A vulnerability approach to the definition of the middle class[J]. Journal of Economic Inequality, 12 (1): 23-47.

Lund M S, Townsend P. 1981. Poverty in the United Kingdom: A survey of household resources and standards of living[J]. The American Political Science Review, 75(1): 257.

Lundborg P, Majlesi K. 2018. Intergenerational transmission of human capital: Is it a one-way street? [J]. Journal of Health Economics, 57: 206-220.

Luo J L, Hu Z H. 2015. Risk paradigm and risk evaluation of farmers cooperatives' technology innovation[J]. Economic Modelling, 44: 80-85.

Lutz C, Tadesse G. 2017. African farmers' market organizations and global value chains: Competitiveness versus inclusiveness[J]. Review of Social Economy, 75(3): 318-338.

Ma W, Abdulai A. 2015. Linking apple farmers to markets: Determinants and impacts of marketing contracts in China[R]. Agricultural and Applied Economics Association.

Ma W, Abdulai A. 2016. Does cooperative membership improve household welfare? Evidence from apple farmers in China[J]. Food Policy, 58: 94-102.

MacKinnon D P, Lockwood C M, Hoffman J M, et al. 2002. A comparison of methods to test the mediation and other intervening variable effects[J]. Psychological Methods, 8(1): 1-35.

Maddala G S. 1986. Limited-dependent and Qualitative Variables in Econometrics[M]. Cambridge: Cambridge University Press.

Maertens A, Barrett C B. 2013. Measuring social networks' effects on agricultural technology adoption[J]. American Journal of Agricultural Economics, 95(2): 353-359.

Majee W, Hoyt A. 2011. Cooperatives and community development: A perspective on the use of cooperatives in development[J]. Journal of Community Practice, 19(1): 48-61.

Malecki E J. 2000. Knowledge and regional competitiveness (Wissen und regionale Wettbewerbsfähigkeit) [J]. Erdkunde, 54(4): 334-351.

Malthus T R. 1872. An Essay on the Principle of Population[M]. London: Reeves and Turner.

Markelova H, Meinzen-Dick R, Hellin J, et al. 2009. Collective action for smallholder market access[J]. Food Policy, 34(1): 1-7.

Marlier E, Atkinson A B. 2010. Indicators of poverty and social exclusion in a global context[J]. Journal of Policy Analysis and Management, 29(2): 285-304.

Marx K. 2007. Capital: A Critique of Political Economy[M]. Duran: Duke University Press.

Matuschke I, Qaim M. 2009. The impact of social networks on hybrid seed adoption in India[J]. Agricultural Economics, 40(5): 493-505.

Mayer R C, Davis J H, Schoorman F D. 1995. An integrative model of organizational trust[J]. Academy of Management Review, 20(3): 709-734.

Mazzocco M, Saini S. 2012. Testing efficient risk sharing with heterogeneous risk preferences[J]. American Economic Review, 102(1): 428-468.

McAllister D J. 1995. Affect-and cognition-based trust as foundations for interpersonal cooperation in organizations[J]. Academy of Management Journal, 38(1): 24-59.

Mcculloch N, Calandrino M. 2003. Vulnerability and chronic poverty in rural Sichuan[J]. World Development, 31(3): 611-628.

McEvily B, Perrone V, Zaheer A. 2003. Trust as an organizing principle[J]. Organization Science,

14（1）：91-103.

McKee D. 1992. An organizational learning approach to product innovation[J]. Journal of Product Innovation Management：An International Publication of The Product Development and Management Association，9（3）：232-245.

McKitterick L，Quinn B，McAdam R，et al. 2016. Innovation networks and the institutional actor-producer relationship in rural areas：The context of artisan food production[J]. Journal of Rural Studies，48：41-52.

Mendola M. 2007. Agricultural technology adoption and poverty reduction：A propensity-score matching analysis for rural Bangladesh[J]. Food Policy，32（3）：372-393.

Mentis A F. 2015. To What extent are greek children exposed to the risk of a lifelong, intergenerationally transmitted poverty?[J]. Poverty and Public Policy，7（4）：357-381.

Mercer C. 2002. NGOs，civil society and democratization in the developing world：A critical review of the literature[J]. Progress in Development Studies，2（1）：5-22.

Michelson H，Reardon T，Perez F. 2012. Small farmers and big retail：Trade-offs of supplying supermarkets in Nicargua[J]. World Development，40（2）：342-354.

Mojo D，Fischer C，Degefa T. 2015. Social and environmental impacts of agricultural cooperatives：evidence from Ethiopia[J]. International Journal of Sustainable Development and World Ecology，22（5）：388-400.

Mojo D，Fischer C，Degefa T. 2017. The determinants and economic impacts of membership in coffee farmer cooperatives: recent evidence from rural Ethiopia[J]. Journal of Rural Studies, 50：84-94.

Montgomery J D. 1991. Social networks and labor-market outcomes：Toward an economic analysis[J]. American Economic Review，81（5）：1407-1418.

Morán R. 2003. Escaping the Poverty Trap：Investing in Children in Latin America[M]. Washington DC：the Johns Hopkins University Press.

Moser C. 1998. The asset vulnerability framework：Reassessing urban poverty reduction strategies[J]. World Development，26（1）：1-19.

Mujawamariya G，D'Haese M，Speelman S. 2013. Exploring double side-selling in cooperatives, case study of four coffee cooperatives in Rwanda[J]. Food Policy，39：72-83.

Murphy J T. 2002. Networks, trust, and innovation in Tanzania's manufacturing sector[J]. World Development，30（4）：591-619.

Murphy K M，Shleifer A，Vishny R. 1989. Industrialization and the Big Push[J]. Journal of Political Economy，97（5）：1003-1025.

Muto M，Yamano T. 2009. The impact of mobile phone coverage expansion on market participation：Panel data evidence from Uganda[J]. World Development，37（12）：1887-1896.

Mwangi E，Markelova H. 2009. Collective action and property rights for poverty reduction：A review of methods and approaches[J]. Development Policy Review，27（3）：307-331.

Myrdal G. 1933. Wages，Cost of Living and National Income in Sweden，1860-1930[M]. London：P. S. King&Son，Ltd.

Myrdal G. 1939. Monetary Equilibrium[M]. London：William Hodge & Co.，Ltd.

Myrdal G. 1957. Economic Theory and Underdeveloped Regions[M]. London: Gerald Duckworth, 1957.

Nakano Y, Tanaka Y, Otsuka K. 2017. Impact of training on the intensification of rice farming: evidence from rainfed areas in Tanzania[J]. Agricultural Economics, 49 (2): 193-202.

Nelson R R. 1956. A theory of the low-level equilibrium trap in underdeveloped economies[J]. The American Economic Review, 46 (5): 894-908.

Nieto M J, Santamaría L. 2007. The importance of diverse collaborative networks for the novelty of product innovation[J]. Technovation, 27 (6/7): 367-377.

North D C. 1990. Institutions, institutional change and economic performance: Institutions[J]. Journal of Economic Behavior and Organization, 18 (1): 142-144.

Nourse E G. 1922a. The economic philosophy of cooperation[J]. The American Economic Review, 12 (4): 577-597.

Nourse E G. 1922b. The outlook for cooperative marketing[J]. Journal of Farm Economics, 4 (2): 80-88.

Nurkse R. 1953. The problem of currency convertibility today[J]. Proceedings of the Academy of Political Science, 25 (3): 61-78.

OCDC. 2007. Cooperatives: Pathways to Economic, Democratic and Social Development in the Global Economy[M]. Washington: Overseas Cooperative Development Council.

Oldham G R, Cummings A. 1996. Employee creativity: Personal and contextual factors at work[J]. Academy of Management Journal, 39 (3): 607-634.

Ollila P, Nilsson J. 1997. The position of agricultural cooperatives in the changing food industry of Europe[C]. Strategies and Structures in the Agro-Food Industries: 131-150.

Oughton C, Whittam G. 1997. Competition and cooperation in the small firm sector[J]. Scottish Journal of Political Economy, 44 (1): 1-30.

Owens T, Hoddinott J, Kinsey B, et al. 2003. The impact of agricultural extension on farm production in resettlement areas of Zimbabwe[J]. Economic Development and Cultural Change, 51 (2): 337-357.

Ozughalu U. 2016. Relationship between household food poverty and vulnerability to food poverty: Evidence from Nigeria[J]. Social Indicators Research, 125 (2): 567-587.

Papaconstantinou G, Sakurai N, Wyckoff A. 1996. Embodied Technology Diffusion: An Empirical Analysis for 10 OECD Countries[R]. OECD Publishing.

Park S, Luo Y. 2001. Guanxi and organizational dynamics: Org-anizational networking in Chinese firms[J]. Strategic Management Journal, 22: 455-477.

Pearce D W, Turner R K. 1990. Economics of Natural Resources and the Environmental[M]. New York: Harvester Wheatsheaf.

Pennerstorfer D, Weiss C R. 2013. Product quality in the agri-food chain: Do cooperatives offer high-quality wine?[J]. European Review of Agricultural Economics, 40 (1): 143-162.

Pesämaa O, Hair Jr J F. 2008. Cooperative strategies for improving the tourism industry in remote geographic regions: An addition to trust and commitment theory with one key mediating construct[J]. Scandinavian Journal of Hospitality and Tourism, 8 (1): 48-61.

Phillips R. 1953. Economic nature of the cooperative association[J]. American Journal of Agricultural Economics, 35 (1): 75-87.

Phillips R, Kaarlehto P. 1957. On the economic nature of cooperation[J]. Journal of Farm Economics, 39 (3): 824.

Platteau J P, Gaspart F. 2003. The risk of resource misappropriation in community-driven development[J]. World Development, 31 (10): 1687-1703.

Plowman G D, Green J M, Neubauer M G, et al. 1992. The epithelin precursor encodes two proteins with opposing activities on epithelial cell growth[J]. Journal of Biological Chemistry, 267 (18): 13073-13078.

Porter P K, Scully G W. 1987. Economic efficiency in cooperatives[J]. The Journal of Law and Economics, 30 (2): 489-512.

Portes A. 1998. Social capital: Its origins and applications in modern sociology[J]. Annual Review of Sociology, 24 (1): 1-24.

Powell D A, Jacob C J, Chapman B J. 2011. Enhancing food safety culture to reduce rates of foodborne illness[J]. Food Control, 22 (6): 817-822.

Powell G N. 1990. One more time: Do female and male managers differ?[J]. Academy of Management Perspectives, 4 (3): 68-75.

Prato B, Longo R. 2012. Empowerment of poor rural people through initiatives in agriculture and natural resource management[J]. Poverty Reduction and Pro-Poor Growth: The Role of Empowerment: 51-78.

Preacher K J, Hayes A F. 2008. Asymptotic and resampling strategies for assessing and comparing indirect effects in multiple mediator models[J]. Behavior Research Methods, 40 (3): 879-891.

Putnam R D, Leonardi R, Nanetti R Y. 1994. Making Democracy Work: Civic Traditions in Modern Italy[M]. Princeton: Princeton University Press.

Ranis P. 2010. Argentine worker cooperatives in civil society: A challenge to capital–labor relations[J]. Working USA, 13 (1): 77-105.

Ravallion M, Jalan J. 1998. Determinants of Transient and Chronic Poverty: Evidence from Rural China[M]. Washington: The World Bank.

Regattieri A, Gamberi M, Manzini R. 2007. Traceability of food products: General framework and experimental evidence[J]. Journal of Food Engineering, 81 (2): 347-356.

Rhodes V J. 1983. The large agricultural cooperative as a competitor[J]. American Journal of Agricultural Economics, 65: 1090-1095.

Rijswijk W, Frewer L J, Menozzi D, et al. 2008. Consumer perceptions of traceability: A cross-national comparison of the associated benefits[J]. Food Quality and Preference, 19 (5): 452-464.

Robotka F. 1950. Philosophy of cooperation[J]. American Cooperation. American Institute of Cooperation, Washington, DC: 154-161.

Rodan P R. 1943. Problems of industrialization of eastern and South-Eastern Europe[J]. The

Economic Journal, 210/211 (53): 202-211.

Rodgers G B. 1978. Demographic determinants of the distribution of income[J]. World Development, 6 (3): 305-318.

Roelants B. 2009. Cooperatives and Social Enterprises: Governance and Normative Frameworks[M]. Brussels: CECOP Publications.

Rogers E M. 1995. Diffusion of Innovation[M]. New York : Free Press.

Romer P M. 1986. Increasing returns and long-run growth[J]. Journal of Political Economy, 94 (5): 1002-1037.

Romer P M. 1990. Endogenous technological change[J]. Journal of Political Economy, 98 (5): S71-S102.

Rowntree B S. 1901. Poverty: A Study of Town Life[M]. London: Macmillan.

Royer J S. 1995. Potential for cooperative involvement in vertical coordination and value-added activities[J]. Agribusiness, 11 (5): 473-481.

Royer J S, Bhuyan S. 1995. Forward integration by farmer cooperatives: Comparative incentives and impacts[J]. Journal of Cooperatives, 10: 33-48.

Ruben R, Clercx L. 2003. Rural Finance, poverty alleviation and sustainable land use: the role of credit for the adoption of agroforestry systems in occidental honduras[J]. Journal of Microfinance, 5: 1-24.

Runciman W G. 1966. Relative Deprivation and Social Justice: A Study of Attitudes to Social Inequality in Twentieth-Century Britain[M]. Berkeley: University of California Press.

Sajadi H, Sadeghizadeh S, Taghizadeh M. 2017. Poverty alleviation through empowerment with a focus on partnership: a case study of Iran[J]. Asian Social Science, 13 (5): 57.

Sanchis-Palacio J R, Melián-Navarro A. 2011. Strategic diagnosis of Spanish farming cooperative credit sections: A swot analysis[J]. Annals of Public & Cooperative Economics, 82 (2): 167-186.

Schilling M A. 2007. Interfirm collaboration networks: The impact of large-scale network structure on firm innovation[J]. Management Science, 53 (7): 1113-1126.

Schoorman F D, Mayer R C, Davis J H. 2007. An integrative model of organizational trust: Past, present, and future[J]. Academy of Management Review, 2 (30): 344-354.

Schultz T W. 1990. Restoring Economic Equilibrium : Human Capital in the Modernizing Economy[M]. New Jersey: Blackwell Pub.

Schumpeter J. 1912. The Theory of Economic Development [M]. Cambridge: Harvard University Press.

Scitovsky T. 1978. Asymmetries in economics[J]. Scottish Journal of Political Economy, 25: 227-237.

Sen A. 1976. Poverty: An ordinal approach to measurement[J]. Econometyica, 2: 219-231.

Sen A. 1981. Public action and the quality of life in developing countries[J]. Oxford Bulletin of Economics and Statistics, 43 (4): 287-319.

Sen A. 1983. Poor, relatively speaking[J]. Oxford Economic Papers, 35 (2): 153-169.

Sen A. 1997. Choice, Welfare and Measurement[M]. Boston: Harvard University Press.

Sen A. 1998. Un enfoque ordinal para medir la pobreza[J]. Revista Cuadernos de Economía, 17（29）: 39-65.

Sen A. 1999a. Commodities and Capabilities [M]. Oxford: Oxford University Press.

Sen A. 1999b. Development as Freedom[M]. Oxford: Oxford University Press.

Sen G. 2002. Engendering Poverty alleviation: Challenges and opportunities[J]. Development and Change, 30（3）: 658-962.

Sexton R J. 1984. Perspectives on the development of the economic theory of cooperatives[J]. Canadian Journal of Agricultural Economics, 32: 423-436.

Sexton R J. 1986a. The formation of coopertive: a game-theoretic approach with implications for coopertive finance, decision making and stability[J]. American Journal of Agricultural Economics, 68: 423-433.

Sexton R J. 1986b. The formation of cooperatives: A game theoretic approach with implications for cooperative decision making and stability[J]. American Journal of Agricultural, 68(2): 214-225.

Sexton R J. 1990. Imperfect competition in agricultural markets and the role of cooperatives: A spatial analysis[J]. American Journal of Agricultural Economics, 72（3）: 709-720.

Sexton R J, Iskow J. 1993. The competitive role of cooperatives in market- oriented economies: A policy analysis[C]//Csakic K. Agricultural Cooperatives in Transition. Boulder Colo: West view Press: 55-83.

Shackle G L S. 1972. Economics and Epistemics[M]. New Brunswick: Transaction Publishers.

Shaffer J D. 1987. Thinking About Farmers' Cooperatives, Contracts, and Economic Coordination[M]. Washington D. C. : Agricultural Cooperative Service, U. S. Department of Agriculture.

Shankar S, Gaiha R. 2012. Networks and anti-poverty programs: Experience of Indias national rural employment guarantee scheme[J]. European Journal of Development Research, 24(4): 550-569.

Sherraden M. 2005. Inclusion in the American Dream: Assets, Poverty, and Public Policy[M]. Oxford: Oxford University Press.

Shiferaw B, Hellin J, Muricho G. 2011. Improving market access and agricultural productivity growth in Africa: What role for producer organizations and collective action institutions? [J]. Food Security, 3（4）: 475-489.

Shiferaw B, Kassie M, Jaleta M, et al. 2014. Adoption of improved wheat varieties and impacts on household food security in ethiopia[J]. Food Policy, 44: 272-284.

Shrinivas A, Fafchamps M. 2018. Testing efficient risk sharing with heterogeneous risk preferences: Comment[J]. American Economic Review, 108（10）, 3104-3113.

Shylendra H S, Samapti G. 2010. The role of SHGs as micro-financial intermediaries: a study in Sabarkantha District of Gujarat[J]. Journal of Rural Development(Hyderabad), 29(4): 399-423.

Simmons R, Birchall J. 2008. The role of co-operatives in poverty reduction: Network perspectives[J]. The Journal of Socio-Economics, 37（6）: 2131-2140.

Simpson J. 2000. Cooperation and Cooperatives in Southern European Wine Production: The Nature of Successful Institutional Innovation, 1850-1950[M]. Amsterdam: Elsevier Publications.

Sitko N J, Jayne T S. 2014. Exploitative briefcase businessmen, parasites, and other myths and legends: Assembly traders and the performance of maize markets in Eastern and Southern Africa[J]. World Development, 54: 56-67.

Smith A. 1776. An Inquiry into the Nature and Causes of the Wealth of Nations: Volume One[M]. London: Printed for W. Strahan; and T. Cadell.

Smith A. 1982. An Inquiry into the Nature and Causes of the Wealth of Nations [M]. California: Liberty Fund Inc.

Smith S C. 1994. Innovation and market strategy in Italian industrial cooperatives: Econometric evidence on organizational comparative advantage[J]. Journal of Economic Behavior and Organization, 23（3）: 303-320.

Sobel M E. 1982. Asymptotic confidence intervals for indirect effects in structural equation models[J]. Sociological Methodology, 13: 290-312.

Staatz J M. 1983. The cooperative as a coalition: A game-theoretic approach[J]. American Journal of Agricultural Economics, 65（5）: 1084-1089.

Staatz J M. 1984. Cooperatives: a theoretical perspective on the behavior of farmers[D]. East Lansing, Michigan State University.

Staatz J M. 1989. Farmer Cooperative Theory: Recent Developments[R]. United States Department of Agriculture, Rural Development.

Stenberg S. 2000. Inheritance of wlefare recipiency: An intergenerational study of social assistance recipiency in postwar Sweden[J]. Journal of Marriage and Family, 1: 228-239.

Storper M. 1995. The resurgence of regional economies, ten years later: the region as a nexus of untraded interdependencies[J]. European Urban and Regional Studies, 2（3）: 191-221.

Suli D, Bombaj F, Aliaj N, et al. 2013. A new institutional economics approach to contracts and cooperatives[J]. Mediterranean Journal of Social Sciences, 4（9）: 64.

Sun H, Li X, Li W. 2020. The nexus between credit channels and farm household vulnerability to poverty: Evidence from rural China[J]. Sustainability, 12（7）: 3019.

Sun R, Mi J, Cao S, et al. 2019. Classifying livelihood strategies adopting the activity choice approach in rural China[J]. Sustainability, 11（11）: 1-22.

Sunding D, Zilberman D. 2001. The agricultural innovation process: research and technology adoption in a changing agricultural sector[J]. Handbooks in Economics, 18（1A）: 207-262.

Sykuta M, Cook M L. 2001. A new institutional approach to contracts and cooperatives[J]. American Journal of Agricultural Economics, 83（5）: 1273-1279.

Tabuga A D, Mina C D, Reyes C M. 2010. Chronic and transient poverty[Z]. PIDS Discussion Paper Series, No. 2010-30.

Tesso G, Emana B, Ketema M. 2012. Analysis of vulnerability and resilience to climate change induced shocks in North Shewa, Ethiopia[J]. Agricultural Sciences, 3: 871-888.

Theuvsen L, Franz A. 2007. The role and success factors of livestock trading cooperatives: Lessons from german pork production[J]. International Food and Agribusiness Management Review, 10（3）: 90-112.

Thorp R, Stewart F, Heyer A. 2005. When and how far is group formation a route out of chronic poverty? [J]. World Development, 33 (6): 907-920.

Timmerman P. 1981. Vulnerability, resilience and the collapse of society[J]. Environmental Monograph, 1: 1-42.

Torres-Rojo J M, Moreno-Sanchez R, Amador J. 2019. Effect of capacity building in alleviating poverty and improving forest conservation in the communal forests of Mexico[J]. World Development, 121: 108-122.

Townsend P. 1954. Measuring poverty[J]. The British Journal of Sociology, 5 (2): 130-137.

Townsend P. 1979. Poverty in the United Kingdom: a Survey of Household Resources and Standards of Living[M]. Berkeley: University of California Press.

Townsend P. 1993. The International Analysis of Poverty[M]. New York: Harvester Wheatsheaf.

Townsend P. 2010. The meaning of poverty[J]. British Journal of Sociology, 1 (3): 85-102.

Trifon R. 1961. The economics of cooperative ventures: Further comments[J]. Journal of Farm Economics, 43 (2): 215.

Un C A, Cuervo‐Cazurra A, Asakawa K. 2010. R&D collaborations and product innovation[J]. Journal of Product Innovation Management, 27 (5): 673-689.

UNDP. 1996. Human Development Teport 1996[M]. New York: Oxford University Press.

Uphoff N. 1988. Participatory evaluation of farmer organizations' capacity for development tasks[J]. Agricultural Administration and Extension, 30 (1): 43-64.

Valencia J C N, Valle R S, Jiménez D J. 2010. Organizational culture as determinant of product innovation[J]. European Journal of Innovation Management, 13 (4): 466-480.

Valentinov V, Lliopoulos C. 2013. VEconomic theories of nonprofits and agricultural cooperatives compared: New perspectives for nonprofit scholars[J]. Nonprofit and Voluntary Sector Quarterly, 42 (1): 109-126.

van Praag B M S, Ferrer-i-Carbonell A. 2008. A multidimensional approach to subjective poverty[C]// Deutsch J, Silber J. Quantitative Approaches to Multidimensional Poverty Measurement. New York: Palgrave Macmillan: 135-154.

Verhofstadt E, Maertens M. 2014a. Can agricultural cooperatives reduce poverty? Heterogeneous impact of cooperative membership on farmers' welfare in Rwanda[J]. Applied Economic Perspectives and Policy, 37 (1): 86-106.

Verhofstadt E, Maertens M. 2014b. Smallholder cooperatives and agricultural performance in Rwanda: Do organizational differences matter? [J]. Agricultural Economics, 45 (S1): 39-52.

Vitaliano P. 1983. Cooperative enterprise: An alternative conceptual basis for analyzing a complex institution[J]. American Journal of Agricultural Economics, 65 (5): 1078-1083.

Wadsworth J. 1991. An analysis of major farm characteristics and farmers use of cooperatives[J]. Journal of Agricultural Cooperatives, 6: 45-53.

Wang C, Wan G H, Yang D. 2014. Income inequality in the people's republic of China: trends, determinants, and proposed remedies[J]. Journal of Economic Surveys, 28 (4): 686-708.

Wanyama F O. 2014. Cooperatives and the Sustainable Development Goals: A Contribution to the

Post-2015 Development Agenda[R]. Geneva: International Labour Organization, 2014.

Wanyama F O, Develtere P, Pollet I. 2008. Encountering the evidence: Co-operatives and poverty reduction in Africa[J]. Journal of Co-operative Studies, 41 (3): 16-27.

Wassie S B, Kusakari H, Masahiro S. 2019. Inclusiveness and effectiveness of agricultural cooperatives: Recent evidence from ethiopia[J]. International Journal of Social Economics, 46 (5): 614-630.

Weinberger K M, Jütting J P. 2001. Women's participation in local organizations: Conditions and constraints[J]. World Development, 29 (8): 1391-1404.

Weitz B A, Jap S D. 1995. Relationship marketing and distribution channels[J]. Journal of the Academy of Marketing Ence, 23 (4): 305-320.

Wennink B, Heemskerk W. 2006. Rural producer organisations and agricultural innovation[J]. Royal Tropical Institute (KIT), Amsterdam.

West J, Bogers M. 2014. Leveraging external sources of innovation: a review of research on open innovation[J]. Journal of product innovation management, 31 (4): 814-831.

West J, Gallagher S. 2006. Challenges of open innovation: the paradox of firm investment in open-source software[J]. Research and Development Management, 36 (3): 319-331.

Williamson O E. 1989. Transaction Cost Economics[M]. Handbook of industrial organization. Elsevier B. V, 1: 135-182.

Wollni M, Fischer E. 2015. Member deliveries in collective marketing relationships: Evidence from coffee cooperatives in Costa Rica[J]. European Review of Agricultural Economics, 42 (2): 287-314.

World Bank. 1981. World Development Report[M]. New York: Oxford University Press.

World Bank. 2000. World Development Report 2000/2001: Attacking Poverty[M]. Michigan: The World Bank.

World Bank. 2008. World Development Report 2008: Agriculture for Development[M]. Washington, DC: World Bank.

World Bank. 2009. World Development Report 2009[M]. Washington DC: World Bank.

World Commission on Environment and Development. 1987. Our common future[R]. Special Working Session.

Wossen T, Abdoulaye T, Alene A, et al. 2017. Impacts of extension access and cooperative membership on technology adoption and household welfare[J]. Journal of Rural Studies, 54: 223-233.

Yang D, Liu Z M. 2012. Study on Chinese farmer cooperative economy organization and agricultural specialization[J]. Agricultural Economics, 58 (3): 135-146.

Yang D, Zhang H W, Liu Z M, et al. 2021. Do cooperatives participation and technology adoption improve farmers' welfare in China? A joint analysis accounting for selection bias[J]. Journal of Integrative Agriculture, 20 (6): 1716-1726.

Yang H, Klerkx L, Leeuwis C. 2014. Functions and limitations of farmer cooperatives as innovation intermediaries: Findings from China[J]. Agricultural Systems, 127: 115-125.

Yin R K. 2013. Case Study Research: Design and Methods[M]. California: Sage Publications.

Zak P J, Knack S. 2001. Trust and growth[J]. The Economic Journal, 111 (470): 295-321.

Zereyesus Y A, Embaye W T. 2017. Implications of non-farm work to vulnerability to food poverty recent evidence from northern Ghana[J]. World Development, 91: 113-124.

Zimmerman D J. 1992. Regression toward mediocrity in economic stature[J]. American Economic Review, 82 (3): 409-429.

Zusman P. 1992. Constitutional selection of collective choice rules in a cooperative enterprise[J]. Journal of Economic Behavior and Organization, 17: 353-362.